U0955722

21世纪普通高等院校系列规划教材

组织行为学(第二版)

Zuzhi Xingweixue

主　编　肖兴政　谭　征
副主编　庞　君　孙忠才　钟大辉　杨晓宇

西南财经大学出版社

21世纪普通高等院校系列规划教材

编　委　会

名誉主任： 丁任重

主　　任： 章道云

副 主 任（以姓氏笔画为序）：

王朝全　李成文　花海燕　赵鹏程　傅江景

蒋远胜

委　　员（以姓氏笔画为序）：

王兆彪　王朝全　刘丁豪　刘　旺　江　渝
陈一君　邱云志　李成文　李兴荣　张旭辉
杨启智　吴秀敏　李益彬　花海燕　郑元同
卓武扬　季　辉　钟大辉　胡世强　赵晓鸿
赵鹏程　淳伟德　曹邦英　黄　萍　章道云
曾令秋　彭白桦　傅江景　蒋远胜　董洪清

总序

为推进中国高等教育事业可持续发展，经国务院批准，教育部、财政部启动实施了“高等学校本科教学质量与教学改革工程”（下面简称“质量工程”）。这是深入贯彻科学发展观，落实“把高等教育的工作重点放在提高质量上”的战略部署，在新时期实施的一项意义重大的本科教学改革举措。“质量工程”以提高高等学校本科教学质量为目标，以推进改革和实现优质资源共享为手段，按照“分类指导、鼓励特色、重在改革”的原则，加强课程建设，着力提升我国高等教育的质量和整体实力。为满足本科层次经济类、管理类教学改革与发展的需求，培养高素质有特色应用型创新型人才，迫切需要普通本科院校经管类教学部门开展深度合作，加强信息交流。值得庆幸的是，西南财经大学出版社给我们搭建了一个平台，协调组织召开了普通本科院校经管学院院长联席会议，就教学、科研、管理、师资队伍建设、人才培养等方面的问题进行了广泛而深入的研讨。

为了切实推进“质量工程”，第一次联席会议将“课程、教材建设与资源共享”作为讨论、落实的重点。与会人员对普通本科的教材内容建设问题进行了深入探讨，认为目前各高校使用的教材存在实用性和实践性不强、针对性不够等问题，需要编写一套高质量的普通本科教材，以促进课程体系和教学体系的合理构建，推动教学内容和教学方法的创新，形成具有鲜明特色的教学体系，以利于普通本科教育的可持续发展。通过充分的研讨和沟通，与会人员一致同意，共同打造切合教育改革潮流、深刻理解和把握普通本科教育内涵特征、贴近教学需求的高质量的21世纪普通高等院校系列规划教材。鉴于此，本编委会与西南财经大学出版社合作，组织了二十余所院校的教师共同编写本系列规划教材。

本系列规划教材编写的指导思想：在适度的基础知识与理论体系覆盖下，针对普通本科院校学生的特点，夯实基础，强化实训。编写时，一是注重教材的科学性和前沿性，二是注重教材的基础性，三是注重教材的实践性，力争使本系列教材做到“教师易教，学生乐学，技能实用”。

本系列规划教材以立体化、系列化和精品化为特色，包括教材、辅导读物、讲课课件、案例及实训等；同时，力争做到“基础课横向广覆盖，专业课纵向成系统”；力争把每本教材都打造成精品，让多数教材能成为省级精品课教材、部分教材成为国家级精品课教材。

为了编好本系列教材，在西南财经大学出版社的支持下，经过了多次磋商和讨论成立了由西南财经大学副校长、博士生导师丁任重教授任名誉主任，章道云教授任主任，王朝全教授、李成文教授、花海燕教授、赵鹏程教授、傅江景教授、蒋远胜教授任副主任，二十余所院校的专家教授任委员的编委会。

在编委会的组织、协调下，该系列教材由各院校具有丰富教学经验并有教授或副教授职称的教师担任主编，由各书主编拟订大纲，经编委会审核后再编写。同时，每一种教材均吸收多所院校的教师参加编写，以集众家之长。自2008年启动以来，经几年的打造，现在已出版了公共基础、工商管理、财务与会计、旅游管理、电子商务、国际商务、专业实训、金融、综合类九大系列70余种教材。该系列教材出版后，社会反响好，有9种获评四川省“十二五”规划教材，有多种成为省级精品课程教材。

下一步根据各院校的教学需要，还将做两件事：一是结合转变教学范式，按照理念先进（体现人才培养的宽口径、厚基础、重创新的现代教育理念）、特色鲜明（体现科学发展观要求的学科特色、人才质量水平和转变教学范式的最新成果）、理论前沿（体现学科行业新知识、新技术、新成果和新制度）、立体化建设（基于网络与信息技术支持，形成一本主教材加与之配套的数字化资源，以辅助教学的网络平台提供创新型教学服务为支撑的内容产品体系）、模块新颖（教材应充分利用现代教育技术创新内容结构体系，以利于进行更加生动活泼的教学，引导学生利用各种网络资源促进自主学习和个性化学习，兼具“客观化教材”、“开放性索引”、“研究性资料”和“实践性环节”的功能）的要求，引进先进的教材编写模块来修订、完善已出版的教材；二是重点补充规划旅游类、实训类教材。

希望经多方努力，力争将此系列教材打造成适应教学范式转变的高水平教材。在此，我们对各学院领导的大力支持、各位作者的辛勤劳动以及西南财经大学出版社的鼎力相助表示衷心的感谢！

21世纪普通高等院校系列规划教材编委会

2013年4月

第二版前言

本书作为西南财经大学出版社精心打造的“21 世纪普通高等院校系列规划教材”，自 2009 年 3 月出版以来，很受读者的欢迎，在部分高校经管类专业的组织行为学课程教学中得到了普遍使用。

组织行为学是人类智慧的结晶，它以一定组织中人的心理活动和行为反应的规律性为研究对象，为人们更好地分析、预测、控制、引导和协调组织中人的行为，从而不断提高管理活动的有效性提供了思想、理论和方法的指导。本书在介绍组织行为学产生、发展的基础上，按照“个体过程—群体过程—领导过程—组织过程”的框架，系统地阐述了组织行为学的基本原理，以及这些原理对管理者的启示，并通过典型案例的分析，使读者加深对基本原理的理解和应用。

再版过程中，编写人员仍由长期从事组织行为学教学和科学研究的原编写人员组成，具体分工为：肖兴政，第一章；谭征，第二章；庞君，第三章；孙忠才，第四章；钟大辉，第五章；向征，第六章；杨晓宇、文宇，第七章。

全书由肖兴政、谭征担任主编，庞君、孙忠才、钟大辉、杨晓宇担任副主编。

本次再版基本保持了原书的知识构架，仅对个别内容做了小的调整，并对一些错字进行了改正。本书既可作为高等院校本科各专业组织行为学课程的教材，也可作为相关课程的教学参考书，还可作为广大管理工作者的阅读资料和学习读物。

本书在编写过程中，参考和引用了国内外一些学者的研究成果，本次再版再次向他们表示真诚的感谢！由于编者水平所限，书中难免存在不妥之处，再次敬请各位专家和读者批评指正。

编者

2015 年 12 月

前言

组织行为学是管理学、心理学的新发展，是在第二次世界大战结束以后，随着行为科学学派的出现而产生的。它是行为科学在组织管理领域的应用。第一本组织行为学的教科书在1945年问世。早在20世纪50年代末，美国就建立了专门的研究机构。美国心理学协会第十四分会——工业心理学分会的一批人独立出来专门从事“组织行为学”课题的研究。

组织行为学是一门以一定组织中人的心理活动和行为反应的规律性为研究对象的学科。虽然它从西方传到中国只有不到30年的时间，但在中国学者和实际工作者的共同努力下，组织行为学已经逐步形成了具有中国特色且符合中国实际的理论体系，在中国市场经济运行中起到了应有的作用。生产力中最活跃、最积极的因素——人，既是管理过程中的主体，又是管理过程中的客体。以培养管理者为目标的管理教育就是要提高各级管理者对人的行为的预测、协调、控制和引导能力，从而提高人们的工作能力，激发人们的工作热情，最大限度地发挥人的工作潜能，更有效地实现组织目标，而这就是组织行为学研究的终极目的。

本书在介绍组织行为学发生、发展的基本过程的基础上，系统地阐述了组织行为学的基本原理以及这些原理对管理者的启示，并通过典型案例的分析使读者更进一步加深对基本原理的理解。本书具有以下几个特点：其一，可读性。本书收集了比较翔实的资料，可供读者研读。其二，前沿性。本书不仅继承了广大学者的研究成果，而且在理论方面有一定的发展。其三，实践性。本书在参考已有文献资料的基础上，提出了一些符合中国国情的基本观点，并提供了相应案例。

本书由长期从事组织行为学教学和科研的教师共同编写而成，主要面向工商管理、市场营销、行政管理等专业的本科学生，也可供对组织行为学有兴趣的学者参考。

本书共分七章，编写的具体分工为：肖兴政，第一章；谭征，第二章；庞君，第三章；孙忠才，第四章；钟大辉，第五章；向征，第六章；杨晓宇、文宇，第七章。

全书由肖兴政、谭征担任主编，庞君、孙忠才、钟大辉担任副主编。

本书在写作过程中参考和引用了国内外一些学者的研究成果，在此向他们表示真诚的感谢和深深的敬意！本书的出版得到了西南财经大学出版社、四川理工学院、吉林农业科技学院、成都信息工程大学、西昌学院的大力支持，在此一并表示感谢！由于时间仓促和编者水平所限，书中难免存在不当和欠妥之处，敬请各位专家和读者给予批评指正。

编　者

2008年12月于黄岭

目 录

第一章 导论

第一节 组织行为学的产生

组织行为学是管理学、心理学的新发展，而管理学中的组织管理学、人事管理学及管理心理学的新发展，又是心理学、社会学等的原理在管理中的具体应用。组织行为学是在第二次世界大战结束以后，随着行为科学学派的出现而产生的。它是行为科学在组织管理领域的应用。第一本组织行为学的教科书在1945年问世。早在20世纪50年代末，美国就建立了专门的研究机构，美国心理学协会第十四分会——工业心理学分会的一批人独立出来专门从事“组织行为学”课题的研究。组织行为学的形成与其他学科有着千丝万缕的联系，如图1－1所示。

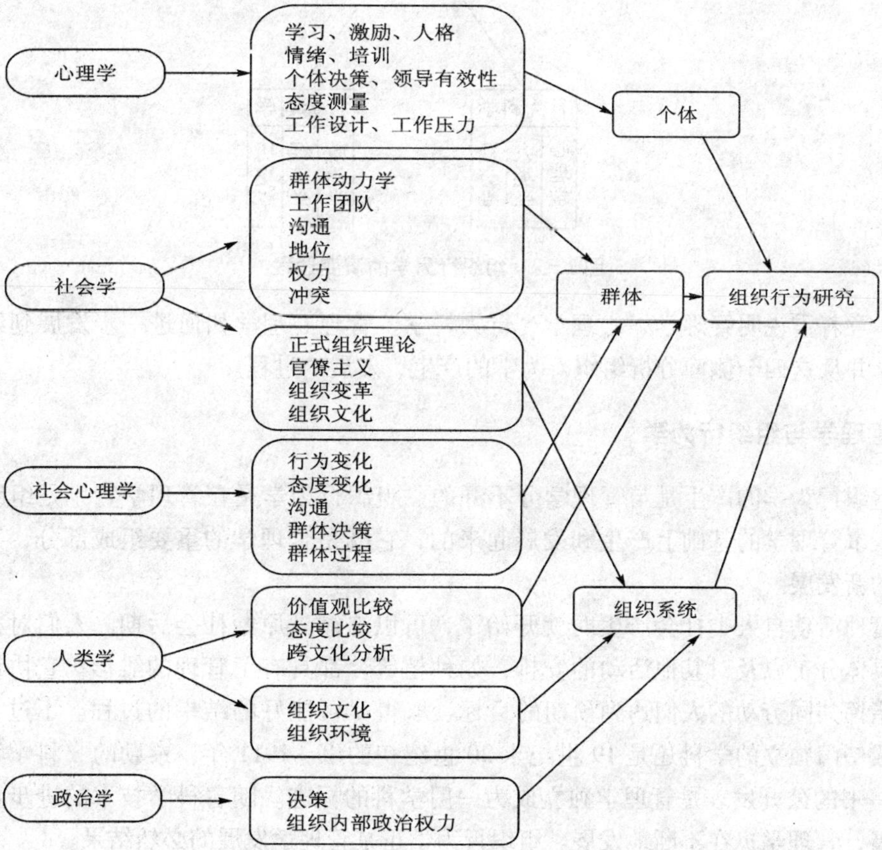

图1－1 组织行为学与其他学科的联系

组织行为学的系统化体系形成经历了一个理论准备和知识积累的过程。在这一过程中，不少的学者和专门机构也进行了不懈的探索，出版了许多颇有见地的论著，为组织行为学理论的创立作出了贡献。它的产生和发展经历了一个漫长的理论准备和实际应用的过程。这一演变过程如图 1－2 所示。

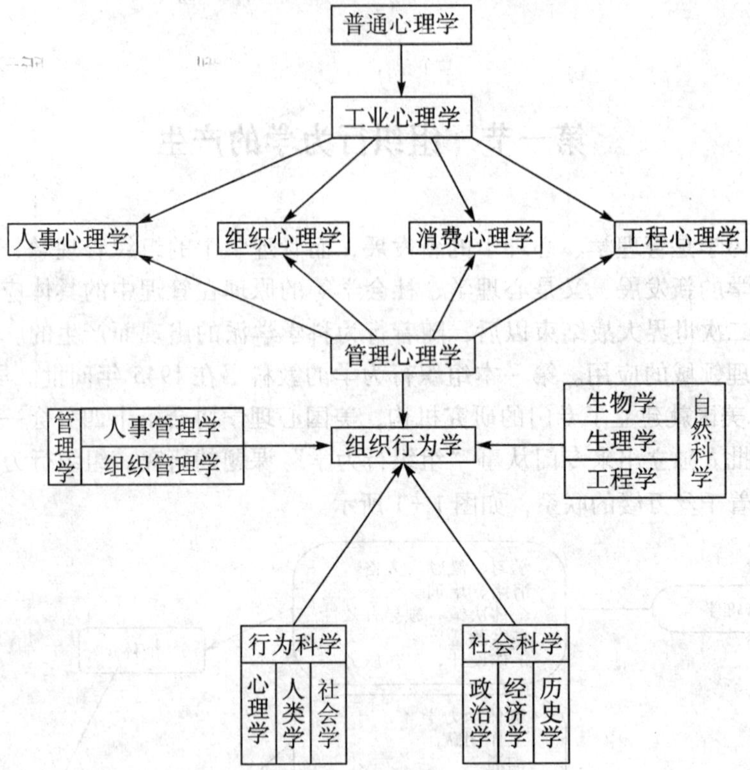

图 1－2　组织行为学的演变过程

本章着重说明管理学、心理学、行为科学、管理心理学如何进一步发展到组织行为学，并从这四个侧面分析组织行为学的产生、发展的过程。

一、管理学与组织行为学

组织行为学的产生是与管理学分不开的。组织行为学是在管理学特别是组织管理学与人事管理学的基础上产生和发展起来的，它既是管理学的重要组成部分，又是管理学的新发展。

管理活动自人类社会产生时就开始了，可以追溯到原始社会后期。人们对狩猎活动的具体分工以及对其他活动的安排，如种植等，都具有了管理的雏形。它协调、控制、指挥共同劳动的人们达到预期的目标、取得尽可能好的结果的过程。不过，管理学形成一门独立的学科还是 19 世纪末 20 世纪初的事。1911 年，泰勒的《科学管理原理》一书的公开发表是管理学独立成为一门学科的标志。随着科学技术的进步和生产的发展，管理学也在不断地发展。组织行为学正是管理学发展的必然结果。

(一) 组织管理学的发展与组织行为学的产生

由于不同历史时期科学技术发展和生产发展的程度不同，由于管理学家们在如何协调、控制和指挥一定组织中人们的协同劳动问题上所强调的着重点不同，组织管理学可分为几个阶段和几种学派。美国管理学家托马斯·彼得斯（Thomas J. Peters）和罗伯特·小沃特曼（Robert H. Waterman）在1982年出版的《寻求卓越的经营之道》一书中指出，组织管理学的发展经历了四个阶段，有四种类型，如图1-3所示①。

第一阶段： 1900—1930年 韦伯 泰勒	第二阶段： 1930—1960年 梅奥 麦格雷戈 巴纳德
第三阶段： 1960—1970年 劳伦斯 洛希	第四阶段： 1970年至今 维克 马克

图1-3 组织管理学发展的四个阶段及其代表人物

第一阶段是20世纪初至30年代，其代表人物是韦伯（Max Weber，1864—1920年）和泰勒（F. W. Taylor，1856—1915年）为代表。他们把组织看做一个封闭的理性模式，把组织中的人看做理性的人，一切均按事先规定的规章制度、原理原则来办。当时，由于工业革命以后机械化生产得到普遍推广，市场逐渐扩大，产品供不应求，生产的产品总是能推销出去，他们可以根本不考虑企业组织外部的环境、竞争、市场等状况，把组织看做一个封闭的系统，而把管理的重点放在组织内部，研究如何有效地利用已有资源，提高生产效率，生产出更多的产品，获取更大的利润。

第二阶段是20世纪30年代至60年代。泰勒的“理性人”观点此时遭到非议。其代表人物是梅奥（G. E. Mayo，1880—1949年）、麦格雷戈（D. M. McGregor，1906—1964年）、巴纳德（C. I. Barnard，1886—1961年）、塞尔兹尼克（P. Selmick）。他们把组织看做一个封闭的社会性的模式。梅奥通过著名的霍桑试验证实，只有把人当做“社会人”而不是完全理性的机器，才能创造出高效率。这标志着组织管理学开始重视人的因素、人的社会心理需要，以及企业组织内部人与人关系的改善对提高工作效率的影响。

第三阶段是20世纪60年代至70年代，其代表人物是钱德勒（A. Chandle）、劳伦斯（Paul R. Lawrence）、洛希（Jay W. Lorsch）等。他们把组织看做开放的理性模式，把组织管理归结为简单明了的、用数量表示的工作目标和工作成果。这时候他们已经认识到组织外部环境对组织内部结构和管理起着决定性作用。他们还提出了组织结构和管理方式要服从总体战略目标的论断。

① Thomas J Peter，Robert H Waterman. In Search of Excellence. [S. L.]：[s. n.]，1982：91-103.

第四阶段是20世纪70年代至今，其代表人物是维克（K. E. Weick）、马奇（J. March）。他们把组织看做一个开放的社会性的模式。这种组织模式主要强调组织的生存价值、社会作用和文化特征，强调人是企业组织的中心，认为不能单纯用理性的利润指标衡量企业经营的好坏，还要考虑到人的需要、情感能否得到满足。在工作中，员工之间、班组之间、领导和员工之间的关系，都可以引起感情的变化，产生新的要求。如果一个组织内部经常交换意见、沟通思想，误解也就会减少，就会在工作上有共同的认识。要组织内创造一种有原则的、和谐的、相互了解、信赖和支持的氛围，同时，要使每个人感到他的存在和价值，感到自己受到尊重和信任，并被人关心。要使他知道他的努力受到了社会、组织和群体的承认，被人重视：有困难时，会得到帮助和支持；犯错误时，会受到公平的对待。这就会使人产生一种归属感，产生维护群体和组织荣誉的力量，组织就会形成群体意识和群体动力，就能更好地克服困难、完成任务。这个阶段的理论对外部环境对组织的影响也有明确的认识。所以这一阶段实际上是综合了前面三个阶段、三种学派，即科学管理学派（又称职能学派）、行为学派和管理科学学派（又称数学学派）各自的优点，而形成的一种综合的学派。

在组织管理学的发展过程中，除了逐步趋向综合之外，还有以下三种趋势：①从原来的以基层管理为主发展到以高层管理为主；②从以日常业务性管理为主发展到以经营战略性管理为主；③从原来以物为中心的管理发展到以人为中心的管理。

（二）人事管理与组织行为学

大部分早期的管理学家只注意到物的管理而忽略了人的管理，但也有少数的管理学家已经注意到要完成物质产品的生产或提供其他的劳务，必须重视对人的研究和管理，并把这种对人的管理叫做人事管理。

1. 传统的人事管理方法①

(1) 增加福利

这种方法是通过解决人的困难，给予其关心和必要的福利待遇，使他们能够更好地完成组织的任务。在这方面最先作出示范的有欧文和克鲁伯两个人。

19世纪初最成功的企业家，也即空想社会主义的创始人之一的欧文（Robert Owen）于1800—1828年在英国苏格兰经营一家纺织厂，搞了一次福利大试验。当时正是产业革命早期，工人确实被看成呆板的机器和工具；而欧文所办的工厂改善了工作条件，提高了童工的最低年龄，缩短了劳动时间，并为工人提供饮食，设立商店，按产品的成本向工人出售生活必需品，并为工人们修建房舍和道路。这一切对工人有很大吸引力，因而工厂的生产任务完成得很好。这些事实给了欧文很大启示，他在给他的工厂总管的信中写道："你们对无生命的机器给予良好的保养能够产生有利的结果。要是对构造奇妙的有生命的机器——人给予同样关心的话，那么有什么不能指望的呢？"②

---

① Peter F Drucker. Management: Tasks, Responsibilities, Practices. [S. n.]: [s. n.] 1974: 23.

② 哈罗德·孔茨，西里尔·奥唐奈. 管理学 [M]. 中国人民大学工业经济系外国工业管理教研室，译. 贵阳：贵州人民出版社，1982：38.

19 世纪中叶德国的克鲁伯（Crumb）。克鲁伯并不是一位很有本事的工程师，他在产品的开发和制造上也没有什么了不起的成就。他所办的公司之所以能够得到极大的发展，是由于他手下的那些工人的强有力的支持。工人之所以支持他，是因为他为工人增加了福利。他为当时被地主剥夺了土地、到他工厂里做工的农民提供了工作、房屋、子女教育、医疗保健、训练和低利息贷款等“福利”，因此工人们就为克鲁伯公司忠心耿耿地劳动。

以上两个例子充分说明，当人确实有困难、确实需要帮助时，通过增加福利对人进行管理的确是一种有效的方法。

但是，要知道，单纯地依靠增加福利对人进行管理，不可能无限度地提高工作效率。因为：第一，增加福利是以人有困难为前提的，在人们的困难基本解决后，增加福利的作用就会减退。北欧福利主义的破产，就是明显的实例。第二，单纯增加福利容易造成人们对福利的要求越来越高，从而导致组织利润减少，难以更快地发展，甚至无法支撑。

上述两个增加福利的例子，虽然在当时的具体条件下取得了一定的效果，但是最后也都失败了。失败的原因主要是这种办法的着眼点是解决人的困难，而不是着眼于如何充分发挥人的潜力。因此，它只能作为一项辅助性的办法。

（2）进行选培

这是指对人员进行挑选、录用、培训和合理配备。

早在 1898 年，泰勒进入伯利恒钢铁公司后，他在这方面就做了很多试验。例如：为不同的工作岗位挑选不同的人员，对其进行必要的培训，以提高效率、降低劳动成本。搬运铁矿石就是如此。当时伯利恒钢铁公司用火车运输铁矿石，但装车却完全靠人工搬运。每个工人原来一天平均搬运 12.5 吨铁矿石。泰勒认为，凡是体力消耗大的工作，都必须安排体力恢复的时间，因此他选了一个工人做试验，为他设计了搬运的操作程序和方法，规定了工作的时间和休息的时间。实验结果表明，这个工人一天只用了原来搬运时间的 43%，就搬运了 47.5 吨。接着泰勒用同样方法培训搬运工人中的其他人，渐渐地也使他们从原来每天搬运 12.5 吨提高到 47.5 吨，后来又提高到 59 吨。这样，劳动率提高了 3 ~4 倍，但只用了原来工人人数的 1/8 就完成了任务；其余的工人则调到公司其他部门担任更适合他们特点的工作。泰勒的这个试验充分证明了每种工作岗位上需要配备的工人是应当进行科学的挑选和训练的。后来，泰勒委托普莱姆、普雷斯在 1910 年建立了一个人事部门。接着，大资本家福特 在 1914 年也建立了一个人事研究室。第一次世界大战以后，人事管理中挑选录用、培训的职能被逐步普遍采用，而且直到现在仍继续采用。

（3）提高薪酬

在 19 世纪末 20 世纪初，西方普遍采用的是计时工资。当时不少管理学家已看到这种工资形式有不能充分发挥工作者的积极性和主动性的缺点，因此他们各自提出了不同的工资形式。

1891 年，美国的海尔赛发表了一篇关于工资报酬制的文章，介绍和评价了当时普遍采用的三种工资报酬制度。文章指出：第一种是计时工资制，按实际工作的小时数来计酬。这种制度的问题是工人的报酬与工作的成效不挂钩，因此不能鼓励工人提高效率，增加生产。第二种是计件制，按照完成工作量的多少给予报酬。这种制度的问题是资本家不愿意让工人获得的报酬过多，总是会在一定的时候降低产品的工资单价，因此工人们也就不愿意再多干，以免失业。第三种是分红制。这种制度的问题是超额完成的利润主要归资本家所有，工人的所得还补偿不了超额劳动的支出，而且工人的所得部分是不分好坏地平均分配，因而也不利于鼓励工人多干。

海尔赛在分析上述三种工资形式的基础上提出了一种工资奖金制度，也就是在支付给工人每小时的基本工资之外，把因工人提前完成任务（如 4 小时完成 8 小时的任务）而节约下来的 4 小时工资额的 1/3 作为奖金奖励给工人；而工人又可在另外 4 小时做其他的工作，从而又可取得额外的工资。海尔赛认为这种工资奖金制有下列优点：第一，不管工人的工作成果怎样，总能保证得到计时基本工资，不致使生活没有保证；第二，由于工人所得的奖金只是所节约工资额的 1/3，不致使工人报酬过高；第三，能鼓励工人多干活。

接着，泰勒提出了差别计件工资制，甘特又修正了泰勒的差别计件工资制而提出工作奖金制，等等。他们认为工人只有经济的需要。

2. 组织行为学是传统人事管理的新发展

通过对以上传统人事管理所采用的几种方法的分析，我们可以看到它们的局限性：静止地、死板地、制度化地挑选人、配备人、培训人、给人报酬（发工资和奖金），以及给予一定的福利等。传统的方法只是静止地在人头数目上做文章，而且认为人只有经济需要，而没有动态地从人的心理和社会的需要方面来研究人的行为，调动他们的积极性，挖掘他们内在的潜力。因此，这种传统的人事管理还不能说是真正的“以人为中心”的管理。因此，迫切需要建立和发展一种真正的以人为中心的管理。这也就是组织行为学产生的前提。

真正的以人为中心的管理，应满足下列几个要求：

第一，要由静态发展到动态。要由单纯研究人事管理发展到研究人的心理和行为，由研究人事的各种呆板的规章制度和人的经济需要到研究人的心理和社会的各种需要。

第二，要由消极等待人的某种行为发展到积极地预测、引导、控制人的行为。

第三，要由单纯追求工作效率发展到使工人和职员感到满意。

实现上述要求的过程就是由传统人事管理向现代人事管理、向以人为中心转变和发展的过程。

二、心理学与组织行为学

在泰勒等人研究管理学的同时，有许多心理学家认为，要管好人首先得了解人，摸清人的心理活动的规律，才能做到预测、引导和控制人的行为。组织行为学是在心理学原理应用于管理工作的基础上产生和发展起来的。从对管理领域中人员的分析层次来看，一般经历了分析管理领域中个体（人）→群体（人）→组织（人）的这种不断扩大的发展演变过程；从把心理学原理应用于不同的领域来看，经历了普通心理学（又称个体心理学或理论心理学）→工业心理学→管理心理学→组织行为学的过程，如

图 1－4 所示。

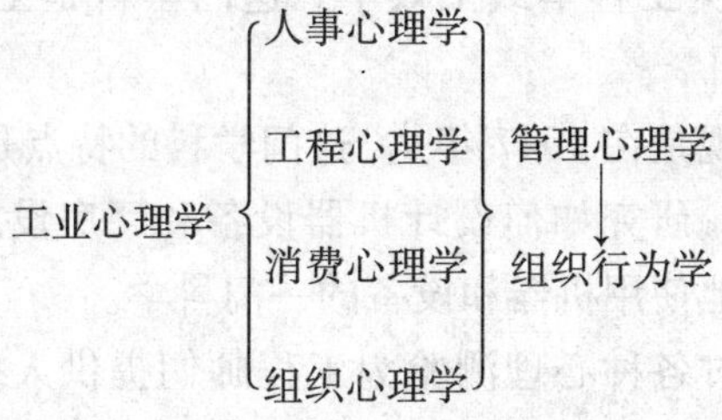

图 1－4　工业心理学到组织行为学

（一）普通心理学

从 1879 年由德国的冯特（Wilhelm Wundt）在莱比锡创建第一个心理实验室开始，心理学正式从哲学中分离出来成为一门独立学科，至今也不过一百多年的历史。

心理学是以人的心理现象规律为研究对象的科学。心理现象就是指人的感觉、知觉、记忆、思维、情感（或情绪）、意志、想象，以及动机、兴趣、能力和性格等。这些都是我们最熟悉的心理现象，它们是错综复杂而且不断变化的。心理学为组织行为学提供理论基础。

（二）工业心理学

冯特的学生孟斯特伯格（Hugo Munsterberg）最先把心理学的原理用于工业领域，并挑选不同能力和素质的人配备到相应的工作岗位上。1912 年，他公开发表了《心理学与工业效率》（*Psychology and Industrial Efficiency*），为工业心理学开辟了广泛的研究领域。由于《心理学与工业效率》把心理学原理应用到管理中，对形成组织行为学（管理心理学）具有划时代的意义，很多人认为孟斯特伯格是工业心理学的创始人。

随着心理学不断运用于工业领域，工业心理学的研究对象和范围逐步明确了。工业心理学是一门用心理学原理与方法来分析工业生产、分配、交换和消费整个领域中人的心理和行为的规律的学科。其研究范围包括工业个体心理学，即解决人与事的配合的人事心理学和解决个体人与机的配合的工程心理学，还包括工业社会心理学即解决人与人相配合的人群关系学或组织心理学，还包括解决生产者与消费者相配合的关系的工业消费心理学。

1. 人事心理学

人事心理学是心理学与人事管理的结合，是解决人与事（工作职务）的合理配合问题的学科。它主要研究和探讨人的各种心理特性，分析各种事（工作职务）的要求，其目的在于使人与事之间恰当配合，并调整人与事之间的相互关系，力求真正做到人尽其才、才尽其用。也就是说，人事心理学研究的是工业企业中人力资源的充分利用和合理开发的问题。孟斯特伯格开创的早期的工业心理学实际就是人事心理学。这种人事心理学分析研究的中心还只限于个体人与事的合理配合问题，并未涉及人与人的配合问题。

2. 工程心理学

机器如何与操作机器的人相配合即人机关系属于工程心理学研究的范畴。工程心理学也叫人的因素学或人类工程学或工效学。这门学科是工程学和心理学、生物学、生理学相融合的结果。

工程心理学的正式出现是在 1947 年①。这门学科的特点是要求机器适合人的要求。因此工程心理学的定义是：研究如何设计机器设备和厂房设施以便于人使用，以及如何使人有正确的行为恰当地使用机器和设备的一门科学。

工程心理学家主要通过各种心理测验为工程师们提供人操作各种复杂机器和设备的能力和限度，以此作为工程师们设计时的参数。工程心理学的主要研究对象是人机关系。其目的就是使人和机器达到最佳配合，获取最佳工作效率。

3. 工业社会心理学（组织心理学）

随着生产的进一步发展，要使工作具有高效率，不仅要解决好人与事的配合、人与机的配合，还要解决好人与人的配合关系。解决人与人配合关系的学科就是工业社会心理学，19 世纪 30 年代初，梅奥通过霍桑试验提出了“人群关系学”。他于 1933 年出版了《工业文明中人的问题》，提出了影响人们工作效率的新因素：

其一，人们的工作效率不仅受物质、生理因素的影响，还在很大程度上受心理、群体、社会因素的影响。

其二，生产率的高低主要取决于群体内的气氛、成员的工作情绪和人与人之间的相互关系。

其三，除正式组织外，还有非正式组织的存在。它对组织中每个群体和组织成员的行为具有影响。

其四，企业的各级领导要注意倾听职工的意见，要与他们加强沟通，要尊重和依靠他们，要学会巧妙地运用非正式组织的作用，使领导和被领导的关系融洽。

在管理学和心理学的研究历史上，梅奥的霍桑试验第一次把工业中人与人之间的关系问题提到首位，所以人们把这一学派叫做人群关系学派。这实际是组织心理学或组织行为学的前身或者先驱。

4. 工业消费心理学

工业消费心理学主要解决工业生产者与消费者的关系，也就是研究生产者与消费者相互关系中的心理和行为的规律性。一个公司或工厂的产品质量再好，消费者不了解，就卖不出去，工业生产就不能再循环下去，工厂就会倒闭。因此，工业企业之间的竞争不仅是产品“质量之战”，也是“消费者心理研究之战”。

最早把心理学应用于工业销售的是斯科特（1901）。随着工业生产和销售的发展，消费心理学对工业的发展越来越重要。

（三）管理心理学

广义的管理心理学也包括以上工业心理学的内容。正如我国的工业心理学家陈立教授所指出的：“管理心理学的内容很广泛，既有人事心理学的内容，包括人员的选择

① 陈立. 工业心理学简述［M］. 杭州：浙江人民出版社，1983：3.

与训练，职业教育（包括职业辅导、职业分析、就业安排），又要研究经营管理与组织，工作动机和态度，协作分工，工作环境与安全，领导品质及组织发展，以及与经济管理有关的消费心理学等。”① 所以工业心理学的产生与发展，也标志着管理心理学和组织行为学的产生。

三、行为科学与组织行为学

（一）行为科学的诞生

虽然梅奥等人的霍桑试验开创了运用心理学、社会学知识来综合研究人的因素的新方向，因而被称为研究组织内部人的行为的里程碑，但是由于霍桑试验得到的结论带有一定的推测和联想性，缺乏充分的客观依据，因而后来受到了一些人的批评。人们开始寻求其他的管理理论。

20 世纪 40 年代，系统论和控制论的提出和运用进一步促使各学科的学者聚集在一起共同探讨人的行为的产生。1949 年，在美国芝加哥大学的一次跨学科的科学讨论会上，有学者提出了运用现有的学科知识研究人的行为的产生的规律性。会上有学者提议，把这种综合各学科知识系统来研究人的行为的科学叫做“行为科学”（Behavioral Sciences）。1952 年，“行为科学高级研究中心”成立了。1953 年，美国福特基金会邀请了一批著名学者，在慎重讨论后，才把研究人的行为的学科定名为“行为科学”。1956 年，《行为科学月刊》正式发行。

（二）行为科学与组织行为学

按照美国《管理百科全书》对行为科学所下的定义，“行为科学是运用研究自然科学那样的实验和观察的方法，来研究在一定物质和社会环境中的人的行为和动物（除人这种高级动物以外的其他动物）的行为的科学。研究行为所运用的学科包括心理学、社会学、社会人类学和与之有关的其他学科。”

由此可知，行为科学运用的范围极广。把行为科学运用于教育就产生了教育行为学。例如运用行为改造方法（Behavior Mortification）来改造人的消极不良行为。

把行为科学运用在医学领域就产生了医疗行为学。如运用行为治疗方法治疗精神病。

把行为科学运用于政治领域就产生了政治行为学。如美国统治集团用行为科学的知识来处理政治集团内部、国家之间的冲突和矛盾，以及缓和国内的阶级矛盾等。

把行为科学的知识和原理运用于各种组织的管理上，就产生了组织行为学。

四、管理心理学与组织行为学

组织行为学是管理心理学直接发展而来的。

首次使用“管理心理学”这一说法的是美国女管理学家莉莲·吉尔布雷斯（Lillian Gilbreth）。她是随泰勒一起研究科学管理的吉尔布雷斯的妻子。20 世纪初，泰勒和吉

① 陈立．工业心理学简述［M］．浙江：浙江人民出版社，1983：8.

尔布雷斯集中力量通过动作研究和时间研究来提高工作效率，而这位莉莲·吉尔布雷斯却认为不能单纯通过工作的专业化、方法的标准化、操作的程序化提高效率，还应该注意研究工人的心理。她发现，由于管理人员不关心工人而引起的不满情绪也会影响工作效率。因此，她在 1914 年出版了一本《管理心理学》（*Psychology of Management*）。她力图把早期心理学的概念应用到科学管理的实践中去。但是这本著作在当时并没有引起人们的足够重视，没能形成一门学科。在第二次世界大战前的美国，心理学用于工业一直被称做“工业心理学 ”（Industrial Psychology）。当时，工业心理学的主要含义是指对工作中个体差异的测定，它以个体为研究对象。早在 20 世纪 20 年代，霍桑试验就已经发现了工作群体的重要性，但建立在群体理论之上的社会心理学研究的真正起步还是20 世纪50 年代的事情。那时候，人们清楚地看到，作为以群体特别是小群体为研究对象的社会心理学，对员工工作绩效的影响变得越来越大了。因此，美国斯坦福大学的莱维特（Levitt）教授于 1958 年正式用“管理心理学”（Managerial Psychology）这个名称代替原来沿用的“工业心理学”，使其成为一门独立学科。莱维特教授说，他用“管理”这个词来替换“工业”这个词的原意是想引导读者考虑如何领导、管理和组织一大批人完成特定的任务。

以后又出现的“组织心理学”（Organizational Psychology）这个名词，是 20 世纪 60 年代初莱维特为《心理学年鉴》所写的一篇文章中被首先采用的。这篇文章的目的也是要强调社会心理学尤其是群体心理学在企业界日趋显著的作用。

不久，美国心理学协会第十四分会——工业心理学分会改名为工业和组织心理学分会，其目的也是要承担比个体差异测定更广泛的组织问题的研究。随着这一学科的研究对象从个体到群体再到组织，其研究和实验的机构也发生了变化——从各大学的心理学院转到管理学院，特别是这些学院的研究生部。到了20 世纪50 年代末期，这些学院又吸收了社会心理学家、社会学家和人类学家。从这批人中产生出来的研究项目被取名为“组织行为学”。这一名称进一步强调了“组织”这一概念，同时又明确了它不是任何单独哪一门学科的产物。从此以后，“组织行为学”这一名称被沿用至今。现在在美国的管理院校中，几乎所有研究行为的小组都取名为组织行为学小组。

从管理心理学、组织心理学到现在的组织行为学，反映了这个研究领域的发展过程。从莉莲·吉尔布雷斯的《管理心理学》到莱维特的《管理心理学》，再到薛恩的《组织心理学》，虽已显示出了对组织更多的关注，但其内容主要还属于心理学范畴。到了卢桑提出更加偏重于社会学和心理学的观点时，“组织行为学”已被认为是合适的概念了。组织行为学是最为广泛的范畴，它一般包含了组织心理学和管理心理学。

综上，组织行为学的系统化体系形成并经历了一个理论准备和知识积累的过程。在这一过程中，有不少学者和专门机构也为之进行了不懈的探索，发表了许多很有见地的论著，为组织行为学理论的创立作出了突出贡献。对组织行为学的诞生作出贡献的还有：

莫里诺（J. L. Moreno）在 20 世纪 30 年代创立了社会测量学。这种理论中的测量技术通过问卷让被调查者根据好感或反感对伙伴进行选择，通过适当处理对群体中的人际关系进行分析。社会测量学为组织行为学研究群体行为提供了科学的方法和技术。

勒温（Kurt Lewin，1890—1947 年）富有独创性地提出了关于人的行为的“场论”，并进而形成了群体动力学。勒温认为，人的内在需要和周围环境的相互作用决定了人的心理和行为，进而形成社会秩序。群体动力学对群体行为的研究贡献很大。

马斯洛（A. Maslow，1908—1970 年）在 1943 年发表了《人类激励理论》一文，首次论述了作为人的动机基础的需要层次理论。马斯洛认为，人的需要从低级到高级依次可分为五类，即生理、安全、交往、尊重和自我实现。马斯洛的需要层次理论对组织行为学的激励理论的发展有很大影响。

1945 年，美国俄亥俄州立大学工商企业研究所根据企业领导行为的两维因素即“抓组织”和“关心人”研究提出了“领导行为四分图”理论，为研究组织中的领导行为提供了一个新的途径。

菲德勒（F. E. Fiedler）于 1958 年提出了有效领导的权变模式，认为任何领导形式均可能有效，其关键在于要与环境相适应。这一模式为 20 世纪七八十年代的领导问题研究开辟了一条新的途径，它是对领导理论的动态研究。

弗洛姆（Victor H. Vroom）于 1964 年在《工作与激励》中提出了工作激励的期望理论。该理论经过后人的发展和补充成为西方普遍接受的激励模式之一。

劳伦斯和洛希在 1967 年发表的《组织和环境》等文章中分类研究了外界环境如何影响组织结构的问题，这在组织结构与外部环境关系的研究方面是标志性的进展。

明兹伯格（H. Mintzberg）在 1973 年所著的《管理工作的性质》中着重研究了管理者应能明确应该做的工作和工作特点。

普菲尔（J. Pfeffer）和萨兰西克（G. Salaneik）在 1978 年合著的《组织的外部控制》中建立了资源—依赖性模型，阐明了部门之间由于资源—依赖性关系而决定的权力关系。

威廉·大内（William G. Ouchi）在 1981 年所著的《 Z 理论——美国企业如何迎接日本的挑战》中对价值观及其对管理效率的影响作了国际比较。

哈默（M. Hammer）和钱皮（J. Champy）在 1993 年所著的《企业再造》中对在信息化和全球化条件下企业组织的系统变革进行了研究。

第二节　组织行为学的发展阶段与流派

组织行为学的产生和发展有它的理论基础和实践基础，这表现在管理思想发展的各个重要阶段。①

一、科学管理阶段

这一阶段（19 世纪末至 20 世纪 30 年代）的代表理论是科学管理理论和古典组织理论。

① 段万春. 组织行为学 [M]. 重庆：重庆大学出版社，2003.

（一）泰勒和他的科学管理理论

泰勒所处的年代正是美国南北战争结束后不久的资本主义蓬勃发展时期。这一时期，美国企业资金积累迅速增加，新技术不断引进，企业规模不断扩大；而另一方面，工厂管理还是靠传统经验办事，工人怠工、合谋对抗管理部门的现象普遍存在，生产效率低下，企业生产要素的潜力得不到发挥。据文献记载，当时美国只有少数企业的产量能达到实际生产能力的 60%。在这种情况下，要提高劳动生产率就必须寻求合理的生产组织方式，提高管理水平。为此，一批工程师、企业家进行了积极的探索与研究，并发表了许多见解。泰勒是他们之中最有成就的一个。泰勒根据自己的实践经验和研究成果，于 1911 年出版了《科学管理原理》一书，认为科学管理的中心问题是提高劳动生产率。该书的主要内容可以用泰勒本人所归纳的管理部门的四项职能（或称工作原则）来说明：

第一，为工人工作的各组成部分研究出一套科学的方法以代替过去凭经验管理的方法。

第二，科学地挑选工人，然后进行培训、指导，使之提高业务水平。过去是由工人自己选择工作并尽其所能来训练自己。

第三，诚心诚意地与工人合作，以保证一切工作都能按照已制订的科学程序进行。

第四，在管理部门和工人之间大致平等地进行分工，并承担相应的责任，管理部门把一切由他们自己做更为合适的工作都承担起来。而在过去几乎所有工作都落在工人身上。

科学管理原理（又称“泰勒制”）的影响是广泛和久远的，无论是在它的发源地美国，还是在其他工业化国家。据美国 1971 年版的《工业工程手册》，美国在科技发达的 20 世纪 70 年代仍有 83% 的公司和工厂在应用泰勒所倡导的某些科学管理方法。而日本在第二次世界大战后和 20 世纪 70 年代后期曾两度兴起推广运用泰勒制的热潮，这大大促进了日本工业在战后的迅速振兴和发展。前苏联在开始实施第二个五年计划时便运用泰勒制原理开展劳动竞赛；到了 20 世纪 60 年代，前苏联又重新研究泰勒制原理并在工业生产中推广运用。1984 年，美国通用汽车公司与日本丰田汽车公司在美国蒙特合资兴建了汽车公司。该公司自运转开始便运用泰勒制的动作时间研究和合理挑选工人等管理原则。十多年来，该公司创造了世界一流的劳动生产率和产品质量。由日本丰田公司创造的号称世界级制造系统（World Class Manufacturing，WCM）的准时生产制（JIT），其基本思想也是来源于科学管理原理。由此可见，泰勒无愧于刻在他在费城的墓碑上的“科学管理之父”的称号。

后来，也有不少学者对泰勒制提出了批评，指责泰勒把经济上的需要看做是工人的唯一需要。不过孔茨等人则认为，在当时的生产力水平条件下，贯穿于泰勒著作中的主旋律却是强烈的人道主义，精心选人、用人并加以培训，可以使工人能够做自己干得最好的工作。泰勒最大的贡献在于他把制度化思想带到管理实践中来。正如他在《科学管理原理》一书的导言中所说的：“过去，人是第一要素，将来，体制则是第一要素。这绝不是说不需要伟大人物。相反，任何一种好的制度的首要目标必须是造就和发展第一流人才。”

与泰勒同时期、对科学管理理论有过贡献的还有吉尔布雷斯夫妇以及甘特（H. L. Ganti）等。

（二）古典组织理论

与科学管理原理相辅相成的是古典组织理论。古典组织理论侧重于研究组织中行政管理方面的问题。这一理论的代表人物是法约尔和韦伯。

1. 法约尔（H. Fayol，1841—1925 年）

亨利·法约尔出生于法国，1860 年从圣艾蒂安国立矿业学院毕业后进入康门塔里—福尔香堡（Comentry - Fourchambault）采矿冶金公司，成为当地矿井组的采矿工程师，并于 1888 年出任该公司总经理。1916 年，法国矿业协会的年报公开发表了他的著作《工业管理和一般管理》。其理论贡献主要体现在对管理职能的划分和组织管理原则的归纳上。他第一个阐明了关于管理和协调的一系列组织原则，因而被称为“现代经营管理之父”。与泰勒着重于工人个体不同，法约尔着重研究高层管理问题。在 1908 年的采矿工协会 50 周年年会上，他提出了组织管理的 14 项原则：

（1）劳动分工

这一条是关于实行劳动专业化的古典概念。同泰勒一样，法约尔认为劳动分工不仅限于技术工作，也适用于管理工作，还适用于职能的专业化和权限的划分。

（2）权力与责任

权力指的是指挥和要求别人服从的权力和力量。法约尔把管理人员的正式权力和个人权力区别开来。前者是由于管理人员的职位产生的，后者则是由管理人员的智慧、经验、道德品质、领导能力及其以往的功绩等产生的。一个好的管理人员可以以他的个人权力来补充他的正式权力。法约尔还指出，权力和责任是互为因果的，有权力必定有责任。

（3）纪律

纪律实质上是以企业同其雇员之间的协定为依据的服从、勤勉、积极、规矩和尊重的表现。纪律是行政管理绝对必需的。法约尔指出，纪律是以尊重而不是以恐惧为基础的。纪律松弛必然是管理不善的结果，而严明的纪律产生于良好的领导以及管理当局同工人之间关于规则的明确协议和赏罚的审慎应用。

（4）统一指挥

这是指组织中每个人只能服从一个直接上级的指挥。法约尔指出，如果两个领导同时对一个人或一件事行使权力，就会出现混乱。

（5）统一领导

统一领导和统一指挥有所不同，指的是一个集团（不是指个人）关于同一个目的的所有行动只能有一个领导和一项计划。统一领导来自健全的组织。

（6）局部利益服从整体利益

这意味着在一个组织里，一个人或一个部门的利益不能被置于整个组织利益之上。为了实现这个原则，就要克服愚昧、野心、自私、懒惰、软弱和一切企图把个人或小集团利益置于组织的整体利益之上的个人情绪。

（7）报酬

法约尔是在把职员看成“ 经济人”的基础上来阐述这个原则的。报酬和支付方法应当是公平的，并应为雇员和雇主提供最大可能的满足。法约尔在讨论了日工资、任务工资、计件工资、资金、分红、实物津贴、福利和荣誉等方式以后说，付酬方式取决于多种因素，而其目的是使员工感觉自己更有价值，并激发起他们的工作热情。

（8）集中

法约尔指出，集中是组织发展的自然结果，就像劳动分工一样。实行集中的目的是尽可能地发挥所有人员的才能。是实行集中还是分散，应根据组织的性质、业务的性质和工作人员的能力而定。

（9）权力等级链

这指的是从企业最高领导到最基层的上下级系列。它体现了命令执行的路线和信息传递的渠道。法约尔指出，在不必要的情况下违背等级原则是一个错误，但由于遵循等级原则而造成对企业的损害，则是一个更大的错误。因此，应该把尊重等级原则和保持行动迅速结合起来。这可以通过建立平级之间的联系制度来实现，即建立“法约尔桥”。

（10）秩序

这要求每件东西和每个人都有一个位置，并且都处于恰当的位置上。法约尔指出，建立秩序是为了避免物资的损失和时间的浪费。良好的秩序必须以胜利地完成两项最艰巨的管理工作为前提，即建立良好的组织和进行认真的选拔。要确定企业顺利发展所必需的职位并为这些职位选拔称职的人，使每个人都在能够发挥自己最大能力的岗位上任职。

（11）公平

公平是由善意和公道产生的。当主管人员对他的下属仁厚、公正时，他的下属必将对他忠诚和尽力，这是善意的效力。公道是指实现已订立的协定。由于已订协定不能预测到所有的事物，对变化的内容要经常加以阐明和补充。

（12）人员的稳定

这是指有计划地安排人员和补充人力资源。法约尔指出，一个人要适应他的新职位并很好地完成他的工作，需要一定的时间。不必要的流动是管理绩效不佳的表现，频繁的流动也是一种人力资源的浪费。

（13）首创精神

首创精神表现在拟订并执行一个计划的自主性上。由于它是“一个有才智的人可以体验的最渴望的满足之一”，法约尔劝告主管人员要“牺牲个人的虚荣心”，而让下属人员去发挥首创精神。

（14）团结精神

这是指要在企业内部建立起和谐与团结协作的氛围。实现团结需要强调集体协作的必要性和信息沟通的重要性。

在以上的 14 条原则中，法约尔管理理论的核心是统一指挥和权力等级链。1916

年，法约尔写了《工业管理和一般管理》一书，书中指出管理的五大职能是计划、组织、指挥、协调和控制。另外，法约尔还把“管理”与“经营”的概念区分开来，认为管理只是经营的六种职能活动之一。他将一个工业企业的各种活动划分为六类：①技术活动（生产）；②商业活动（采购、销售和交换）；③财务活动（资金的筹措和有效使用）；④安全活动（财产和人身的保护）；⑤会计活动（包括统计）；⑥管理活动（计划、组织、指挥、协调和控制）。他指出，这些活动都存在于各种不同规模的企业里。

2. 马克斯·韦伯（Max Weber，1864—1920 年）

马克斯·韦伯是德国著名的社会学家，1864 年出生在德国爱尔福特的一个中产阶级家庭，1882 年进入了海德堡大学法律系就读，后就读于柏林大学，毕业后留校任教。他在管理理论方面的主要贡献是提出了“理想的行政组织体系”，并因此被称为“组织管理之父”。其主要著作有《社会组织和经济组织理论》《新教伦理与资本主义精神》《政治作为一种职业》《经济和社会》等。

行政组织体系（Bureaucracy）一词的德文原文又可译为官僚政治、官僚体制，不带有贬义，其实质是一种“层峰结构”。所谓理想的行政组织体系是指不以家族世袭地位、人事关系、个人感情等来构造组织，而是按照严密的行政组织、严格的规章制度来组成管理机构。当时德国正在从封建社会向资本主义社会过渡，韦伯的理想行政组织体系的理论正反映了工业化的要求，即冲破封建家族的世袭式管理，走向新式的职业式管理。韦伯组织理论的主要贡献有下列几方面：

（1）设计了理想的行政组织体系

理想的行政组织体系的要点是：①组织内的各种职务和岗位要按照职权等级来设置，形成一个逐层分级指挥系统，个人的责权要明文规定。②组织成员的任用应通过正式考试或培训，使人员胜任职务的要求，而不是凭世袭地位或人事关系。③组织内的任何人都必须严格遵守规章和纪律，没有例外。

（2）认为行政组织体系的基础是合法规定的权力

任何组织都必须以某种形式的权力作为基础，才能保证组织的秩序、达到组织的目标。韦伯指出，有三种类型的权力：①理性和法定的权力。这是指经过合理挑选，依法任命，并赋予行政命令的权力。②传统式的权力。这种权力来源于传统习惯。封建社会的传统习惯就是家族世袭，权力代代相传。③个人崇拜式的权力。它来自对某个人的特殊和超凡的神圣感、英雄主义形象或模范品质的崇拜，或对这个人所代表的标准模式的崇拜。韦伯认为，理想的行政组织体系必须建立在第一种权力即理性的和法定的权力的基础之上。因为只有这种权力具有合法性。在任命该权力的拥有者时经过理性的考虑和挑选，能保证管理的连续性。

（3）设计了行政组织体系的结构

韦伯的理想的行政组织体系的结构可用图 1－5 来简单表示。

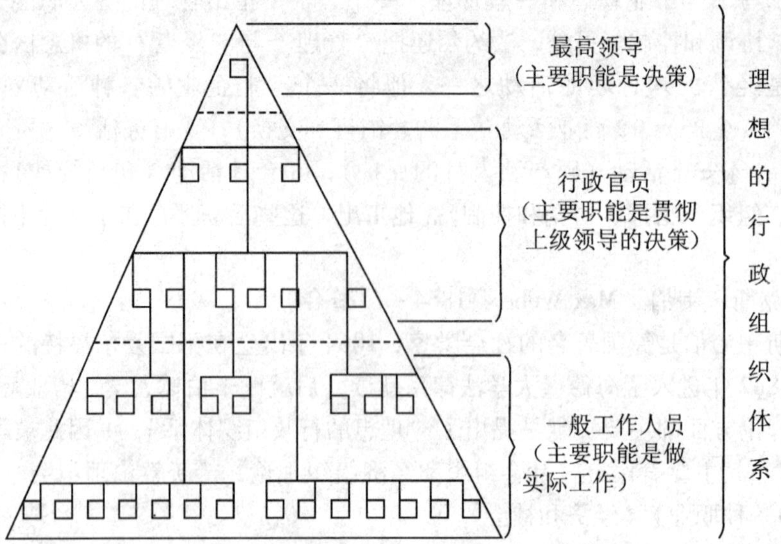

图 1-5　韦伯的理想的行政组织体系的结构

从图 1-5 可以看出，理想的行政组织体系的结构分为三层，其中的最高领导层相当于目前许多组织的高级管理阶层，行政官员层相当于中级管理阶层，一般工作人员层即相当于基层管理阶层。韦伯的组织理论对后世的影响是很深远的。

泰勒、法约尔和韦伯的理论分别代表了那个时代管理理论的三个重要方面，即科学管理理论、计划管理理论和行政组织理论。尽管这三种理论研究的重点各不相同，但它们有着共同的特点，那就是试图通过建立严格的管理制度、周密的计划和刚性的组织结构来解决当时企业中出现的问题，以达到提高生产率的目的，而轻视或忽视组织中人的思想、情感和主观能动性。

二、行为科学阶段

早期的行为科学在 20 世纪 30 ~ 40 年代被称为“人际关系学说”，此间还出现了社会系统学派。这一阶段大致是 20 世纪 30 ~ 50 年代 。

（一）人际关系学说

20 世纪的 20 年代初和 20 世纪 30 年代初，美国爆发了经济危机，出现了经济大萧条，国民生产总值从 1929 年的 2030 亿美元降至 1933 年的 1400 亿美元，失业人口达到 1300 万，大批企业倒闭。罗斯福总统推行新政，先后颁布了《国家劳动关系条例》和《公平劳动标准条例》，工会势力上升了。在这种情况下，科学管理的缺陷愈来愈明显。就在这一时期，出现了著名的“霍桑实验”，它成为了人际关系学说的催化剂。

霍桑实验由美国科学院全国学术研究委员会与西部电器公司联合，在该公司所属的芝加哥霍桑电话机工厂进行。实验始于 1924 年，结束于 1932 年，研究的着重点是工作群体的社会态度和相互关系对工作绩效的影响。实验由哈佛大学著名心理学家梅奥为首的一批学者主持。1933 年，梅奥就实验结果进行了总结，并于同年出版了《工业文明中人的问题》一书。以梅奥为中心的一些经济学、管理学、心理学和社会学者深化了霍桑实验的结论，逐渐形成了“人际关系学派”。

人际关系学派的许多新的管理观念体现在《工业文明中人的问题》中：

(1) 以前的管理把人假设为“经济人”，认为金钱是刺激人的积极性的唯一动力。而霍桑实验证明人是“社会人”，社会和心理的因素也影响着人的生产积极性。

(2) 以前的管理认为生产效率主要受工作方法和工作条件的制约。霍桑实验证明生产效率主要取决于员工的积极性和士气，而积极性、士气则取决于员工的家庭生活和社会生活以及企业中人与人之间的关系。

(3) 以前的管理只注意组织机构、职权划分、规章制度等“正式群体”的问题。霍桑实验发现除正式群体外，员工中还存在着非正式群体。这种非正式的群体有它特殊的感情和倾向，影响着其成员的行为。

(4) 新型领导者应能提高员工的满足感，善于倾听员工的意见并与其沟通，使员工在正式群体中的经济需要与在非正式群体中的社会需要之间取得平衡。

知识链接

霍桑实验

霍桑实验于1924—1932年在芝加哥西部电器公司的霍桑工厂进行了一系列研究，开创了人际关系学的先河。此项研究最早由西部电器的管理者们发起，后来哈佛大学的教授阿尔顿·梅奥继续进行了深入调研。

照明试验。研究人员由强到弱控制着照明的强度，但是群体产量没有因此发生丝毫的改变。结果发生的变化，只有一点是确定的：产量的增减与照明的强弱没有联系。

装配试验。他们将一小部分妇女与主要工作群体隔离，这样就能对她们进行更好的观察。被隔离的妇女们被安置在一个和正常工作环境布局相似的地方，干着同样的工作，即流水装配小型电话。唯一的明显区别是：有一个研究人员充当观察员，对她们的工作如产出效率、退货情况、工作条件进行记录，填写描述日常状况的工作日志。这项试验持续了几年，结果发现这一个小群体的产出稳步增长，病假也只有正常生产车间的1/3。

谈话试验，又称访谈实验。为了了解员工对现有管理方式的意见，从而为改进管理方式提供依据，梅奥等人制定了一个征询员工意见的访谈计划，对两万名左右的员工进行了访谈。

薪金试验。其目的是为了确定丰厚的薪金对激励计划的作用大小。

霍桑实验为理解群体行为尤其是群体规范在决定个体工作行为时所起到的重要作用作出了很大的贡献。

(二) 社会系统学派

社会系统学派的代表人物是巴纳德。巴纳德用社会学的观点来研究管理理论，在继承古典组织学派理论的基础上，就组织理论提出了许多新的观点。这些观点集中反映在其1938年出版的代表作《经理人员的职能》中。该书是组织理论的经典著作之一。巴纳德组织理论的主要观点有以下几方面：

1. 对“组织”的定义

巴纳德给“组织”下的定义是：“两个或两个以上的人的有意识协调和活动的合作系统。”巴纳德是从人与人相互合作的角度解释组织的第一个人，他把组织结构特性与人类行为特性结合起来分析组织问题。巴纳德的组织定义包括以下几层含义：①组织是由人的活动即人的行为构成的系统。②组织之所以是一个系统，是因为它是按一定的方法进行调整的人的活动和行为的相互关系。③组织是动态和发展的，它随系统中的一部分变化或随其他部分关系的变化而变化。④组织是一个协作系统，信息联系是决定组织效率的重要因素。

2. “诱因与贡献平衡”论

“诱因”是组织为满足个人的动机而提供的报酬。它可以是物质的，也可以是精神的，是引导个人对组织作出贡献的因素。“贡献”是有助于实现组织目标的个人活动。由于个人目标和组织目标可能存在不一致，巴纳德提出了“效能”和“效率”的概念。效能是指组织向成员提供诱因、使其满足的程度。个人效率是协作效率的基础，个人目标是否得到满足直接影响组织绩效。只有诱因与贡献达成某种平衡，才能使组织中的成员产生必要的合作愿望，组织目标才能实现。诱因和贡献的平衡是相对的、动态的，组织管理部门应根据个人需要的变化及时在诱因方面作出相应的调整，以求得新的平衡。

3. 权威接受论

支配下属的命令是否为下属所接受是决定管理人员权威的关键。权威的建立不能仅仅依靠命令，还要依赖个人作为组织成员对命令的理解和对管理者的信任——认为它同组织目标和个人利益是一致的，并在精神上和智力上遵守命令。

4. 注重信息沟通

构成组织的基本要素是共同的目标、协作的愿望和信息沟通。信息沟通是实现前两个要求的条件和基础。在强调管理部门必须建立、强化信息沟通职能的同时，还要突出“非正式组织”作为信息沟通又一渠道的重要性。非正式组织既能加强成员之间的感情联系，又能在相当程度上保护成员的利益。

5. 经理人员的职能

经理人员作为信息系统的中心和组织成员协作努力的协调人，应具有三项主要职能：一是维持组织的信息联系系统，二是管理、培训、激励组织成员，三是规定组织目标。此外，还有决策和授权职能。

6. 非正式组织的职能

巴纳德称非正式组织是不属于正式组织的个人之间相互联系和作用的集团，它产生于同工作有关的广泛联系中。这种集团虽然并不一定具有明确的共同目标，但有共同的利益、观点、习惯、语言或准则。非正式组织可能对正式组织产生消极影响，但它至少在三方面对正式组织有积极作用：

其一，一些不便在正式组织中解决的问题，在非正式组织中却易于解决；

其二，有助于维持正式组织的团结；

其三，可以维护个人品德、自尊心，并抵制正式组织的不利影响，以维持个人人格。

因此，非正式组织是企业组织不可缺少的部分，其存在能使组织更有效率和效能。

7. 协作系统三要素

巴纳德认为，构成组织这样的协作系统的三个要素是：共同的目标、协作的意愿、信息的交流。对一个组织来说，如果没有共同的目标，组织的成员就不知道要求他们付出怎样的努力，以及从协作的结果中他们能得到怎样的满足。一个组织的目标只有被其成员所接受，才能导致协作活动。个人的协作意愿意味着个人自我克制、交出对个人行为的控制权和放弃个性化，其效果是与个人的努力结合在一起的。对个人来说，接受组织目标和产生协作意愿似乎是同时发生的。

在组织的三要素中，要使前两个要素发挥作用，信息交流是基础。因为信息交流是连接组织目标与个人协作意愿的桥梁。巴纳德是第一个把信息交流作为组织要素的人，他还制定了组织中信息交流的几条原则：

第一，信息交流的渠道要为所有的组织成员明确了解。应明确规定每个人的权力与责任，公开宣布每个人所处的地位。

第二，每个成员都要有一个正式的信息联系渠道，每个人只能有一个直接的顶头上司。

第三，信息联系的渠道要尽可能地直接而简短，并要经常进行信息交流，以避免矛盾和误解。

第四，经理人员是信息联系的中心，必须称职。必要时，可由经理人员、辅助人员和参谋人员共同组成信息联系中心。

第五，组织在执行职能时，信息联系线路不能中断。

第六，信息链的每一个连接点都必须是有权威的。

第七，必须经常运用完整的信息联系线路，以加强沟通和增进了解。这要求从一个组织的最高层到基层的信息联系应该通过信息链的每一个层次。

以上分析的协作系统的三个要素可用图 1－6 来表示。

（三）行为科学学派

“行为科学”正式出现于 20 世纪 40 年代末 50 年代初。1949 年，在美国芝加哥大学召开的一次跨学科的讨论会上，首次把这门综合性极强的学科定名为“行为科学”（Behavior Sciences）。从那时起，行为科学不仅得名，并且取代了人际关系学说。

关于行为科学的定义，在国内外的文献中有不同的解释。根据 1980 年英国出版的《国际管理词典》中的解释，“行为科学”主要是对工作环境中个人和群体的行为进行分析和解释的心理学和社会学学说，其应用包括信息交流、创新、变革、管理风格、培训和评价等领域。它强调的是创造出一种最优环境，以使每个人既能为实现公司目标作出贡献，又能为实现个人目标有所作为。

中国的行为科学研究者将行为科学定义为：“由心理学、社会学、社会心理学、人

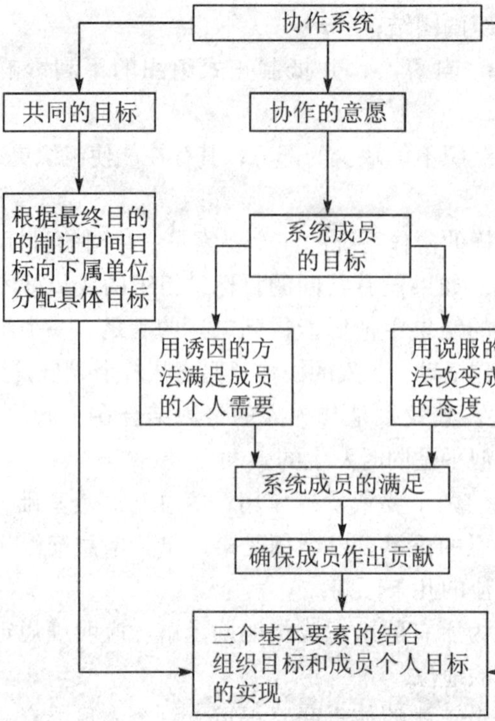

图1-6　巴纳德的协作系统

类学以及一切与研究行为有关的学科组成的学科群。它研究人的行为规律，借以控制并预测行为，并为实现政治的、经济的和文化的目的服务。”从众多的行为科学定义中，可以看出该学科有以下三方面的共同点：

第一，行为科学是一个学科群。行为科学的理论基础主要是心理学、社会学、人类学和社会心理学。其中，心理学在行为科学中占有重要地位。现代西方心理学家往往把心理学定义为研究人的行为规律的科学。因为人的心理与人的行为有着密切的关系。人的心理是在内外环境的影响下，在人的行为活动中形成和发展的。同时，人的心理对人的行为起着引导、调节和维持作用。社会学是用科学的方法研究社会行为的学科，其研究的重点是各种社团、组织、机构的社会行为；人类学包括体质人类学和文化人类学，其中文化人类学研究在一定的文化影响下的人的行为；社会心理学是介于心理学与社会学之间的一门学科，它是从与社会环境相联系的角度研究个体行为。由以上的分析可以看出，行为科学是以上述四门学科为核心，并吸收其他有关行为研究的知识而形成的一个学科群。

第二，行为科学主要是研究人的行为规律。尽管行为科学也研究动物行为，但它的主要研究对象是人的行为。研究并掌握人的行为规律，就可以控制人的行为，预测人的行为。控制人的行为就是指纠正人们不符合社会需要和社会规范的行为，使人的行为向合乎社会规范的方向发展。预测行为就是指根据已掌握的行为规律，预测一个人在某种环境下如何行事。这种预测是建立在系统、科学的方法基础之上的。

第三，行为科学的应用领域比较广泛。行为科学知识可以广泛运用于政治、经济、文化等各个领域。可以说，凡是涉及人和人的行为的领域都需要行为科学。行为科学应用于政治领域，就形成了政治行为学；应用于医学领域，就形成了医学行为学；应用于管理领域，就形成了组织行为学。由于行为科学的应用较为广泛，并为西方发达国家提供了解决因社会生产力发展而出现的人的行为方面的问题的钥匙，美国出版的《国际社会科学全书》把行为科学称为“20 世纪重要的智慧和文化的创造”。

三、系统科学阶段

把贝塔朗菲（L. V. Bertallanffy）的一般系统理论应用于工商企业管理的研究，管理理论的发展就进入了系统理论阶段（20 世纪 60 年代至今）。

（一）系统管理学派

系统管理学派的代表人物主要有卡斯特（F. E. Kast）和罗森茨韦克（J. E. Rosenzwig）等。由约翰逊（R. A. Johnson）、卡斯特和罗森茨韦克三人于 1963 年合著的《系统理论和管理》一书从系统概念出发，建立了企业管理的系统模式，因而成为系统管理学派的代表作。他们在组织理论方面的主要观点有两方面：

第一，组织是一个人造的开放系统。组织为了求得生存和发展，必然要同外界环境相互影响。也就是说，它必然要消耗来自环境的人力、物力、财力、信息等资源，同时又向环境输出各种产品、服务等资源。同时，组织又具有内部的和外部的信息反馈网络，能够不断地自我调节，以适应环境的变化。

第二，组织本身是由各个子系统组成的一个有机系统。组织的优化要强调整个系统的优化，而不仅是各个子系统的优化。按照不同的标准，组织内的子系统有不同的划分方法，但主要的划分方法有以下两种：

其一，按各子系统在组织中所起的作用划分。传感子系统，用来度量和传递企业内部的变化信息；信息处理子系统，如会计系统和电子数据处理系统等；决策子系统，它接受输入的信息，作出决策并传达下去；加工子系统，它利用信息、物资、能量和人工来完成一定的任务；控制子系统，它保证加工过程按照原定的计划进行，一般都有反馈控制；记忆或存储子系统，可采用记录手册、工艺规程、电子计算机程序等形式。

其二，按各子系统的性质划分。一是目标和价值子系统。组织的许多价值观是从外界的社会文化环境中取得的，有些则是根据组织自身的需要而塑造的。企业的目标体现了价值观的要求，它包括企业的战略目标、各部门的策略目标和员工的个人目标。二是技术子系统。包括实现目标和任务所需的技术和知识。三是社会心理子系统。包括组织成员的行为和动机、地位和角色的关系、群体动力、影响力等。四是结构子系统。包括职能结构、岗位结构、部门结构、职权结构和协调规则等。五是管理子系统，包括计划、组织、领导、控制等管理职能。管理子系统在上述五个子系统中处于中心地位，负责指导和协调其他各个子系统的活动。另外，在复杂组织的管理等级制度中还有战略子系统、协调子系统和作业子系统等重要的子系统，它们承担着不同的管理任务。

（二）权变理论学派

权变理论学派是在 20 世纪 70 年代形成的。其基本观点是：没有一成不变的、普遍适用的、最好的管理原则和方法，一切管理活动都要根据企业所处的外部环境和内部条件而权宜应变。权变理论学派是按权变观念来考察问题的。系统观念为我们了解和分析组织提供了较广泛的、概括性的一般观点；权变观念则更着重于具体组织的特殊性。权变学派十分注重从大量的实际事例中概括、归纳出几种基本模式，并致力于寻求这些模式差异的影响因素及相应的管理方法。

权变理论学派的代表人物较多，在组织理论方面主要有汤姆·伯恩斯（Tom Bums），伍德沃德（Joan Woodward）、劳伦斯和洛希等人。他们在组织理论方面有如下的观点：

第一，权变学派强调组织的多变性，即与每一组织有关的条件的多样性和环境的特殊性。

第二，强调外部环境对组织结构设计的影响。权变学派认为企业的组织设计应当是开放式的，企业的组织结构不仅要有稳定性，而且要有对环境的适应性、对环境的变化的足够的敏感性，才能保证企业的生存与发展。

第三，试图通过对企业的分类、对环境因素的分析，对不同类型的企业所适用的组织结构模式得出一些一般结论。

（三）企业再造思潮

20 世纪 90 年代以来，美国企业开始了管理上的重大变革。这次变革的中心思想是“企业再造”（Reengineering the Corporation）。企业再造是以系统动力学原理为指导，对企业组织进行整体层次的变革。按照迈克·哈默与詹姆斯·钱皮的定义，企业再造是指为了迅速改善成本、质量、服务、效率等重大问题，在强调以“顾客为导向”和“服务至上”的前提下，对企业的整个运作流程进行根本性的重新思考和彻底改革，以期在产品成本、质量、服务以及效率上获得较大的改善。美国麻省理工学院的弗雷斯特（Jay Forrester）早在其 1965 年发表的论文《企业的新设计》中就曾对企业再造思潮作过预言。1993 年哈默和钱皮合著的《企业再造》是企业再造思潮的代表作，而彼得·圣吉在 1990 年出版的《第五项修炼——学习型组织的艺术与实务》则是企业再造实务的重要指导书。

企业再造思潮在变革策略上有以下几个方面的内容：

第一，重新整合业务流程。运用现代信息技术重新分析不同业务流程以及同一业务流程的各个阶段的内在关系，对其进行优化组合，以提高服务质量。

第二，组建自我管理小组。用自我管理小组取代或削减专职从事管理的管理幕僚，并赋予管理小组更大的决策权，以改变过去组织体系中管理层次过多以及决策与执行分开的局面。

第三，建立新型的学习型组织。这种新型的学习型组织是一种充分发挥人的主观能动性、充分运用高新技术和先进的信息技术的扁平型（层次少）、灵活度高并保持集体（或组织）不断学习的组织。

第四，重新设计组织的系统边界。企业要按照业务流程的性质和与外部环境的互动关系，超越原有“法定”组织界线，制定工作规程。企业再造工程的支持性理论比较多，但现在还没有形成成熟的理论体系。

第三节 组织行为学的研究对象与方法

一、组织行为学的研究对象

（一）组织行为学的概念

组织行为学是运用系统分析的方法，研究各类组织中人的心理和行为的规律，从而提高管理人员预测、引导和控制人的行为的能力，增强组织的适应能力，以实现组织目标的科学。

在组织行为学的发展过程中，曾有不少学者从不同角度对该学科下过定义。美国学者杜布林（A. J. Dubrin）的定义是：“组织行为学是系统研究组织环境中所有成员的行为的一门学科，以成员个人、群体、整个组织以及外部环境的相互作用所形成的行为作为研究的对象。”而凯利（Jee Kelly）的定义是：“组织行为学是对组织的性质进行系统的研究——组织是怎样产生、成长和发展的，它们怎样对各个成员、组成这些组织的群体、其他组织以及更大些的机构发生作用。”从以上所列的定义中，我们可以看出组织行为学的研究内容。

（二）组织行为学的研究对象

1. 研究对象

组织行为学既研究人的心理活动规律，又研究人的行为活动规律，是把两者作为一个统一体来研究的；因为人的行为与心理活动密不可分，心理活动是行为的内在基础，行为是心理活动的外在表现。

2. 研究范围

组织行为学不是研究人的一般行为规律，也不是研究一切人类的心理和行为的规律，而是研究各种工作组织中人的心理与行为的规律。这些工作组织主要是指工商企业，也包括政府机关、学校、军队、医院等。所研究的心理与行为不仅是个人的心理与行为，还包括在一定组织环境中的人的心理与行为。

3. 研究方法

组织行为学不是孤立地研究一个组织中的个体、群体及组织本身的心理和行为，而是用系统分析的方法，按照系统理论的观点，将个体的人作为一个系统，并把它放在群体这个较大的系统中研究。个体就是群体的子系统，而很多的群体又构成一个组织；因此，群体又是组织这个大系统的子系统。它们均自成系统而又密切联系、不可分割。同时，它们又都处在社会环境这个更大的系统之中，因此它们又都是社会环境的子系统。

4. 研究目的

组织行为学的研究目的是在掌握一定组织中人的心理和行为的规律性的基础上，提高预测、引导、控制人的行为的能力，以实现组织既定的目标。

（三）组织行为学的分类与研究内容

20 世纪 80 年代以来，在美国，已将组织行为学划分为宏观组织行为学与微观组织行为学。宏观组织行为学主要以社会学、经济学和文化人类学的理论为基础，着重研究组织结构、组织设计以及在一定社会经济背景下的组织行为；微观组织行为学则以心理学的理论和原理为基础，着重研究个体的态度和行为、个体和群体与组织系统的相互作用和影响。因此，具体地说，组织行为学要研究三个方面的问题：一是工作组织对其成员心理和工作行为的影响，包括价值观、工作态度和行为方式方面的影响；二是工作组织成员的行为方式及其绩效对整个组织的效率和绩效的影响；三是在一定的外部环境下组织对环境的适应性行为和持续发展的问题。组织行为学使抽象的管理理论具体化和实用化了。组织行为学研究的具体内容可用图 1－7 来表示。

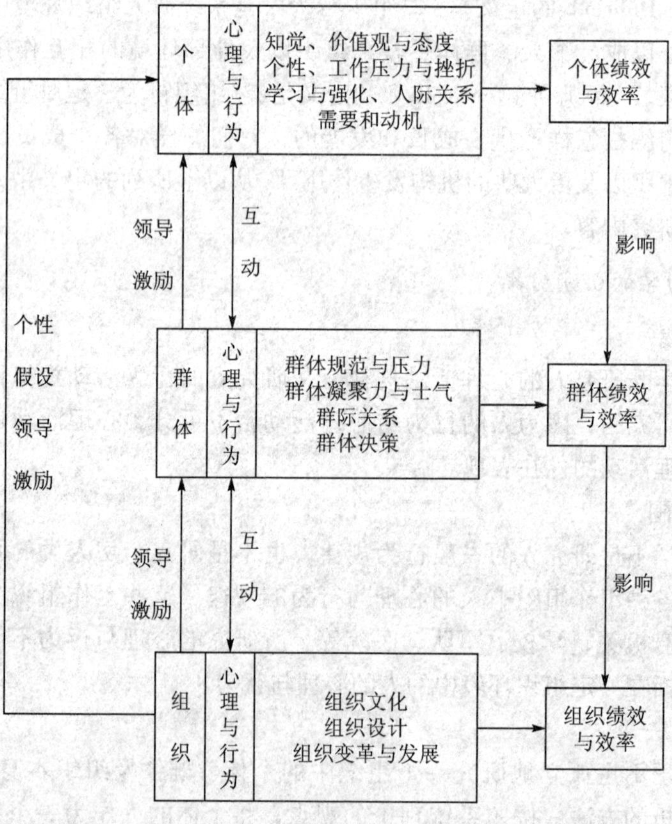

图 1－7　组织行为学的研究内容

二、组织行为学的研究方法特征与分类

研究方法是揭示研究对象的手段。任何一门以某种客观规律性为研究对象的科学，

都有其与之相适应的一套合乎科学的研究方法。没有科学的研究方法，就无法揭示这种客观规律性。组织行为学与其他学科一样，也具有作为揭示客观规律性手段的科学方法。

（一）研究方法的主要特征

组织行为学的研究方法和其他学科一样，都具有以下几个主要特征：

1. 收集资料的客观性

如实观察和实验，这是任何科学的研究方法最基本的要求和最主要的特点。研究人员只有通过对收集和占有的客观资料和数据的分析才能得出正确的结论。决不能在调查之前就带着主观偏见去收集证据，因为那不反映客观实际，因而也是不可靠的。

2. 观察和实验的条件的可控性

观察和实验必须控制在一定的条件之下，并在观察和实验前预先确定。只有这样才能使研究者知道可能影响被试者反应的各种因素。例如，我们要研究工人班组的气氛和士气对工人生产效率和思想情绪的影响，实验的条件就必须排除班组之间在生产技术要求、操作方法和劳动强度等方面的差别对生产率的影响，应通过控制使影响因素只剩下两个相对比的班组的气氛和士气这两个变化因素。只有这样，我们才能在其他条件相同的情况下在对比中找出气氛和士气对工作效率的影响程度来。假如把一个工人从一个士气不高的班组调到士气高的班组去工作，其工作效率比在原班组确有提高，则这种提高的程度直接体现了士气对工人生产效率的影响程度。

3. 分析方法的系统性

鉴于影响人的心理和行为的因素是多方面的，一方面，必须把每个因素都置入整个大系统中去研究分析，决不可只从个别因素和个别方面孤立地研究分析；另一方面，由于新的知识是在过去已有知识的基础上产生的，它是整个知识的一部分，因此还必须要把该学科过去和现在的全部知识加以系统化、条理化。也只有这样，才能形成为一个科学的研究方法。

4. 所得结论的再现性

如果我们所采用的研究方法是符合客观事物发展规律的，那么只要在原先那种可控制的条件下继续重复同样的实验，就能不断重复地得到原来实验的结论。反过来说也是一样，只有不断地、重复地得到同样的结论，才能证明这种研究方法是科学的研究方法。

5. 对未来的预见性

如果收集的资料和数据是客观的、分析方法是系统的，那么所得出的结论就会符合客观规律，这种符合客观规律性的结论就有预测人未来的心理和行为的可能性，从而也就可能事先采取有效的措施来防止消极行为，引导积极行为。

（二）研究的过程与步骤

组织行为学具有一个分为四个步骤的系统研究过程。这个研究方法的系统过程如图 1-8 所示。

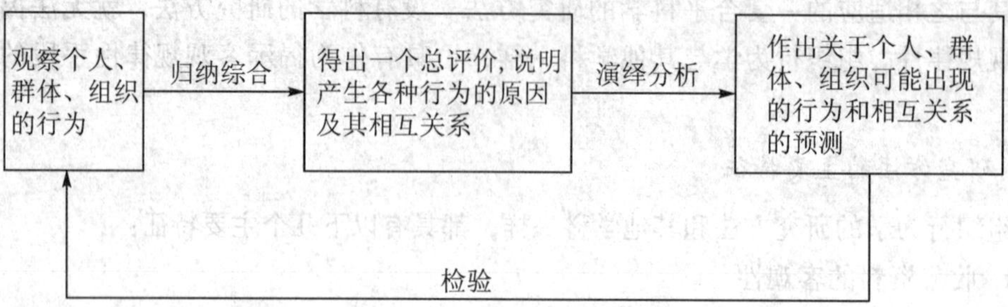

图 1－8　研究方法的系统过程

从图 1－8 可以清楚地看到，这个系统过程分为如下四个步骤：

第一步，观察有关个人、群体、组织的行为和环境的情况，如实地记录各种数据和资料。

第二步，分析说明个人、群体、组织和环境情况产生的原因及其相互关系。

第三步，作出关于个人、群体、组织的行为及其相互关系的预测。

第四步，通过系统和控制性的研究来检验所作出的预测。

为了更形象而具体地证明上述四个步骤的系统过程，特举某公司办公室主任考核评价一位新调到办公室工作的职员的工作能力的实例。这位办公室主任运用上述研究方法的情况如下：

第一步，首先观察这位新来职员的行为，主要包括下列内容：

看他与同事和上下级打交道的效果如何；

除了在办公室里的日常性工作中观察外，还要观察他怎样主持和掌握会议，怎样给上级领导打报告，怎样代表公司出席外边的各种会议；

仔细地研究这位新职员送审的所有报告，看其内容是否全面，观点是否正确，文字是否通顺，所提出的措施是否合适，交卷是否及时，等等。

第二步，把上述观察过程中所记录的客观数据和资料与该公司招聘职员的标准进行对比衡量，看是否符合公司的标准，看这位职员的表现及其工作成效是否符合要求，看他的工作表现比办公室原有的职员好还是差，等等。经过上述客观衡量对比，对这位职员的行为表现和工作能力就可以有一个总评价。再根据五级量表就可得出结论，看他究竟属于优秀、较好，还是属于一般、较差和很差中哪一种。

第三步，根据上述对比和衡量，预测这位新职员将来的表现和工作能力及其成就，并根据这些情况恰当地安排他在办公室里的具体工作岗位。根据对他的总评价来确定给他的工作是比较重要的还是一般或者简单的。

第四步，在以后的实际工作中再进一步检验办公室主任对这位新职员所作的预测和观察是否符合实际。如发现对新职员的岗位安排得不适当，还可以再根据检验的结果进行适当的调整，使这位新职员的工作安排更恰当。

（三）研究方法的分类与具体内容

常用的科学研究方法可以从应用广度、研究目标和研究可控性这三个方面进行分类，如图 1－9 所示。

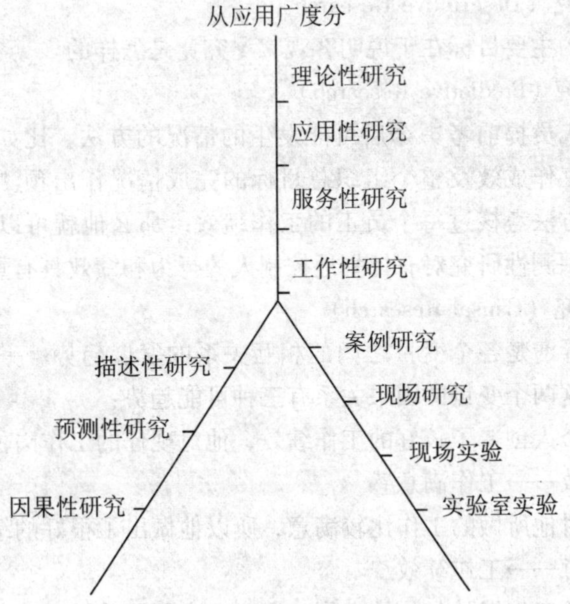

图1-9 研究方法的分类

1. 以应用广度分类的研究方法

从应用广度分类的研究方法有理论性研究、应用性研究、服务性研究和工作性研究四类。

(1) 理论性研究（Pure Research）

它主要是为增加知识而进行的研究。这种方法侧重于从理论上阐明某种心理或行为现象，而不着重研究成果是否能应用于实践和怎样应用于实践。

(2) 应用性研究（Applied Research）

这种研究方法侧重于对观察结果的证明，以及如何把这种新发现的研究成果用来改进现状。它对实践工作较为有价值。

(3) 服务性研究（Service Research）

它是咨询人员从事的研究。比如一位科学家被某公司请去当咨询人员或顾问，这位科学家的研究就叫做服务性研究。

(4) 工作性研究（Action Research）

这种研究是针对某种情况进行的研究性调查。通过这种调查，人们能够认清问题的所在，从而采取一定的战略策略减少和消除存在的问题。这种研究方法侧重于如何进行变革。可以在组织结构、人员、技术或环境等方面进行变革，也可以把这些因素综合起来进行变革。要求研究人员提出有效的变革措施并形成文件，提供给有关管理人员。

所有这些研究方法都有一定使用价值。在特定的情况下，究竟应采用哪种研究方法，这是由研究人员和管理者根据他们所要达到的目标来选定的。

2. 以研究目标分类的研究方法

以此分类，主要有描述性研究、预测性研究和结果性研究这三种研究方法。

(1) 描述性研究（Descriptive Research）

使用这种方法的主要目标在于说明客观状况究竟是怎样的。

(2) 预测性研究（Predictive Research）

这是实际管理人员提前考虑今后可能发生的情况的方法。比如，经理要对他所主管的人员的行为、工作成效及整个组织总目标的完成情况作出预测。这位经理如果今年已经采用科学的方法考核过每个员工的工作绩效，那么他就可以较为准确地预测出明年的绩效。这种预测性研究对有计划地控制人的行为和绩效具有重要意义。

(3) 因果性研究（Causal Research）

这种研究要求弄清楚各个变量之间的相互关系的发展趋势。一个人对工作的满意度与他的工作绩效这两个变量的因果关系有三种可能趋势：

第一，由于一个人创造了较好的工作绩效，他对现任的工作岗位比较满意。

公式：工作绩效——→工作满意感

第二，一个人对他所做的工作比较满意，所以他做出了很好的绩效。

公式：工作满意——→工作绩效

第三，一个人的工作绩效与他的工作满意度互为因果关系。

公式：工作绩效←——→工作满意度

3. 以研究可控性分类的研究方法

以此分类，主要有案例分析、现场调查、实验室实验和现场实验这四种研究方法，如图 1－10 所示。

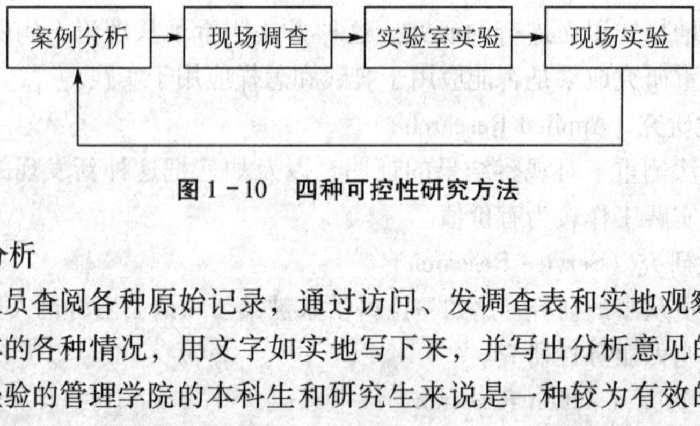

图 1－10　四种可控性研究方法

(1) 案例分析

这是研究人员查阅各种原始记录，通过访问、发调查表和实地观察收集有关某一个人或某个群体的各种情况，用文字如实地写下来，并写出分析意见的方法。这种方法对缺乏实践经验的管理学院的本科生和研究生来说是一种较为有效的方法。可让学生自己进行分析，找出主要问题，提出解决问题的方法。这种方法的缺点是各说不一，没有一种统一的、明确的答案。

(2) 现场调查

该方法通过对某些个人或群体进行访问并发给调查表，收集所需要的各种资料和数据。这种调查有普查和抽样调查两种。一般来说，抽查方法所用的人、财、物和时间都比较少，因而被广为采用。这种现场调查的目的是收集情报资料和数据，而不是改变或影响被调查者的行为。

(3) 实验室实验

这种方法能比案例分析和现场调查更好地控制自变量和因变量的条件，使之更明确地反映两种变量之间的因果关系。如在实验室里就只观察疲劳度或灯光对人的单位时间内工作效率的影响。在实验室里可以尽量排除其他自变量，使之在只有某一个自变量的变动下，对工作效率这个因变量产生影响。

(4) 现场实验

该方法就是把实验室的方法应用到不断发展着的现实生活中去。这比实验室实验更接近现实生活，但不如实验室那样容易控制自变量与因变量相互间的因果关系。因为现实生活中影响工作效率这个因变量的自变量太多，所以不太容易确切说明它们之间的因果关系。如影响一个班组工作效率的因素，可能是人与人之间的相互关系改善了，也可能是工作方法改进了，或是领导作风改善了，等等。

以上四种研究方法是常用的方法。每种方法都有利有弊，应加以综合使用。

(四) 具体的研究方法

在实际研究过程中常用的方法有如下几种：

1. 访谈法

研究者通过面对面的谈话，以口头信息沟通的途径直接了解他人的心理状态和行为特征的方法称为访谈法。

根据访谈过程的结构模式的不同，可以把访谈法分为两大类：有组织的访谈和无组织的访谈。有组织的访谈结构严密、层次分明，具有固定的谈话模式。研究者根据预先拟订的提纲提出问题，被研究者依次对问题进行回答。这些问题一般涉及的范围较小，在整个谈话过程中被研究者犹如做了一份口头问卷。如招聘中的第一次谈话，了解年龄、学历、工作经历等就属于有组织的谈话。无组织的访谈结构松散、层次交错、气氛活跃，没有固定的模式。研究者提出的问题涉及范围很广，被研究者可以根据自己的想法主动、无拘束地回答。通过这种谈话，双方不仅交换了意见，也交流了感情。

有效的访谈式研究必须遵循下列原则：

有明确的目的；

要挑选能提供信息的对象；

在访谈过程中要建立开诚布公和合作的气氛；

访问者要具有启发引导、灵机应变和控制不着边际的谈话的技巧。

2. 问卷法（调查表法）

这是设计出一种调查表来研究一个组织内工作者的心理和行为的规律性的方法。这是一项比较艰巨的任务，是一门学问，也是一种艺术。一般调查表可分为下列两种：

(1) 客观型调查表

这种调查表向被调查者提供有关某个问题的几种可供选择的答案，让被调查者挑选他们认为最接近自己想法的那个答案。

(2) 描述型调查表

这种调查表也要向被调查者列出许多问题，但要让被调查者用自己的话来回答。

以上两种调查表怎么用、采用哪种更合适，都要根据被调查者的文化程度、喜好来决定。

(3) 观察法

在日常生活中，观察者直接通过感官观察他人的行为，并把观察结果按一定条件做系统记录的研究方法被称为观察法。在现代研究中，观察往往要借助各种视听辅助手段，如录像、录音、摄影等。

观察法按被观察者所处的实际情境特点，可分为自然观察与控制观察两种。

自然观察是在完全自然的条件下所进行的观察，被观察者一般并不知道自己正处于被观察状态。例如，要了解员工成就动机的强度，可以观察他们在上班、娱乐、文化考试等各种不同场合的行为。控制观察是在限定条件下进行的观察，被观察者可能知道也可能不知道自己正处于被观察的地位。例如，为了进行时间—动作分析，观察者就要系统地观察工人的操作方式。

观察法目的明确，使用方便，所得材料比较系统，已在组织行为学中得到广泛应用。但运用这种方法，只能了解大量的表面现象，很难了解复杂现象的本质特征，对“为什么”难以作出回答。因此，最好能与其他方法结合使用，以取得较好的效果。

4. 自陈法

运用内容明确、表达恰当的问卷，让被研究对象根据个人情况自行选择答案的研究方法称为自陈法。

常用的自陈法有问卷法和量表法。其中问卷法是由研究者拟定问题，交给研究对象回答。莫雷诺的群体成员关系分析法就是典型的问卷法。他制订了一种格式，将态度分成“吸引”“排斥”和“不关心”三类，由群体内个人自行填报对其他成员的态度。量表法还包括是非选择、多项选择和等级排列三种。例如我们熟悉的利克特(R. Likert)的五点量表。这种量表在每一个陈述语后引出五种不同的答案，分别为“极不满意”“不满意”“一般”“满意 ”“非常满意”，让被试者根据个人判断选择其一。

自陈法的优点是可以在较短的时间内取得广泛的材料，并使结果达到数量化。但自陈法所取得的材料很难进行质量分析，因而无法把所得结论与被研究者的实际行为进行比较。

5. 测验法

采用标准化的心理测验量表或精密的测量仪器测量被研究者的有关行为特征和心理品质的研究方法称为测验法，例如智力测验、机械能力测验、个性测验、手指灵巧度测验等。在组织行为学研究中，测验法往往为人员选拔、安置和提升等提供依据。在采用标准化的测验工具时，需特别注意检验其信度和效度。

6. 个案法

对某一个体、某一群体或某一组织在较长时间里连续进行调查，从而研究其行为发展变化的全过程，这种研究方法称为个案法。例如对某先进集体进行较长时间的调查研究，了解集体的人员状况、生产状况、群体内的人际关系、智力结构、集体风气、关键事件等主要因素，并在此基础上进行深入分析，整理出能反映该先进集体特点的详细材料。这样的一份材料就是个案，个案产生的全过程就是个案研究过程。

7. 实验法

参见前面“研究方法的分类”中的简单介绍。

8. 定量法

目前组织行为学的研究已开始由定性的分析逐步深入到定量的分析，更多地采用数学手段。建立数学模型、借助数学上的分析手段，有助于弥补定性研究的不足。

以上几种方法都有一定的应用价值，也都有一定的局限性。

此外，还有一些其他的方法，如投射法等。应该配合使用所有的方法。

第四节 组织行为学的学科性质与目标

世界上的事物都具有其特殊的个性，组织行为学作为一门独立的学科，具有其独特的学科性质。

一、组织行为学的学科性质

（一）边缘性

组织行为学是一门多学科、多层次的边缘性交叉学科。

1. 多学科性

组织行为学是把管理学、心理学、社会学、人类学、生物学、生理学等学科知识综合应用于管理工作实践的一门学科。

心理学是研究心理现象，揭示其规律的科学。把心理学的原理应用于组织管理工作的实践中就产生了组织行为学。因此心理学是组织行为学的理论基础，心理学所揭示的心理现象的规律或行为的规律，也是组织行为学的重要研究课题。

社会学是一门综合性较强的学科，它把社会作为一个整体，综合研究社会现象各方面的关系及其发展变化的规律性。其研究范围很广，从家庭、婚姻、人口、宗教、风俗习惯、文化传统、城乡生活和种属关系到社会阶层都包括。与组织行为学有关的社会学知识主要有研究个人在社会分工中所处的社会地位，群体的动力、结构、交往、权力和冲突，人与人之间的相互关系，文化传统生活习惯对人的行为和管理方式的影响等。社会学探索的这些原理与方法，也是形成组织行为学原理和方法的理论武器之一。

社会心理学是心理学和社会学相结合的产物，它是研究人与社会在相互作用过程中所产生的心理现象的规律，尤其是研究人与人在相互交往过程中的心理现象的规律。在组织管理活动中，人们之间有广泛的联系，因此研究组织行为学必然要运用社会心理学的基本内容。

人类学是研究人体结构、人体发展和人的行为的科学。它的内容包括两部分：一部分是研究人类化石、种属、机体构造等有关体质人类学的问题，另一部分是研究人的社会结构、经济结构、政治体系、社会控制和文化传统，研究人类群体的演化过程和不同群体之间的文化差异等问题。总之，是以人类的社会与文化现象为研究对象。后一部分叫做社会人类学或叫文化人类学。前后两部分都是组织行为学不可缺少的，文化人类学与组织行为学的关系更为密切。

此外，生物学、生理学甚至医学的知识也应用到了管理心理学中。现在，组织行为学已深入到研究工作压力对个体、群体、组织的行为和工作绩效的影响，还要分析当人们承受工作压力时躯体所产生的生理反应以及引起躯体生物结构的变化和如何防治等问题。

2. 多层次性

组织行为学不仅具有多学科性，同时还具有多层次性。这种多层次性主要表现为它是一门综合研究组织中个体、群体、领导的心理与行为的发展规律，以及它们与社会环境的关系。在研究上述各层次人的心理与行为规律时均要综合运用各学科的知识。

第一层是个体。这是组织行为学研究的基础和出发点。马克思研究整个资本主义社会，是从资本主义社会最基本的商品细胞开始研究，通过层层分析，揭示了资本主义必然要灭亡的规律性。而组织行为学要研究整个组织的行为规律，也必须从组织中最基本的个体细胞的心理与行为开始分析。这部分主要研究个人的心理特点如何影响其行为与工作作风和工作绩效，重点是了解个人的心理因素与其所担负的工作任务之间的关系，包括：一个人会把个人的哪些特征带入组织，有哪些因素会影响个人的态度、价值观、积极性以及工作的满意程度，个人的个性如何影响其行为和工作绩效等。

第二层是群体。组织行为学在研究个体的同时，还要研究群体和群体结构、形成群体的过程、群体的发展和群体的内聚力，以及正式群体和非正式群体等。

第三层是组织。所有的组织，不论其规模、类型和行为怎样，都是由个人和群体组成的。因而各种组织在很大程度上与个体、群体一样，都具有各自的特征，所以在研究个体和群体的同时，还要研究组织，即把组织作为一个整体来研究，研究它的文化、结构、设计、变革等（包括组织的心理与行为的规律性），以及外部环境对组织行为的影响。根据各种组织所具有的特征可以对它们加以比较。例如考察一个组织规模的特征，可以通过人员数、产品产量或生产能力等指标来说明组织规模的大小。

第四层是社会环境。任何一个组织都要受到所处社会环境的影响。为了把组织行为的规律研究清楚，还必须对社会环境进行研究。

事实证明，上述四个层次不是互相排斥，而是互相补充的。因此，应把这四个方面综合地加以研究。而这正是组织行为学的贡献。

（二）两重性

组织行为学又是一门具有两重性的学科。这种两重性来自下列三个方面：

一是多学科性。组织行为学既包括普通心理学、生物学、生理学等自然科学，又包括社会学、社会心理学等社会科学。

二是组织行为学的研究对象——“人”。人是具有两重性的。无论是个体的人还是群体的人，把人作为劳动力和作为人与人之间的关系来研究是具有不同性质的两个问题。一方面，把个体和群体作为生产力的一个要素，即作为劳动者来研究，是没有阶级性的。另一方面，不管是个体的人还是群体的人都不能孤立存在，而是在一定社会环境中相互联系、相互影响的，因此人还不仅是生产力的最活跃的要素，还是人与人关系中的社会人。调整这种人与人之间的关系属于调整和完善生产关系的问题。鉴于不同社会制度下的生产关系的性质不同，组织行为学所研究的人又具有社会性（阶级性）。正如马克思所说："人是一切社会关系的总和"。①

三是管理的两重性。一方面，对人们共同劳动的协调和指挥是管理的一般性和共性，它反映了社会化大生产的共同规律，是人类在生产实践中形成的共同文明成果。这种管理的共性，不受社会制度的制约，不管资本主义的还是社会主义的社会化大生产都需要。另一方面，管理又是一种监督劳动。这种监督劳动是一种具有社会属性的职能，在不同的社会制度下的体现形式是不一样的。在阶级社会中，管理又是统治阶级意志的反映，是具有明显的阶级性的。鉴于不同社会制度有不同的统治阶级，管理的阶级性也根本不同。在资本主义制度下，正如列宁所揭示的那样："资本家所关心的是怎样为掠夺而管理，怎样借管理来掠夺。"② 在社会主义制度下，因为人民当家做了主人，上升为统治阶级，所以管理的目的是民富国强。这种管理的两重性，也就决定了专门研究管理领域内人的心理与行为规律的组织行为学也具有两重性。

根据上述两重性的分析，我们清楚地看出组织行为学除了在不同的社会制度下具有不同的阶级性外，还具有一切社会所具有的共同的科学性，而后者正是我们可以吸收和借鉴的。

二、组织行为学的目标

组织行为学主要关注的是人的心理和行为。那么，组织行为学的确切目标是什么？我们从组织行为学的概念中可以知道，其确切目标是帮助管理者解释、预测和控制人（员工）的行为。

（一）解释

当我们被问及一个人或一个群体为什么会做某些事情时，我们会客观地寻求解释。它似乎是组织行为学三个目标中最不重要的一个。因为从管理的角度看，解释通常出现在事实之后。然而，如果我们要理解一种现象，我们必须从一开始就试着解释它，然后通过这种理解找出原因。例如，一个很有能力的员工辞职了，我们毫无疑问想知道原因，以防止类似的事件再次发生。很显然，员工辞去工作的原因很多，比如工资水平不合适或工作令人感到厌烦，管理者通常会采取必要的措施以避免类似事件再发生。

（二）预测

预测是对未来事件而言的。如果希望在将来出现某种结果，那么就要从现在开始采取行动。一家公司的管理者试图预先知道员工对公司改革的反应就是一种预测行为。

① 马克思. 马克思恩格斯全集：第 42 卷［M］. 北京：人民出版社，1974：122.
② 斯蒂芬·P. 罗宾斯. 组织行为学精要［M］. 郑晓明，译. 北京：电子工业出版社，2004.

掌握了组织行为学知识，管理者就能对由某种变化引起的行为反应作出一定程度的预测。当然，导致某种变化的原因是多种多样的，所以管理者希望预先知道员工对不同变化作出的反应。这样，管理者就可预测哪种措施引起员工的抵触行为最小，进而作出决策。

（三）控制

组织行为学中最具争议的目标，就是运用组织行为学的知识控制员工的行为。比如，一位管理者想知道通过何种方法才能使员工对工作付出更多的努力，这就是一个控制问题。控制目标为什么会引起争议？我们绝大多数人都生活在民主社会，而民主社会是建立在个人自由理念基础上的。当某个人试图使他人按照自己的意愿行事时，哪怕这种控制在主观上是无意识的，但还是使他人的行为受到了控制。在一些组织中，这被认为是不道德的和令人厌恶的。因此组织行为学所提供的用于对人们进行控制的技术是否应该在组织中运用已成为一个道德问题。但我们必须意识到，组织行为学中控制目标的部分被管理者视为对其工作效果最有贡献价值的理论。

三、组织行为学面临的挑战与机遇

对管理者来说，了解组织行为学从来没有像现在这样重要。只要看一下目前组织中发生的巨大变化，就更容易接受这个观点。例如，员工正在逐渐变老，越来越多的女性参加了工作。公司重组和削减成本，让一些员工下岗，严重削弱了员工的忠诚度，而在历史上它曾把雇主和员工紧密地联结在一起。全球性的竞争要求雇员变得更加灵活，学会了适应迅速变化和不断革新的环境。

今天多元化的组织变革不仅为组织行为学研究也为管理者提供了挑战和机遇。

（一）质量的改善和生产率的提高

我们先来看一个简单的案例：威廉·弗仑奇（William French）经营着一桩艰难的生意。他管理着通用电气公司在伊利诺马顿的一家灯泡厂。他的主要竞争对手是来自美国、欧洲、日本以及中国的生产厂商。为了生存，他不得不削减开支，提高生产率，改善质量。他成功了。在五年的时间里，该厂劳动生产率的年平均增长约为8%。通过持续不断地改善、简化生产过程，降低成本，通用电气公司在马顿的灯泡厂成为了充满活力、利润可观的工厂。

越来越多的管理者面临着与威廉·弗仑奇同样的挑战。他们不得不提高本企业的劳动生产率和产品及服务的质量。为了提高劳动生产率和服务质量，管理者推行了全面质量管理和企业再造工程等改革，而这些方案要求员工广泛地参与。

全面质量管理（Total Quality Management，TQM）是指通过不断改善所有的组织流程来持续获得顾客满意。全面质量管理对于组织行为学意义重大，因为它要求员工重新思考他们所从事的工作，更多地参与工作决策。

在变革迅速而激烈的时代，人们必须从这样的角度来改善质量和生产率：如果我们是在起跑线上，该如何做好现在正从事的工作呢？实质上，这正是企业再造工程的思路。它要求管理者重新思考这样一个问题：如果重新开始，工作应该如何做？组织结构应该如何设计？为了更好地理解再造工程（Reengineering）的概念，我们来考察一下滑轮冰鞋制造商的例子。制造商的产品基本上就是带轮子的鞋。典型的滑轮冰鞋是把有鞋带的皮帮固定在一块钢板上，钢板上有四个木制的轮子。如果制造商能采纳不断革新和改善的思路，他就会通过改进产品来寻求不断的增值。例如，在皮帮的上部增加挂钩，以提高系带的速度；改变所用皮革的质量，提高舒适度；采用滚珠轴承，使轮子更平滑。我们都熟悉现在那种一线冰鞋，它代表了滑轮冰鞋改革的方向，其灵活性及可控性都较好。滚珠片通过一种完全不同的鞋样实现了这一目标。这种鞋的上部用处理过的塑料制成，鞋带用容易操作的夹子代替，四个轮子原来做成两个一对，现在用四个或六个排成一线的塑料轮子取代。这种冰鞋使滑冰更为流行。实施再造工程后的产品，看起来不像传统的滑轮冰鞋，但却在全世界受到广泛欢迎。当然，以前的产品就成为了历史。一线冰鞋是滑轮冰鞋业的一场革命。

我们想让今天的管理者明白：任何提高质量与劳动生产率的努力要想获得成功，都离不开员工的参与。员工不仅是执行变革的重要力量，而且将越来越主动地参与变革计划的制订。组织行为学将为管理者处理这些变革提供重要的启示。

知识链接

全面质量管理

（1）密切关注顾客。顾客不仅包括购买企业产品和服务的外部消费者，还包括与企业有内部联系和为他人提供服务的内部消费者，如运输人员和回收账款的人员等。

（2）持续提高。全面质量管理就是永不满足。“非常好”是不够的，质量的提高是永无止境的。

（3）所有质量都提高。全面质量管理使用广义的质量定义。它不仅与最终产品有关，还与组织如何处理商品配送、如何迅速对顾客抱怨作出反应、如何有礼貌地回答电话等事务有关。

（4）准确计量。全面质量管理运用统计方法计量企业运营过程中出现的每一个重要的绩效变化。这些绩效变化经常被用来与标准和最低线进行比较，以找出问题并追查问题的根源，加以根除。

（5）授予雇员权力。全面质量管理同时还包括在岗人员技术的提高。全面质量管理方案被广泛运用于团队，同时将权力授予团队以找出并解决问题。

（二）人际交往能力的改善

梅奥的霍桑实验表明了人际交往能力对管理有效性的重要影响。组织行为学的目的之一，就是帮助目前及潜在的管理者开发与提高人际交往能力，实施以人为本的管理，把管理工作做好。

随着阅读本书，你会不断地了解一些具体的人际交往的概念和理论，这可以帮助你解释、预测工作中的人的行为。同时，你也会获得一些具体的关于人际交往能力的技能，并可用于你的工作。例如，你将会学到激发员工工作热情的很多方法、成为一名良好的沟通者以及组织一支行之有效的团队的基本方法。

（三）劳动力多元化管理

目前，北美企业面临的最主要和最广泛的挑战之一是如何适应各种各样的员工。我们用劳动力多元化（Workforce Diversity）这一概念来描述这种挑战。[①]

劳动力多元化管理，也称为跨文化管理。劳动力多元化是指组织在性别、种族、国籍方面的构成正在变得越来越多样化。这个概念包括了各种各样的人，除了越来越明显的群体如妇女、韩国人、日本人、美国人、俄国人等以外，还包括有生理缺陷的人、艾滋病者和老年人。

我们可以使用"熔化锅"这一词语来描述组织。我们可以假设，不同的人在组织中或多或少地会被自动同化。但是，我们现在认识到，员工在工作中的时候不会将自己的文化价值观和生活方式抛在一边。所以企业所面临的挑战就是要通过尊重员工不同的生活方式、家庭需要以及工作方式，不断地适应不同的群体。"熔化锅"的假设就是承认和重视人与人之间的差异。

在一个企业中，经常会有不同的群体，特别是外资企业、合资企业。虽然他们只是企业中很小的一部分，但我们没有理由忽视他们，而应该更多地关注他们。过去的观点是这些少数人会努力融入大多数人并被同化。过去，大部分劳动力是男性，他们全职工作，以养活没有工作的妻子和正在上学的孩子。而如今这样的雇员已成为绝对的少数。现在，女性参与生产劳动的比例不断增加，如美国劳动力中女性占 46%，少数民族和移民则占到了 23%。惠普公司就是一个很好的例子。在它的雇员中，少数民族为 19%，女性为 40% 。数码设备公司在波士顿市的分厂为我们提供了未来的可能性：工厂的 350 名员工来自 44 个国家，说 19 种语言。当公司管理层发布文件时，必须同时使用英语、汉语、法语、西班牙语、拉丁语、葡萄牙语、越南语和海地语等不同语言。[②]

劳动力多元化对管理有重大的实践意义。管理者需要改变他们的经营哲学，把属于不同群体、不同文化的员工作为相同的人来对待，承认差异，并以能够保证员工稳定和提高生产率的方式对差异作出反应。同时，不能带有任何歧视。如果对多样化管理得当，还能够提高创造性和革新精神，通过鼓励不同的观点来改善决策质量。当然，如果管理不当，会造成较为频繁的人员调整、沟通困难和更多的人际冲突，从而影响管理的质量和组织目标的实现。

（四）面向全球化

由于世界的大融合，管理已不再受国家边界的限制：汉堡王归英国公司所有；麦当劳在莫斯科销售汉堡包；埃克森——一家所谓的美国公司，其收入的 75% 来自美国以外的国家和地区；丰田在肯塔基生产汽车；通用汽车在巴西生产汽车；福特为了帮助马自达管理生产过程，将其总经理从底特律派到了日本。以上事例都说明世界已变

---

① 斯蒂芬·P. 罗宾斯. 组织行为学精要［M］. 郑晓明，译. 北京：电子工业出版社，2004.
② 斯蒂芬·P. 罗宾斯. 组织行为学精要［M］. 郑晓明，译. 北京：电子工业出版社，2004.

成了地球村。相应的，管理者必须变得能够与来自不同文化的人一起工作。

全球化至少在两方面影响了管理者的人际交往能力：①如果你是一位管理者，你会发现你越来越有可能要承担国外的工作任务，你的雇主会把你调到他在其他国家的分公司或合资公司去工作。在那里，你会管理一群新的员工，他们在需要、愿望和态度等方面与你在国内管理的员工完全不同。②即使是在本国，你也会发现你的雇主、同级和下属是在不同年代中出生和成长起来的人。能够激励你的激励因素不一定对他们有效。你的沟通方式可能是直截了当和开放式的，而他们可能会觉得这种方式不舒服，甚至是一种威胁，你们之间有“代沟”。为了有效地和这些人共同工作，你需要了解他们的文化背景，这些文化背景是如何塑造他们的，如何让自己的管理方式适应他们。这需要了解不同国家的文化背景和行为方式。

（五）授权

随便翻看任何一本当今流行的商业杂志，你都会读到有关调整或重新塑造管理者与被管理者关系的文章。你会发现，管理者经常被称做教练员、建议者、倡议者或促进者。在多数企业中，雇员变成了副手或助理，管理者与工人的角色界限变得模糊不清。决策的职能已被下放到了执行层和操作层。在这里，工人可以自由选择工作日程和程序，解决与工作有关的问题。20 世纪 80 年代，管理者鼓励员工参与工作决策过程；今天，管理者走得更远，他们允许员工完全控制自己的工作。没有上司直接参与，基本上由工人操作的自我管理团队已成为一种时尚。

所发生的这一切表明管理者给予了员工更大的工作自由空间，这实际上就是给员工授权。他们把员工完成工作的责任交给员工自己承担。这样一来，管理者需要学会下放权力，员工需要学会对自己所做的工作承担责任及恰当决策。在以后的章节中，我们将说明授权是如何改变领导风格、权力关系、工作方式设计以及企业构成方式的。

（六）鼓励创新和变革

究竟发生了什么使 W. T. 格兰特、Wool Worth's 、金伯利、太阳神和东方航空这些“巨人”公司倒下了？为什么其他的“巨人”像西尔斯公司、波音公司及电子设备公司推行大规模的削减成本和裁员计划？这是为了避免倒闭。

如今，成功的组织必须鼓励创新，掌握变革的艺术，否则它们将成为下一个破产者。胜利将属于这样的组织：它们保持自己的灵活性，不断改善服务的质量，通过持续不断地革新产品和服务来赢得竞争优势。由于其管理人员错误地认为只要坚持原来的做法就能维持企业经营，导致多米诺比萨饼连锁店把几千家营业厅拱手让给了别人。而亚马逊网站争取到了许多独立的书店成为合作伙伴并以此证明谁也可以通过因特网成功售书。福克斯电视台则坚持不断的革新，通过像“辛普森”和“百沃利山脉”这样的创新节目，成功地从实力雄厚的电视网络竞争对手那里争取到了 25 岁以下的大部分观众。①

一个组织的员工可能是创新和变革的推动力，也可能成为绊脚石。管理的任务是

① 斯蒂芬·P. 罗宾斯. 组织行为学精要［M］. 郑晓明，译. 北京：电子工业出版社，2004.

刺激员工的创造性和增强对变革的容忍度。组织行为学可以为我们提供丰富的观点和技术，帮助我们实现这些目标。

(七) 接纳“临时性”

管理者一直关注着变革，所不同的只是实施变革的时间间隔。过去的做法是每十年引进一两次主要的变革项目。现在不同了，变革已成为管理者经常性的活动。持续改善意味着不断地变革。

以前管理的特点是长期的稳定伴随着偶尔的、短期的变革。而今天的情形正好相反，是长期的不断变革伴随着短期的稳定。管理者和员工今天所面临的世界具有永远的“临时性”。工人所从事的实际工作处在永久的变化中。所以，工人需要不断地更新自己的知识和技能，以满足新的工作要求。工作群体也越来越处于变迁状态。过去，员工被分配到一个特定的群体，这种分配几乎是永久的。工人们日复一日地与一群同样的人共事，有很强的安全感。现在不同了，稳定群体被临时群体取代了。团队中包括来自不同部门的成员，而成员总在变化。团队通过让员工轮换工作来适应不断变化的工作任务要求。最后，组织本身也处于不断变化中——组织不断地重组它们的部门，卖掉经营不善的业务，缩短作业流程，用临时工取代长期工。

今天的管理者和员工都必须学会应付临时性。他们必须学会在充满灵活性、自发性和不可预测性的环境中生活。组织行为学的研究能够为我们提供重要的知识，帮助我们理解不断改变的工作环境、懂得如何克服变革的阻力、更好地创造一种组织文化、在变革中求得发展。

(八) 员工忠诚度减弱

过去，公司员工相信他们的雇主会通过工作的保障、丰厚的福利、增加的薪水来报答他们对组织的忠诚。但是，从 20 世纪 80 年代中期开始，为了适应全球性的竞争、恶意接管、收购、兼并等，公司开始摒弃传统的工作稳定性、资历和报酬政策，关闭工厂、把生产转移到劳动力成本低廉的国家、卖掉或关闭不赢利的企业、减少管理层次、用临时工代替长期工，变得“刻薄而吝啬”了。更重要的是，这不仅仅是个别现象，这种现象正在越来越普遍。如英国最大的银行巴克雷银行裁减了 20% 的员工，很多德国公司也裁减了员工和管理层，德国西门子集团公司曾经在一年内裁减了 3000 多个工作岗位，炼钢“巨人”克拉普—霍斯把自己的管理层次从 5 级减到 3 级，奔驰把管理层次从 7 级减为 5 级。

这些变化导致员工忠诚度急速下降。员工们认为他们的雇主不像以前那样对他们负责了。结果，员工们对公司的忠诚度也降低了。

组织行为学所面临的一个重要挑战就是为管理者设计出既能够调动忠诚度不高的员工的积极性，又能维持组织在全球竞争中的优势的方法。

(九) 道德缺失行为

在以削减成本、提高工人的生产率和市场竞争激烈为特征的组织世界中，许多员工在浮躁心理的驱使下，被迫“抄近路，走捷径”，行为越轨或卷入其他不正当的活动的现象屡见不鲜。

组织成员越来越发现自己面临着道德困境。所谓道德困境是指员工需要明白什么是正确的行为，什么是错误的行为。例如，发现组织中出现了违法活动，是否应该揭发？是否应该遵从自己不情愿遵从的命令？如果绩效评估的结果能够保障同事的工作，是否应该凭空吹捧自己喜欢的同事？如果有助于自己在组织中晋升，是否应该允许自己玩弄政治手腕？

对于什么是符合道德的行为，以前并没有给出明确的定义。近年来，在利益的驱动下，正确的和错误的界限变得更加模糊不清了。员工们亲眼目睹了身边的人卷入不道德的活动——公众选出的政府官员编造他们的费用账单或行贿受贿；高水平的律师最了解法律，可他们帮助自己服务的公司和家庭成员逃避社会保险税收；成功的高级经营人员利用公司内部的信息为自己谋利；其他公司的员工参与大规模的“地下商品”交易；为了提高牛奶中的蛋白质含量而往里面加入对人体有害的化学物质“三聚氰氨”，等等。被起诉时，这些人总会为自己找借口：“大家都这样做”，“当今社会你必须抓住每一个有利的机会”，“我从没想到会被起诉”。

管理者和他们的组织正在从几个方面对此作出回应。他们撰写和发布道德行为规则，以指导员工摆脱道德困境。他们提供研讨会、培训班和其他类似的培训项目，以改善道德行为。他们提供内部导师，让员工从导师那里寻求处理道德问题的帮助。但他们也设计保护机制，防止员工暴露组织内部秘密的不道德行为。

今天的管理者需要为员工创造一种道德而健康的氛围。在这样的氛围中，员工可以高效地工作，全力从事自己的职业，很少碰到需要对错误行为模棱两可的机会。

案例分析

案例 1

挑战性课程

当参与者学习“绳索课程”时，他们会遇到韦德·伯比和他的训练团队。人们围成一个圈。在接下来的 15～20 分钟，伯比会叙述每人都必须遵守的安全措施的要点。他概要描述了一天 8 小时的课程中每个人都将遇到的一些挑战，并强调如果某人不想参与某活动，小组并不会强迫他去参与。课程被分为四个系列部分：①破冰船。通过这个活动，人们将学会友好相处。②创制权。这是些独特的问题，是为促进参与者之间的沟通而设计的。③低级原理。在这项课程中群体进行沟通并解决问题。④高级原理。该课程是通过测试对危险情境的反应来挑战参与者。十六项活动，包括从离地 6 英寸（1 英寸 =2.54 厘米）高的圆木上走过，从 25 英尺高的电话杆上跳离，以及爬上 15 英尺（1 英尺 =0.3048 米）高的墙，都与这四个部分有关。

第一项活动是为铸造信任而设计的。把一根 32 英尺长的圆木悬挂起来，圆木离地 6 英寸高，两端用绳索系在附近的树上，每次都让一个人努力从圆木一端走到另一端去。伯比迅速跳上圆木，在助手们的帮助下走过圆木，他的助手们在必要时要抱住他以防他从圆木上摔下来。没有别人的帮助要想走过圆木是不可能的，因为圆木会摇晃。当他完成时，他就向帮助者致谢。参与者迅速排队来走圆木。当所有人都完成时，群体开始讨论任务的目的，那就是：依靠他人有助于提高个人的成绩。

电话杆活动要求每个参与者借助梯子与木棍爬上渐尖的木杆。木杆大约有 25 英尺高。参与者要爬上杆子，停在一个旋转的、与菜盘差不多大的木制盘上，向后转，朝大约 12 英尺远的击铃粗绳跳去，并击响钟铃。伯比的一名员工演示完该活动后，一名参与者迅速带上一个类似马具的装置；这个装置把绳索和头上的绳索牢牢地系在一起，同时也系在缆绳上。人跳离之后，不管抓住还是没抓住击铃粗绳，别的群体成员都会紧紧地拉住绳索，慢慢地把他放下来。当这个人下来时，参与者欢呼鼓掌。一旦安全着陆，同伴也会去拥抱该人并表示祝贺。

问题讨论

1. 结合本部分内容，理解这一案例所说的情况。
2. 该活动是对员工进行什么样的训练？

案例 2

主席的米饭布丁

有一位高级经理被委派去检查公司总部的运作和过程。她组织了一个任务组去帮忙审查。组织的最高执行官们有他们自己的厨房和餐厅。虽然在任务组的优先考察列表中，这份额外补贴不是很重要，但任务组最终还是找时间看了看执行官们的厨房和餐厅的运作情况。

任务组发现每天中午 12:15 分有两份米饭布丁做出来，然后在下午 2:45 分被倒掉。神秘的是，米饭布丁并未列入菜单之中。当主厨被问及此事时，他承认就他所知，餐厅里没有一个赞助人吃过这两份米饭布丁。他也不知道为何要制作这两份米饭布丁。8 年前他加入该组织时情况就是如此，他只是继续执行而已。

出于好奇，任务组决定进一步调查这个古怪的例行公事的起源。他们发现，17 年前，那时组织的主席某一天闲逛进了厨房，在同主厨交谈中，他提到了他多么喜欢米饭布丁。主厨就指挥厨师们准备两份米饭布丁，但不列入菜单中。当该主席来吃午饭时，服务员就给他提供一份米饭布丁。第二份米饭布丁做出来则是以防主席午餐会中有其他人也要求一份。

那位偶尔吃一份米饭布丁的主席 4 年后退休了。在主席退休以后的 13 年里，厨房炊事员一直都在制作米饭布丁。但是，直到现在，他们中没有人知道为什么要这么做，餐厅里也没有一个就餐的人知道可以得到布丁。

问题讨论

1. 本案例要表明的中心思想是什么？
2. 本案例中的现象是否正常？为什么？

小结

本章主要介绍了组织行为学的产生、发展阶段及流派，组织行为学的研究对象和方法，组织行为学的学科性质及目标，以及组织行为学发展面临的机遇与挑战。

组织行为学是运用系统分析的方法，研究各类组织中人的心理和行为的规律，从而提高管理人员预测、引导和控制人的行为的能力，增强组织的适应能力，以实现组织目标的科学。组织行为学既是管理学、心理学的新发展特别是组织管理学、管理心理学和人事管理学的新发展，又是心理学、社会学等原理在管理中的具体应用。

组织行为学的发展经历了三个阶段，即科学管理阶段、行为科学阶段和系统科学阶段。

组织行为学不是研究人的一般行为规律，也不是研究一切人类的心理和行为的规律，而是研究各种工作组织中人的心理与行为的规律。其目的是在掌握一定组织中人的心理和行为的规律性的基础上，提高预测、引导、控制人的行为的能力，以实现组织既定的目标。

组织行为学是一门多学科、多层次的边缘性交叉学科。

思考题

1. 组织行为学是怎样产生和发展的？
2. 组织行为学的研究主要有哪些理论流派？
3. 组织行为学的研究对象、内容和基本方法。
4. 简述组织行为学的学科性质。
5. 结合实际，谈谈组织行为学研究所面临的机遇与挑战。
6. 结合实际说明霍桑实验对管理者的启示。

第二章 人性基本理论

第一节 中国古代人性理论

对人性的思考与研究早在中国古代就已经存在，主要表现为古代文人、哲人进行的对人的本质的探讨，其出发点是追求人本身的幸福与满足，主要侧重于从哲学、抽象的角度思考人性问题，集中在人是性恶、性善，或是性无善恶、既善又恶的探讨上，因而中国的人性假设是建立在对人性的哲学论断之上的。而管理者就在这些人性哲论的基础上探求牧民之道。这种探索始于先秦时期。诸子百家从各种角度谈人性，论治国。尔后，随着秦的一统天下，儒家逐渐成为统治阶级的主导思想，董仲舒的“性三品论”（圣人之性、中民之性、斗霄之性）渐成主流。因处于相对稳定的社会关系与儒说一统之下，尽管其后有不少文哲从不同角度对人性进行了汗牛充栋的论证，如王充的“性三品”论、朱熹的“人性二元论”等，但多囿于人性哲学层次的探讨，多强调引经据典，拘于先人而不敢为天下先，竟无出先秦汉初之右者。今纵览中国管理思想史，可以将中国古代的人性理论归纳为自然人、道德人、利欲人、动态人等假设①。

一、“自然人”假设

（一）“自然人”假设的主要观点：顺应自然

“自然人”假设的主要观点是“顺应自然”。这种观点主要强调人的自然、朴素的一面，认为人来自自然，需要而且能够舒展人的自然个性。现实中，在东方传统思想的影响下，很多人或多或少具备这一假设的潜质，或者在某些时候的行为是以这一假设为前提的，尽管他自己可能都未曾意识到。“自然人”假设贴近民情，符合多数人的思维与行为方式，能给人以思想上的解脱，因而 代代传承，潜移默化地影响着华夏子孙的性格。“自然人”假设的主要观点包括：

人是自然的产物，人有自然的需要，而这些需要不能以价值标准来判断，即无所谓性善或性恶。

人具有朴素的自我管理意识。

管理者、被管理者之间顺应人性，不矫揉造作，不掺杂人为，便是最好的境界，能达到一种和谐自然的状态。

① 李大元，陈应龙．东方人性假设及中国管理流派初探［J］．经济管理．2006（17）：44－47.

人们能愉快地处事。

崇尚简单，强调顺其自然，少加干预。

（二）“自然人”假设的哲学基础：性无善无恶论

“自然人”假设建基于性无善无恶论基础之上。老子、庄子等先哲从人与自然的关系出发，认为要“天人合一”“道法自然”。老子的人性观与宇宙观紧密相连，推崇“见素抱朴，少私寡欲”的本然状态。老子认为，人性是无私无欲的，因而也是无善无恶的。庄子认为“性者，生之质也”，即人性是人的自然资质，无善恶之分。告子则明确提出“性无善无不善也”，认为“性犹湍水也，决诸东方则东流，决诸西方则西流。人性之无分于善不善也，犹水之无分于东西也”。性无善无恶，人顺其自然，这就是老庄及具有老庄思想的人的一般人性假设。

（三）“自然人”假设基础上的无为管理

“自然人”假设的管理学含义是在此基础上的无为管理思想。无为管理由老子提出，经历代发展，已被奉为管理的至臬。老子提出“为无为，则无不治”，并在其被后人称为“君王南面之术”的《道德经》一书中提出以“无为”的手段达到“有为”的目的的“无为”管理思想：“我无为而民自化，我好静而民自正，我无事而民自富，我无欲而民自朴。”

无为管理并不是消极的管理方式，具有深刻的内涵。它有三重境界：一是谋事的境界，要求有所为而有所不为，即为大事而非小事，为急事而非缓事，为自己能为之事而非为利诱之事；二是为人的境界，强调君无为而臣有为，高层超脱于俗务之外进行战略思考而中低层躬行，高层用人不疑而中低层愉快工作；三是合道的境界，以自觉复归于自然为得常道，强调道法自然，顺其自然。

以“自然人”假设为基础的无为管理主张简单、自然，尊重人，相信人，用民主自由的方式让人自行激发潜力，而不必用各种法令加以束缚。脑中没有枷锁，心中没有束缚，顺其自然，才能令人轻松、自由地发挥创造力，才更能实现创新与不断革新。历代开国之初取得的成就，如汉初文景之治、唐初贞观之治等皆是无为管理之花；日本“经营之神”松下幸之助提倡的“玻璃式经营法”“水库式经营法”，便是“顺其自然”的人生哲学在经营管理中的活用，能使人产生充沛的原动力，从而达到“无不为”的境地。日本蛇之目缝纫机工业会社顾问鸠田卓弥先生说：“管理方式应该不轻不重，最好是不知不觉，事情就能办妥当。”这道出了管理的真谛。

由于“自然人”假设基础上的无为管理崇尚简单而内涵丰富，为管理者普遍采用，不同的管理者可以加以不同的理解。无为管理本身及其哲学假设也得到了中国民间几千年来的普遍认可，尽管不是正统思想，但对整个中华民族影响深远。

二、“道德人”假设

（一）“道德人”假设的主要观点：伦理至上

“道德人”假设认为人是社会的产物，人们在处事、交往中会注重舆论的看法并且修正自己的行为。“道德人”假设的主要观点有：

人受文化的影响，一出生便有善的特征，“人能善”。人之所以变坏是被外物的诱惑而乱了本性。

人是集体人，“人能群”，在群体中会导致群性彰显和个性潜隐。

人可以通过教化达到至善。

人们会将自身目标与组织目标进行结合，并且当两者矛盾时会以组织目标为重。

管理主体与管理客体之间能以礼相待，两者关系和谐而融洽。

（二）“道德人”假设的哲学基础：性善论

“道德人”假设建立在性善论基础之上。孔子以“性相近也，习相远也”开性善论之端，但没有进行详细的论述。他认为，“成人”应该是具智、仁、勇三德，有技艺、修养，既多才多艺又清心寡欲，更临危不惧的道德人。“成人”的标准不在于才力而在于道德。孟子则对人性进行了深入的探讨，他认为人“性本善”，人生而就有恻隐之心、羞恶之心、辞让之心、是非之心；“人性之善也，犹水之就下也”，“人无有不善，水无有不下”，人之所以异于禽兽，在于人有仁、义、礼、智四德；“人之初，性本善”。人性的本质特征被儒家概括为“仁、义、礼、智、信”，因而儒家倡行“仁政”“王道”，反对“霸道”。此后，随着儒家思想的发扬光大，后人对人性善的论述颇多，但皆以孔孟为宗。性善论因而成为“道德人”假设的坚实基础。

（三）“道德人”假设基础上的道德管理

道德管理的精要在于教化、维持并扩展人所固有的善端，从而建立有序世界。道德管理以人道、仁义和群体为中心，以心理情感为纽带，以情理渗透为原则，以得人心为出发点与归宿，主张“以文化人”“以情动人”，不主张惩戒法制。《论语·为政第二》强调“道之以政，齐之以刑，民免而无耻；道之以德，齐之以礼，有耻且格”，把具体的管理操作方法放在文化伦理支配的管理原则之下，主张教化、德治，通过“修己”而达到“安人”，认为激发被管理者积极性的重要途径是伦理的激励和道德需要的满足。历史上，周以蕞尔小国而逐渐亡殷于中原，即是仁政道德管理的硕果；而后世所谓的盛世多有赖于道德管理的贯彻执行。

道德管理也有其自身的局限性。它能导人向善，却难以止人之恶；过分强调道德管理容易导致贤人政治、人治，而这是现代管理之大忌；社会环境的剧变会导致道德的不一致，从而形成某种意义上的“道德历史真空”，造成人们的社会行为失范，产生社会道德危机。

自秦汉一统，董仲舒“罢黜百家，独尊儒术”以来，儒家被奉为圣典，成为统治者的工具与正统思想，德治为历代帝王所纳。

三、“利欲人”假设

（一）“利欲人”假设的主要观点：人性自私

“利欲人”假设认为，人的行为有完全的利己目的，如有利他行为，也只是利己行为的外部性导致的。其主要观点有：

人生而有欲，人的本性是利已的。

人的行为是以满足自己需要即利已为目的的。

人贪婪、懒惰、自负，以自我为中心。人趋利避害，唯有利害可以驱使。

管理主体与管理客体是矛盾的关系，管理主体会为自己的利益而利用自己的权力剥夺管理客体，而管理客体会追求自己的利益而忽略组织利益。

必须有一系列制度规范来约束管理者及被管理者的行为。

（二）“利欲人”假设的哲学基础：性恶论

“利欲人”假设是建立在“性恶论”基础之上的。荀子以人的物质欲望来解释人性，主张“性恶论”，认为人生来就“目好色、耳好声、口好味、心好利”，“人生而有欲，欲而不得，则不能无求，求而无度量分界，则不能不争”；又说“人之性恶，其善者伪也”，即人性是恶的，善是后天教化养成的。韩非子也说“人无羽毛，不衣则不犯寒；上不属天，而下不着地，以肠胃为根本，不食则不能活。是以不免于欲利之心。”韩非子还研究了君臣、父子、夫妻、朋友、官兵、主仆、商贾之间的政治、经济、伦理、道德等诸方面错综复杂的关系，得出人性自为即自私自利的结论。他还进一步驳斥了儒家主张达到的仁爱，认为人与人之间只有不加掩饰的利害关系，而没有道德、友谊和爱情，只有严刑重罚才能使百姓老实听话。“故明主之治国也，适其时事以致财物，论其税赋以均贫富，厚其爵禄以尽贤能，重其刑罚以禁奸邪，使民以力得富，以事致贵，以过受罪，以攻致赏，向不念慈惠之赐，此帝王之政也。”

（三）“利欲人”假设基础上的制度管理

“利欲人”假设的管理学含义是建立在此基础上的法理的制度管理思想。韩非子说：“法者，王之本也”，认为法律制度是管理成功的关键。人需要礼义教化和法律强制的约束，主张“赏厚而信，刑重而必”。制度管理通过有形的手去强制实施，重在寻找防范与克服人性恶的一面的方法。秦以弹丸小国而追亡逐北，南面六国，就是历代图强与商鞅变法严格的制度管理之效。作为现代企业制度方向的法人制度就是在各种规范准则前提下诞生的人与组织的混合体。

制度管理崇尚理性权力与法律规范，崇尚精确细致与严格有序。但是，制度管理也有其固有的缺陷：往往难以随环境的变化而及时变化；忽略人的个性，忽略差异性，不利于人的个性与创造性的自由发挥；不必要、不合理的制度会使企业作茧自缚而步履蹒跚。制度管理是中国最缺乏也最难以落实的管理思想。

四、“动态人”假设

（一）“动态人”假设的主要观点：自我主体

“动态人”假设从整体层面上动态权变地认识人性。动态人假设的主要观点有：

人性是一个有机复杂系统，与一般的机械复杂系统不同。

人性具有不可或缺的互补性与不可逆性。人性与环境互适，能做到平衡兼顾。

人的需求是多样的，是人自身主观感受的、不同权重的需求的动态组合。

人的需求是动态多变的，因人而异、因时而异、因事而异。

人的行为具有“当下理性”的特征。

(二)“动态人”假设的哲学基础：性多元论

“动态人”假设的哲学基础来自性多元论。性多元论认为人可能性善、性恶，也可能无善恶，人性是复杂的、多重的、包容的。除了前述排他性的人性无善恶，以及为恶或为善的观点外，也有人提出包容性、综合性的观点。世硕首先提出性有善有恶，“周人世硕，以为人性有善有恶，举人之善性”；董仲舒认为，人性既有善的因素，又有恶的因素，据此有圣人之性、中民之性、斗筲之性；王充认为，人性有善、中、恶三等，因而人有善人、中人、恶人，中人以上性善，中人不善不恶而又可善可恶，中人以下性恶；韩愈在《原性》中说：“性之品有上中下三。上焉者，善焉而已矣中焉者，可导而上下也下焉者，恶焉而已矣。”正是人性多元的哲学论断夯实了动态人假设的哲学基石。

(三)“动态人”假设基础上的人本管理

人的动态性使其难以捉摸，而其重要性又使得管理者不断寻求优化之道。于是，人本管理浮出水面。人本管理以人的个性化发展为基本出发点，强调个人目标与企业目标的协调和统一，将谋求人的全面、动态发展作为管理的最高和终极目的。由于人性的动态特性，其激励效果就更难测量。人本管理强调激励方式选择的根本准则是最大限度地满足员工在特定条件下的最重要的需求。这就强调激励要随环境的变化，要有个性化、针对性。

人本管理建立在人性多元的哲学论断与动态人假设的基础上，综合了各种人性假设，动态兼顾了人的各种需求。因此，人本管理既是一种权变管理，依据人的不同需要、组织面临的不同环境而采取不同的管理方式；又是一种系统管理，综合平衡员工与员工、员工与组织、组织与环境等各方面因素，寻求满足员工全面发展的方式。

综上所述，中国传统文化对中国管理乃至东方国家的管理有着深刻影响。其各种人性假设理论都有一定的合理性而不存在最佳的管理方式。它们之间没有明确的界限，不是截然分开，而是相互包容的，只是侧重点不同而已，是共性与个性的统一。如孔子在强调道德管理的同时，并不否定制度管理的重要性，认为既要“道之以德”还要“齐之以礼”。人性是变化的，每个人的人性是不同的。每个人对人性的看法也不是前后完全一致的，依其目的与环境，有时认为性善，有时则认为性恶。同时，性善与性恶之间还有无善无恶的中间地带，或者说，人性善恶是一个连续统一体。因此对各种观点与假设要有“海纳百川”的宽容与理解，要以权变、系统的观点看待情境化、多样化的人性。

第二节　西方近代人性理论

在西方管理理论中，人是管理的主体，也是管理的客体。人性假设是管理的必要前提，是选用管理方针、方法和技术的依据，它构成了全部管理理论发展和实践的一条主线。西方管理对人性假设的论述颇多，西方系统的管理理论也正是建立在这些人性假设基础之上的。

西方最早的人性假设是“工具人”假设，产生于古代中世纪奴隶社会的管理实践。在奴隶社会，奴隶主把奴隶看成会说话的工具和他们的私人财产。在以大机器生产为特征的资本主义初级阶段，资本家则把雇佣工人看成活的机器或机器的一个组成部分。总之，劳动者就像工具一样，任由管理者使唤，其自身价值根本就不可能得到体现，他们是在暴力、强迫之下进行劳动的。

19 世纪末以来，随着管理实践与理论的发展，先后出现了几种关于人性的假设理论与观点。美国心理学家埃德加·沙恩（Edgar H. Schein）在 1965 年出版的《组织心理学》一书中将前人提出的“经济人”假设、“社会人”假设、“自我实现人”假设和自己提出的“复杂人”假设归纳成四种人性理论，从而成为研究西方近代人性理论中比较流行的一种体系。

一、“经济人”假设

“经济人”（Rational-Economicman）又称为“实利人”或“理性—经济人”。“经济人”假设起源于享乐主义哲学和亚当·斯密关于劳动分工的经济理论。在 18 世纪亚当·斯密在《国富论》中首次描述“经济人”的含义后，约翰·穆勒依据亚当·斯密对“经济人”的描述和西尼尔提出的个人经济利益最大化公理，提炼出“经济人”假设。20 世纪初，“科学管理之父”泰勒首先把“经济人”假设引入管理学，并以此为基础，于 1911 年出版了代表作《科学管理原理》，从而使管理从传统的经验管理上升到科学管理，为科学管理理论的发展奠定了基础；美国管理学家道格拉斯·麦格雷戈在《在企业中的人性方面》一书中以“经济人”假设为基础，提出了以“胡萝卜加大棒”为管理特点的“X 理论”。“经济人”假设认为人的一切行为都是为了最大限度地满足自己的私利，争取最大的经济利益，其工作动机就是获得经济报酬。①

（一）“经济人”假设的基本内容

“经济人”假设的基本内容有：

一般人的天性是懒惰的、好逸恶劳的，只要有机会，总会想法逃避工作。

一般人是没有雄心壮志的，他们喜欢逃避责任，对安全感的需要高于一切，宁可接受别人的指挥而不愿承担责任。

① 孙余防．人性假设理论的比较与分析［J］．全国商情：经济理论研究，2007（10）：48－49.

一般人的个人目标和组织目标是矛盾的，为了达到组织目标，就需要依靠用强制、惩罚的办法。

一般人是缺乏理智、不能自制的，容易受他人影响，所以要用外在控制的手段来管理。

多数人的目标是满足基本的需要，只有金钱才能鼓励他们努力工作。

少数人能克制自己而担负起管理的职责。

人大致可以划分为两类。多数人都是符合上述设想的人，另一类是能够自己鼓励自己、克制感情冲动的人。这些人应担当管理的责任。

（二）相应的管理措施

依据“经济人”假设理论，管理者可采取下列管理措施：

管理者的主要责任是执行管理职能，保证生产任务的有效完成，而不考虑被管理者的心理需要。

管理者应主要采取任务管理的方式，管理的重点是制定科学操作规程、规章制度，强调制度管理。

为使被管理者努力工作，必须强迫他们、控制他们，用惩罚威胁他们，同时用金钱、福利引诱他们，采用“胡萝卜加大棒”的管理政策。

（三）对“经济人”假设的评价

首先，它注意到了人的最基本需要——生理与安全需要，并且强调生理和安全需要对人的生存发展的重要性，这是值得肯定的。

其次，尽管“经济人”假设忽视了人的情感和思想，把人看成机器人，但是它在任务管理中强调劳动定额，强调实行完善的监督，强调明确的分工和职责，这是现代管理需要吸取的。

最后，“经济人”假设强调金钱对人的激励作用，特别是强调实行绩效工资制，这对调动员工的积极性是有意义的。

“经济人”假设的不足主要表现在：首先，把金钱作为唯一的管理手段，忽视组织中思想工作的重要性；其次，只重视任务的完成，不注意人的心理需要；最后，把员工看成被动的服从者，将其作为一种“机器”来看待，没能看到员工的创造性和能动性。

总之，“经济人”假设为分析与处理管理工作中遇到的一些问题提供了依据，为科学管理的萌芽与发展奠定了基础。

二、“社会人”假设

“社会人”（Socialman）又称“社交人”，是人际关系学家梅奥根据霍桑实验的结果于1933年在其发表的《工业文明的人类问题》一书中提出的。在“社会人”假设的基础上，梅奥提出了人际关系理论和参与理论。“社会人”假设认为人是有感情的社会性动物，是社会关系的产物；认为人是社会的人，影响人生产积极性的因素不仅有经济的，还有社会的；满足人的社会需要比满足人的经济物质需要更能调动人的生产积极性，而物质刺激对调动人的积极性起次要作用，良好的人际关系才是决定性的因素。

（一）“社会人”假设的基本内容

“社会人”假设的基本内容有：

人是社会人，在提高生产力的因素中，金钱和激励是次要的，社会心理因素占据着重要地位。

人与人之间的关系在调动员工积极性方面起着决定作用。

在正式组织中还存在一种非正式组织，非正式组织的规范会影响员工的行为。

生产效率主要取决于员工的士气，员工心理需要的满足是提高产量的基础。

必须建立新型的人际关系，管理者应该善于倾听意见，掌握管理的方法与技巧，善于在正式组织的经济需要和非正式组织的社会需要之间维持一种平衡，使工人愿意为达到组织目标而协作和贡献力量。

工业革命和工业合理化的结果，使工作本身丧失了许多内在的意义，而这些丧失的意义必须从工作中的社会关系中寻求。

（二）相应的管理措施

依据“社会人”假设理论，管理者可采取下列管理措施：

不应该只局限于完成生产任务，在完成生产任务的同时，更应该关心人、满足人的社会需要。

不能仅仅执行管理职能，还应该关注员工之间的关系，培养和形成员工的归属感、认同感，激励员工对组织的献身精神。同时，应重视非正式组织的作用。

提倡集体奖励制度，不主张或少采用个人奖励，以增进组织的凝聚力。

应当成为员工和上级之间的联络人。

为提高员工的工作积极性，应提倡“参与管理”，让员工在不同程度上参加关于企业决策的研究和讨论。

（三）对“社会人”假设的评价

“社会人”与“经济人”相比是对人性认识的一大进步，而管理从以工作为中心转向以员工为中心，标志着对人性认识的深入。“社会人”假设否定了个人主义价值观，把个人看做集体的成员，不仅看到了人的经济需要，也看到了人的社会需要。因此，与“经济人”相比“社会人”更深入地揭示了人的本质，把人追求归属感、群体感、重视人际关系看做影响人的积极性的主要因素，而把经济动机看做次要因素。

总之，“社会人”假设的提出打破了科学管理一统天下的格局，为人际关系理论亦即行为科学理论的建立与完善奠定了坚实的基础。

三、“自我实现人”假设

“自我实现人”又称“自动人”（Self-actualizingman）。“自我实现人”假设产生于20世纪50年代，是美国心理学家马斯洛提出的。他认为自我实现就是使人的潜能现实化，也就是使这个人成为有完美个性的人，成为这个人想成为的人。“自我实现人”假设认为自我实现是指人都需要发挥潜力，表现自己的才能；只有人的潜力充分发挥出来，人才会感到最大满足。美国管理学家麦格雷戈于1957年在《在企业中的人性方面》一书中以“自动人”假设为基础提出了“Y理论”。

(一)“自我实现人”假设的基本内容

该假设的基本内容有：

工作需要消耗体力和脑力，和游戏占休息一样是人的自然需要。

外部的控制力量和惩罚性措施并不是使人们为达到组织目标而努力工作的唯一手段，人们在为承诺的目标服务的过程中会实现自我引导和自我控制。

对目标的参与能使自我意识和自我实现的需要得到满足。通过参与，将使个人目标与组织目标统一起来。

在适当的条件下，一般人不仅会接受某种责任，还会主动承担责任。

想象力和创造力是每个人都具有的。

在现代工业社会条件下，人的智力潜能只得到了部分开发。

(二) 相应管理措施

依据“自我实现人”假设的理论，管理者可采取内在激励的管理措施：

管理者的主要职能是创造适当的工作环境和工作条件，以充分发挥员工的潜力和才能，减少和消除员工自我实现的障碍。

尽量把工作安排得有意义，尽可能地让员工从事多项具有挑战性的工作，满足员工自我实现的需要。

重视员工的参与管理。让员工在不同程度上参与关于企业各级管理工作的研究，能充分体现公司对员工的尊重、信任，使员工产生强烈的责任感和成就感。

实行“目标管理”，即管理者不仅要让员工参与制订组织目标，还要指导员工制订个人目标，并把两者结合起来，鼓励员工对自己的工作绩效作出评价，激励他们努力工作，满足自我实现的需要。

(三) 对“自我实现人”假设的评价

“自我实现人”是在资本主义高度发展的条件下提出的一种人性观，注重把注意力放在创造工作环境而不是对人的具体行为的管理上；重视内在的激励，不强调外在激励。“自我实现人”假设是“社会人”假设的发展。

四、“复杂人”假设

“复杂人”（Complexman）假设是20世纪60~70年代由组织心理学家埃德加·沙因等经过长期研究提出来的。他们认为以往的人性假设，如“经济人”“社会人”“自我实现人”各自反映了当时的时代背景，适合于某些人和某些场合，有合理的一面，但过于简单和绝对。事实上，人是极其复杂的，不仅人的个性因人而异，人的需要和潜力在不同情况下的表现也不同，而且这些特性会随着年龄、社会环境、生活条件、人际关系等各种因素的变化而不断变化，因而不能把所有的人归为一类。根据“复杂人”

假设，美国管理学者莫尔斯（J. J. Morse）与洛希于 1970 年提出了相对应的“超 Y 理论”。

（一）“复杂人”假设的基本内容

该假设的基本内容有：

人的需要是多种多样的，会随着人的发展和生活条件的改善而不断地变化。

人在同一时间内会有各种需要和动机，并且各种需要和动机又互相作用、影响。

由于人在组织中的工作和生活条件是不断变化的，因而会不断产生新的需要和动机。

人在不同单位或同一单位的不同部门工作，会产生不同的需要。

由于需要和动机不同，人会对不同的管理方式作出不同的反应，因此没有一种适合任何环境的管理方式。

（二）相应的管理措施

依据“复杂人”假设的理论，管理者可采取下列管理措施：

要有权变的观念，要依据企业所处的内外环境的变化确定不同的组织形式以提高管理效率。如根据工作性质不同，时而采取固定的组织形式，时而采取灵活、变化的组织形式。

要善于发现员工的需要和动机、能力、个性等方面的差异，因人、因时、因事、因地制宜地采取灵活的管理方式与奖酬方式，不能千篇一律。

管理措施不能过于简单化与一般化，要根据组织的不同情况，采用弹性、随机应变的管理方式，以提高管理效率。

（三）对“复杂人”假设的评价

“复杂人”假设弥补了前几种人性假设的缺失，具有辩证思想，认为没有普遍适用的管理方法，管理人员应从具体情况出发，根据不同的场合、不同的对象，灵活采用不同的措施，应掌握各种管理原则并灵活使用。这种权变观点对管理工作有一定的启发，是对“一刀切”做法的否定。但是，由于“复杂人”假设有片面性，过于强调人的差异性，而且缺乏具体的研究，从而在某种程度上忽视了人的共同性，陷入了不可知论的境地。

以上“工具人”“经济人”“社会人”“自我实现人”“复杂人”等人性假设反映了西方管理学界对人性认识的不断深化的过程，揭示了人各方面的社会心理需要对管理的影响以及管理方式对人的影响。但是，这些假设受当时社会历史环境的影响，都具有一定的局限性。所以，在实际管理工作过程中，既要分析和批判其局限性，又要学习和吸收其合理成分。

综观西方管理理论的发展，每一次大的理论突破几乎都是基于对人的认识的飞跃；各种管理理论的差异，也多是基于对人的认识不同。人性假设理论是西方管理理论的一个显著特色和传统，也是西方管理理论研究的基本依据和出发点。

五、中西方人性理论比较

对中外人性假设的比较有利于对人性的全面理解。东西方社会演进的路径不同，管理模式也大相径庭。中国古代管理思想主要形成和运用于帝王对国家的管理，近代以来的西方管理主要形成于对企业的管理。管理的核心问题，是管理主体运用管理手段作用于管理客体的过程，是对人和人性的认识问题。

（一）中西方人性理论的联系

首先，两者与管理的关系相同。两者都是管理理论的深层次结构，并都对管理思想和制度等产生了重大影响，而具体管理思想的形成、管理措施的选择都是由相应的人性假设决定的。

其次，性善论和“自我实现人”假设有相通性，虽然表述不同，但两者都看到了人性中积极的一面，并提供在管理中充分利用人性中的这一侧面。两者都重视环境、教育和继续培训的作用。

最后，性恶论和“经济人”假设有相通性，两者都看到了人性的利欲需要，都认为必须采取外界措施控制利欲心，都主张采取强制措施。它们都同样忽视了人的社会性，片面强调了人的非理性和生物性。

（二）中西方人性理论的区别

1. 产生的年代和社会背景不同

中国古代的人性观产生于春秋战国及秦汉时期，是农业经济的产物。现代西方的“人性假设”产生于现代高度工业化的美国，是基于工业社会管理发展的需要而产生的。

2. 管理的对象和目的不同

中国古代管理理念的对象是国家、群体，是为巩固封建统治服务的。无论是性善性恶论，还是善恶混淆论，都是为统治阶级进行仁爱德治、祛除恶行、大治于天下提供理论依据的，其目的是为了更好的安邦定国。现代西方管理的对象是企业、组织，是为提高组织的管理效率、生产效率服务的，其目的是为了激励员工，创造更多的利润。

3. 对管理的影响方式不同

中国古代人性观主要影响中国封建社会的社会政治管理，是一种由上至下的统一管理。西方人性假设主要用来管理西方的经济，被分散应用于各个经济团体。每个经济团体自主采用自己所欣赏的理论，所采取的策略也不尽相同。

4. 产生方式不同

中国古代人性观是个人在生活实践中依据观察和自己的生活感受对人性进行主观判断得出的。西方人性假设是从人的不同需要出发，通过大量的行为科学、心理学研究得出的结论。

5. 结构模式不同

中国古代人性论是线形平面结构，一端是性善论，另一端是性恶论，中间是善恶混淆论。所有的人都被划入这一结构中，人无论善恶还是中间状态，都处于这个平面结构中，永远无法超越。而西方人性假设是多侧面立体结构，它们有的强调人的经济性，有的强调社会性，还有的强调自我实现性和复杂性，等等，认为每个人某一时期的主导特性只属于其中之一。①

总之，两者都对管理有很大的促进作用，但它们对管理起作用的时间、影响层面和方式都是不同的。在具体的管理实践中我们既要吸收前人留给我们的宝贵遗产，又要有选择地吸收西方人性假设中的精华部分，使我们的管理实践更科学、效率更高。

第三节 当代人性理论新进展

近代中国不少思想家为了民族的解放事业向西方学习科学，将中国的传统人性思想与西方的人性理论相结合，提出了一些人性理论，如严复基于进化论的“性无善恶论”、梁启超的“人性中心论”、章太炎的“善恶同时进化论”、李宗吾基于中西科学的“性恶论”，但都没有形成系统的中国人性理论。中国古代和近代人性研究主要是为统治者服务的，当然这些都与中国的历史环境有关。

随着时代的进步、经济与技术的发展，人性的特点也在不断演变之中，这对管理科学与实践提出了巨大的挑战。当代国内外专家对人性又提出了几种新的人性假设理论。

一、双向人性假设理论

(一)“利己利他人”假设

这一人性假设是一般意义上的对人的本性的认识。这种观点认为一个人身上同时具有利己和利他两种倾向，只不过由于文化、教育、情景和管理方式等因素的影响和制约，人们的表现会有所差异。利己性是人们为自己谋取利益的一种行为动机和本能，是个体生存和发展的基本条件，是人类群体发展的前提之一。利他性是人们为他人和人类群体谋取利益的一种行为动机和本能，它是人类整体得以共同进步的另一个前提。利他性使得人类社会和人与人之间的关系朝着越来越美好的方向发展。对于管理者来说，人的利己性和利他性都是激励被管理者的驱动力，通过得当的方法，都可以把被管理者的行为引导到有利于实现管理的目标上来。而片面夸大两者中的一面都会严重影响管理的效果。②

(二)“目标人”假设

随着管理实践的发展，有关专家从现代心理学和管理学的角度重新思考了有关人性的问题，提出了“目标人”的人性假设。“目标人”假设的论点主要有：人们在工

① 倪凤琨．管理中的中国古代人性观和西方人性假设［J］．郑州航空工业管理学院学报，2005（3）：13.

② 李晖，李科峰．中外人性假设综述［J］．上海理工大学学报：社会科学版，2004（3）：74－75.

作和生活中都有一定的目标，在完成目标的过程中实现工作和生活的意义，并且进一步形成更高级的目标。这些目标分别与生活、社会关系和发展有关，形成了一个有三个层次的有机目标体系。这三个层次的目标在不同的情景下分别成为行为的动力模式。个体的心理目标主要形成于后天的教育和社会交往，受到实践的成功与否和他人态度的影响。个人所追求的目标体现着个人的价值观，激励着个人的行为。基于“目标人”的假设，组织可通过培养员工的成就感、教育员工认同组织目标、采用具有亲和力的领导方式以及建立组织文化等策略来激励员工。

二、新人性假设理论

（一）“文化人”假设

“文化人”假设是20世纪中叶由德国哲学家卡西尔在思考有关人的哲学时提出的一种新的人性假设。卡西尔认为：人的突出特征，人与众不同的标志，既不是他的形而上学本性也不是他的物理本性，而是人的劳作 。正是这种劳作，正是这种人类活动的体系，规定和划定了“人性”的圆周。语言、神话、宗教、艺术、科学、历史，都是这个圆的组成部分和各个扇面。人的“劳作”是人性的基础。通过劳作，人类创造了语言、艺术、宗教、科学等不同阶段的文化，也塑造了自己作为“文化人”的本质。

20世纪80年代，美国加州大学的日裔美籍学者威廉·大内在他的《Z理论——美国怎样迎接日本的挑战》一书中从社会和组织文化的角度来考察、分析日本、美国两国企业的不同和利弊，强调要重视人的问题，对员工要信任、亲密，要形成一致的组织目标和共同的价值观念，才能使企业获得成功。该书虽未直接提出“文化人”这一名词，但其“文化价值观决定人的行为”的观点，就蕴涵了这个名词的实质性内容。威廉·大内的“Z理论”提出重视人的尊严和价值，主张建立一种真正、全面的信任平等、亲密和谐的人际关系。人是独特的社会动物，只有把自己完全投入到集体之中才能实现彻底的“自由”。这正是人全面发展、自由发展所必需的。

“文化人”假说认为人的行为及价值选择是由所处的文化决定的，有什么样的文化，就会有什么样的人的行为。“文化人”假设是“社会人”假设的进一步延伸，其视角伸向了人的社会本质的深层，特别强调人的精神因素和主观能动因素。人是受文化影响的，而文化是渗透到人类文明的任何一个地方和环节的。这一假设揭示了管理中“软因素”的重要性，认为管理必须注意调动人的积极性，实行以人为中心的管理；强调在生产管理中要关心人、尊重人、信任人；强调团队精神；重视劳动者之间的默契合作；强调创新行动和内部竞争等。[①]

（二）“创新人”假设

随着经济全球化与一体化进程的加快，企业间的竞争已经不再局限于某一国家、某一行业，而是面向全世界，而且更加激烈，创新的地位与作用更加突出。“创新人”假设也应运而生。

---

① 戴晓霞．论西方管理理论中人性假设的演变［J］．常州工学院学报：社科版，2006（2）：34.

“创新人”作为一种新的人性假设，认为作为创新主体的“创新人”在企业创新活动中是最主要、最革命的因素，必然有其独特的人性特征①：第一，创新人最重要的特征是创新性，即出色的学习能力和创新能力。他愿意学习新工作和新技能，主动运用知识，而不是被动地接受资讯；在知识、技术创新的过程中，能客观分析所从事研究的状况及问题，能把握研究的进展与趋势，敢于承认研究中的失误与失败。其次，创新人具有宏观的思维，愿意舍弃本位主义，以确保组织的全局目标。他强调思考的广度而不是深度，将重点放在成效和结果上，而不是所从事的活动上。他了解本身的工作对于整体的贡献有多大，并对结果有一种责任感，在遭受打击和挫折后能避免行为失常，能使科学研究持续进行。此外，创新人还具备很强的冒险精神，期待获得更高的成就感。创新人为了创新事业而不断激励自己进行创新研究，有着顽强的意志和自强自立的精神，期盼成功，会为自己选择很高的目标。在工作交往中，创新人了解团队中每个人的角色和其他成员的工作有什么关系，并擅长团队合作，认为自己是团队组织的一部分，尊重不同的意见，能较好地获得组织或他人的支持与帮助，能较顺利地推行创新研究的实践与应用。总之，知识经济时代对“创新人”的管理模式也与传统的管理有很多不同，而只有应用创新管理的模式才能使组织得以发展。正确地认识“创新人”是为了有效地激励、满足“创新人”合理而又可能的需求，同时也对群体需求进行正确导向。

（三）“理性生态人”假设

由于过去的几十年人们总是以经济的发展为重点，认为人的生存必须依赖一定的产品，形成了不断追求经济增长、鼓励消费、发展科技的生存模式。但是，短短的几十年之后，我们现在所面临的自然环境遭到前所未有的破坏，环境污染、资源短缺等现象已经影响到人类的生存与发展。如果不加以控制和改善，按我们目前的模式进行经济扩张的话，其后果将会是毁灭性的。

在这样的背景之下，中外诸多专家和学者提出了“理性生态人”的假设，并且已经在实践中进行了运用。这一假设反映了人们对人与自然、人与社会、人自身的生理和心理的和谐统一发展的追求，反映了人们对可持续发展观念的认可。“理性生态人”将是未来社会管理中设计、规划和实施的重要的人力要素。

该假设认为，未来的社会将是一个生态化的社会，作为一个“理性生态人”应具有双重素质：作为“生态人”，他既具有充分的生态伦理学素养，又具备与其职业活动及生活方式相适应的生态环境知识。② 这样，第一，他能对一切与环境有关的事物作出符合生态学的评价；第二，他有充分的道德、智慧和知识制定符合生态学的策略。同时“理性生态人”具有以下几点特征：有着人与自然和谐相处的自然观；在考虑经济发展问题时把生态安全置于首位，注重经济、社会和生态多个层面的效益；追求公平与正义，不仅承担起与其权利相对应的社会责任，还愿意承担这一权利所影响的自然界的责任，承担起由受影响的自然界所引起的社会事务的责任，这种责任可以是个人之间

---

① 李宁琪，胡震宇．“创新人”假设及其管理模式初探［J］．长沙通信职业技术学院学报，2007（9）：52.

② 吴继霞．“理性生态人”：人性假设理论的新发展［J］．道德与文明，2001（2）：31.

的、地区性的以及国际性的；追求与竞争者、外部环境共赢的竞争方式。

(四)“网络人”假设

“网络人”是在当今知识经济时代，随着 Internet 普及而出现的一种人性假设。通过互联网进行社会交往，大大拉近了人与人的距离，更加开阔了人们的眼界，使人们的“社会人”本质又得到了一次升华。随着网络技术的发展和人们对网络知识的普遍掌握，互联网将逐渐成为人们生活、工作和学习中不可缺少的一部分，人们仅仅依靠互联网就能“生存”。“网络人”的出现要求企业家的管理思维也随之发展变化，把被管理者看做在互联网上同自己交换思想的同事和自己的信息源泉。①

综上所述，管理学中人性假设的发展历程就是人们对人性内在本质认识不断深化与发展的过程，从“经济人”到“社会人”“自我实现人”“复杂人”，再到“文化人”与“创新人”等，人性假设每前进一步，都是对以往人性假设的继承与发展，是“扬弃”；与此对应的管理理论也不断深化，展现出管理学从科学管理到行为科学、决策理论、权变理论，再到知识管理与创新管理的波澜壮阔的理论发展图景。随着社会、经济与技术的不断发展和进步，人们的生存状况、思想观念会有新的变化。为了反映和适应这种新的变化，还将产生新的人性假设理论，推动管理理论向新的方向发展。

不同的人性论都有其合理性。不同的学者基于所处环境及时代对人性提出了不同的认识和假设，相应地提出了不同的管理理论和管理方式。这些管理方式在实践中也都不乏成功的典范。但无论是西方麦格雷戈的理论，还是中国的性善论、性恶论，对人性的认识都未能达到科学的水平。马克思早在 1845 年《关于费尔巴哈的提纲》中就明确指出：“人的本质不是单个人所固有的抽象物，在其现实性上，它是一切社会关系的总和。”这就告诉我们，人的本性不是一成不变的，而是随着社会的发展变化而变化；人性在不同历史条件下的不同表现是客观存在的，不是主观的“假设”。人性的不同表现对管理提出了不同的要求。以上任何一种人性假设及其相关的管理方式都推动了相应历史时期的社会发展和经济进步。判断一种管理制度、方式的进步与否，关键是看其与当时特定的历史时期的“现实人性背景”是否一致。只要两者是一致、适宜的，该管理制度和方案便是最为理想的、最合适的。因此，选择管理方法必须考虑不同时代条件下人性的不同表现，而不能简单照搬某种人性“假设”。这也许便是我们探索和构建我国管理制度的一个指导原则和根本出发点。

同时，应看到不同人性假设理论反映的是管理学家对人的不同认识，但这些“人性假设”理论提出的管理措施更偏重于从管理者出发，使人性假设理论的对策仍无法真正实现组织和谐管理。今后需要针对管理者与被管理者双方提出相应的管理措施，使管理能以最少的投入获取最大的效益，最终实现组织和谐管理。

总之，管理离不开人，而人性又千差万别。所以管理是一项十分复杂的工作，其难度在于如何准确地把握人性。对人性的认识是一个逐渐深化的过程，需要管理者在工作中不断探索和提炼。

---

① 戴晓霞．论西方管理理论中人性假设的演变［J］．常州工学院学报：社科版，2006（2）：35.

对管理者的启示

人性理论是对人性的分析，诸如“性善”“性恶”“经济人”“社会人”等等。持不同的人性观点或者运用不同的人性理论，对人的认识就不一样。受不同的人性思想或理论的指导，对人的管理模式也就不一样。如持“人性恶”的观点，会重视对人的严酷管理；持“经济人”观点，则会对人进行“胡萝卜加大棒”的管理模式。管理模式不同，其效果也是不同的。因此，作为管理者，应该了解科学的人性理论，对员工进行科学的管理，在以人为本的基础上，提高生产积极性，实现组织目标。

案例分析

案例 1

“80 后”CEO 的人性化管理之困

每天中午，汪海喜欢去办公楼下的一个咖啡厅享用午餐，因为在那里能碰到他的同行们——合肥高新技术产业开发区一批网络企业的 CEO。他们大都是在 20 世纪 80 年代出生的，在这个开发区拥有一到两家企业。这些年轻的 CEO 喜欢在用餐的过程中交流自己的管理经验，比如如何消除公司内部的勾心斗角。“我们都没有做职员的经验，大家碰到的都是同样的问题。”汪海说。

仅仅在两年前，他们并没有这样的午餐务虚会的机会，因为这些人正在读大学或者仅仅靠一根电话线和一台电脑在家积累原始资本。

时间在改变一切。

8 元钱的赢利

谁又能想到汪海这个在大学里经常不上课、喜欢去看两元钱一场的录像的学生能在大二就开始通过网络积累自己的个人财富？

汪海对于财富的理解缘于2000 年外公的病逝。当他回到距离合肥50 千米的农村老家料理外公后事时吃惊地发现外公外婆一辈子的财产竟然才价值600 元！而弥留中的外公在一次清醒后的第一句话是叮嘱外婆：“我那件衬衫里还有 10 元钱，不要忘记了。”“这让我第一次意识到自己的贫穷。”汪海说。

这种意识同样体现在学生生活中。当时汪海每个月的生活费才 60 元，而同学基本都是 200 元左右。“我感觉需要真正的改变。”汪海说。

这时，很早去深圳工作的哥哥在电话里对汪海提到了最热门的电子商务。当时学校并没有和互联网相关的课程，汪海对电子商务的理解仅仅是企业可以通过网络交易，但怎么交易，他的大脑里是一片空白。

2000 年下半年，汪海尝试着通过朋友的信用卡，花了十几美元买到一个国际域名，建立起自己的第一个网站——“中国营销网”。

通过这台连外壳都没有的二手电脑和一根电话线，汪海开始做起代理网络域名的生意。几个月后，一位上海的客户通过 E-mail 找到了他，这位大二学生尽量让自己在回信中表现得老练和成熟，最后做成了第一笔生意。“那个网络域名我买来时花了80元，卖出去时88元，挣了8元钱。”

当时提供这类服务的企业并不多，这给了汪海一个机会。在随后的几个月内，汪海的业务呈现井喷之势，每个月的赢利已有3000元。2003年，合肥市员工月平均工资刚刚1000元。

2001年9月18日，一天之内，汪海挣了4万多元。在新浪网的一项新推出的网络推广业务中，他为他所代理的企业预定搜索关键词，每个词预定费是8000元，新浪给汪海的价格是4000元。在这一天内，他从一大早就开始预定，一天预定了十几个词。“激动得都发抖，对这一天记忆深刻。”

此后，汪海开始代理企业的网络推广业务，他的主要客户是鲜花快递企业和翻译公司。“因为这两类公司在网络推广中投入最大。”他说。在一段时间内，他垄断了全国两类公司推广业务的80%。“我知道他们需要什么样的服务，知道他们什么时间需要服务。”

2004年底，汪海发现所在城市缺少适合本地网民发布信息的门户网站，他认为这是一个商业机会，于是又创立了自己的第二家网络企业——肥肥网络公司，经营“合肥论坛”。很快它就成为合肥市最著名的本地网络信息平台，有5万多个注册用户，同时有3000人在线。但是一年后，这家企业依旧处于亏损状态。每个月的支出是两万元，广告收入为零。

正当汪海为这家网络企业的存与留挣扎时，一家国内大型社区网站提出以45万元收购他的“烫手山芋”。他一下子认识到这个论坛的价值，决定继续撑下去。

2006年初，似乎一夜之间，合肥论坛成了广告商眼里的明星。客户广告投放量从第一个月的3000元到月均3万元，一直到现在的月均5万元。这些广告客户不少是那些在开发区投资的跨国公司。

管理的困境

解决了赢利问题后，另一个问题接踵而来。

从未打过工、没做过老板的23岁的CEO在开始的一段时间里甚至不能接受称呼的变化带来的心理不适应。“他们昨天还叫你小汪，今天就是汪总，有点难以承受。”汪海说。第一次公司开会的时候，说话都打哆嗦。“因为你不知道开会的方式，要达到什么效果，要开多长时间。”

为了消除这种不适应感，他极力淡化作为老总的角色。“当时我极力推崇人性化管理，”他说，“但我忽视了创业性企业的最终目的——追求利润和效益。”

在最初的一段时间内，每天早上8点半，汪海带领员工齐颂《羊皮卷》，两个星期会在KTV里高歌一次，不定期地带员工一起出去吃饭、旅游。“我认为这就是人性化管理。”

但是汪海很快发现：虽然与员工打成一片，但是员工们的锐气没有了。很多人开始对这个公司的前途产生迷茫。有一次汪海无意中听到两位员工的对话，一位充满疑惑地问另一位：“为什么汪总那么喜欢玩儿呢？”

“我才明白一个CEO的工作不仅仅是让员工感觉亲切，而是要把握公司发展的整体战略。”在汪海的办公室里，有大屏幕的背投电视和PS2游戏机，他可以和员工在闲暇之余共享足球游戏。“但是你必须与他们保持距离感。”他甚至将曾经当过网络论坛管理员的经验平移到现在的公司管理里，恩威并施以增强对公司的掌控。

然而人性化管理不是简单的“打成一片”或者“恩威并施”就能实现的。“无规矩不成方圆。在经过了长时间的思考之后，我终于认识到：行之有效的制度才是企业发展的源动力。而人性化，应该成为一种企业管理制度的润滑剂。”汪海说。

两个月前，26 岁的汪海参加了一个资本推介会，希望能为他拥有的一家网络公司找到合适的战略投资者。这位 1980 年出生的年轻人并不缺钱，他名下的两家网络公司赢利情况并不坏，每年可以为他带来几百万元的利润。“我是想知道我们在投资者眼里的位置。”他冷静地说。

作为一个成功的年轻创业者，汪海对自己有着客观的认识。而这正是许多他这个年龄段的创业者所缺乏的。“管理者必须要对所管理的企业有一个评价，就像对自己的评价一样，要客观并且深刻。”汪海如是说。

问题讨论

1. 汪海的人性化管理为什么行不通？
2. 管理者应该如何实施有效管理？

案例 2

人性化管理：给员工放情绪假

员工今天上班心情不爽，怎么办？没关系，山东胜利油田孤东三采中心的做法是：给他放“情绪假”，让他舒缓一下焦躁情绪再上班。

中心的有关负责人认为，员工情绪不佳，上班时积极性就会不高，工作效率也会下降。因此，他们采取了放“情绪假”的办法。“情绪假”一般为 1~2 天。一线员工请假，队长就可以批；科室人员请假，主管或相关负责人就可以批。员工放“情绪假”时，工资、奖金等待遇不受任何影响，以后可以补班，也可以不补班，听凭员工自己安排。

近年来，由于市场竞争日益激烈，生活和工作节奏不断加快，该中心员工的心理健康问题越来越突出。常听到员工说：“今天我心情不好，别惹我。”员工情绪不佳等心理问题给企业造成的负面影响主要是缺勤率、离职率、人际冲突增加。因此，员工心理问题已成为该中心管理中面临的重要问题。

为此，该中心在日常管理工作中密切关注员工上岗时的情绪，及时了解员工的心理状况，发现哪位员工家庭有事、上班觉得累了或者情绪不好，就给他放“情绪假”。同时，该中心还不定期请来专家开设“心理课堂”，以有效员工解除心理压力，让员工在工作期间始终保持愉快的心情。

今年以来，孤东三采中心积极倡导人性化管理，为每名员工建立了心理档案，及时了解掌握员工的情况，帮助员工解决实际问题，使干群关系更加密切。据了解，心理档案包括静态信息和动态信息两个部分。静态信息详细记录了每名员工的个人简历、社会关系、家庭状况、文化程度、工作业绩、技能状况等内容。动态信息包括员工个人爱好、专长、脾气、性格、综合素质能力、人际关系和谐度及受奖罚后的心理表现等。

问题讨论

山东胜利油田孤东三采中心给员工放“情绪假”的方式。

小结

管理学中人性假设的发展历程就是人们对人性内在本质的认识不断深化与发展的过程。本部分从时间跨度和中西方地理因素考虑，将人性理论分为中国古代人性理论、西方近代人性理论和当代人性理论新进展三个部分进行介绍。

中国古代的人性理论主要介绍了“自然人”假设、“道德人”假设、“利欲人”假设及“动态人”假设。“自然人”假设是建立在性无善无恶论基础之上的，其代表人是老子、庄子及具有老庄思想的人。该假设主要强调人的自然、朴素的一面，认为人来自自然，人需要而且能够舒展人的自然个性，为此提出无为管理思想，主张简单、自然，尊重人、相信人，用民主自由的方式让人自行激发潜力，而不用各种法令加以束缚。“道德人”假设建立在以孔子为代表的性善论基础之上，认为人是社会的产物，人们在处事、交往中会注重舆论的看法并且修正自己的行为。该假设为此提出道德管理，主张以人道、仁义和群体为中心，以心理情感为纽带，以情理渗透为原则，以得人心为出发点与归宿，主张“以文化人”“ 以情动人”，不主张惩戒法制。“利欲人”假设是建立在以荀子为代表的“性恶论”基础上的，认为人的行为有完全的利己目的，如有利他行为，也只是由于利己行为的外部性所致。该假设为此提出制度管理，主张必须制订一系列制度规范来约束被管理者的行为。“动态人”假设是建立在性多元论基础之上的，认为人可能性善、性恶，也可能无善恶，人性是复杂的、多重的、包容的，应从整体层面上动态权变地认识人性，为此提出了人本管理的思想。人本管理既是一种权变管理，依据人的不同需要、组织面临的不同环境而采取不同的管理方式；又是一种系统管理，综合平衡员工与员工、员工与组织、组织与环境等各方面因素，寻求满足员工全面发展的方式。

西方近代人性理论主要介绍了“经济人”假设、“社会人”假设、“自我实现人”假设和“复杂人”假设。“经济人”假设认为人的一切行为都是为了最大限度地满足自己的私利，为了争取最大的经济利益，其工作动机就是获得经济报酬，为此管理者主要应通过加强执行管理职能、强调制度管理、采用“胡萝卜加大棒”的管理政策等来进行管理。“社会人”假设认为人是有感情的社会性动物，是社会关系的产物；人是社会的人，影响人生产积极性的因素，不仅有经济的，还有社会的；满足人的社会需要比满足人的经济需要更能调动人的生产积极性，而物质刺激对调动人的积极性起次要作用，良好的人际关系才是决定性因素。为此提出管理者应注重关心人、满足人的社会需要，培养和形成员工的归属感、认同感，采用“参与管理”的方式提高员工的工作积极性。“自我实现人”假设认为所谓自我实现是指人都需要发挥潜力，表现自己的才能；只有人的潜力充分发挥出来，人才会感到最大满足。为此该理论提出管理者应注重把注意力放到创造工作环境而不是对人的具体行为的管理上；重视内在的激励，而不强调外在激励。“自我实现人”假设是“社会人”假设的发展。“复杂人”假设认为人是极其复杂的，不仅个性因人而异，人的需要和潜力在不同情况下的表现不同，而且这些特性会随着年龄、社会环境、生活条件、人际关系等各种因素的变化而不断变化，因而不能把所有的人归为一类。为此管理者应从具体情况出发，根据不同的场合、不同的对象，灵活采用不同的措施，而且管理人员应该掌握各种管理的原则并灵活使用。

当代人性理论的新进展主要介绍了20世纪80年代以来国内外专家对人性理论的新观点。“利己利他人”假设认为一个人身上同时具有利己和利他两种倾向，只不过由于文化、教育、情景和管理方式等因素的影响和制约，人的表现会有所差异。人的利己性和利他性都是激励被管理者的驱动力，管理者可以通过得当的方法，把被管理者的行为引导到有利于实现管理的目标上来。“目标人”假设认为人们在工作和生活中都有一定的目标，会在完成目标之中实现工作和生活的意义，并且进一步形成更高级的目标；个体的心理目标会受到实践的成功与否和他人态度的影响；个人所追求的目标体现着个人的价值观，激励着个人的行为。为此管理者可通过培养员工的成就感、教育员工认同组织目标、采用具有亲和力的领导方式以及建立组织文化等策略来激励员工。“文化人”假说认为人的行为及价值选择是由所处的文化环境决定的，有什么样的文化，就会有什么样的人的行为，因此应重视人的精神因素和主观能动因素。为此管理者必须注意调动人的积极性，实行以人为中心的管理；在生产管理中要关心人、尊重人、信任人；要强调团队精神；要重视劳动者之间的默契合作；要促进创新行动和内部竞争等。“创新人”假设认为创新人最重要的特征是创新性，具有出色的学习能力和创新能力；具有宏观的思维，愿意舍弃本位主义，以确保组织的全局目标；具备很强的冒险精神，期待更高的成就感。为此管理者应有效地激励满足“创新人”合理而又可能的需求，同时也实行群体需求的正确导向。“理性生态人”假设认为“生态人”既具有充分的生态伦理学素养，又具备与其职业活动及生活方式相适应的生态环境知识。该假设认为管理者必须把生态安全置于首位，承担起与其权利相应的社会责任，同时应采用合作共赢的方式来促进组织的发展。“网络人”假设认为互联网的出现大大增加了人们之间的社会交往，使人的“社会人”本质又一次得到了升华。“网络人”的出现要求企业家的管理思维也要发展变化，要把被管理者看做在互联网上同自己交换思想的同事和自己的信息源泉。

不同的人性论都有其合理性，不同的学者基于所处环境及时代对人性提出了不同的认识和假设，并相应地提出了不同的管理理论和管理方式。管理者在选择管理方法时必须考虑不同时代条件下人性的不同表现，而不能简单照搬某种人性“假设”。

思考题

1. 中西方人性观有何差异？
2. 各种人性假设对应的管理方式是什么？
3. 人性假设理论对构建我国管理模式有何启示？

第三章 个体过程

第一节 知觉与行为

认知过程非常复杂，这个过程可以分解为一系列的活动，如感觉、知觉、想象、思维、问题解决等。但人们普遍认为，知觉过程是发生在情境和行为之间的重要过程。人的行为首先发端于对周围世界及自我的知觉，因此，知觉与归因过程对人的行为具有广泛的影响。本节讨论知觉的过程与性质、社会知觉及其影响因素、社会知觉中的常见偏差、归因过程及常见的归因偏差等内容。

一、感觉与知觉

(一) 感觉与知觉的含义

1. 感觉

感觉是直接作用于感觉器官的客观事物的个别属性在人脑中的反映。

感觉可以分为外部感觉与内部感觉。视觉、听觉、味觉、嗅觉、触觉等为外部感觉，而运动觉、平衡觉、机体觉等属于内部感觉。

2. 知觉

知觉是直接作用于感觉器官的客观事物的整体属性在人脑中的反映。

感觉是以以生理为基础的感觉器官接受外来信息为依据的。而知觉是在感觉的基础上形成的，是由多种感觉器官联合活动的结果，因此知觉多半是各种感觉的统合，并且包括当时的心情、期盼以及过去的经验与学得的知识。知觉是纯心理性的，同一种引起知觉的刺激情境表现在每个人的知觉判断上，将会有很大的个别差异。人们是依靠感觉与知觉了解周围世界的。

3. 错觉

错觉指在特定条件下对客观事物必然产生的某种有固定倾向的歪曲知觉。

错觉与幻觉不同，它是在一定条件下必然产生的，个体差异只表现为错觉量上的变化。

(二) 影响知觉准确性的因素

1. 知觉者的主观因素

(1) 兴趣和爱好

通常人们最感兴趣的人或事最容易被知觉到。

(2) 需要和动机

能够满足或威胁人的某种需要、影响其动机的人或事，就容易成为知觉对象的中心。

(3) 知识和经验

知识和经验能够加强或者减弱知觉者对知觉客体的知觉。

(4) 个性特征

不同气质、性格的人在知觉的深度和广度上有所不同。

2. 知觉对象因素

(1) 知觉对象的特征不同影响知觉的深度和广度

知觉对象的特征主要指颜色、形状、大小，声音、强度和高低，运动状态、新奇性，重复次数等。

(2) 人们在知觉事物时会根据对象的特征进行组织、整合

人对知觉对象的整合规则有：接近律（Proximity）——距离上相近的物体容易被知觉组织在一起；相似律（Similarity）——凡物理属性相近的物体容易被组织在一起；闭锁律（Closure）——封闭性，人们倾向于将缺损的轮廓加以补充使知觉对象成为一个完整的封闭图形；连续律（Continuity）——凡具有连续性或共同运动方向的刺激容易被看成一个整体。

3. 知觉的情境因素

知觉的情境因素通过影响人的感受性而改变知觉的效果。感受性就是人的感觉灵敏度、人对外界刺激物的感觉能力。人的感受性在环境作用下发生的变化表现为下列现象：

(1) 适应

这是指由于刺激对感受器的持续作用从而使感受性发生变化的现象。

(2) 对比

这是指同一感受器接受不同的刺激而使感受性发生变化的现象。

(3) 敏感化

这是指在某些因素影响下，感受性暂时提高的现象。

(4) 感受性降低

这是指知觉的相互作用、人的生物因素和心理因素、不良嗜好（如吸烟）的作用以及某些药物的刺激等都会引起感受性降低。

二、社会知觉

(一) 社会知觉的概念

社会知觉就是对人的知觉、对人和社会群体的知觉、对社会对象的知觉。它是知觉主体的一种特殊的社会意识，影响着主体的心理活动，调节着主体的社会行为。组织行为学特别注重社会知觉的研究，因为它跟人的行为密切相关。

（二）社会知觉的分类

社会知觉包括对人的知觉、人际知觉、自我知觉、角色知觉和因果关系知觉等。

1. 对人的知觉

这是指通过对他人的外部特征的知觉了解其动机、感情、意图的认识活动。它受知觉对象的外部特征和知觉者自身主观因素的双重影响。

2. 人际知觉

这是指人与人之间关系的知觉。它主要以人的交际行为为知觉对象，对人们交往中的动作、表情、态度、言语、礼节等进行感知。

3. 自我知觉

这是指一个人通过对自己行为的观察对自己心理状态的自我感知，是自己对自己的看法。

4. 角色知觉

这是指对人们所表现的社会角色行为的知觉。

5. 因果关系的知觉

这是指对两个有关系的事物的知觉。

（三）社会知觉中的若干效应——社会知觉偏差（或错觉）

社会知觉效应主要有首因效应、近因效应、晕轮效应、刻板效应和投射效应。

1. 首因效应

这是指素不相识的人在初次见面时所获得的印象会对其将来的判断起非常大的作用。

2. 近因效应

这是指个体对最近获得的信息留下清晰印象，其作用往往会冲淡过去所获得的有关印象。

3. 晕轮效应（光环效应）

这是指在认知时，人们常常将所知觉到的特征泛化推及其他未知觉的特征，从局部信息得出一个完整的印象。

4. 刻板效应

这是指对某人或某一类人产生的一种比较固定的、归类化的看法。

5. 投射效应

这是指人们在日常生活中常常不自觉地把自己的心理特征（如个性、好恶、欲望、观念、情绪等）投射到别人身上，认为别人也具有同样的特征。

三、归因

（一）归因理论研究的基本问题

这一理论说明和分析人们行为活动因果关系，也称“认知理论”，用以解释、控制、预测相关的环境和随着这种环境出现的行为。它通过改变人们的自我感觉、自我认识来改变和调整人的行为。

（二）归因理论

归因理论是说明和分析人的行为活动的因果关系的理论。

1. 海德的归因理论

该理论主要研究日常生活中人们如何找出事件的原因。

海德认为人有两种强烈的动机：一是形成对周围环境一贯性的理解，二是控制环境。而要满足这两个需求，人们必须有能力预测他人将如何行动。因此海德指出，每个人（不只是心理学家）都试图解释别人的行为，并都有针对他人行为的理论。

海德认为事件的原因无外乎有两种：内因（Internal Causes）（情绪、态度、人格、能力）和外因（External Causes）（外界压力、天气、情境）。海德还指出，在归因的时候，人们经常使用共变原则（Covariant Principle）和排除原则（Removing Principle）。

共变原则是指如果在许多情况下一个原因总是与一个结果相联系，而且没有这个原因时这个结果不发生，那么可以把这个结果归于这个原因。不变性原则是指某一特定结果与特定原因间存在不变联系。排除原则是指如果情境原因足以导致行为，就可以排除个人归因，反之亦然。

2. 维纳的归因理论

维纳于 1972 年提出了他的归因理论，也称成就归因模型。其基本观点是：内因一外因只是归因判断的一个方面，还应增加另一个方面，即暂时一稳定。这两方面都很重要，是彼此独立的。

维纳等认为人们用于解释成败的原因可用下列三个维度加以分类与描述：

（1）内因与外因

内因指存在于个体内部的原因，如人格、品质、动机、态度、情绪、心境以及努力程度等个人特征。如将行为归因于个人特征，则称之为内归因。

外因指行为或事件发生的外部条件，包括背景、机遇、他人影响、工作任务难度。如果将行为原因归于外部条件，则称之为外归因或情境归因。

在许多情境中，行为与事件并非由内因或外因的单一因素引起，而兼受两者的影响，这种归因称之为综合归因。

（2）稳定性原因与非稳定性原因

稳定性原因指导致行为表现相对稳定、不易发生变化的各种因素、条件、个体自身的品性和特征，如个体的能力、人格、品质、活动的难易程度等。非稳定性原因指容易发生变化、较不稳定的各种因素、条件及个体自身的品性和特征，如个体的情绪、心境、努力程度、机遇及环境的影响等。

（3）可控性原因与不可控性原因

有些原因个体能够控制，有些原因是个体不可控的。

如果原因是可控的，表明个体通过主观努力可以改变其行为及其后果。对可控性因素的归因，人们更可能对行为作出变化的预测，因为个体努力了，结果就会好，个体不努力，结果就不理想。如果行为原因是不可控的，如智力因素、工作难度等，表明个体通过努力也无能为力。通过对不可控因素的归因，人们更可能对未来的行为作出准确的预测。

3. 凯利的归因理论

凯利的归因理论也称三维归因理论。

凯利的归因理论说明行为的原因可以有三种：第一，从事该行为的人——行动者；第二，行动者的对象——知觉对象；第三，行为产生的环境——情境。

要找出真正原因，主要使用三种信息：一致性信息——该行动者的行为是否与其他人的行为在这种情境下一致；一贯性信息——行动者处于其他时间和其他情境下，这种行为是否发生；特异性信息——行动者对其他对象是否同样作出反应。

有了上述三种信息，就可以进行归因判断：一致性高、一贯性高、特异性高，则应归因于对象；一致性低、一贯性高、特异性低，则应归因于行动者；一致性低、一贯性低、特异性高，则应归因于环境。

4. 约翰斯和戴维斯的对应推论理论

约翰斯和戴维斯的对应推论理论也称归因—效果耦合，适用于对他人行为的归因。该理论认为，推导出的行为意图和动机与所观察到的行为及其结果相对应。

一个人的行为是否与他的人格、态度等内在品质相对应，还应分析三个因素：

（1）自由选择性

某人从事某个行为是自由选择的，而并非外在强大的压力导致的。

（2）非共同性

在有多种可能的选择时，某种方案有不同于其他方案的特点。

（3）非期望性与非顺从性

一个人的行为不符合社会期望或不为社会公认。

（三）归因偏差

归因偏差（Attribution Bias）指的是认知者系统地歪曲了某些本来正确的信息。这一现象有的是源于人类认知过程本身固有的局限，有的则是由于人们不同的动机造成的。

1. 基本归因偏差

基本归因错误（The Fundamental Attribution Error）指的是人们经常把他人的行为归因于人格或态度等内在特质上，而忽视他们所处情境的重要性。

这种错误的产生与两方面的因素有关：一是人们总有一种对自己活动结果负责的信念，所以更多是从内因去评价结果，而忽略了外因对行为的影响；二是因为情境中的行动者比其他因素突出，所以人们把原因归于行动者，而忽略了情境背景。

2. 行动者—观察者效应

基本归因错误有时表现为行动者与观察者之间的偏差（Actor - observer Bias）：当人们作为一个评价者对他人的行为进行归因时，往往倾向于稳定的、内部的归因；而当人们作为自我评价者对自己的行为进行归因时，却倾向于作外部的归因。这也就是观察者高估个人特质因素、行动者高估情境因素的作用。

3. 自利偏差（Self-serving Bias）——自我服务的偏向

自利偏差是一种动机性的偏差，是指人们倾向于把自己的成就归因于内部因素，如能力、努力等，而倾向于把自己的失败归因于外部因素。

当行为是成功的、获得了良好的结果时，若是他人的行为则会被归因于外（环境或外在条件），若是自己的行为则会被归因于内（能力或其他人格品质）。而当行为本身不好、失败时，若是他人的行为会被归因于内，若是自己的行为则会被归因于外。

对管理者的启示

管理者的知觉与管理方式为：人际知觉与人群关系管理方式、自我知觉与自我实现管理方式、对人知觉与应变管理方式、角色知觉与责任管理方式。对于成功者和失败者今后行为的引导，应尽可能地把成功与失败的原因归因于不稳定性因素。归因理论说明了解释行为的依据和复杂性，对同一行为可以有不同的解释。

流动率、缺勤率和员工工作满意度也都反应了个体的知觉。对工作条件不满意、或认为组织中缺乏晋升机会都是一些主观判断，并不是以工作本身的意义为基础的。员工对工作好坏的结论是一种解释。管理者必须花时间了解每一个员工是如何解释现实的。当他们所认为的与实际之间差距显著时，管理者要努力消除这些信息失真。如果个体以消极方式认识工作，而管理者又未能成功纠正其认识，则将导致缺勤率与流动率增加，以及工作满意度的降低。

案例分析

晋代阮籍在登高凭吊古迹时，曾发出过“世无英雄，遂使竖子成名”的感叹。但是，刘邦真的没有本事吗？非也，刘邦最大的本事就是用人。他自己曾说过：“运筹帷幄之中，决胜千里之外，吾不如子房（张子房，即张良）；镇国家，抚百姓，给饷馈，不绝粮道，吾不如萧何；连百万之众，战必胜，攻必克，吾不如韩信。三人者皆人杰，吾能用之，此吾所以取天下者也。项羽有一范增而不用，此所以为我擒也。”

问题讨论

用知觉与社会知觉理论分析刘邦的管理之道。

第二节　需要、动机、态度、价值观与行为

人类的行为模式大致为：外界刺激或者生理机能使身体的某些指标失衡，产生对某种物质或者精神目标的需要，在肌体内产生内驱力；当具体目标刺激形成之后转化为行动，从而达到目的，实现均衡。然后，又会产生新的失衡。

一、需要与行为

(一) 需要的概念

需要是人脑对生理和社会的需求的反映，指人对某种目标的渴求和欲望，是人心理上的主观感受。

需要是有机体内部的某种缺乏或不平衡状态，它表现出有机体的生存和发展对客观条件的依赖性，是有机体活动的积极性源泉。需要是人的行为的动力源泉，人没有需要，就没有动力。

(二) 需要的特征

1. 指向性（对象性）

需要的指向性指需要有明确的目标与诱激物。

2. 阶段性

需要的阶段性是指人的需要是随着年龄、时期的不同而发展变化的，可以重复发生，但不是一成不变的简单重复。

3. 社会制约性

人不仅有先天的生理需要，而且在社会实践中，在接受人类文化教育过程中，发展出了许多社会性需要。这些社会需要受时代、历史的影响，又受阶级性的影响。

4. 独特性

由于生理因素、遗传因素、环境因素、条件因素不同，每个人的需要都有自己的独特性。年龄、身体条件、社会地位、经济条件不同的人，会在物质和精神方面有不同的需要。

(三) 马斯洛的需要层次理论

马斯洛（A. H. Maslow，1908—1970 年）是美国的比较心理学家和社会心理学家，人本主义心理学的创始人之一。他于 1954 年提出需要层次理论，之后又不断地加以发展，形成了颇有影响的需要理论。

1. 需要层次

人类的基本需要是按出现的先后或力量的强弱排列成等级的，即需要层次。其强弱和先后出现的次序是：

(1) 生理需要

生理需要是指维持人的生存的需要，包括人的衣、食、住、行等方面的需要。这是人最基本、最原始的需要。如果一个人同时有食物、安全、爱情、尊重等项需要时，其最强烈的需要一定是食物的需要。而当食物等人类最基本的需要得到满足，即达到足以维持其生命的程度之后，其余的需要才能成为新的激励因素。这类需要如不被满足，生命就会受到威胁。所以这一需要是最强烈、最迫切、不可回避的需要。

(2) 安全需要

安全需要是指当一个人的生理需要得到基本满足之后，突出地表现出来的一组新的需要。安全需要包括人身的安全、财产的安全和职业的稳定等方面的需要。人身安全的需要要求人身免受伤害，如避免疾病和工作事故等。财产安全的需要是指要求避免财产的损失。职业稳定的需要是指免受失业的威胁。当这种需要一旦相对满足后，也就不再成为激励因素了。

(3) 社交需要

社交需要是指人对于友谊、爱情和归属的需要。当生理需要和安全需要得到满足之后，人们便希望得到友谊和爱情，希望受到集体的接纳，得到集体的帮助。此时，个人将前所未有地、强烈地感受到朋友、情人或妻子和孩子不在身边的寂寞，就会产生与人交往的欲望。换句话说，他要在群体中找到一个位置。

(4) 尊重需要

尊重需要是指人的受人尊重和自尊的需要。人一方面希望得到名誉、地位、声望等，希望受到别人的尊重和承认；另一方面也希望自己具有实力、自由、独立性等，感到自己存在的价值，从而产生自尊心、自信心。如为了在社交中表现自己的能力而需要受教育和知识，为了表明自己的身份和地位而对某些高级消费品产生需要等。这类需要很难得到完全的满足，然而它一旦成为人的内心渴望，便会形成持久的推动力。

(5) 自我实现需要

自我实现需要是指人希望从事与自己能力相称的工作，使自己潜在的能力得到充分的发挥，成为自己久已向往的人物。像音乐家必须奏乐，画家必须绘画，诗人必须写诗一样，人都要从事自己所喜爱的事业，并从事业的成功中得到内心的满足的需求。自我实现是马斯洛需要层次理论中最高层次的需要。它的产生有别于前四种需要。只有在基本需要得到满足的基础上，人才会产生人生的最高追求，才能最大限度地发挥自己的潜能和创造力，实现自己的抱负与梦想，使人的价值最终得以完美地实现。

不过，为满足自我实现需要所采取的途径是因人而异的。自我实现需要的产生有赖于前述四种需要的满足。

任何一种需要是否出现，取决于更具优势的需要的满足或不满足状况。占优势的需要将支配一个人的意识，并自行组织充实机体的各种能量；不占优势的需要则被减弱，甚至被遗忘或否定。当一种需要被满足时，另一种更高级的需要就会出现，转而支配意识，并成为组织行为的中心，而那些已满足的需要就不再是积极的推动力了。人是永远有所要求的动物。

2. 需要层次论

需要层次论的基本内容有：

人类的需要是一种似本能（Instinctoid）需要。似本能的基本需要是一种内在的潜能或固有趋势。这种需要在某种程度上是由体质或遗传决定的。因此人类的需要，即使是最基本的对食物的需要，也与动物有很大区别。似本能需要只有在适宜的社会条件下才会表现出来。

人的需要会影响他的行为。只有未满足的需要能够影响人的行为，满足了的需要不能充当激励工具。

人的需要按重要性和层次性可以排列成一定的顺序，从基本的需要（如食物和住房）到复杂的需要（如自我实现）。

需要的满足顺序是波状起伏的递进曲线，如图 3－1 所示。

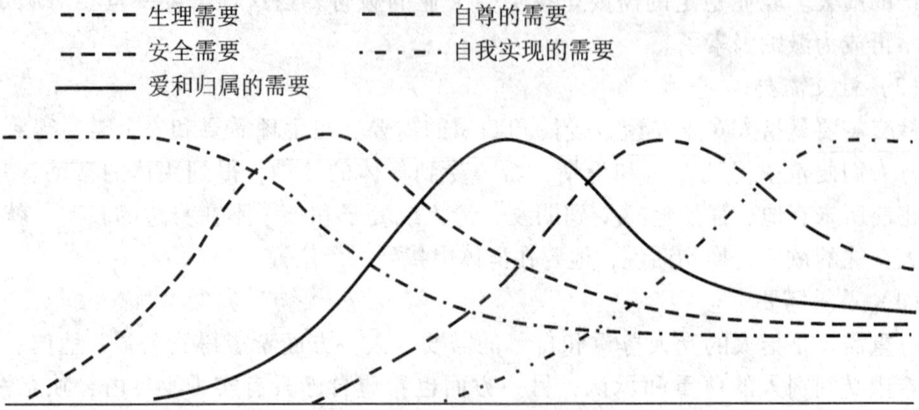

图 3－1　需求的满足顺序曲线

自我实现的需要是人类基本需要中最高层次的需要，但不是每一个成熟的成年人都能自我实现。能自我实现的人是极少数。

二、动机与行为

（一）动机

1. 动机的产生

人的某种需要从未满足状态转换到满足状态，然后产生新的需要，这一循环过程称为动机过程，如图 3－2 所示。

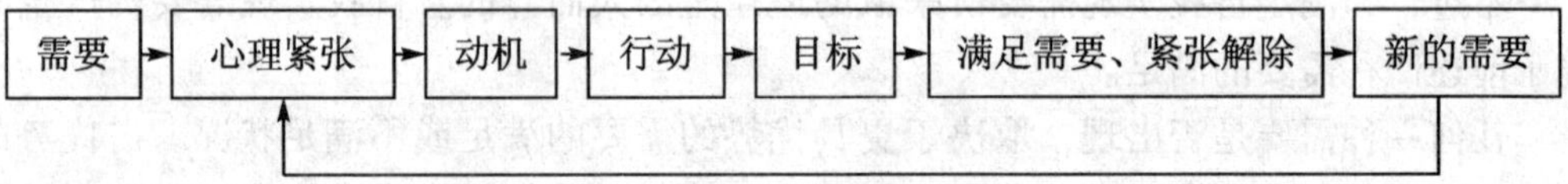

图 3－2　动机过程示意图

2. 动机的概念

动机是受社会个体生活经验和社会生活条件调节的，是带有社会内容的、社会化了的内驱力。

3. 引起动机的两个条件

（1）需要必须有一定的强度

就是说，某种需要必须是个体的强烈愿望，迫切要求得到满足。如果需要不迫切，则不足以促使人去行动以满足这个需要。

（2）诱因的刺激

它既包括物质的刺激也包括社会性的刺激。有了客观的诱因才能促使人去追求它、得到它，以满足某种需要；相反，动机就无从产生。例如，人身在荒岛上，虽然很想与其他人交往，但缺乏交往的对象（诱因），这种需要就无法转化为动机。

4. 动机的特征

(1) 动机强度

动机强度表明动机在强度上有强弱之分，如图 3－3 所示。

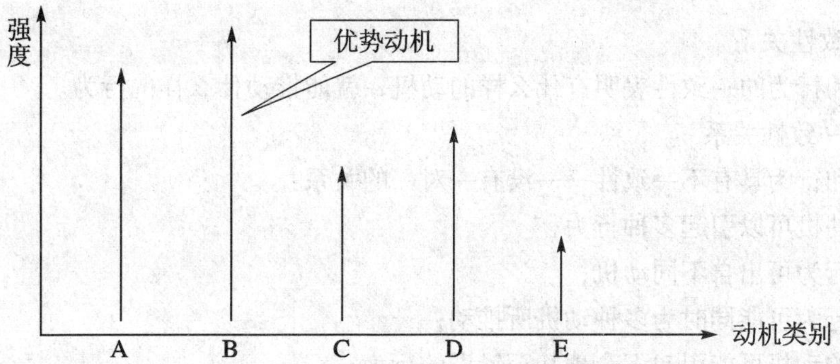

图 3－3 动机强度示意图

动机的引发与维持对提高活动效率有重要意义。但动机强度与活动效率之间并不呈正的线性关系。一般说来，动机强度与活动效率之间的关系大致呈倒 U 型曲线，即中等强度的动机活动效率最高。动机强度过低或过高，均会导致活动效率下降。

(2) 动机清晰度

动机清晰度表明动机指向的目标在意识程度上有高低之分。

(3) 动机转换

动机转换指一个动机为另一个动机所替代，也称动机更替。它对改变个体的行为有直接的影响。

(二) 动机的功能

1. 激活功能

社会动机激发个体产生社会行为，使个体处于活动状态，是行为的启动因素。

动机会推动人们进行某种活动，使个体由静止状态转化为活动状态。在动机的驱使下，个体会产生某种行为并维持一定的行为强度。例如，饥饿会促使个体产生觅食的活动。由生理需求引发的动机往往比较急迫，需要立即得到满足。

2. 指向功能

个体的社会行为总是指向一定目标，社会动机使社会行为具有明确的目的性和指向性。

动机使个体进入活动状态，并指引个体的行为指向一定的方向。例如，在成就动机支配下的人会积极地学习，主动选择有挑战性的任务。动机不同，有机体行为的目标也不相同，这就是动机的方向性在起作用。例如，同样是努力学习，有些孩子是为了获得教师和家长的赞赏，并不十分在意是否真的掌握了知识，而有些孩子则是对所学的内容本身有浓厚的兴趣。动机的不同导致了行为目标的差异性。

3. 维持与调节功能

在个体的社会行为达到目标前，社会动机起着维持作用。

如果行为受阻，只要动机仍然存在，行为就不会完全停止，它会以别的形式继续存在，比如由外显行为变为比较隐蔽的行为。这是动机的调节作用。

(三) 动机和行为的关系

1. 一致性关系

动机和行为的一致性表明有什么样的动机，就能推动什么样的行为。

2. 不一致性关系

动机和行为具有不一致性——没有一对一的关系：

同一动机可以引起多种行为；

同一行为可出自不同动机；

一种行为可能同时为多种动机所推动；

合理的动机可能引起不合理甚至错误的行为；

错误的动机有时被积极的行为所掩盖。

三、价值观与行为

(一) 价值观的含义

1. 价值观的定义

价值观是一个人对周围的客观事物（包括人、事、物）的意义、重要性的总评价和总看法，是一个人基本的信念和判断。

2. 价值观的内涵

从内容方面看，价值观是关于价值的观念。价值观决定了事物或行为对于个人是否有意义及重要程度如何。

从形式方面看，价值观是指人们头脑中的信念、信仰、理想系统。价值观具有个体性。每个人都有自己的价值观，而且每个人的价值观都不同。

从功能方面看，价值观是人们心目中的评价标准系统。价值观及其体系是决定人的行为的心理基础。

3. 价值观的来源

价值观的来源主要有遗传、早年教育和民族文化等。其中，遗传约占来源的40%，早年教育包括父母行为、教师、朋友以及其他相似的环境因素，民族文化的影响也很重要。价值观的大部分变异是由环境因素决定的。价值观是相对稳定和持久的，这是由价值观自身的遗传成分和获得方式所决定的。

(二) 价值观对人的行为的影响

价值观对人的行为的影响主要表现在：影响对他人及群体的看法，从而影响到人与人的关系；影响个人的决策和解决问题的方法；影响个人对所面临的形势和问题的看法；影响界定有关行为的道德标准；影响个人接受和抵制组织目标和组织压力的程度；影响对个人及组织的成就的看法；影响对个人目标和组织目标的选择；影响管理和控制组织时采取的人力资源手段。

在同一个客观条件下，对于同一个事物，组织成员的价值观是不会完全相同的，这就会导致员工行为的不一致。如对同一个规章制度，如果两个人的价值观相反，那么他们将会作出相反的反应。认为这个规章制度合理的人就会认真贯彻执行，认为这个规章制度错误的人就会拒不执行。

（三）价值观对管理的意义

1. 招聘以价值观把关

价值观强烈影响员工的态度与行为，它是了解员工态度与动机的基础。

2. 培育新的价值观

根据客观环境的变化，积极树立和培育新的价值观。

3. 重视群体价值观

在确定企业价值观时，要考虑各种群体的价值观。当员工的价值观与组织的价值观一致时，才能发挥出更大的作用。

四、态度与行为

（一）态度的概念

态度是个体对人或事的一种较为持久而又一致的内在心理和行为倾向。

（二）态度的结构

态度有内在的心理结构，是由认知、情感、意向三种心理成分构成的。

认知成分指个体对态度对象的认识、理解和评价，既包括对人和事的知晓，也包括对人和事的评论、赞同或反对。

情感成分指个体对态度对象的喜爱或厌恶的情感体验，指态度中的情绪和感受部分。

意向（行为倾向）成分指个体对态度对象的反应倾向，是行为的准备状态，即准备对态度对象作出某种反应。

这三者一般协调一致。在不一致时，情感起核心作用。

（三）态度测量

1. 态度测量的内容

态度的方向：个体对客体的行为，其内容包括喜欢或不喜欢、肯定或否定。

态度的强度：个体对客体的感觉强度。

2. 态度测量的方法

（1）总加量表法

总加量表法又称李克特量表法。测量一种态度就用一个态度量表。态度量表针对某个态度对象而设计，由若干个问题组成，根据被试对象对每个问题的态度打分，以代表该人对某个对象所持态度的强弱。

（2）社会距离法

该法由美国社会心理学家 E. S. 布加达斯于 1925 年创立，用来衡量人们对某个人或事物的态度。

(3) 语义差异量表

该法是心理学家 C. E. 奥斯古德于 1957 年创立的测量态度的方法。具体测量方法是：根据主题设计一套相对的、两个极端的形容词，将其平行列在七个等级的量表两端。测试时，要求被测者根据自己的意愿，在量表的某一个等级上选择，表示自己对该对象的态度。将被测者在每一对形容词量表上的得分加起来，就可以反映被测试者对该对象的总的态度。

(4) 投射法

投射法通过分析人们对某个刺激物所产生的联想来推测其态度。这种联想是人们内心深处的想象、愿望、要求以及思想方法等在某个刺激物上的无意识的反映。

(5) 造句测验法

事先准备好几个有关某一事物的未完成的句子，让被试者把句子写完。从中也可以看出被测者的态度。

(四) 态度的改变

1. 态度改变的内容

态度的改变包括两方面的内容：强度的改变和方向的改变。强度的改变称为一致性改变，如对某事物由稍微反对变为坚决反对。方向的改变称为不一致性改变，如对某事物原有的态度是消极的，后来变得积极了。

2. 态度改变的理论

(1) 凯尔曼的态度变化阶段理论（如图 3－4 所示）

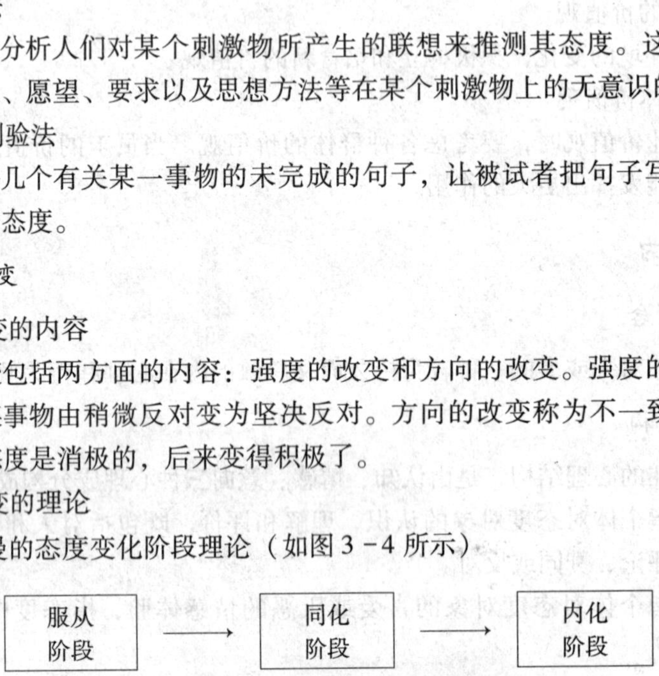

图 3－4　凯尔曼的态度变化阶段理论

①服从阶段

服从阶段指个人为了获得奖励或避免惩罚，按照社会的需要、群体的规范或别人的意志而采取的表面服从行为。这一阶段人的态度和行为的特点是：第一，态度受外部压力的影响或外力的诱惑；第二，表面顺从，但内心并不相信；第三，服从行为往往是表面的，有人监督就规规矩矩地“绝对”服从，无人监督就违反纪律；第四，从被迫服从、逐渐形成习惯转化为自觉地服从。

②认同阶段

认同阶段是接受他人的观点与行为的影响、使自己的态度与外界要求接近的阶段。此时，态度的认知成分和情感成分都发生了很大的变化，“相信”他人的观点、行为、态度是正确的，情感体验也趋于一致。

③内化阶段

新观点和新思想已经被纳入了个体的价值体系之中，与个体的体验完全融合一致，产生了强烈的行为意向。这就是新态度完全形成和旧态度彻底改变的阶段。

（2）态度一致性与费斯廷格的认知失调理论

人会自动地在各种态度之间以及态度和行为之间寻求一致性。

这意味着人们会自行调和处于分歧状态的各种态度，以证明自己是理性的、言行一致的人。一旦行为与态度不一致，人们就会试图改变其中一方，使它们之间变得一致；或者找出一种合理的解释来说明态度与行为之间的不一致，为自相矛盾找借口。

①认知失调

认知失调指个体能感受到的两个或多个态度之间或者他的行为和态度之间的任何不和谐。任何形式的不和谐都是令人不安的，因而个体将试图减少这种不和谐，寻求使不和谐最小的稳定状态。

②减轻或解决失调状态的办法

第一，改变某一认知元素，使其与其他元素的不协调关系趋于协调；第二，增加新的认知元素，寻找其他因素来平衡不协调的因素。

③影响态度改变的因素

费斯廷格的认知失调理论认为影响态度改变的因素主要有导致不协调因素的重要性、不协调因素的可控性、不协调可能带来的后果等。这些因素表明，有认知失调并不意味着一定要采取行为恢复平衡。也就是说，不谐调并不一定要求人们直接寻求一致性，朝着减少不谐调的方向努力。

认知失调理论的价值在于帮助我们预测人们改变其态度和行为的倾向性究竟有多大。认知失调越大，压力就越大，想消除不平衡的欲念就越强。

3. 改变态度的方法

（1）说服宣传

第一，要选择有号召力、有威信的人担任宣传者；第二，宣传的内容要包括单面宣传与双面宣传，要注意说服宣传只能逐步提出要求；第三，态度能否改变还在于被说服者的特性，因此需要因人而异，有针对性地宣传；第四，要正确使用恐惧性宣传，例如宣传“态度如果不改变则会扣安全奖金”等。

（2）积极参加活动

引导人们参加实践活动有助于改变人们原来的态度。

（3）利用群体规定

人们都处在一定的团体中，团体中的准则规范可以有效地改变个人的态度。

（五）管理实践所关心的态度类型

1. 工作满意度

工作满意度即个体对他的工作的一般态度。

2. 工作参与

工作参与测量的是一个人在心理上对他的工作的认同程度，以及他的绩效水平对自我价值的重要程度。

3. 组织承诺

组织承诺是员工对特定组织及其目标认同，并且希望维持组织成员身份的一种状态。

对管理者的启示

现代企业管理的核心问题是调动员工的积极性。人的积极性是与需要相联系的，是与人的动机相联系的。只有了解人的需要和动机的规律性，才能预测人的行为，进而引导人的行为，调动人的积极性，使之朝着达成组织目标的方向发展。

无论动机与行为的关系如何复杂，还是可以归纳出需要、动机、行为之间的关系以及发展规律，即需要—心理紧张—动机—目标导向行为—目标行为—需要满足—新的需要产生。遵循这一规律，管理者就能从宏观上掌握被管理者的心理，从而制定相应的较为科学的管理措施，高效地实现组织目标。

组织在甄选新成员时，不仅要考虑他的能力、经验和动机，还要考虑他与组织的价值系统是否适应。管理者应该关注员工的态度，因为态度是潜在问题的警报，而态度能够影响员工的行为。个体总是试图减少认知不协调，而不协调是可以调节的。

案例分析

杰克的任用

杰克约50岁，在一家大银行的分行做经理助理。他做助理经理已经有11年了，由于表现实在平庸，几乎没有哪个分行经理愿意要他做助手。通常他的现任行长都会设法将他派到新的分行去当助理，以便摆脱他。所以杰克在这11年里曾在8个分行任职。在他现在工作的这第9个分行，经理很快就了解了他的经历，决定试着激励一下他。经理了解到，杰克没什么经济上的需要，因为他继承了一笔可观的遗产，拥有几套公寓房，他的太太在家里打理家务，两个孩子都大学毕业，有很好的收入。

经理认为，虽然杰克的有形的物质需要基本上都得到了满足，但他也许会需要更多的别人的认可。于是，经理开始朝着这个方向努力。在分行周年的店庆日，经理召集所有员工开了一个庆祝会。会上，经理在订做的大蛋糕上写着分行最近颇受好评的一个财务指标。而这一指标是在杰克的努力下实现的。经理对此作了一番夸奖。杰克的情绪被这种赞扬以及很多同事善意的玩笑所鼓舞。从此以后，他的行为彻底改观。因为不断的认可和赞扬，杰克有了极大进步，两年后成为了另一家分行的杰出经理。

问题讨论

1. 员工的需要层次有哪些？
2. 需要与动机理论对管理实践的启示是什么？

第三节　人格与情绪

个性或者人格是由需要、动机、态度、兴趣、理想、信念、世界观等组成的个性倾向和由能力、气质、性格组成的个性心理特征有机结合而成的。

一、个性

（一）个性的内涵

个性是一个人在其先天生理素质的基础上、在长期的生活实践中形成的具有一定意识倾向性的稳定的心理特征的总和。它是指一个人整个的、本质的、比较稳定的意识倾向性与心理特征（个性心理特征和品质倾向）的总和。

（二）个性的特点

1. 整体性

人的个性是在先天的自然素质的基础上通过后天的学习、教育与环境的作用逐渐形成起来的。个性是自然性与社会性的统一。

2. 稳定性

个性的稳定性是指个体的人格特征具有跨时间和空间的一致性。在个体生活中暂时的、偶然表现的心理特征不能被认为是一个人的个性特征。我们可以从一个人儿童时期的人格特征推测其成人时期的人格特征。

3. 独特性

个性的独特性是指人与人之间的心理和行为是各不相同的。因为构成个性的各种因素在每个人身上的侧重点和组合方式是不同的。

（三）影响个性形成的因素

个性的形成时期主要有婴幼儿时期、学生时期、社会时期。影响个性形成的因素主要有先天遗传因素和后天社会环境因素。

1. 先天遗传因素

遗传因素如身材、相貌、性别、生物节律、气质等是个性形成和发展的自然前提。人的兴趣爱好的30%也来自遗传。

2. 后天社会环境因素

社会生活条件是个性形成与发展的决定因素。教育在个性形成中起主导作用。社会实践是个性形成发展的主要途径，如成长的文化背景、社会群体规范、生活条件等。

二、气质与行为

（一）气质

气质指个人行为及心理活动的动力特点的总和，即个人与神经过程（心理过程——强度、速度、指向）的特性相联系的行为特征。

（二）气质的类型和特征

气质类型是由神经过程的基本特性按照一定的方式结合而成的气质结构。表3-1给出了气质类型及其表现和高级神经活动类型及其特征的对照。

表 3-1　　气质类型及其表现和高级神经活动类型及其特征对照表

神经系统的特性及类型					气质
强度	平衡性	灵活性	特性组合的类型	气质类型	主要心理特征
强	不平衡（兴奋占优势）		不可抑制型（兴奋型）	胆汁质	精力充沛，情绪发生快而且强，言语、动作急速而难以自制，情绪外露，率直，热情，易怒，急躁，果敢
强	平衡	灵活	活泼型	多血质	活泼好动，富于生气，情绪发生快而多变，表情丰富，思维、言语、动作敏捷，乐观，亲切，浮躁，轻率
强	平衡	不灵活	安静型	黏液质	沉着冷静，情绪发生慢且弱，思维、言语、动作迟缓，内心少外露，坚毅，执著，冷淡
弱	不平衡（抑制占优势）		弱型（抑制型）	抑郁质	柔弱易倦，情绪发生慢而强，易感而富于自我体验，言语、动作细小无力，胆小，扭捏，孤僻

1. 多血质

多血质一般表现为活泼好动，敏感，反应迅速，喜欢与人交往，注意力容易转移，兴趣容易变换，情绪容易表现和变换，行为的外倾性明显，对行为的改造较容易等。

2. 黏液质

黏液质一般表现为安静，稳重，反应缓慢，沉默寡言，情绪不易外露，注意力稳定又难以转移，善于忍耐，行为的内倾性明显，对兴奋性行为的改造较容易等。

3. 胆汁质

胆汁质一般表现为直率热情，精力旺盛，情绪易于冲动，心境变换剧烈，行为的外倾性明显，对兴奋性行为的改造较不容易等。

4. 抑郁质

抑郁质一般表现为孤僻胆小，行动迟缓，不易动情，体验深刻细心，感受性很强，敏感多疑，缺乏果断和自信，精力较不足，忍耐力较差，行为的内倾性严重，对行为的改造较难等。

（三）气质在管理中的作用

气质是个人心理活动的稳定的动力特征在外部行为上的表现。个人的各种心理活动如认识活动、情绪活动和意志行动都会表现出他固有的气质特点，使其个性具有一定的色彩。

第一，每一种气质类型都有优点和缺点，都有可能在事业上取得成就。

第二，气质不能决定人的价值观，不能决定人的个性倾向性的性质，仅能使个性带有一定的动力色彩。

第三，气质不仅仅影响活动的动力，也可能影响活动的效率。

第四，气质可以影响人的情感和行动。

三、性格与行为

（一）性格

1. 性格的含义

性格是指人对现实的态度及其行为方式中比较稳定的、独特的心理特征的总和。

它是一个人的心理面貌的本质属性的独特结合，是区别个性的主要标志。性格在人的个性中起着核心作用。

2. 性格与气质

性格与气质都是描述个人典型行为的概念，都是人脑的机能，其共同的基础是神经类型。气质不是人的性格中的某种外来的东西，而是有机地包括在性格结构之中，两者共处一体，相互渗透、相互影响。气质影响着性格的动态方面，渲染性格的特征，使性格具有独特的色彩。

（1）性格与气质的区别

从起源上看，气质是先天的，体现着神经类型基本特征的自然影响，是神经类型在行为、活动中的直接表现。性格是后天的，个体在生命开始时期并没有性格，它体现了社会生活条件和环境的外来影响，是在神经类型的基础上形成的暂时联系系统。

从可塑性上看，气质的变化较慢，可塑性较小；即使可能改变，但较不容易。性格的可塑性较大，环境对性格的塑造作用是明显的；即使性格已经形成，但改变也较容易。

气质指的是行为特征，与行为内容无关，因而气质无好坏善恶之分。性格主要是指行为的内容，表现为个体与社会环境的关系，因而，有好坏善恶之分。

（2）性格与气质的联系

气质会影响性格的形成，因为性格特征直接依赖于教育和社会相互作用。气质可以按照自己的动力方式渲染性格特征，从而使性格特征具有独特的色彩；气质还会影响性格特征形成或改造的速度。

性格也可以在一定程度上掩盖或改变气质，使它满足生活实践的要求。

（二）性格的结构

性格是一个复杂而完整的系统，它包含着各个侧面，具有不同的特征。这些性格特征在不同的个体上组成了具有独特结构的模式。一般人对性格结构的分析，着眼于性格的态度特征、意志特征、情绪特征、理智特征四个方面。

1. 性格的态度特征

人在现实态度体系中的个性特点是性格的重要组成部分。人对现实的态度是多种多样的，由以下几方面构成：

对社会、对集体、对他人的态度特征；

对学习、劳动和工作的态度特征；

对自己的态度特征。

2. 性格的意志特征

性格的意志特征是指一个人在自觉调节自己行为的方式和水平上表现出来的心理特征。

3. 性格的情绪特征

性格的情绪特征是指一个人在情绪活动中经常表现出来的强度、稳定性、持久性以及主导心境方面的特征。

4. 性格的理智特征

人们在感知、记忆、思维等认识过程中表现出来的个别差异就是性格的理智特征。

（三）性格的类型

对于性格的分类，通常有机能类型说、向性说、独立—顺从说、文化—社会类型说等几种学说。

机能类型说按人的心理机能把人的性格分为理智型、情绪型和意志型三种；向性说按人的心理活动倾向性把人的性格分为外倾型和内倾型两种；独立—顺从说按人的独立性程度把人的性格分为顺从型和独立型两种；文化—社会类型说以人的社会意识倾向把人的性格分为理论型、实际型、审美型、社会性、政治型和宗教型。另外，结合人的四种气质类型，人的性格还可分为活泼型、力量型、完美型和和平型四种。

四、性格在管理实践中的意义

（一）重视管理者自身性格的锻炼

管理者首先要重视对自身性格的锻炼。奥尔波特定义了健康人格的六大特征：自我扩展的能力、密切的人际交往能力、情绪上有安全感和自我认可、知觉的现实性、自我客观化、定向一致的人生观。

自我扩展的能力指健康成人参加活动的范围极广，有很多朋友、很多爱好，在政治、社会、宗教方面有积极的态度。密切的人际交往能力指健康成人与他人的关系是亲密的，富有同情心，无占有感和嫉妒心，能宽容自己与别人在价值观与偏好上的差异。情绪上有安全感和自我认可指健康成人能忍受生活中不可避免的冲突和挫折，经得起一切不幸遭遇，具有一个积极的自我形象。知觉的现实性指健康成人是根据事物的实际情况而不是根据自己希望的那样来看待事物，他们在评价一种形势和决定顺应这种形势时非常清醒。自我客观化指健康成人对自己的所有和所缺都十分清楚和准确，能理解真实自我与理想自我之间的差异。定向一致的人生观指健康成人为一定的目的而生活，有一种主要的愿望。

（二）重视对组织成员性格的了解和把握

在管理实践中管理者要把握不同性格和气质的人的行为表现，并针对组织成员的性格差异而采取不同的管理策略。表3－2给出了个性差异与管理对策。

表3－2　　个性差异与管理对策

<table>
<tr><th>性格特征</th><th>气质类型</th><th>行为表现</th><th>管理对策</th></tr>
<tr><td>开朗直爽</td><td>多血质</td><td rowspan="2">坦白直爽，兴趣广泛，爱发牢骚，不拘小节，言行有时易被他人误解</td><td rowspan="2">表扬为主，防微杜渐</td></tr>
<tr><td>沉默寡言</td><td>黏液质</td></tr>
<tr><td>倔强刚毅</td><td>胆汁质</td><td rowspan="2">能吃苦，办事有始有终，但缺乏灵活性，与领导意见不一致时不冷静，容易产生抗拒，求胜心切</td><td rowspan="2">经常鼓励，多教方法</td></tr>
<tr><td>心胸狭窄</td><td>抑郁质</td></tr>
</table>

表3-2（续）

性格特征	气质类型	行为表现	管理对策
粗暴急躁	胆汁质	好冲动，心中容不得不公平的事，好提意见，不太注意方式方法，事后常后悔	肯定成绩，避开锋芒
自卑心强	各类型		
傲慢自负	多血质	反应快，聪明能干，过分自信，好出风头、发议论，听不进不同意见，虚荣心强	严格要求，表扬谨慎
拖拖沓沓	各类型		

（三）重视领导班子及其组织成员的性格互补结构

组织成员中有一些强势的、权力欲和支配欲很强的员工，也有一些爱表现的、会讨领导欢心的员工。这种人在企业里是必不可少的，是调剂工作气氛、宣传造势、公关游说的最好人选。但是这种人不能多，要不工作没人干了。另外，还有一些专能发现问题、执著、好钻牛角尖的员工。他们个性强、桀骜不驯，不服从管理。这样的人让领导挠头却也实在不可或缺，如善加利用绝对是个打市场做项目的好手。也有一些默默无闻、无私奉献、勤勤恳恳的老黄牛式的员工，企业用他们做些没有开拓性的事情倒也十分合适。

在组织中每一种成员都需要配备，因此，领导班子及其成员的性格互补对于组织绩效的提升是非常重要的。

（四）重视创造一个有利于培养良好性格的环境

作为组织的管理者，要努力营造宽松、健康的管理环境，使用相对公正、公平的激励手段，给员工提供一个培养良好性格的环境。

四、能力与行为

（一）能力及其类型

1. 能力

能力是人顺利地完成某种活动必须具备的心理特征和本领。

能力总是和人的某种活动相联系并表现在活动中。能力影响活动的效果，能力的大小只有在活动中才能比较。

2. 能力的含义

能力包含实际能力和潜在能力两个层次。

实际能力就是指个体掌握的知识和实际技能，而潜在能力指能力倾向和潜在才能。

3. 能力的类型

能力分为一般能力和特殊能力。

一般能力是指在许多基本活动中都表现出来的、从事各种活动都必须具备的能力。一般能力的综合也被称为智力。

特殊能力是指在某种专业活动中表现出来的能力。

一般能力和特殊能力的关系是辩证统一的。一方面，一般能力在某种活动中经过特别发展就可能成为特殊能力。另一方面，在特殊能力得到发展的同时一般能力也会得到发展。

（二）能力结构理论

分析能力的结构对于了解能力本质、合理设计能力测验、拟订发展能力的原则都是必要的。

1. 单因素论

人与人之间智力上有高低，但智力只是一种总的能力。

2. 斯皮尔曼的二因素论

英国心理学家斯皮尔曼（C. E. Spearman）提出了二因素论。他将人类智力分为两个因素：一是普遍因素，又称 G 因素，即在不同智力活动中共有的因素；一是特殊因素，又称 S 因素，即在某种特殊的智力活动中必备的因素。两者相互联系，完成任何作业都需要两者的结合。

3. 瑟斯顿的群因素论

美国心理学家瑟斯顿（L. L. Thurstone）是群因素论的主要提出者。他认为智力是由许多彼此无关的原始能力或因素组成的。他通过对被试者进行大量的测验，得出了智力中的七种主要因素：语词理解（V）、语词流畅（W）、推理能力（R）、计数能力（N）、机械记忆能力（M）、空间能力（S）和知觉速度（P）。

4. 阜南的智力层次结构模型

阜南（P. E. Vernon）认为智力因素的结构不是立体的模型，而是按层次排列的结构。他认为智力因素有四个层次。他把斯皮尔曼的智力普遍因素 G 作为第一也即最高层次；把第二层分为两个大因素群——言语和教育方面的因素以及机械和操作方面的因素；把第三层分为几个小因素群；把第四层定义为各种特殊因素，即斯皮尔曼的 S。由此可见，阜南的智力层次结构理论是斯皮尔曼的二因素论的深化，在 G 和 S 之间增加了两个层次。

5. 吉尔福特的智力三维结构模型——智慧结构

美国心理学家吉尔福特（J. P. Guilford）于 1967 年提出了智力三维结构模型。他否认有普遍因素 G 的存在。他认为，智力结构应从操作、产物和内容三个维度去考虑，操作有 5 种，产物有 6 种，内容有 4 种，共有 120 种智力。

（1）智力操作的内容

①评价（即能不能评价事物）；

②集中思维（强调抽象概括、形成概念）；

③分散思维（过去强调集中思维，现在还必须重视创造性思维的培养，而创造性思维要求分散思维和集中思维相结合）；

④记忆；

⑤认知。

智力活动的产物就是智力操作的结果。

（2）智力活动的产物

①单元（如一个词，一句话）；

②类别（比单元范围要宽一点）；
③认识一个关系；
④认识一个系统的关系；
⑤转换（即从对一个事物的认识转换到另一个事物上去）；
⑥蕴含（如能了解隐喻）。
从单元到蕴含是从最简单的结果到最复杂的结果。
（3）智力活动的内容
① 图形的（形象的东西）；
② 符号的（比较抽象的东西）；
③ 语义的（语言意义的东西）；
④ 行为的（动作的）。

吉尔福特的理论是一种比较新的理论，是对智力结构认识的一个深入，它推动着人们对智力结构进行新的探索。

（三）能力的个体差异

1. 能力发展水平的差异

能力发展水平的差异主要是指智力上的差异，它表明人的能力发展有高有低。研究发现，就一般能力来看，在全世界人口中，智力水平基本呈常态分布，即智力极低或智力极高的人很少，绝大多数的人属于中等智力。如表 3 - 3 所示。

表 3 - 3 能力发展水平差异表

智商	百分比%	级别
139 以上	1	非常优秀
120 ~ 139	11	优秀
110 ~ 119	18	中上
90 ~ 109	46	中等
80 ~ 89	15	中下
70 ~ 79	6	临界智力
70 以下	3	智力迟钝

2. 能力类型差异

这是指构成能力的各种因素存在质的差异，主要表现在知觉、记忆、想象、思维的类型和品质上：

知觉方面——综合型、分析型、分析综合型。

记忆方面——视觉型、听觉型、运动型、混合型。

言语方面——生动的言语类型或形象思维类型、逻辑联系的言语类型或抽象思维类型、居两者之间的混合型。

思维能力方面——深刻型、灵活型、批判型。

3. 能力表现早晚的差异

能力表现的早晚有个体差异，有的人能力在早期显露，有的人则大器晚成。一般来说，25~40岁是成才的最佳年龄。表3-4给出了能力表现早晚的差异。

表3-4　能力表现早晚差异表

学科	最佳创造的平均年龄（岁）	学科	最佳创造的平均年龄（岁）
化学	26~36	声乐	30~34
数学	30~34	歌剧	35~39
物理	30~34	诗歌	25~29
使用发明	30~34	小说	30~34
医学	30~39	哲学	35~39
植物学	30~34	绘画	32~36
心理学	30~39	雕刻	35~36
生理学	35~39		

不同的能力在发展速度上是不同的。有的能力发展得较早，有的却很晚；而到了老年，不同能力的衰退速度也是不一样的。有研究表明，知觉能力发展较早，也首先开始下降，其次是记忆力，最后是思维能力。比较、判断能力在80岁开始急速下降，动作反应速度在18~29岁发展到最高峰，在以后较长时期内仍保持较高的水平。表3-5给出了能力发展速度的差异。

表3-5　能力发展速度差异表

年龄	10~17岁	18~29岁	30~49岁	50~69岁	70~89岁
知觉	100	95	93	79	46
记忆	95	100	92	83	55
比较、判断	72	100	100	87	69
动作反应速度	88	100	97	92	71

4. 智力的性别差异

男女智力的总体水平大致相等，但男性智力分布的离散程度比女性大。男女的智力结构存在差异，各自具有自己的优势领域。

男性的左脑较发达，而女性的右脑比较发达。右脑控制左侧肢体和左侧神经，右脑的特性决定了左侧肢体的活动。一般左脑具有语言、概念、数字、分析、逻辑推理等功能，右脑具有音乐、绘画、空间几何、想象、综合等功能。表现在注意力上，男性的注意力多定向于事，女性的注意力多定向于人；表现在记忆力上，男性的理解记忆和抽象记忆较强，而女性的机械记忆和形象记忆较强，这也是女性语言能力较强的原因；表现在想象力上，男性的想象力偏重于逻辑性方面，而女性的想象力偏重于形象化方面，等等。

（四）能力差异与管理

第一，要掌握好招聘人才的能力标准。首先，要摆正文凭与才能的关系；其次，要处理好现实成绩与潜在能力的关系；最后，要注意克服人才的错位和浪费。

第二，要用人之长，人尽其才。在管理实践中要把握能职对应原则、能级对应原则。善用人者能成事，能成事者善用人。

第三，要开发和利用人的潜能。要利用各种科学的方法开发和利用人的潜能，使人的潜能得以最大限度地发挥。

五、情绪与行为

（一）情绪的内涵

情感是指在人类社会中产生的人对一定事物的态度体验。人们通过知觉、思维等反映客观事物，这是心理活动的认识过程。伴随着认识过程，人们还会产生喜、怒、哀、惧、爱、恶等心理体验。这种体验就是情感。

（二）情绪的形态

根据情感的发生速度、强度、持续性和对人的影响程度，情绪可分为四种基本形态：

1. 心境

心境是一种比较微弱、平静而持续时间较长的情绪状态，其主要特点是弥散性和持续性。

2. 激情

激情是指人们受到外界刺激时产生的强烈而短暂的情绪状态，其主要特点是瞬息性和冲动性。

3. 应激

应激是指因出乎意料的紧张情况而引起的情绪状态。

4. 热情

热情是指一种掌握着人的整个身心、决定着一个人的心理和行为基本方向的较强烈、稳定而又深刻持久的情绪状态。

（三）情绪对个体行为的影响

既要发挥情绪对个体行为积极的一面，也要警惕其消极的一面。良好的情感对组织员工的行为具有促进作用；不良情绪的消极作用不仅会干扰人的价值判断，还容易使人产生冲动行为。

情绪控制的原则主要有：不逃避，不强行遗忘；正确面对，让不良情绪得以发泄；不求全责备；不委曲求全。

对管理者的启示

组织在甄选新成员时，不仅要考虑他的能力、经验和动机，还要考虑其是否具有与组织相适应的价值系统。管理者应该关注员工的态度，因为态度是潜在问题的警报器，而且态度能够影响员工的行为。个体总是试图减少认知不协调，而不协调是可以调节的。

在管理实践中，要重视管理者自身性格的锻炼、对组织成员性格的了解和把握，重视领导班子及其组织成员的性格互补结构，重视创造一个有利于培养良好性格的环境。在人才招聘过程中，要处理好现实成绩与潜在能力的关系，注意克服人才的错位和浪费问题。既要发挥情绪对行为的影响的积极的一面，也要注意克服消极的一面。

案例分析

讲习班里试身手

把销售知识讲习班授课的时间定为上午8点30分。在这之前还有一个于8点钟开始的早餐例会。你7点50分左右到场，却发现张大伟已经到了，笔记本和几支铅笔整齐地放在他面前的桌上。他站起身，你们两人握了一下手。他的嘴角挂着一丝几乎不易察觉的微笑。就他和他的工作情况，你简单地问了几个问题，他的回答简短而彬彬有礼，但你会注意到他站得与你有一段距离。

8点15分左右，李齐犹犹豫豫地跨进门，轻声问：“对不起，这里是销售讲习班吗?”当被告知正是这里时，他长出了一口气。进得门来，他自己倒了杯咖啡，然后谈起他一直想参加这个讲习班。他说，在这里学到的东西无论是对工作还是对家庭事务都会有帮助。李齐问了你几个问题，非常细心地听你回答。他说他希望坐在前排的人被叫起来做示范表演的次数不要太多。

快要开课了，马山大步流星地走进来。“喂，这里是销售讲习班吗?”他笑着问。在你答话之前，他就已经自己倒了杯咖啡，边喝边承认他没有咖啡就会提不起精神。然后他一下子接过有关示范表演的话题，开始讲起在上次讲习班他正在模仿某位大老板的举手投足时，正好被这位老板看到，结果弄得他很尴尬。“不过说实在的，我倒是很喜欢这件事。”他说。

最后一位与会者王丽出现了。她匆匆走进房间，找了靠前排的位子坐下，对你说：“10点半我还有别的应酬。那时你能讲完吗？如果不能，这堂课下个月能否再讲一次，让我们大家中那些今天不能来的人还有一次机会？今天没到场的人还真不少，所以重新修订一下课程可能是很有必要的。”

问题讨论

请你分析这四位与会者的气质类型，并说出你会怎么做。

第四节 学习与强化

几乎所有的复杂行为都是习得的，也就是通过后天学习得到的。如果我们想解释和预测行为，就需要了解人们是如何学习的。强化是通过指导个体学习的方式塑造个体的过程。合理的强化会对员工的工作积极性起到提升的作用。

一、学习

（一）学习的含义

我们每个人都不停地“在学校里学习”，学习发生于任何时刻。心理学家对学习的定义比我们日常认为的要宽泛得多——由于经验而发生的相对持久的行为改变。可以这样说，行为的变化表明了学习的发生，学习是行为的改变。

在学习的定义中包含几层含义：

第一，学习包含着变化。从组织的角度来看，这一点有利有弊。人们可以学会好的行为，但也可以学会不好的行为。

第二，这种变化是相对持久的。暂时的变化可能仅仅是反射的结果，而不是学习的结果。因此，需要把那些由于疲劳或暂时的适应性而导致的行为改变排除在外。

第三，学习的定义关注的是行为。只有行为活动出现了变化，学习才会发生。如果个体仅仅在思维或态度上发生了变化，而行为未发生相应变化，则不能称为学习。

第四，学习必须包含某种类型的经验。学习可以通过观察或直接经验得到，也可以通过间接经验得到（如通过阅读而获得）。这其中的关键问题依然是这种经验是否导致了相对持久的行为变化。如果是，我们就可以说学习发生了。

（二）学习理论

解释学习过程的理论主要有经典条件反射理论、操作条件反射理论、社会学习理论。

1. 经典条件反射（Classical Conditioning）理论

最早对经典条件反射进行研究的是俄国生理学家伊万·巴甫洛夫。他的研究主要是教会狗听到铃声后作出分泌唾液的反应。

巴甫洛夫通过一个简单的手术程序使自己可以精确测量出狗分泌的唾液量。当他给狗一片肉时，狗的唾液分泌量明显增加。当他藏起这一片肉而只摇铃时，狗不分泌唾液。然后，巴甫洛夫将肉和铃声结合在一起。每次狗得到食物之前都会听到铃声，如此反复。于是狗听到铃声就会立即开始分泌唾液。此后，狗即使只听到铃声而没有提供食物时也会分泌唾液。事实上，狗已经学会了一种新的反射，即听到铃声就分泌唾液。

食物是无条件刺激物，它必然会使狗做出某种形式的反射。只要无条件刺激物出现，这种反射就会发生（在这一实例中，这种反射为唾液量的明显增长），因此这种反射称为无条件反射。铃声为人为刺激物，或称条件刺激物。它原本是中性的，当与食物（无条件刺激物）联系在一起之后，最终使得条件刺激物单独出现时也产生了这种反射。最后一个概念为条件反射，它描述的是狗在仅有铃声时也分泌唾液的行为。

从根本上说，习得条件反射包括了建构条件刺激与无条件刺激之间的联系。将具有吸引力的刺激物与中性刺激物相结合，中性刺激物会变成条件刺激物，因而具有了无条件刺激物的性质。

经典条件反射是被动的。当某件事发生时，我们会以某种特定的方式作出反射，它可以帮助我们解释一些简单的反射行为。然而，大多数行为尤其是个体在组织中的复杂行为，都是主动出现而不是被诱导出来的，它们是主动自觉而不是被动反射的。比如，员工准时下班、遇到困难寻求上司的帮助、在没人监督时游手好闲等行为。

2. 操作条件反射（Operant Conditioning）理论

操作条件反射的概念是哈佛大学心理学家斯金纳提出的。

斯金纳认为行为并不是由反射或先天决定的，而是后天习得的。他指出，在具体的行为之后创设令人满意的结果，会增加这种行为出现的频率。如果人们的行为得到了积极强化，则最有可能重复这种令人满足的行为。比如，如果奖励紧跟在恰当的反应之后，会最为有效。如果行为不被奖励，则不太可能被重复。

在任何情境中奖励或惩罚都或明确或隐含地表明强化依你所采取的行为而定。比如，一名想挣大钱的销售代理发现奖励取决于他在此领域中创造的高销售额。当然，这种联系也能教会个体不按组织满意的行为方式工作。假设你的上司告诉你如果能在以后的三个星期的旺季里加班工作，在下一次绩效评估中你将会得到补偿；但是当绩效评估到来之时，你发现关于加班工作你就没有得到任何积极强化。下次上司再请你加班时，你很可能会拒绝！你的行为可以用操作条件反射来解释：如果一种行为未能得到积极强化，则该行为重复的可能性会降低。

3. 社会学习理论（Social-learning Theory）

个体不仅通过直接经验进行学习，还通过观察或听取发生在他人身上的事情学习。比如，我们通过观察榜样，如父母、教师、同伴、演员、上司等而学会了很多东西。这种认为人可以通过观察和直接经验两种途径进行学习的观点称为社会学习理论。

社会学习理论是操作性条件反射的扩展。也就是说，它也认为行为是结果的函数，但它同时还承认了观察学习的存在以及在学习中知觉的重要性。人们根据自己对客观结果的感知和定义作出反射，而不是根据客观结果本身作出反射。

二、强化

（一）强化的含义

学习不但发生于工作之前，还发生于工作之中，因而管理者应该注重如何教导员工，使他们的行为对组织最有利。管理者常常通过逐步指导个体学习的方式来塑造个体，这个过程称为强化。

行为塑造通过系统地强化每一个连续步骤而使个体越来越趋近理想的反应。对于一名长期上班迟到半个小时的员工，如果他此次上班迟到了 20 分钟，我们就应强化这种进步。当反应越来越接近所期望的行为时，强化也应不断提高。

塑造行为的方法有四种：积极强化、消极强化、惩罚和忽视。当一种反应伴随着愉快事件时，称之为积极强化，如管理者称赞员工工作干得好。当一种反应伴随着中止或逃离不愉快事件时，称之为消极强化。如老师在课堂问了一个问题，而你不知如何回答，要翻看课程笔记，这样老师就会不再让你回答了，这就是一种消极强化，因为你学会了匆忙地翻看笔记以防止教师提问你。惩罚是指为了减少不良行为而导致的不愉快情境。员工因为酗酒而被责令停工两天不付薪金就是惩罚的一个例子。消除任何能维持行为的强化物则称为忽视。当行为不被强化时，便倾向于逐渐消失。在开会时，如果教师不希望学生在课堂上提出问题，那么当这些学生举手要发言时就可以忽视他们的存在。当举手行为得不到强化时，这种行为便会消失。

积极强化和消极强化都导致了学习：强化了反应，增加了其重复的可能性。前面已指出，表扬增强了做好工作的行为，因为表扬是令人愉快的。而看上去很忙碌的行为增强了中止不愉快的行为结果。惩罚和忽视也导致了学习，但它们削弱了行为，并减少了其发生的频率。无论是积极强化还是消极强化，它们作为行为塑造工具都有重要的影响。

（二）强化程序

强化程序有两种主要类型：连续的和间断的强化程序。

1. 连续强化（Continuous Reinforcement）程序

连续强化程序是指当每一次理想行为出现时，都给予强化。比如，对于一个有不准时上班习惯的员工，每次他准时上班，主管都会表扬他这种好行为。

2. 间断强化（Intermitent Reinforcement）程序

间断强化程序可以拿老虎机的原理为例：在赌场中，即使人们知道不可能总有回报，他们仍然会继续赌下去。间断强化的目标只是能够使人们的投币行为得到重复。研究结果表明，与连续方式相比，个体在间断强化中倾向于更不愿意放弃活动。间断强化又分为比率强化和间歇强化两种。

比率强化程序取决于被试者作出反应的数量。当某一具体行为重复了一定数量后个体才可得到强化。

间歇强化则取决于上次强化后所经历的时间。个体在第一次恰当的行为之后要再经历一段时间才会得到强化。

强化还可以分为固定强化和可变强化两种。由此，用来实施奖酬的间断强化技术可以划分为四种类型，如表 3－6 所示。

表 3－6　　强化类型表

	时距	比率
固定	固定时距	固定比率
可变	可变时距	可变比率

（1）固定时距

每隔一定的固定时间给予一次强化的方式为固定时距程序（Fixed-interval Schedule）。这种程序的关键变量是时间，而且这种程序必须待续进行。在北美国家中，几乎所有工薪阶层员工都受到过这种程序的强化。你会在每周、每月或其他预定的时间间隔后拿到工资。这种方式就是以固定时距的强化程序为基础进行的奖励。

（2）可变时距

奖励根据时间分配，但强化的时间却不可预测的方式称为可变时距程序（Variableinterval Schedule）。比如，教师在新课的开始就告诉大家这学期将会有一系列随堂考试（具体的考试次数学生并不知道），这些测验的成绩占总分的20%。这位教师运用的就是可变时距强化。同样，总公司的审计部门对各分公司进行的不加通知的随机视察也属于可变时距强化。

（3）固定比率

在固定比率程序（Fixed-ratio Schedule）强化中，当个体反应达到了一个固定数目后，便给予奖励。比如，计件付酬方式就是固定比率强化。员工凭自己生产的产品件数得到奖励。如果一个制衣工厂的工人安装12根拉链可得5美元，则强化（在这一实例中是金钱）取决于衣服拉链的固定数目。每缝制12根拉链，工人就可得到5美元。

（4）可变比率

奖励根据个体的行为发生变化的方式称为可变比率程序（Variable-ratio Schedule）。代理销售商的行为就是这种强化程序的例子。有时，对于潜在的用户，他们仅仅需要两个电话就能做成一笔买卖；有时，他们可能要打20次甚至更多的电话才能谈成一笔交易。这种奖励是变化不定的，因此，其奖励取决于销售商成功洽谈的数目。

强化程序与行为连续强化程序容易导致过早的满足感。在这种程序下，强化物一旦消失，行为倾向就迅速衰减。不过，连续强化方式适合于新出现的、不稳定的或低频率的反应。与之对照，间断强化程序不容易产生过早的满足感，因为它并不是每一次反应之后都有强化。这种方式适合稳定的或高频的反应。

总之，可变程序比固定程序更容易导致较高的绩效水平。组织中的大多数员工以固定时距的强化方式得到报酬，但是这种方式并未清楚明确地表明绩效和奖励之间的联系。奖励是根据工作中所花费的时间而不是具体的反应（工作绩效）设定的。相反，可变时距方式会产生更高的反应机率和更稳定一致的行为。因为在这种方式里，绩效与奖励之间的相关性很高，而且其中包括不确定性的因素。由于这是一个出其不意的因素，员工们倾向于更为警觉。

三、学习理论在组织中的一些具体应用

学习理论在管理上主要有六方面的具体应用：使用抽彩法降低缺勤率、以健康工资替代病假工资、对问题员工进行训导、开发有效的员工培训计划、对新员工建立导师负责制、使员工学习自我管理。

（一）使用抽彩法降低缺勤率

这种抽彩法属于可变比率强化程序。员工的全勤记录提高了他获奖的可能性，但

这种全勤记录并不保证员工必然会获得奖励。与强化方面的研究结果一致，抽彩法降低了缺勤率。

（二）健康工资与病假工资

大多数组织在员工病假时照发工资，并把它作为员工福利的一部分。然而病假制度强化了错误行为，即请病假不来上班。美国中西部的一家组织实施了健康工资制度，对那些连续一个月没有缺勤的员工提供奖励，而因病请假者所得到的工资则少于正常工资额。对健康工资制度进行评估后人们发现，它节省了组织的开支，降低了缺勤率，提高了生产率，还增加了员工的工作满意度。

（三）员工训导

每一位管理者都会在工作中碰到这样一些问题：员工酒后上工，不服从上级领导，偷窃公共财产，上班经常迟到等。管理者采取的训导活动常常包括口头批评、通报批评和暂时停职。有关训导方面的研究表明，管理者应及时行动改正错误，使惩罚的程度与问题的严重程度保持一致，并要确保员工认识到惩罚与不良行为之间的联系。不过，我们前面介绍的惩罚对行为效果的影响的理论表明，惩罚的使用是有代价的，它只能起到短期效果，并会带来严重的副作用。

人们之所以普遍地使用训导方式，毫无疑问是由于它能在短时间内产生显著的效果，使员工迅速改变原有的行为，从而也强化了管理者对惩罚的使用。但从长远的观点来看，如果只使用训导而不对良好行为给予积极强化，则可能出现下面这些问题：员工产生挫折感，对管理者产生畏惧心理，问题行为再度出现，员工缺勤率和流动率增加。

（四）开发培训计划

社会学习理论在组织中的应用表明：培训必须提供一个榜样以吸引被培训者的注意力；要建立激励机制；要帮助培训人员总结自己学到的知识对今后工作的作用；要提供机会实践新行为；如果培训为脱产的，还应为培训人员提供机会把自己所学到的知识应用到工作实际中去。

（五）建立导师负责制

几乎所有的员工在职业生涯的早期都会由组织安排年长的、经验更为丰富的导师给予他指导。这位导师把门徒们保护在自己的羽翼之下，并对他们如何在组织中求得生存和发展提供指导和建议。

成功的导师制是在社会学习理论的榜样概念基础上建立起来的。也就是说，导师的影响不仅仅来自他向门徒说了些什么，还来自他作为角色榜样的作用。门徒通过模仿导师的活动和特点学会了组织向他们传授的态度和行为。他们观察，然后模仿。对于高层管理者来说，如果他想培养员工适应组织并准备赋予年轻的管理天才更大的责任，应仔细选择由谁来担当导师的角色。建立正式的导师制，即每一位年青员工都由导师带领和帮助，能够使高级经营人员只管理过程，并提高学徒模仿高级管理层所希望的行为方式的可能性。

（六）自我管理

学习概念在组织中的应用并不仅仅局限于管理他人的行为，还可以用于个体对自己行为的管理，这就是自我管理（Self-management）。自我管理是个体管理自己的行为，从而减少外界管理控制的一种学习技术。

自我管理要求个体精细地操纵刺激物、内部过程和反应方式以实现个人的目标。其基本过程包括：观察自己的行为，将自己的行为与标准进行对比，当行为达到标准时进行自我奖励。

对管理者的启示

组织成员的学习以及强化过程要遵循客观规律，要掌握强化对学习的影响、对改变行为的作用。要通过使用抽彩法降低缺勤率、以健康工资替代病假工资、对问题员工进行训导、开发有效的员工培训计划、对新员工建立导师负责制、使员工学习自我管理等将学习理论的应用于管理实践。

案例分析

西门子的知识管理

西门子公司（Siemens）所推行的知识管理被美国生产力与质量中心（American Productivity & Quality Center）连续两年票选为“最佳实务”（Best Practice）代表。包括英特尔、飞利浦及福特汽车在内的世界级企业在推行“知识管理”时都是以西门子为典范的。什么是“知识管理”？我们来看看西门子的例子。简单地说，“知识管理”就是集合众人的智能。

西门子建立了一个“分享网”（Share - Net）来肩负知识管理的重责大任。负责西门子“分享网”的项目领导人道龄（Joachim Doring）指出，通过网络可以把遍布全球四十六万多名员工的知识集合起来，彼此补充，增加专业能力。这个“分享网”包含了聊天室、数据库以及搜寻引擎。员工可以在“分享网”里提供任何信息，如一个成功项目的描述或 PowerPoint 的制作等，只要是对其他员工有帮助的信息都可以。员工透过“分享网”可以找到信息的提供者，并借由电子邮件进一步交谈。道龄指出，员工在把自己的知识贡献出来的同时，也获得了知识。

“分享网”自 1999 年推行以来，虽然只在西门子信息与通信事业部进行试验，但是成效却相当显著。“分享网”的成本只有七百八十万美元，可是它却为西门子增加了 12 200 万美元的营业收入。例如马来西亚电信公司拟架设试验性宽带网络，但西门子在马来西亚的人员的专业能力不足以应付当地的情况。通过“分享网”，他们发现丹麦的一个团队曾经处理过一模一样的案子，马来西亚团队因而取得了工程承包权。

尽管“知识分享”的好处很明显，但是要改变员工，让他们愿意分享，却是推行“分享网”最困难的地方。西门子组织了项目团队，专门负责训练员工使用“分享网”、回答员工的疑问，并且监督“分享网”系统。不仅高层管理人员全力配合，企业也提供诱因，鼓励员工改变。西门子为了鼓励员工多利用“分享网”，采取了恩威并施的方式。经理人只要通过运用“分享网”而创造出额外的销售额，就可以获得红利。不过，各国分公司的执行长及营运长除非提供“分享网”信息，或是从“分享网”获取资源因而获利，才能得到红利。一般员工只要提供对另外一个人有实际帮助的信息，就可以获得参与研讨会的机会。

要将“分享网”的概念推广给销售人员是比较简单的，因为只要他们知道可以利用“分享网”取得远在他国的同事的经验，可能带来可观的赢利，他们就会加入。未来，“分享网”还会开放给顾客使用，让顾客直接与研发部门人员沟通，开发出更好的商品。

员工的专业知识就是企业最珍贵的资产。21 世纪，网络发展会越趋成熟，如何通过网络把员工的智能结合起来，应该是经理人责无旁贷的目标。

问题讨论

用学习和强化理论分析西门子的知识管理。

第五节 工作压力与挫折

个体常常会承受来自工作的压力与挫折。但压力和挫折给员工带来的不一定都是负面、消极的影响，也有积极和正面的影响因素。正确地认识压力与挫折，发挥其积极的影响，对员工工作绩效的提高是大有裨益的。

一、压力

(一) 压力的含义

压力是人与环境交流后，知觉到环境的要求与其生理、心理或社会系统资源之间有差距而产生的一种反应。

(二) 压力的类型

在现实中，人们面临的压力可分为潜在压力和现实压力两种。

潜在压力变成现实压力的两个必备条件是：第一，活动结果具有不确定性，而且这个结果很重要；第二，个人不能确定机会能否被抓住、限制因素能否排除、损失能否避免。

(三) 压力的潜在来源

压力的潜在来源有环境因素、组织因素、个人因素。

环境因素指不断加剧的不确定性，主要包含经济、政治和技术等因素。

组织因素指组织内能引起压力感的许多因素，主要包括任务要求、角色要求、人际关系要求、组织结构（严格的规章制度、缺乏参与的决策）、组织领导作风、组织生命周期（初创、成长、成熟、衰退）等因素。

个人因素主要指家庭问题、经济问题、个性特点等因素。

（四）压力与工作绩效之间的倒U型关系

压力与工作绩效呈倒U型关系。当压力感低于中等水平时，压力有助于刺激机体、增强机体的反应能力；当压力过大时，员工的绩效会降低；而持续的高压力会拖垮个人并将其能量资源消耗殆尽。

（五）压力的后果

压力带来的后果主要表现在三个方面：生理上、心理上和行为上。

生理症状主要有新陈代谢紊乱，心率、呼吸率增加，血压升高，头痛，易患心脏病等。心理症状主要来自压力导致的不满意，如紧张、焦虑、易怒、情绪低落等。行为症状则表现为生产率的变化、缺勤、流动、饮食习惯改变、嗜烟、嗜酒、言语速度加快、烦躁、睡眠失调等。

（六）压力应对策略

应对压力可以通过个人和组织两个途径。员工个人的解决途径指员工个人可以通过时间管理、增强体育锻炼、放松训练、聊天、扩大社会支持网络等方式排遣压力。组织途径指管理人员利用各种方法来减轻员工压力，具体有：加强人事甄选和工作安排、设置现实可行的目标、重新设计工作、提高员工的参与程度、加强组织的沟通、设立公司身心健康项目等。

二、挫折

（一）挫折的概念

挫折是指人们在达到某一目标、完成某一任务时受到阻碍，因无法克服这种阻碍而产生一种较持久的、消极的紧张状态的情绪反应。

（二）挫折产生的五个条件

其一，有行动的动机和明确的行动目标；

其二，有满足动机和达到目标的手段和行动；

其三，有挫折的情境产生；

其四，在实现目标受到阻碍而产生挫折时对此有所知觉；

其五，有因为挫折的知觉与体验而产生的紧张状态与情绪反应，即有消极的紧张情绪体验。

（三）动机受到阻碍或干扰的四种情况

其一，虽然受到干扰，但主观和客观条件仍可使其达到目标；

其二，受到干扰后只能部分达到目标或达到目标的效益会变差；

其三，由于两种并存的动机发生冲突，必须暂时放弃一种动机，而优先满足另一种动机，即修正目标；

其四，由于主观因素和客观条件的影响很大，动机的结局完全受阻，个体无法达到目标。

在第四种情况下人的挫折感最大，第二和第三种情况次之。挫折是一种普遍存在的心理现象。在人类现实生活中，不但个体动机及其动机结构复杂，而且影响动机行为满足的因素也极其复杂，因此，挫折的产生是不以人们的主观意志为转移的。

由此可见，挫折是指当人们为实现目标而采取的行动遭遇到无法逾越的困难阻碍时所产生的一种紧张的情绪反应和体验。它是人的一种消极心理状态。

（四）挫折的起因

1. 客观因素

由客观因素引起的挫折称为环境起因挫折。这类挫折通常又分为两种：一是自然因素造成的挫折，二是社会因素造成的挫折。

由于自然环境的限制，人们的动机往往不能被满足，目标不能达到。

因为人际关系紧张或其他人为因素的限制而造成的挫折均属于由社会因素所造成的挫折。

2. 主观原因

由人们的主观因素如身体素质不佳、个人能力有限、认识事物有偏差、性格有缺陷、个人动机冲突等所引起的挫折称为个人起因挫折。

（五）挫折的表现

1. 挫折容忍力

挫折容忍力是指人受到挫折时免于行为失常的能力，也即经得起挫折的能力。它在一定程度上反映了人对环境的适应能力。

同一个人，面对不同的挫折，其容忍力也不相同。如有的人能容忍生活上的挫折，却不能容忍工作中的挫折，有的人则恰恰相反。

挫折容忍力与人的生理、社会经验、抱负水准、对目标的期望以及个性特征等有关。

例如，企业中有的员工有娇骄二气，眼高手低，其挫折容忍力一般较低。

再如，企业员工对安全生产的价值观不同，对达到目标的自我标准也不同；因此即使客观上挫折情境相似，每个人对挫折的感受也会不同，受到的打击程度也就不同。

2. 挫折后行为表现

挫折后的行为表现一般有攻击、退化、病态的固执、妥协、冷漠等。

攻击通常指受到挫折后攻击他人或自己的行为。退化指个体遇到挫折时表现出与自己的年龄、身份极不相称的幼稚行为。病态的固执通常指被迫重复某种无效的动作。妥协指当个体受到挫折时产生的心理上的一种紧张状态，这种状态叫做“应激”。冷漠指个体对挫折的反应并不通过上述四种形式表现，而是表现为对挫折的漠不关心、无动于衷的态度，似乎他超然于挫折以外。

（六）应付挫折的办法

1. 个体方面

首先，对待挫折的正确态度应当“一是不怕，二是分析”；其次，要树立远大的奋斗目标；最后，要善于灵活应变，及时理智地实现目标和情绪的转移。

2. 组织方面

首先，要加强对员工的思想教育，不断深化员工对挫折的认识，使他们树立对待挫折的正确态度。要使员工掌握战胜挫折的方法，教育员工树立远大的目标，不要因为眼前的某种困难和挫折而失去前进的动力。其次，要了解和掌握受挫者的心理状态和行为反应方式，对受挫折者的攻击行为要有容忍精神。要正确对待受挫折的员工，为他们排忧解难，维护他们的自尊，使他们尽快从挫折情境中解脱出来。再次，要帮助受挫折者改变受挫折的情境，避免受挫折员工“触景生情”，防止他们产生心理疾病和越轨行为。最后，要对受挫折者采用“精神发泄”的心理治疗方法。

对管理者的启示

在管理实践中，压力与挫折并不意味着工作绩效的下降，它们对员工的绩效的影响可以是正面的，也可以是负面的。正确认识和把握压力与挫折的调试和解决方法，可以帮助员工改变心态，提高绩效。

案例分析

空调技术开发部的改革

(1) 改革之初，实行项目承包制：取消月薪，使开发人员收入和产品挂钩，提前发放生活费，年终根据所开发产品的市场效益决定奖金分配。

(2) 负债开发策略：给资源，按时开发产品，且要有质量和销量的保证。

如：开发额为10万元，目标为年产量5万台。

如开发成功，又达到产量目标，可得3万元；

如销售10万台，可得6万元；

如投产后只有3万台的销量，则按比例倒扣，只能获1万元，并且负责人欠公司4万元（开发额的3/5），必须通过开发其他项目来弥补。

问题讨论

用压力与工作绩效的关系分析此案例。

第六节 个体决策

个体决策是个体在一系列心理过程后发挥主观能动性，对潜在行为的一种取舍。个体决策在个体行为中起着举足轻重的作用。

一、决策的概念

（一）决策的一般定义

决策是针对某一问题，制订解决问题的方案并从中挑选出最佳方案的过程。

个体为了获得最佳结果而采取的行动称之为理性决策。

（二）决策的过程

决策过程一般如图 3－5 所示。

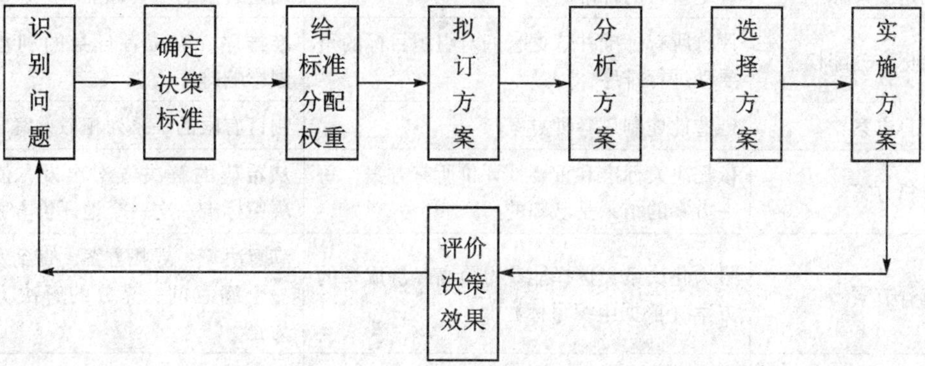

图 3－5 决策过程

二、决策的类型

（一）理性决策方法

理性决策方法假定，管理人员是遵循一个系统的、循序渐进的流程进行决策的。进一步的假设是，组织主要是建立在经济利益基础上的，并且是由非常客观的、拥有全部信息的管理者在管理。

1. 理性假设

理性决策模型中包含了一系列假设条件：

第一，问题清晰。假定问题是清楚而明确的，决策者对于决策情境拥有完整全面的信息。

第二，所有选项已知。决策者可以确定所有的相关标准，并能列出所有的可行性方案。更进一步，决策者还能认识到各个备选方案的所有可能结果。

第三，偏好明确。决策标准和备选方案的价值可以量化和排序，以反映它们的重要性。

第四，偏好稳定。具体的决策标准是恒定的，分配给它们的权重也是稳定的，不随时间的推移而改变。

第五，没有时间和费用的限制。理性决策者可以获得有关标准和备选方案的丰富信息，因为假定没有时间和费用的限制。

第六，最终选择效果最佳。理性的决策者将选择评估分数最高的方案。

2. 理性决策的类型

理性决策包括完全理性决策和有限理性决策两种。这两种决策的比较如表3－7所示。

表3－7　两种决策类型的比较

决策制定步骤	完全理性	有限理性
1. 提出问题	确定一个重要的、相关的组织问题	确定一个可见的、能反映管理者礼仪和背景的问题
2. 确定决策标准	确定所有的标准	确定有限的一套标准
3. 给标准分配权重	评价所有标准并依据它们对组织目标的重要性进行排序	准排序，决策者自身的利益强烈影响排序
4. 制订方案	创造性地制订各种方案	制订有限的一系列相似方案
5. 分析方案	依据决策标准和重要性评价所有方案，每一方案的结果是已知的	从希望的解决方法出发，依据决策标准一次一个地评价方案
6. 选择方案	最大化决策：选择能获得最高经济成果的方案（依据组织目标）	满意决策：寻找方案，直到发现一个满意的、充分的解决方法为止
7. 实施方案	由于决策是最大化单一的、明确的组织目标，所有组织成员都接受此方案	政治和权力的考虑将会影响到决策的接受和执行
8. 评价	依据最初的问题客观评价决策成果	对决策结果的评价只有消除评价

3. 理性决策方法的优缺点

（1）理性决策方法的优点

①要求决策者以合乎逻辑的、有序的方式来思考一个决策。

②对决策方案进行深入、彻底的分析，能够使决策者在信息充分的基础上进行选择，而不是根据感情或社会压力进行选择。

③理性决策方法被称为最优决策方法。

（2）理性决策方法的缺点

①理性方法的严格假设通常是不实际的。

②管理人员可以利用的信息量通常是有限的。

③并非所有的方案都能够很容易地量化，而且决策者也不可能知道各种方案的所有可能结果。

（二）决策类型

1. 确定型/非确定型决策

确定型决策是决策目标明确、问题熟悉、与问题相关的信息易于获取的决策。

非确定型决策是决策问题新，结果难以估计，与问题相关的信息模糊、不易获取的决策。

2. 程序化/非程序化决策

程序化和非程序化决策的比较如表 3 - 8 所示。

表 3 - 8 程序化和非程序化决策比较

特征	程序化决策	非程序化决策
决策类型	结构化很强	结构化很差
频率	重复的、日常的	新的、不经常的
目标	清楚、明确	模糊
信息	容易得到	不易得到、渠道不明确
结果	不很重要	重要
组织的层次	低层	高层
解决时间	短	相对较长
解决的基础	决策规则、流程	判断力和创造力

(三) 决策理论在管理中的应用

个体在行动之前会先进行思考和推理。因此，了解人们怎样作出决策有助于解释和预测他们的行为。

在某些决策情境中，人们遵循最优化模型。但大多数人以及大多数非常规的决策很可能不符合这一模型。重要的决策很少是简单明了的，因而无法运用最优化模型假设。我们发现，个体在寻求解决办法时通常更注重令人满意的方案而不是最优方案，在决策过程中常带有一些主观偏见并依赖直觉。

对管理者的启示

个体在行动之前会先进行思考和推理。因此，了解人们怎样作出决策有助于解释和预测他们的行为。在某些决策情境中，人们遵循最优化模型。但大多数人以及大多数非常规的决策很可能不符合这一模型。重要的决策很少是简单明了的，因而无法运用最优化模型假设。我们发现个体在寻求解决办法时通常更注重令人满意的方案而不是最优方案，在决策过程中带有一些主观偏见并依赖直觉。

案例分析

是走还是留?

王涛现在陷入了两难境地，他正为是走还是留而苦苦思索。事情还要从三年前说起。

某沿海城市 W 为了进一步推动城市经济的发展，提高国际知名度和竞争力，制定了鼓励海外华人归国创业的一项政策。此项政策一推出，就得到了许多海外华人的积极响应，王涛就是其中之一。王涛原来在国外一家金融机构做专职市场分析师。他在行业中的知名度很高，一些经济管理学院还想聘请他当高级讲师。王涛所属的金融机构高层管理者十分器重他，给了他优厚的待遇和福利。他在国外也建立了自己的家庭。因此，王涛的事业和生活都十分令人满意。然而，三年前，当王涛听说了W市的政策后，马上决定放弃自己现有的优越条件回国创业，为国内金融市场分析水平的提高作一点贡献。同时，王涛最大的愿望就是希望以行业领军人的身份领导国内金融市场投资分析行业的发展。

全然不顾公司和亲友的劝阻，王涛带着妻儿来到了W市。他的到来得到了W市市长的热烈欢迎。恰好W市原有的一家市场投资分析机构缺少专职分析师，所以王涛立刻就被任命为这家机构的专职分析师。由于刚回到国内，王涛没有对职务和待遇提出任何异议，马上就投入了工作。他相信自己的工作一定能够得到大家的认可。

事情的进展正如大家所期望的那样，所有经过王涛操作的投资项目都获得了巨大的成功，王涛在国内投资分析业的名望也渐渐树立起来了。王涛自己心里也暗暗高兴，因为自己已经成为国内该领域的知名专家。更让他满足的是，自己报国的愿望也得以实现。但令王涛不满意的是，他的职业目标不仅仅是做一个成功的分析师，而是成为该机构的领导者。王涛确信投资分析机构应该主动对前景进行预测，为企业和事业单位提供咨询，应充分发挥员工的专业技能。在国外，政府的很多决策都是民间机构提供的。而在国内，这一切都看不到。王涛一直期望成为该机构的主管，想通过这种方式来表达自己对行业的看法。王涛的初衷毋庸置疑，但是让他感到失望的是，无论自己怎样努力，无论自己在业内取得了何种成就，自己丝毫没有被提升的迹象。“也许是怕我的薪水要求太高?”王涛这样认为，于是他主动向这家机构的主管部门提出，提升后的薪水可以保持现有的水平，自己的真正目的是成就事业而不是谋取利益。

上级部门的回复让王涛大感失望。他们说虽然王涛干得很好，在这方面也是专家，但是他毕竟是新来的员工，所以不可能得到太快的升迁。况且，还有许多老员工都是干了十几年的功臣，要是让一个新人担当主管，恐怕会引起他们的不满。在回复中，上级还勉励王涛，肯定他是该行业的专家，希望他安心深入第一线进行市场分析工作。他们还暗示说，在国内可没有主动申请升迁的先例，要王涛注意自己的言行。面对如此态度，王涛无可奈何。而接下来发生的事情就更让王涛费解。接近年末，该机构进行业绩评估，出乎王涛意料，自己没有得到太多的认可，只有简单的口头表扬。而得到奖励或者升迁的，仍然是那些老员工。尽管他们在这一年里没有提出很有价值的投资建议，做出好的项目，但是由于他们“出色的领导”，机构有了“蓬勃的发展”，所以决定给予他们“应得的奖励”。

王涛顿时有一种失落的感觉，他没有想到自己在国内根本没有发展的空间。对前途深感失望的王涛决定回到自己以前工作过的那家国外机构去，因为当初他离开时该机构就告诉他随时等待他归来。报国的愿望已经达到了，但成就事业的心愿却注定无法实现。就在王涛提出离职意向的两三天后，关于他的风言风语就传了出来。有人说王涛利欲熏心，没有奉献精神，回国只不过是想自己捞一把。还有人甚至给他扣上了“不忠”的帽子。王涛在感到极度意外和失望的同时，一时也拿不定主意。到底是该继续留在这里让事业停滞不前呢，还是冒着“不忠”的危险离去呢？

问题讨论

如果你是王涛，你如何理性地进行决策？

小结

知觉是一种重要的认知过程，它并不是对情境的准确记录，而是对情境的唯一解释。知觉比感觉更复杂，它会对信息过滤和修正，甚至进行完全的更改。

社会知觉是指具有社会意义的知觉。其中我们主要讨论了对他人的知觉和归因。社会知觉中常见的偏差有：首因效应、近因效应、晕轮效应、刻板效应、投射效应。

归因是指人们解释自己或他人行为的原因的过程。内外因是归因的基本维度，稳定性是归因的另一个维度。在归因的过程上，凯利认为，可以根据行为的一致性、一贯性和独特性将行为结果归为内部或外部原因。在归因时，常见的归因偏差有两种，即基本的归因偏差和自利性偏差。

从人类的行为模式看，需要与动机是存在差异性的。管理者必须了解这种差异性，把握被管理者真正的需要与动机，从而确定激励内容及强度，调动员工积极性，提高组织绩效。

人们的价值观是不同的，管理者要判断那些将来有可能成为员工的人的价值观是否与组织的主导价值观一致。当员工的价值观与组织的价值观相匹配时，他的绩效和满意程度可能更高。这种观点就要求组织在甄选新雇员时，不仅要考虑候选人的能力、经验和动机，还应该考虑他与组织的价值系统是否适应。

管理者应该关心员工的态度，因为态度是潜在问题的警报，而且态度能够影响员工的行为。如果管理者希望降低员工的流动率和缺勤率——尤其是那些生产率高的员工——他们应当促使员工产生积极的工作态度。

管理者也应认识到员工总是试图减少认知不协调。更为重要的是，不协调是可以调节的。如果要求员工从事那些似乎与他们的价值观不协调或是与他们的态度相违背的活动，只要他们认为这种不协调是外界强加给他们的，并超出了他们的控制范围，或者奖赏非常大足以抵消不协调，则减少不协调的压力就会大大削弱。

个性心理特征包括气质、性格和能力。气质是个体与神经过程（心理过程——强度、速度、指向）的特性相联系的行为特征，性格是与态度和行为方式相关的比较稳定的、独特的心理特征的总和。气质与性格是相互区别又相互联系的。能力是人顺利地完成某种活动所必须具备的那些心理特征和本领，包含实际能力和潜在能力两个层次。情感是指在人类社会中产生的人对一定事物的态度体验。气质、性格、能力以及情绪影响着个体的行为方式，个性差异决定着管理方式的不同。

学习是由于经验而发生的相对持久的行为改变。学习包含着变化。这种变化是相对持久的。学习的定义关注的是行为，只有行为活动出现了变化，学习才会发生。学习必须包含某种类型的经验。解释学习过程的理论主要有经典条件反射理论、操作条件反射理论、社会学习理论。

管理者常常通过逐步指导个体学习的方式来塑造个体。这个过程称为强化。塑造行为的方法有四种：积极强化、消极强化、惩罚和忽视。强化程序有两种主要类型：连续的和间断的。强化还可以分为固定强化和可变强化两种。学习理论在管理上主要有六方面的具体应用，即使用抽彩法降低缺勤率、以健康工资替代病假工资、对问题员工进行训导、开发有效的员工培训计划、对新员工建立导师负责制、使员工学习自我管理。

压力是人与环境交流后知觉到环境的要求与其生理、心理或社会系统资源之间有差距时产生的一种反应。压力是一种动态情境，压力是一种刺激，压力是一种反应，压力是一个过程。压力与工作绩效呈倒 U 型关系。应对压力可以通过个人和组织两个途径。

挫折是指人们因无法克服某种阻碍时产生的一种较持久的、消极的紧张状态的情绪反应。挫折后的行为表现一般有攻击、退化、病态的固执、妥协、冷漠等。应付挫折的办法有个体方面和组织方面等。

个体为了获得最佳结果而采取的行动称之为理性决策。理性决策模型包含了一系列假设条件：问题清晰、所有选项已知、偏好明确、偏好稳定、没有时间和费用的限制、最终选择效果最佳。

理性决策包括完全理性决策和有限理性决策两种。有限的理性是指决策者不可能掌握关于一个决策问题的所有方面的信息和所有可能的方案，因此只能选择处理其中的关键性部分。

决策类型分为确定型/非确定型决策或程序化/非程序化决策。

思考题

1. 什么是知觉？它有什么特点？
2. 什么是社会知觉？社会知觉有哪些效应？
3. 什么是归因？简述凯利和韦纳的归因理论的基本要点。
4. 常见的社会知觉偏差有哪些？管理者应该如何正确对待人的社会知觉偏差？
5. 知觉与管理是什么关系？
6. 简述马斯洛的需要层次理论的基本内容。
7. 简述动机和行为的关系。
8. 什么是态度？构成态度的三种成分是什么？
9. 什么是价值观？价值观与管理有什么关系？
10. 影响态度的因素是什么？如何正确运用宣传手段改变人的态度？
11. 什么是个性？
12. 什么是气质？气质如何分类？气质与管理有何关系？
13. 什么是能力？能力形成的因素是什么？管理者需要具备哪些基本技能？为什么？
14. 什么是情绪？情绪对个体行为有哪些影响？

15. 个体理论对管理实践有哪些启示？
16. 什么是学习？
17. 什么是强化？
18. 学习与强化理论在管理实践中有哪些应用？
19. 什么是压力？压力与工作绩效的关系如何？
20. 什么是挫折？挫折形成的原因有哪些？什么是挫折容忍力？
21. 理性决策假设包括哪些类型？理性决策有哪些类型？
22. 个体理论对管理实践有哪些启示？

第四章　激励理论

第一节　激励基本知识

一、激励概述

（一）激励的概念、作用

1. 激励的概念

“激励”一词译自英语“motivation”，原本是心理学的概念。“激励”作为心理学术语，是指心理上的驱动力，含有激发动机、鼓励行为、形成动力的意思，也就是通过某些内部或外部刺激，使人兴奋起来，驱使人去实现目标。激励对于不同的人有不同的含义：对一些人来说，激励是一种动力；对另一些人来说，激励则是一种心理上的支持，或者为自己树立起榜样。

在组织行为学中，激励的含义主要是指激发人的动机，使人有一股内在的动力，朝着所期望的目标前进的心理活动过程。也可以说，激励是调动个体积极性的过程。

从心理学的角度来看，激励可以从下面三个方面来理解：

其一，从诱因和强化的观点来看，激励就是将外部适当的刺激转化为内部心理动力，促使人们按一种特定的方式行动。

其二，从内部状态来看，激励是指人的动机系统被激发起来，处于一种被激活状态，从而对行为有强大的推动力量。

其三，从心理和行为过程来看，激励主要是指由一定的刺激激发人的动机，使人有一股内在的动力，向所期望的目标前进的心理和行为过程。

激励作为一种心理活动过程，必须具备以下条件：要有被激励的人；被激励人要有从事某种活动的内在的愿望和动机；产生这种动机的原因是需要；被激励人的动机的强弱即积极性的高低是一种内在变量，是内部心理活动，不是固定不变的，而且不能直接观察到，只能从行为和工作绩效上衡量和判断。

2. 激励的作用

个体的行为表现和行为效果在很大程度上取决于他所受到的激励水平和激励程度。激励水平低，就难以取得好的绩效。研究证明，经过激励的行为和未经激励的行为效果大不相同。因此激励对于调动人们的潜在积极性，努力实现既定目标，提高工作绩效，都有十分重要的作用。

（1）激发和调动员工的工作积极性

人是有很大潜力的。专家指出，在现代社会中，人的能力只发挥了一小部分。通过企业的激励活动，不仅可以充分发挥员工现有的能力，更重要的是可以进一步激发员工在完成工作任务时的一种能动的、自觉的心理和行为状态。这种状态可以促进员工智力和体力能量的充分释放，还可以导致一系列积极的行为后果。

美国哈佛大学教授威廉·詹姆士通过对员工的激励研究发现，在按时计酬的制度下，一个人要是没有受到激励，仅能发挥其积极性的20%～30%；如果受到正确而充分的激励，其能力就能发挥到80%～90%，甚至更高。这一分析不能不让人吃惊，因为每当有困难影响生产任务和绩效时，大多数企业的管理人员总是首先想到设备和工艺的改进，企图通过提高延伸负荷和强度负荷来渡过难关。其实，企业的人力资源还有巨大的潜力未被开发利用。

（2）实现组织目标

个体在组织中有多方面的需要希望得到满足。管理者的一个很重要的任务就是了解员工的不同需要，然后采取有效的激励因素和激励措施，引导员工把个人目标统一到组织目标中去，促使其能够自觉自愿地为实现组织目标而奋斗，在实现组织目标的过程中满足个人的需要。

（3）增强组织的凝聚力

激励可以增强组织的凝聚力，促进组织内部各部门之间的协调统一。组织是由多个个体组成的有若干工作群体的集合。为保证组织的凝聚力，除了用严格的规章制度加以规范外，更重要的是通过运用各种激励方法，满足员工各方面的需要，从而增强组织的凝聚力和向心力，并促进部门、群体、成员之间的分工协作。

（二）激励过程

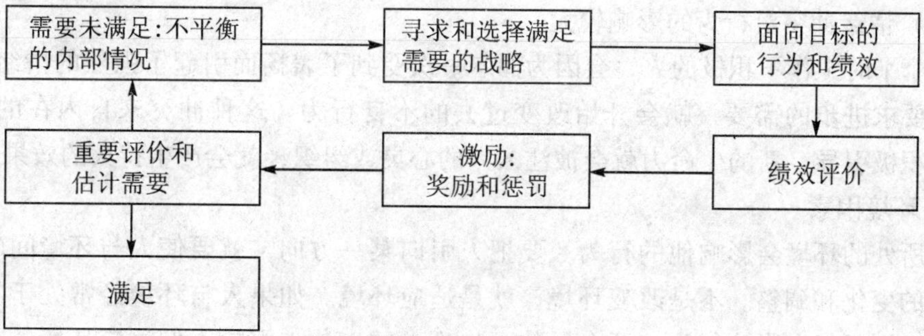

图4－1 激励的一般过程

图4－1所示的模式反映了激励的多个阶段。第一，需要未满足，个人内心产生了不平衡。第二，个人寻求和选择满足这些需要的方法，以恢复他的平衡状况。第三，个人通过面向目标行为或工作去满足需要。介于行为选择和实际选择之间的是需要的个人特点，即能力。这就是说，个人可能具备也可能不具备达到所选择的某一具体目标必不可少的条件，如能力、技术、经验或知识基础等。第四，个人在实现目标方面的绩效成就要由个人或别人来进行绩效评价。这可以满足一个人的工作成就感。第五，

根据对绩效的评价而给予奖励或惩罚。第六，由个人来评价绩效和报酬在多大程度上满足了最初的需要。如果这个激励过程满足了这个需要，这个人就会有平衡感和满足感。如果这个需要没有满足，激励过程就要重复，可能采取另外的行为。

（三）影响激励效果的因素

人能够被某种因素所激励而变得积极，也可能被某种因素所刺激而变得消极。一方面，人本身是一个有机的系统，不是一个机械的系统，人会受变数的影响；另一方面，人又会受环境因素的影响。这两方面是影响行为的决定因素。

1. 个体因素

个体因素是指人不管如何理智，其思想、分析、推理、判断行为及沟通等都免不了受个体情绪的影响。一般来说，考虑的问题越重要，受情绪的影响也越大。

（1）中枢神经系统和内分泌系统功能的影响

当我们集中精力想问题时，心跳就会加快，对环境中其他刺激的接受程度就会降低；而在心跳正常时，对外界刺激就较灵敏。

（2）个人的情绪反应直接影响行为

如领导批评得越严厉，员工的“自卫反应”就越强烈。这说明，人们不可能完全凭理性作出反应。当员工和领导者在一起时，其内外行为会变化，这是由于能力和地位对情绪产生的冲击作用导致的。人很难察觉自身情绪对行为的影响，但较容易察觉别人这方面的情况。所以，人们互相帮助，能够减轻或消除情绪对理性决策的影响。

（3）情绪虽有时会被压抑，但其作用却不会消失

情绪总是不断地影响着人们的行为和思想。当个人对某种情况有情绪反应时，该情况必与其利益有关。而绝对客观地看问题是不可能的，因为人是综合运用理性和情绪来思考的。

（4）情绪冲突对行为的影响较大

一个平时工作不积极的人，会因为偶尔一次受到了表扬而引起了强烈的情绪冲突，产生了要求进步的需要，就会开始改变过去的不良行为。这种冲突来自内在的需要，若经过积极引导，新的生命力就会被注入人的心灵或组织，就会产生持久的效果。

2. 环境因素

人所处的环境会影响他的行为。要把人引向某一方向，就要使人与环境间的关系有相应的变化和调整。不是改变环境，就是适应环境。如果人与环境经常处于不适应的状态，则不但会影响行为，还会导致人生理上的变化。引导人们适应环境的方法主要有以下几种：

（1）设置目标

对于要完成的工作，要有明确的规定。

（2）规定标准

标准不能定得太高，也不能定得太低。如果让一个人去做无法做到的工作，他就会失去信心，产生挫折感；如果让他做轻而易举的事，对他就不会产生激励作用。规定的标准必须是经过努力可以达到的，也就是“跳一跳”才能摘到的“果子”。

（3）制订方案建议制度

做任何一件事，都可能有几个方案可供选择。有了这种制度，就能激发员工遇事动脑筋、想办法，采用最有效的工作方法、最经济合理的实施方案。对于提出先进的工作方法和经济合理的方案的人，应给予必要的奖励。

（4）公开的授权

权力和责任公开化，使自己和他人都能正视权力和责任，可以避免有职无权和对工作不负责任的现象。

二、激励的原则与机制

（一）激励的原则

1. 物质激励与精神激励相结合

物质激励就是从满足人们的物质需要出发，对物质利益关系进行调节，从而激发人们的劳动热情。物质激励多以增加薪酬、奖金和福利的形式出现。除了物质上的需要外，人类还有精神上的追求，如需要满足自尊心、荣誉感等。在物质需要获得基本满足的情况下，精神上的追求就往往上升为人们的主导需要。精神激励就是从满足人们的精神需要出发，通过对人们的心理状态的影响来达到激励的目的。精神激励多以授予荣誉称号、颁发奖状、开会表扬、宣传事迹等形式出现。它作为满足人们精神需要的一种重要手段，有着激励作用大、持续时间长、影响范围广等特点。在激励工作中，两者相辅相成、缺一不可。在我国目前的经济发展水平下，物质激励仍然是激励的重要手段，它对强化按劳分配的原则和发挥先进典型的榜样作用仍有着至关重要的意义。随着经济的发展和物质产品的丰裕，物质激励有向精神激励转化的趋势，所以在激励工作中要强调物质激励与精神激励相结合，并逐渐转向以精神激励为主。

2. 正激励与负激励相结合

正激励是当一个人的行为表现符合社会的需要时，通过奖励的形式来强化这种行为，以达到调动工作积极性的目的。负激励则是当一个人的行为不符合社会需要时，通过制裁的方式，来抑制这种行为，从反方向来实施激励。正激励与负激励作为激励的两种不同类型，都是对人的行为进行强化，其不同之处只是在于取向相反。正激励起正强化的作用，是对行为的肯定，表现为奖赏与鼓励；负激励起负强化的作用，是对行为的否定，表现为批评与制裁。在实际的管理工作中，应将正激励和负激励相结合，实行“奖惩结合”“赏罚分明”。因此，对员工好的工作成绩和行为，要及时给予表扬，使之得到大家的认可，从而继续发扬下去；对有破坏倾向的不良行为，必须严格管理，按组织的制度进行查处，这样就可避免其再次发生，做到防患于未然。

3. 外激励与内激励相结合

外激励就是运用环境条件来制约人们的动机，强化或削弱各种行为，进而提高工作意愿。外激励多以行为规范的形式出现，通过建立一些措施和制度，鼓励或限制某些行为。比如设立合理化建议奖，用以激发工作人员的创造性和革新精神；建立岗位责任制，对失职行为予以限制。而内激励则是通过诱导和启发的方式，激发人的主动精神，使他们的工作热情建立在自觉自愿的基础上，充分发挥出内在潜力。内激励多表现为进行思想教育工作。教育者本着晓之以理、动之以情、消除误会、融通感情的原则，使受教育者受到启发和触动，真正提高认识、树立信念。当然，人们思想的转化、认识的形成要有一个过程，需要一定的时间；所以内激励不能操之过急，否则就会违背人的认识规律和心理活动变化规律，使内激励失去作用。

从两种激励的表现形式看，外激励表现出某种程度的强迫性，内激励带有自愿、自觉的特征。在激励工作中，要结合运用这两种激励类型，从不同角度来加强激励的效果。

4. 按需激励

在经济发展水平不同的国家或同一国家的不同的时期，人们对生理、安全、归属、尊重和自我实现的需要是不同的。同样，在一个组织中，因为年龄、个性、性别、职位、经历和教育程度等各方面的不同，员工各方面的需要都会有差别。由于时间和地位的变化，同一个人各方面的需要也在变化。因此，动态地掌握员工的需要变化情况，并根据这些变化制订相应的激励措施，一直是管理者面临着的重要问题。这就是按需激励原则。

5. 组织目标与个人目标相结合

在组织行为学中，激励的手段都是从员工的自身目标和需要出发的。员工之所以能从组织中得到其所需要的，是因为个人投入自身的资源给组织，使组织的目标得以实现。所以，组织目标和个人目标是相互依存的。从激励的角度来说，就是要贯彻组织目标和个人目标相结合的原则。

要贯彻组织目标和个人目标相结合的原则，必须真正建立起组织目标和个人目标的正相关关系。组织战略目标的制订是高层决策者的重要任务。高层决策者必须根据市场情况、顾客需要和技术发展来正确制订组织目标，使组织提供的产品和服务能得到社会的承认，实现组织的价值。达到了这一点，员工实现自身目标才有希望。而更重要的是要让员工意识到，组织在实现自身目标的过程中，个人也在不断地向自身的目标迈进。通常，组织会强调员工应该为了组织的利益而舍弃个人的利益。这一点当然有利于组织目标的实现，是正确的，但是不能过分地强调组织目标而不顾及个人目标。在制订激励制度时，应当建立组织目标和个人目标的正相关关系，让所有员工都看到，一旦组织目标实现了，自身的目标也就实现了。这一点，对于员工的激励作用是巨大的。

要贯彻组织目标和个人目标相结合的原则，还要建立赏罚分明的制度，让每一个员工都看到，只要自己为组织目标的实现作出了贡献，就会得到回报，个人的目标也就能实现。因此，只有建立量化的考核制度、提高奖励制度的公开性和透明度，才能使员工抛弃各种顾虑，将所有的精力和能量集中在工作上，从而有利于组织目标和个人目标的实现。

（二）激励机制

对组织来说，在了解员工需要结构的基础上，设置某些既可以满足员工需要，又符合组织要求的目标，通过目标导向使员工形成有利于组织的动机，并按组织所需要的方法自觉行动，这就是激励机制。

激励机制是激励赖以运转的一切办法、手段、环节等制度安排的总称。它具有内在地按组织目标运作、管理、调节控制的功能。从心理学的角度分析激励过程，有效的激励机制要处理好三类变量之间的相互关系。这三类变量是指刺激变量、机体变量和反应变量。刺激变量是指对有机体的反应产生影响的刺激条件，其中包括可以变化与加以控制的自然与社会的环境刺激；机体变量是指有机体对反应有影响的特征，也即被试对象本身所具有的特性，如性格、动机、内驱力强度等；反应变量是指刺激变量和机体变量在行为上引起的变化。

人的行为的激励过程实质上就是要使刺激变量引起机体变量（需要、动机）产生持续不断的兴奋，从而引起积极的行为反应。当目标达到之后，经反馈又强化了刺激，如此连续不断、周而复始。

对管理者的启示

激励是所有导致人们行动的因素。激励因素是复杂的，既有有意识的又有无意识的。每个行动的背后都有一定的动机，但动机却不是每次都会导致一定的行为。激励是针对人们的行为动机而进行的工作。管理者通过激励使下属认识到，用符合要求的方式去做需要他们做的事，会使自己的需求得到满足，从而产生符合组织要求的行为。为了进行有效的激励，收到预期的效果，管理者必须了解人的行为规律，知道员工的行为是如何产生的，产生以后会发生何种变化，这种变化的过程和条件有何特点，等等。

第二节　基本激励理论

一、内容型激励理论

这种理论着眼于满足人们需要的内容，即人们需要什么就满足什么，从而激起人们的动机。

（一）马斯洛的需要层次论

1943 年，美国心理学家和行为科学家马斯洛在《人类动机的理论》一书中提出了需要层次论，将人类的需要分为由低到高的五个层次，即生理需要、安全需要、社交需要、尊重需要和自我实现需要（详见第三部分），如图 4 -2 所示。

图 4－2　马斯洛需要层次图

这一理论对管理者的启示是：如果想激励某个人，根据马斯洛的需要层次理论，就要了解他目前处于哪个需要层次，然后重点满足这种需要以及在其以上的更高层次需要。管理者可以根据马斯洛的一种需要，相应地制定一些管理措施，指导组织中的管理实践。

（二）赫茨伯格的双因素理论

赫茨伯格（F. Herzberg）的这一理论又称为激励因素—保健因素理论。其要点是：使员工不满的因素与使员工感到满意的因素区别开来，如图 4－3 所示。使员工不满意的因素主要是由工作以外的条件引起的，主要是公司政策、工作条件、工资水平、工作环境、劳保福利、地位、安全以及各种人事关系等。这些条件必须维持在一个可以接受的水平上，否则就会引起员工的不满。这些因素改善了，虽不能使员工变得非常满意，真正激发其积极性，却能够解除员工的不满，所以称为保健因素，意为虽不能治疗疾病，但能防止疾病。

使员工感到满意的因素主要是工作本身引起的，如工作富有成就感、工作成绩能得到承认、工作本身富有挑战性、职务上的责任感、个人发展的可能性。这些因素的存在能够极大地激发员工的积极性和热情。而缺乏它们时，又不会产生多大的不满足感。这些因素就被称为激励因素。

双因素理论强调：不是所有的需要得到满足都能激发人的积极性，只有那些被称为激励因素的需要得到满足时，人的积极性才能最大限度地发挥出来。缺乏激励因素，并不会引起很大的不满；而保健因素的缺乏，却将引起很大的不满。不过，具备了保健因素并不一定会激发强烈的动机。

双因素理论为管理者有效地激励员工指明了方向。该理论指出，要调动并维持员工的积极性，一是要注意保健因素，防止因员工的不满情绪带来负激励。二是要注重利用激励因素来激发员工的工作热情，增加员工的工作满意度。也就是说，不仅要注意物质利益和外部条件等外部因素，更要注意工作的安排，要量才使用，注意对员工进行精神激励，并给员工提供成长、发展和晋升的机会。随着人们生活水平的提高，这种内在激励的重要性越来越明显。

双因素理论对在组织行为管理中如何进行有效的激励有一定的指导作用，但也有很多缺陷，主要表现在以下几个方面：

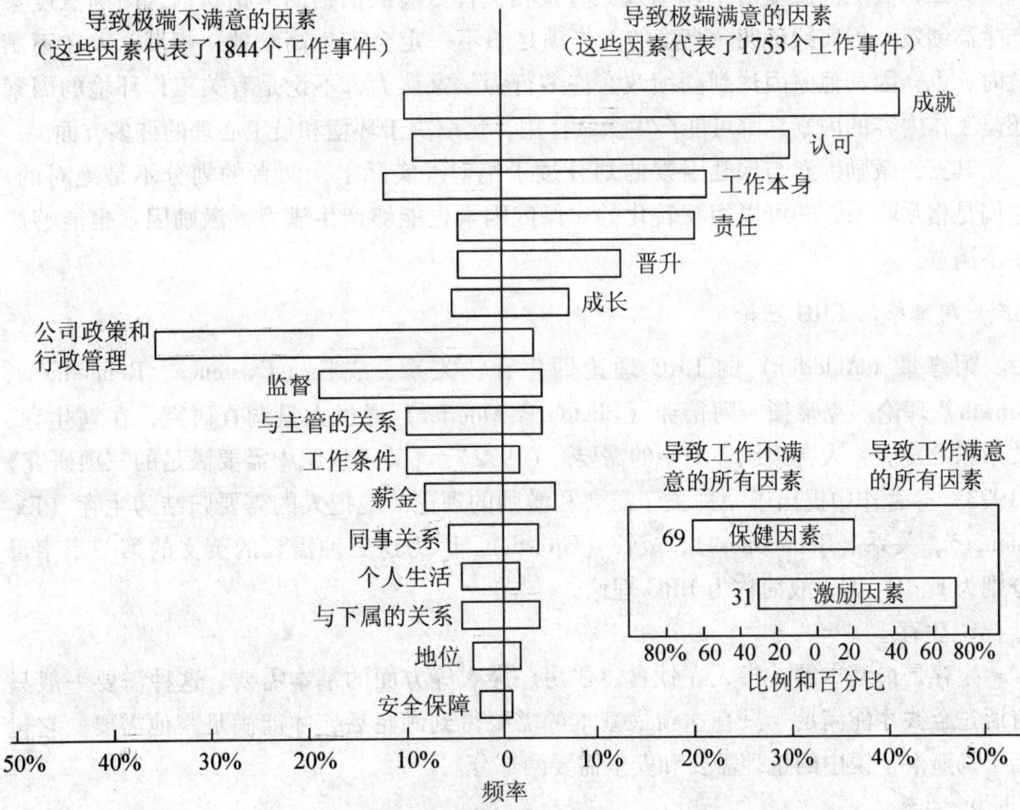

图4-3 满意因素与不满意因素的比较

其一，双因素理论在研究方法、方法的调查对象方面存在不足。有些行为学家认为，赫茨伯格的调查结果是其所采用方法本身的产物（见图4-4）；也就是说，人们总是把好的结果归因于自己的努力，而把不好的结果归因于客观条件或别人。该调查没有考虑这种一般的心理状态。另外，被调查的样本数量较少，且对象都是工程师、会计师等，这类人群在工资、安全、工作条件等方面都比较好。事实上，不同职业和不同阶层的人对激励因素和保健因素的反应各不相同。所以，调查对象缺乏普遍性。

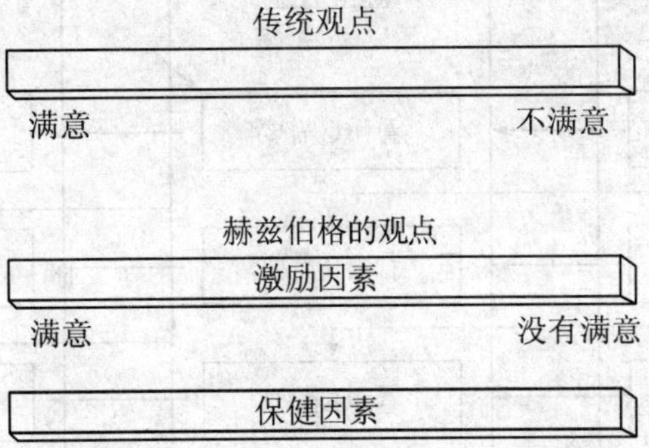

图4-4 满意与不满意观的对比

其二，员工满意度与工作绩效无直接相关性。赫茨伯格的理论认为，高满意度会产生高绩效。但实践证明，高度的工作满足感不一定会产生高绩效；相反，人在不满意时，也会因其他原因达到高绩效。许多行为学家认为，不论是有关工作环境的因素还是工作内容的因素，都可能产生激励作用，这取决于环境和员工心理的许多方面。

其三，激励因素与保健因素的划分过于绝对。实际上，两者的划分不是绝对的，它们是相互联系、并可以相互转化的。保健因素也能够产生满意，激励因素也能够产生不满意。

（三）阿德弗的ERG理论

阿德弗（Alderfer）的ERG理论即生存、关系、成长（Existence、Relatedness、Growth）理论。克莱顿·阿德弗（Chyton P. Alderfer）通过大量调查研究，在《生存、关系以及发展：人在组织环境中的需要》（1972）、《关于组织中需要满足的三项研究》（1973）等著作中提出了一种关于需要和激励的理论。他把人的需要归结为生存（Existence）、关系（Relatedness）、成长（Growth）。因为这三种需要的英文的第一个字母分别为E、R、G，故简称为ERG理论。

1. 生存

生存是最基本的，指人在饮食、住房、穿衣等方面的基本需要。这种需要一般只有通过金钱才能满足。只有这项最基本的需要得到满足后，才能满足其他需要。它包括了马斯洛学说中的生理需要和安全需要两部分。

2. 关系

关系指与他人（同级、上级或下级）和睦相处、建立友谊和有所归属的需要。这类需要和马斯洛的社会需要和尊重需要中的外在部分相对应。

3. 发展

发展指个人在事业、能力等方面有所成就和发展。这与马斯洛理论中的尊重需要的内在部分和自我实现需要的特征相一致。

上述各层次的需要之间存在着内在联系。其相互关系如图4－5所示。

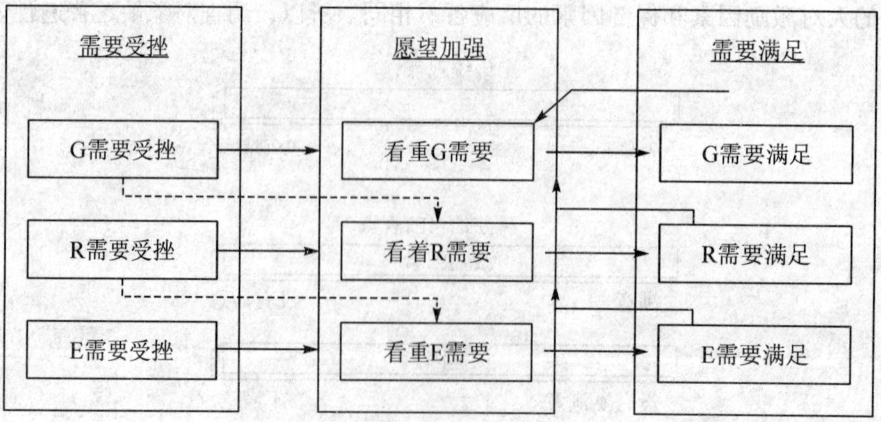

图4－5 ERG论的层次需要关系

“需要满足”表示，在同一层次的需要中，当某种需要尚未得到充分满足时，就会要求得到更充分的满足。例如，工资较低者要求获得更高的工资。

“愿望加强”表示，当较低层次的需要得到充分满足时，较高层次的需要就会强烈起来。例如，E需要得到充分满足，R需要就会强烈起来；R需要得到充分满足，G需要就会强烈起来。不过，G需要在相对满足后，人对其的需要会更强烈。

“需要受挫”表示，当较高层次的需要得不到满足时，人便会转而追求低层次需要的满足。例如，G需要受到挫折，就会导致其R或E需要更强烈。

阿德弗认为，这三种需要并不完全都是生来就有的，有的需要（如关系的需要和发展的需要）是通过后天学习才形成的。而且，人的需要并不一定严格地按照由低到高的次序发展，可以越级出现。

应用ERG理论，主要是要掌握个人需要的“满足—进展—挫折—退缩—满足”的发展规律，正确对待员工的个人需要，并积极引导个人目标与组织目标相一致。因此，在制订组织发展的目标时，要制订出个人发展目标计划，并引导和帮助员工实现其个人成长的需要。如忽视、压抑了个体的合理需要，就会使那些有志之士的成长需要长期得不到满足，只好退缩到较低的需要层次上去。

4. 成就需要理论

麦克利兰（David Meclelland）和其他心理学家经过20多年的研究得出结论，人的社会性需求不是先天的，而是后天的，它来自环境、经历和培养教育。在特定行为得到报偿后，该种行为模式会被强化，形成需求倾向。麦克利兰等人使用主题知觉试验等心理学方法进行定量及定性分析，归结出了三大类社会性需要：对成就的需要、对（社会）交往的需要和对权力的需要。

（1）对成就的需要

极需成就的人，对成功有一种强烈的渴望，也极为担心失败。他们愿意接受挑战、树立具有一定难度的（但不是不能达到的）目标；对待风险采取一定的现实主义的态度，愿意承担工作的个人责任；对他们正在从事的工作的情况，希望得到明确而又迅速的反馈；一般喜欢表现自己。

（2）对社交的需要

极需社交的人通常从友爱中得到快乐，总是设法避免因被某个团体拒之门外带来的痛苦。他们往往更关心保持一种融洽的社会关系；会与周围的人保持亲密无间和相互谅解；随时准备安慰和帮助危难中的伙伴，并喜欢与他保持友善关系。

（3）对权力的需要

麦克利兰发现，具有较高权力欲的人，对施加影响和控制表现出极大的关心。这样的人一般会寻求领导者的地位，他们十分健谈、好争辩、直率、头脑冷静、善于提出要求、喜欢演讲，并且爱教训人。

麦克里兰通过对成就需要的研究，发现高成就需要者具有以下特点：

第一，具有高成就需要的人更喜欢具有个人责任、能够获得工作反馈和适度的冒险性的环境。如果环境具备了这些特征，高成就者就会有极高的工作积极性。

第二，高成就需要的人不一定就是一个优秀的管理者，尤其是在一个大组织中。

他们感兴趣的是他们个人如何做得更好，而不是如何影响其他人做好。

第三，社交需要和权力需要与管理者的成功有密切关系。最优秀的管理者有高权力需要和低社交需要。有权力的职位可能会成为高权力动机的刺激因素。

第四，已经有成功的办法可以训练员工激发自己的成就需要。培训者指导个人根据成就、胜利和成功来思考问题，然后帮助他们学习如何通过寻求具有个人责任、反馈和适度的冒险性的环境并以高成就者的方式行动。所以，如果工作需要高成就需要者，管理者可以选拔具有高成就需要的人，也可以通过成就培训方式开发原有的下属。

麦克利兰认为，世界上的绝大多数人可以从心理上划分为两类：愿意寻求机遇和挑战、愿意努力工作的少数人，对此抱无所谓态度的多数人。

二、过程型激励理论

这类理论着重研究从动机的产生到采取行动的心理过程。过程型激励理论包括多种，以下扼要介绍三种。

（一）弗洛姆的期望理论

该理论又称为效价—期望理论，是美国心理学家弗洛姆在1964年出版的《工作与激发》一书中首先提出的。该理论主要研究需要与目标之间的规律。弗洛姆认为，人总是渴求满足一定的需要和达到一定的目标，此目标又对激发人的动机有影响；这个激发力量的大小取决于目标价值（效价）和期望概率（期望值），用公式表达就是：

$$MF = E \cdot V$$

MF是激发力量强度，即激励强度；E是期望率，即因采取某种行动可能实现所求目标的概率；V是效价，是人对某一目标或成果的重视程度。

这一公式表明，如果一个人对他所追求的目标的价值越看重，估计能实现这个目标的概率越高，那么他的动机就越强烈，激励的水平也越高，其内部潜力也能充分调动起来。

注意，E与V两项中的任一项为0，则激励强度MF为0，即毫无意义。另外，当V为负值时，E越大，激励的副作用越大。

这个公式实际上指出了在进行激励时要处理好三个方面的关系，也即调动人们工作积极性的三个条件：

第一，努力与绩效的关系。人总是希望通过一定的努力达到预期的目标。如果个人主观上认为通过自己的努力达到预期目标的概率较高，就会很有信心，就可能激发出很强的工作力量。但是如果他认为目标太高，通过努力也不会有很好的绩效时，就失去了内在的动力，工作态度会变得消极。这种关系可在公式的期望值这个变量中反映出来。

第二，绩效与奖励的关系。人总是希望取得成绩后能得到奖励。这种奖励是广义的，既包括提高工资、多发奖金等物质奖励，也包括获得表扬和成就感、得到同事们的信赖、提高个人威望等精神的奖励，还包括如被提拔到较重要的工作岗位上去等物质与精神兼而有之的奖励。如果他认为取得绩效后能够获得合理的奖励，就有可能产生工作热情，否则就可能没有积极性。

第三，奖励与满足个人需要的关系。人总是希望自己所获得的奖励能满足自己某方面的需要。然而，由于人们在年龄、性别、资历、社会地位和经济条件等方面都存在着差异，他们在需要实现后得到满足的程度就不同。因而对于不同的人采用同一种办法给予奖励，能激发出来的工作动力也就不同。

（二）亚当斯的公平理论

该理论是美国心理学家亚当斯（J. S. Adams）于1962—1965年在《奖酬不公平时对工作质量的影响》等著作中提出的。该理论认为员工对收入的满足程度是一个社会比较过程。一个人对自己的工资报酬是否满意，不仅受收入的绝对值的影响，也受相对值的影响。每个人总会把自己付出的劳动和所得的报酬与他人作比较，也同个人的历史收入作比较。如果个人比率（报酬/贡献）与他人的比率相等，他就会认为公平、合理，从而心情舒畅，努力工作。否则，就会感到不公平而降低工作积极性。个人的历史比较也会产生同样的效果，如表4-1所示。

表4-1 公平理论

比率比较	感觉
$O/I_a < O/I_b$	由于报酬过低产生的不公平
$O/I_a = O/I_b$	公平
$O/I_a > O/I_b$	由于报酬过高产生的不公平

表中：O/I_a 代表员工的产出/投入之比，O/I_b 代表其他人的产出/投入之比。

当人们比较后感到不公平时，往往会有如下表现：

在认识上改变对自己具备的条件（包括努力、能力、教育程度、年龄等，即“投入”，Inputs）与取得报酬（即“产出”，Outcomes）的评价。例如改变对自己的能力估计，由“过高”调整到“适当”。

改变对别人的评价。例如，由于对别人的水平估计过低，所以感觉那人收入偏高。现在提高对该人水平的估计；再与自己相比，就不会觉得不公平。

采取行动，改变自己的 O/I_a。如找一个收入更高的工作，或消极怠工、减少贡献。

另选比较对象，取得主观上的公平感。

采取行动，改变他人的 O/I_b。如向上级申诉理由，或要求与他人比高低。

其他表现。如发牢骚、泄怨气、制造人际矛盾等。

公平包括两个方面的含义：一是分配公平，即个人感到报酬的数量和分配的公平；二是程序公平，即用来确定报酬分配的程序的公平。分配公平指的是人们对个人之间在报酬数量上的分配是否公平的看法。程序公平是人们对用来确定报酬分配的程序是否公平的看法。

不公平感大都源于人们认为自己报酬过低。不公平感容易在人的心理上造成不良影响，挫伤人的积极性。

公平理论对企业管理的启示非常重要。它告诉管理人员，工作任务以及公司的管理制度都有可能产生某种关于公平性的影响。而这种作用对仅仅维持组织稳定性的管理人员来说，是不容易觉察到的。员工提出增加工资，说明组织对他至少还有一定的吸引力；但当员工的离职率普遍上升时，说明企业组织已经让员工产生了强烈的不公平感，这需要管理人员高度重视，因为它意味着组织除了激励措施不当以外，现行管理制度还有缺陷。

公平理论的不足之处在于员工本身对公平的判断是极其主观的，这种行为对管理者施加了比较大的压力。因为人们总是倾向于过高估计自己的付出，过低估计自己所得的薪酬，而对他人的估计则刚好相反。因此管理者在应用该理论时，应当注意实际工作绩效与薪酬之间的合理性，并留心对组织的知识吸收和积累有特别贡献的个别员工的心理平衡。

（三）洛克的目标设置理论

20世纪60年代初，爱德温·洛克（Edwin Locke）提出，为达到目标而工作是工作动机的主要激励。目标设置理论探讨了目标设置的明确性、挑战性和绩效反馈对员工工作绩效的作用，目标设置理论的主要观点是：

第一，明确、具体的目标能提高员工的工作绩效。具体的目标本身就是一种内部激励因素。如果其他条件相同，目标设置的具体明确要比笼统的目标“尽最大的努力”效果更好。具体的目标规定了员工努力的方向和强度。

第二，目标越具挑战性，绩效水平越高。该理论认为如果能力和目标的可接受性这样的因素不变，目标越困难，绩效水平越高；那么一旦员工接受了一项艰巨的任务，他就会付出更多的努力，直到获得一定的结果。

第三，在实现目标的过程中，绩效反馈能带来更高的绩效。如果人们在朝向目标的过程中能得到及时的反馈，人们会做得更好。因为反馈能帮助人们了解他们已做的和要做的之间的差距，也就是说反馈引导行为。但反馈的效果也不尽相同。自发的反馈比来自外部的反馈更具有激励作用。

第四，参与设置自己的目标可以提高目标接受性。目标设置理论认为在某些情况下，参与式的目标设置能带来更高绩效。在有些情况下，上级指定目标能带来更高的绩效，也就是说参与目标不一定比指定目标更有效。但是，参与的一个主要优势在于提高了目标本身作为工作努力方向的可接受性。如果人们参与目标设置，那么即使目标较难达到，也更容易被员工接受。因此，尽管参与目标不一定比指定目标更有效，但参与使困难的目标更容易被接受。

目标设置理论的总体结论是：行动意向——对于具体而困难目标的清晰阐述——是一种强有力的动机力量。在适当条件下，它会导致更高的工作绩效。

三、改造型激励理论

（一）强化理论

强化理论是由美国心理学家斯金纳（B. F. Skinner）首先提出的。强化理论主张对激励进行针对性的刺激，只看员工的行为及其结果之间的关系，而不是突出激励的内容和过程。该理论认为人的行为是其所受刺激的函数。如果这种刺激对他有利，则这种行为就会重复出现；若对他不利，则这种行为就会减弱直至消失。因此管理要采取各种强化方式，使人们的行为符合组织的目标。斯金纳认为，运用强化来改造行为一般有四种方式，这四种方式既可以单独使用，也可以结合使用。强化可以分为正强化、负强化、自然消减和惩罚。

1. 正强化

正强化也称为积极强化，就是奖励那些符合组织目标的行为，以使这些行为得到进一步加强，从而有利于组织目标的实现。正强化的刺激物不仅包含奖金等物质奖励，还包含表扬、提升、改善工作关系等精神奖励。为了使强化达到预期的效果，还必须注意实施不同的强化方式。有的正强化是连续的、固定的，比如对每一次符合组织目标的行为都给予强化，或每隔固定的时间给予一定数量的强化。尽管这种强化有及时刺激、立竿见影的效果，但久而久之，人们就会对这种正强化有越来越高的期望，或者认为这种正强化是理所应当的。管理者只能不断加强这种正强化，否则其作用会减弱甚至不再起作用。另一种正强化的方式是间断的、时间和数量都不固定的。理者根据组织的需要和个人行为在工作中的反映，不定期、不定量地实施强化，使每次强化都能起到较大的效果。实践证明，后一种正强化更有利于组织目标的实现。

2. 负强化

负强化也称为消极强化，就是惩罚那些不符合组织目标的行为，以使这些行为削弱甚至消失，从而保证组织目标的实现不受干扰。实际上，不进行正强化也是一种负强化。比如，过去对某种行为进行正强化，而现在组织不再需要这种行为，但基于这种行为并不妨碍组织目标的实现，就可以取消正强化，使行为减少或者不再重复出现。同样，负强化也包含着减少奖酬或罚款、批评、降级等。实施负强化的方式与正强化有差异，应以连续为主，即对每一次不符合组织的行为都应及时予以负强化，消除人们的侥幸心理，减少直至消除这种行为重复出现的可能性。

3. 自然消减

自然消减就是撤销对原来可以接受的行为的强化。一段时间后，如果不连续强化，这种行为的反应频率就会逐渐降低，最后消失。例如，有些企业的新领导上任后停止和取消了前任领导对某些行为的奖励、支持，会使这些行为消减。

4. 惩罚

惩罚是以某种带有强制性的、威胁性的结果，例如批评、降职、罚款和开除等，创造一种令人不快乃至痛苦的环境，或取消现有的令人愉快和满意的条件，以表示对某一不符合要求的行为的否定，从而消除这种行为重复发生的可能性。

（二）挫折理论

1. 挫折的含义

挫折就是指个体在从事有目的活动中遇到障碍或干扰，致使个人目的不能实现、需要不能满足时的情绪状态。

形成挫折的原因是多方面的，但总的来说，不外乎客观因素和主观因素两种。

主观因素可分为个人生理和心理两个方面。个人生理因素是指个人具有的智力、能力、容貌、身材以及某些生理上的缺陷所带来的限制。这种缺陷导致个人不能胜任某种工作、在工作中失败等。而心理上的原因则更为复杂，如需要的冲突、抱负水平等。

客观因素是指自然环境和社会环境的影响。自然环境主要是指个人能力无法克服的自然因素，如天灾、人祸、衰老、病死等。社会环境因素主要是指个人在社会生活中受到的政治、经济、道德、宗教、风俗习惯、人际关系等人为因素的限制。

2. 受挫折后的行为表现

人们在遭受挫折之后，都会作出相应的反应。由于挫折的性质及人们对挫折的容忍力不同，受挫折后的行为表现也不同。受挫折后的行为表现主要是攻击、回归、固执和妥协等。

(1) 攻击

在受到挫折后，某些人往往在思想上产生强烈的“委屈感”，在行动上会表现为向引起挫折的人或物进行直接或间接的攻击。比如，一个人受到同事无端的谴责，他可能会“以牙还牙”，怒目而视，反唇相讥，予以直接的攻击；他也可能表现为间接攻击，把愤怒情绪转嫁给与自己和当事人不相干的其他人和物。因为挫折来源不明，或者觉察到引起挫折的真正对象不能直接攻击，人便会寻找替罪羊。

(2) 固执

固执通常是指被迫重复某种无效的动作。尽管反复进行某种动作并无任何结果，但仍继续这种动作，而且不容易被改变。固执与习惯不同，习惯在受到惩罚时行为会改变或消失，但固执的行为不仅不会改变，而且会更强烈。它表现为：①冷漠。对事物视而不见、无动于衷、失去喜、怒、哀、乐等正常心理反应。②压抑。主观上否认挫折的存在，将挫折的体验或可能引起挫折的动机排除于意识之外。③放弃。多次受挫折后，便感到茫然、忧虑、对工作和生活失去信心，放弃一些未受挫折的事物，无所作为，甚至放弃生命。④排斥。不接受别人的意见建议，故步自封，明知方法无效也一再重复。

(3) 回归

回归是指人们受到挫折时表现出一种与自己的年龄、身份很不相称的幼稚行为。例如某些管理人员在受到挫折后不愿承担责任，难以作出简单的决策，敏感性降低，不能区别合理与不合理的要求，盲目地忠实于某个人或某个组织等。

(4) 妥协

个体在受到挫折时会产生心理或情绪的紧张状态。这种紧张状态如果长期存在，就会引起各种疾病，因此需要采取妥协性的措施来减轻紧张状态。

妥协性的措施一般包括以下几种：

①文饰。人们在受到挫折后会想出各种各样的理由原谅自己，或者为自己的失败辩解，以达到自我安慰、解除紧张和不安的目的。

②投射。一个人把自己身上存在的不良品质强加于别人就是投射作用的表现。把自己的不良品质投射到别人身上，会减轻自己的内疚、不安和焦虑；因为如果别人也

有这种品质，这种不良品质似乎就不甚严重了。

③表同。表同与投射完全相反——投射是把自己不良的品质强加给别人，而表同是指把别人具有的、自己感到羡慕的品质加到自己身上。

④冷漠。当一个人受到挫折之后，用意志力量压抑住愤怒、焦虑的情绪反应，表现得无动于衷，这就是冷漠。

⑤逃避。逃避是指个人不敢面对挫折，消极地避开挫折情境，逃避到较安全的地方。在这种情况下，个体可能逃向另一现实、幻想世界或生理疾病。

3. 挫折的管理方法

（1）正确地对待挫折

挫折是人生不可避免的，正如常言所说，“人生逆境十之八九”。挫折可能会带给人许多负面情绪，但也能磨炼人的意志，使人更加成熟、坚强。因此，要帮助员工作好面对挫折的心理准备。

（2）对受挫折者采取宽容的态度

通过前面的分析可知，受挫折者的行为是千奇百怪的。一般来说，对受挫折者的行为，不应采取针锋相对的攻击措施。应该把受挫折者看成一个需要帮助的人，这样才能形成一种解决问题的气氛。

（3）情景转移

改变引起挫折的情景也是应付挫折的有效方法之一。例如，尽量把受挫折者调离造成他不幸的环境，免得他触景生情。

（4）精神发泄

这是一种心理治疗方法。要创造一种情境，使受挫折者可以自由表达他们受压抑的情感。人们在受挫折后会以紧张的情绪反应代替理智行为，只有使这种紧张的情绪发泄出来，才能恢复理智状态。

（5）挫折疏导

这是运用一定的心理诱导的策略和方法，使受挫者在他人的引导下调整主观意识，发挥内在潜力，消除心理障碍，明确前进方向，消除不良情绪和行为反应的过程。

对管理者的启示

第一，人会有各种各样的需要，而且这类需要会随着时代的变迁及个人所处的生命周期的不同阶段而发生变化。为此，企业必须随时注意了解和掌握自己的员工的多方面、多层次的需要及其变化情况，并在一定的前提下通过管理实践、政策等尽量地满足他们。

第二，人的行为是由他们的需要、动机及由此导致的态度所决定的。而一个人的需要、动机和态度又不一定是对企业有利的，所以满足员工的需要并不一定能够实现组织目标，更何况“满意的员工并不一定就是高生产率的员工”。

人的行为是可以塑造的。有意义的目标确实能够对员工的行为产生引导和指引作用，从而提高他们的努力程度。因此，企业只有建立起完善的绩效管理体系，通过确定富有挑战的绩效目标，制订客观、准确的绩效评价系统，提供及时的绩效反馈意见，为员工提供绩效改善的机会和条件，才能确保员工业绩的不断改善和企业竞争力的不断提升。

案例分析

美国西南航空公司的故事

服务水平已经成为各行业竞争的焦点。良好的服务能够增加顾客的满意度，提高顾客的忠诚水平，使企业的利润增加、业务增长。但是企业如何能够提供超越竞争对手的卓越的服务呢？成功的秘诀就在于不断增加员工满意度。美国的西南航空公司的案例告诉我们，要提供卓越服务，首先要从激励员工开始。

美国西南航空公司成立于1967年，最初只在得克萨斯州提供短距离运输服务。不久，它开始把业务逐渐扩展到美国的其他州。按照美国国内旅客的运输量，西南航空公司可以说是美国国内第七大航空公司。尽管航空业麻烦不断，西南航空公司还是取得了连续20年赢利的骄人成绩，这创造了美国航空业连续赢利的纪录。尽管西南航空公司的票价比较低，但员工的高效率和在飞行途中为乘客创造轻松愉快环境的服务方式为企业带来了惊人的业绩。事实上，西南航空公司的首席执行官赫伯·克勒赫从公司成立之初就坚持宣传“快乐和家庭化”的服务理念和战略。这家公司相信人的力量，并通过招聘、培训和支持有经验的员工将这种力量发挥出来。它的业绩证明了这种做法的成效。

招聘合适的员工

西南航空公司的策略之一是雇用合适的——热情的、具有幽默感的、真诚地为顾客服务的员工。西南航空公司在招聘上是很挑剔的。在近几年中，有85 000人应聘，而该公司只雇用了其中的3%。

西南航空公司的招聘过程没有什么条条框框，招聘工作看起来更像好莱坞挑选演员，而不是招聘面试。第一轮是集体面试，每一个求职者都被要求站起来讲述自己最尴尬的时刻。这些未来的员工由乘务员、地面站控制员、管理者甚至是顾客组成的面试小组进行评估。西南航空公司让顾客参与招聘面试基于以下两个认识：顾客最有能力判别谁将会成为优秀的、顾客想要的乘务员。

集体面试之后，面试小组开会讨论。只有很少一部分求职者能够通过第一轮的选拔。接下来进入深度个人访谈。在这个访谈中，招聘人员试图发现应聘人员是否具备一些特定的心理素质。这些特定的心理素质是西南航空公司通过研究最成功的和最不成功的乘务人员发现的。

新聘用的员工要经过一年的试用期。在这段时间里，管理人员和新员工有足够的时间来判断他们是否真正适合这个公司。西南航空公司鼓励监督人员和管理人员充分利用这一年的试用期或评估期将那些不适合在公司工作的人员解雇。但是有趣的是，西南航空公司很少不得不解雇员工——在公司告诉他们之前，他们已经知道了。因为他们不适应公司的工作和环境，与周围的环境显得格格不入。

被公司最终聘用的人员，将获得优厚的报酬，让他们感到自己是这个组织的一分子，这是西南航空公司的第一个秘密。对员工招聘工作的高度重视使西南航空公司在竞争中获得优势。

营造快乐和尊重的气氛

西南航空公司从创立开始就一直坚持一个基本理念，那就是“爱”。西南航空公司一直都是一家由爱心构筑的公司。赫伯·克勒赫是西南航空公司的总裁和首席执行官，他把每个员工视为西南航空公司大家庭的一分子。他鼓励大家在工作中寻找乐趣，而且自己带头这样做。比如，为推广一个新航线，他会打扮得像猫王埃尔维斯一样，在飞机上分发花生；他还会举办员工聚会或者在公司的音乐录像中表演节目。在飞机上、在售票处，他时时刻刻走出来与自己的团队在一起……他对员工进行管理，也跟员工保持接触；他走出去，向团队传递信息；他告诉员工，他们是在为谁工作，他们的工作有多重要。西南航空公司的理念是：让员工感觉自己很重要，让员工感到公司是以尊重的方式对待他们。

公司鼓励员工释放自己，保持愉快的心情，因为好心情是有感染力的。如果乘务员有一个愉快的心情，那么乘客也更有可能度过一段美好的时光。如果整个工作氛围都很热情，那么当他面对其他人时也能很热情。他会很有礼貌地对待每个人，也会和人有很好的目光接触。爱的氛围使西南航空公司的员工乐于到公司来，而且以工作为乐。公司总裁赫伯·克勒赫说：“也许有其他公司与我们公司的成本相同，也许有其他公司的服务质量与我们公司相同，但有一件事它们是不可能与我们公司一样的，至少不会很容易，那就是我们的员工对待顾客的精神状态和态度。”

快乐的工作气氛不仅使员工的服务态度更加热情，也使他们的工作效率大大提高。举个例子，西南航空公司的飞行员每月要飞行70个小时，而其他公司的飞行员只飞55个小时。其地面指挥站通常仅需要竞争对手一半的人手就足以完成全部工作，他们调度飞机的速度通常非常快，竞争对手需要45分钟，而他们只需要15分钟。西南航空公司员工的高工作效率是它保持低价的关键因素，它的价格比行业平均水平要低25%。

管理层的态度和行动

西南航空公司是建立在一种开放政策的基础上的。这个开放政策由赫伯·克勒赫自己开始，渗透到公司的各个部门。管理层走近员工，参与一线员工的工作，倾听员工的心声，告诉员工改进工作的建议和思想。通过单独处理员工的问题、尊重员工的思想，公司给予了员工尊严。

西南航空公司与其他服务性公司不同的是，它并不认为顾客永远是对的。公司总裁赫伯·克勒赫说：“实际上，顾客也并不总是对的，他们也经常犯错。我们经常遇到毒瘾者、醉汉或可耻的家伙。我们不说顾客永远是对的。我们说——我们不想再次见到你，因为你竟然那样对待我们的员工。我们不允许任何顾客这样对待我们的员工。你永远也不要再乘坐西南航空公司的航班了。”西南航空公司的管理层了解一线员工的工作，支持一线员工的工作，甚至宁愿“得罪”无理的顾客。总之，他们为一线员工服务，并且尊重每位员工。

在西南航空公司，管理层的工作首先是确保所有的员工都能得到很好的关照、尊重和爱。其次，是处理看起来进展不顺利的事情，并推动它的进展，帮助它变得好点或者快点。最后，是维护西南航空公司的战略。

资料来源：刘彧彧，王长斌，杨杜．组织行为学［M］．北京：旅游教育出版社，2008.

问题讨论

1. 西南航空公司是如何实现对内部员工的激励的？
2. 西南航空公司激励内部员工的措施体现了哪些激励理论？

第三节　工作中的激励

一、目标管理

（一）目标管理的概念

目标设置理论表明：困难的目标比容易的目标更能带来高绩效，具体的目标比没有目标或空洞的目标“尽你最大努力”更能带来高绩效，而绩效反馈会带来更高的绩效。目标管理为管理者提供了推行目标设置理论的工具。

目标管理（Management by Objectives，MBO）是美国管理专家彼特·德鲁克（Peter Drucker）于1954年在《管理实践》一书中提出来的。德鲁克认为，并不是有了工作才有目标，而相反，有了目标才能确定每个人的工作。该理论经由其他一些人的发展，逐步成为企业、医院、学校和政府机构普遍采用的一种系统地制订目标并进行管理的有效手段，成为了一种员工参与管理的激励技术。它的具体形式多种多样，但实质和基本内容是一样的。

目标管理的实质是：组织的最高领导层根据组织面临的形势和社会需要，制订出一定时期内组织经营活动所要达到的总目标，然后层层落实，要求下属各部门主管人员以至每个员工根据上级制订的目标和保证措施形成一个目标体系，并把目标完成的情况作为各部门或个人考核的依据。简言之，目标管理就是上下级共同制订目标、明确责任，并以目标来衡量工作成果的过程，如图4-6所示。

通过一种专门设计的过程，目标管理具有了可操作性。在具体的管理实践中，目标管理的过程可能会因组织的情景不同而有所差异。但一般而言，目标管理包括四个基本成分：目标的具体性、参与决策、明确的时间限定、绩效反馈。

在实现目标的进程中，管理者要不断提供绩效反馈。理想的做法是给个体提供持续性的反馈，从而使他们能够控制和调整自己的行为。比较现实的做法是：在检查工作进度时，管理者给予阶段性的定期评价。

（二）目标管理与目标设置理论的异同

目标设置理论认为，困难的目标比容易的目标更能带来较高的个体绩效；与没有目标或仅有泛泛的“尽力而为”的目标相比，困难而具体的目标能够带来更高的绩效；对绩效给予反馈也会带来更高的绩效。

目标管理明确提倡具体的目标和绩效反馈。虽然没有明确说明，但目标管理隐含的意思是：目标必须被人们认可才能行得通。与目标设置理论一致，目标管理也认为，当目标足够困难、需要员工付出一定努力才能实现时，目标管理是最有效的。

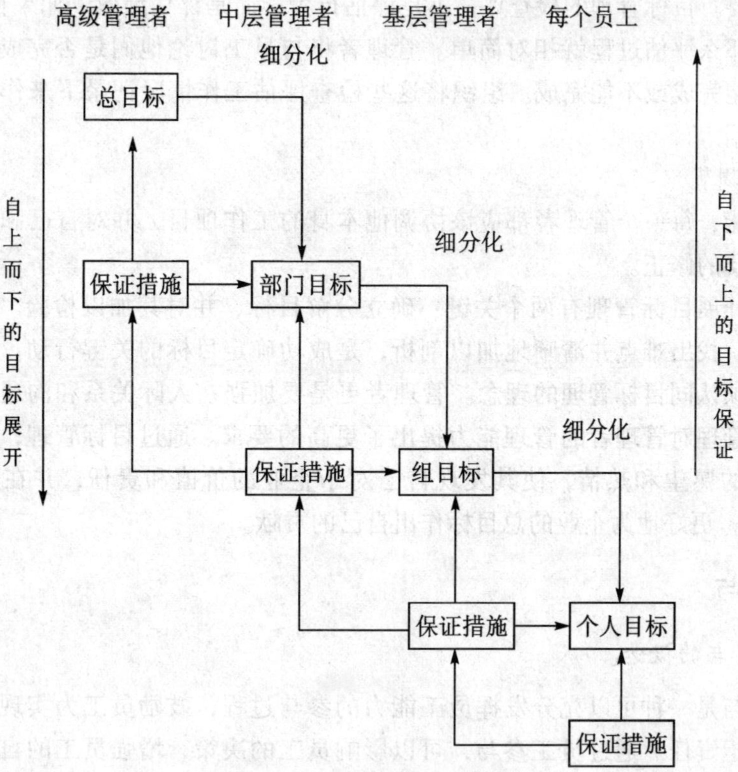

图 4－6　目标管理示意图

目标管理与目标设置理论的区别在于员工参与的问题。目标管理极力主张员工的参与，而目标设置理论却认为给下属指定目标往往也能达到同样的效果。不过，运用参与的主要好处在于它可能会引导员工接受更困难的目标。

(三) 如何实现目标管理

目标管理的原理可以正规或非正规地运用。如果使之规范化，就可以形成各种程序。作为一种程序，目标管理包括以下四个步骤：目标确定、执行计划、发展过程检查和自我调节。

1. 目标确定

首先要确立组织总目标和具体的评估系统。目标的确定必须是明确、可行、有挑战性、具体、可以验证的。一旦最高目标被明确，就必须将总目标的信息传达给每一个员工；每一个管理层都会把它的上层管理者的目标转化为它自己的具体目标，直到形成一个目标体系。

2. 执行计划

目标确定后，管理者和下属都应执行这个计划。大家应讨论如何实现这个计划，确定完成任务的必要步骤，以及评估和对每一个步骤的责任确定。

3. 发展过程检查

对工作项目发展情况的监控的目的在于判断困难的出现是否是偶然的，行动的修正是否有必要。目标管理的检查评估不是评估行为，而是评估绩效。如果目标是具体、可验证的，那么评估过程就相对简单。管理者将与员工讨论他们是否完成了目标，并研究为什么能完成或不能完成。组织将这些检查评估工作情况记录下来作为正式的绩效评估的依据。

4. 自我调节

如果可能，每一个管理者都应该协调他本身的工作项目，并对自己和下属的工作行为加以必要的修正。

成功地开展目标管理有两个关键：确立分解目标、并对其加以检验。准确、严格地确立目标，找出难点并清晰地加以剖析，是成功确定目标的关键行动。企业的管理者与员工必须认同目标管理的理念。管理者更是要加强在人际关系和沟通方面的技巧水平。目标管理对管理者的管理能力提出了更高的要求。通过目标管理，企业可以激发全体员工的愿望和热情，使其发现自己对于企业的价值和责任，并在工作中实行“自我控制”，更好地为企业的总目标作出自己的贡献。

二、员工参与

（一）员工参与的概念

员工参与是一种可以充分发挥员工能力的参与过程，鼓励员工为实现组织目标贡献才智并分担责任。通过员工参与，可以影响员工的决策，增强员工的自主性和对工作的控制能力，提高员工的工作积极性，增加员工对组织的忠诚度，使他们对工作更满意。

（二）员工参与的形式

员工参与有许多形式，实际中采用的主要有参与式管理、合理化建议、代表参与、质量圈和员工持股。

1. 参与式管理

所有在实行的参与式管理都有一个共同的特征，即员工在很大程度上分享其直接监督者的决策权。这种分享越多，参与程度越高；这种分享越少，参与程度就越低。

为了更有效，参与式管理必须具备以下几个基本条件：①员工必须有充足的时间参与；②员工必须有能力（智力、技术知识、沟通技巧）和兴趣参与；③参与决策的问题必须与其利益有关；④组织文化必须支持员工参与。

2. 合理化建议

合理化建议的目标是鼓励员工提供建议以改善工作。当员工提供的建议被采纳时，组织将按规定给予各种物质和精神上的奖励。

有人认为这种方法要小心应用，才能收到成效。原因是：第一，建议均见诸文字，缺乏面对面的语言沟通，因而无法激起所有员工提建议的兴趣。第二，员工提出的建议往往只顾自己的利益而忽略了组织利益，从而使其成效大为降低。第三，员工对有关生产程序和工作方法的改变多持沉默态度，不愿积极地提供善意的建议。因为对工作有好处的事不一定对自己就有好处。据统计，员工提出的建议与个人有关的占78%，对组织目标有利的仅占22%。第四，一般组织的领导者对提意见的员工常表示不满，认为员工意见过多，无异于对他工作能力和效率的批评。

3. 代表参与

代表参与指员工不直接参与决策，而是由选举的代表参与决策。代表参与已被认为是“世界上最广泛的以立法形式出现的员工参与形式”。代表参与的目的是在组织内重新分配权力，把员工放在和股东的利益更为平等的地位。

4. 质量圈

质量圈起源于美国，于20世纪50年代传到日本，20世纪80年代在北美和欧洲风行一时。它通常被看做日本公司以低成本生产高质量产品的一种技术。

质量圈是由8～10个员工和管理者组成的共同承担责任的工作群体。他们定期会面——常常是一周一次，以探讨质量问题的成因，提出解决建议和实施纠正措施。他们承担着解决质量问题的责任，对工作进行反馈并对反馈进行评价，但管理层一般保留建议方案实施与否的最终决定权。当然，员工也并不一定具有分析和解决质量问题的能力，但通过参与质量圈，可获得评估和分析问题的技术，获得提高工作质量的策略。

三、员工认可方案

（一）员工认可方案的内容

现代组织越来越认识到，对员工的认可也可以成为一种强有力的激励手段。与员工认可方案相一致的行为有对员工个人加以注意、表明对员工感兴趣、对员工所做的工作给予赞扬和感谢等多种形式。

根据强化理论，在某行为发生后立即给予表扬可以鼓励人们重复该行为，表扬还可以采取多种形式。然而，要想发挥表扬的最大激励效果，最好的方式也许是当众表扬那些该得到表扬的人并且说明表扬他们的理由。

与强化理论一致，在行为之后紧接着以认可的方式来激励这一行为，人们可能会受到鼓励并重复该行为。认可的方式是多种多样的，包括：对员工出色地完成一项工作表示祝贺；通过写信或电子邮件来传达对员工的积极评价；对那些强烈需要社会认可的员工，公开勉励其成就；通过庆祝团队的成功来增强凝聚力和实施进一步激励；开会对成功团队的成就与贡献表示肯定。最普遍的认同手段之一就是建立体系。

（二）员工认可方案的实践意义及其不足

在当今激烈的全球竞争环境中，大多数组织都处于削减成本的压力之下，这使得员工认可方案更有意义——它提供了一条成本相对较低、又能提高员工绩效的途径。一项最知名、应用最广泛的员工认可方案是员工建议体制，即当员工提出改善工作流程或削减成本的建议时，可得到少量的现金激励的一种体制。

尽管员工认可方案很受欢迎，但仍有反对意见。反对者认为员工认可方案会受到管理层的恶意操纵。当此方案被用来评估影响绩效的因素等较客观的工作时，员工更容易认可其公平性。然而，对大多数工作来说，评估工作绩效的条件并不是很充分，这会使管理者操纵评价系统，仅认可他们喜欢的员工的工作。若此方案被滥用，则将降低认可方案的价值，还将使员工士气下降。

四、浮动工资方案

（一）浮动工资的内容

期望理论预测，要使激励水平达到最高，个人应能看到他们的绩效和报酬之间的关系；如果报酬完全由非绩效因素决定（如资历、职称），员工就可能降低绩效水平。浮动工资制度是将员工的工资与绩效联系起来的一种制度。浮动工资将工资分成两个部分，一部分根据工作的时间、资历、职称来决定，另一部分根据个人或组织的绩效水平来决定。浮动工资将员工的工资与绩效联系起来，会让人感到自己的收入取决于贡献的多少，而不取决于头衔的大小。绩效低的员工的工资保持不变，绩效高的员工的工资随贡献的增大而相应增大。浮动工资的具体形式主要有计件工资、奖金、利润分成和收入分成。

1. 计件工资

计件工资为员工完成的每一个生产单位付给固定报酬。当一个员工没有基本工资而仅仅根据他的产量付给报酬时，这是一种纯粹的计件工资。如果员工的报酬是基本小时工资加上计件工资，则是一种使用更广泛的工资形式。后一种形式既提供了一个基数，也提供了一种刺激。如一名打字员每月有400元的基本工资，每打一页可提成5分钱。

2. 奖金

奖金是对人们取得的工作绩效给予的奖励。在组织内，奖金应和个人、群体、组织的绩效结合起来，如某公司的年终奖金的70%与个人所在部门的效益相连，而剩下的30%取决于个人绩效。奖金可以付给高层管理者，也可以付给所有员工。

3. 利润分成

利润分成是根据公司利润制订某一特定公式来分配报酬。这些报酬可以是直接的现金，也可以是股权，后者尤其适合针对高级管理人员的激励。如迪斯尼的首席执行官迈克尔·麦斯纳的年收入超过2亿美元，其中绝大多数来自公司的股票收入。如1999年7月24日，21名国有企业老总领取了1998年的年薪。其中中南商业集团的法人代表严规方获16.72万，其中的7万多元以8000多股的企业股票兑现。

4. 收入分成

收入分成和利润分成很相似，但不是一回事。收入分成是根据收入而不是利润对较少受到外部因素影响的具体行为给予奖励，甚至在公司不赢利的情况下员工也可以得到奖励性报酬。群体生产力从一个阶段到另一个阶段过程中的提高程度决定了员工们可以分配到的工资总量。对于生产率带来的收入部分，在公司和员工之间则可以按照多种比例分配。

研究表明，有利润分成计划的组织比没有此计划的组织的生产率水平要高。绩效工资方案的缺陷是它的不可预见性。基本工资可以使员工准确地预计自己未来的收入，据以制订合理的消费计划，而绩效工资则做不到这一点。

（二）浮动工资方案与期望理论的关系

浮动工资方案可能与期望理论的预测最为一致。期望理论认为，要提高激励水平，个人应能看到他们的绩效和报酬之间有密切联系。如果报酬完全由非绩效因素决定（如资历、职称），员工就可能会降低努力水平。而浮动工资就是将工资建立在绩效评价的基础之上。

群体和组织范围内的奖励能够强化和鼓励员工把个人目标升华为部门或组织的最大利益。对于那些试图形成较强团队精神的组织而言，通常的做法是对群体进行绩效奖励。通过把团队绩效和奖励联系起来，员工会为自己团队的成功作出更多努力。

五、技能工资制度

（一）技能工资的概念

技能工资是指不根据员工的职称确定他的工资，而根据员工掌握了多少种技能和能做多少工作来确定。如在某公司，一名技术员的最高收入是每月 800 元。实行技能工资制度后，如果技术员能拓宽技术面，掌握如设备保养、质量检查这样的技能，他的收入就可增加 20%。

根据技能工资方案，员工掌握的技能的种类越多，所获得的报酬也就越多；员工掌握的技能的等级越高，所获得的报酬也就越高。

（二）技能工资方案与激励理论的关系

技能工资方案和几种激励理论具有一致性。技能工资方案鼓励员工学习、扩展其技能水平并不断成长与发展，这一点与 ERG 理论相吻合。当员工的低层次需要基本得到满足，获得成长机会就可能是一个激励因素。

为高技能水平的员工支付更高的报酬，这与成就需要的研究结论是一致的。高成就需要者具有强烈的把事情做好或者做得更有效率的动机，若学习新技能可以提高已有的技能水平，高成就需要者就会感到自己的工作更富挑战性。

技能工资方案与强化理论也存在着联系。技能工资方案鼓励员工增强灵活性，不断学习并接受多方面的培训，成为全才而不是专才，以便和组织中的其他人合作。所以技能工资可以作为一个强化因子。

此外，技能工资本身还蕴涵着公平理论。当员工进行投入产出比较时，与资历或教育之类的因素相比较，技能可以提供更为公平的决定工资的标准。如果员工能把技能当做工作绩效中的关键变量，运用技能工资方案就可以增强员工的公平感，并有助于提高激励员工的效果。

对技能工资方案的研究结果表明，该方案正在日益普及且能带来更高的员工绩效和满意度。

六、灵活福利

（一）灵活福利的概念

在组织中，给所有员工都提供同一种标准化的福利方案可能很难满足员工的不同需要，而灵活福利则可以最好地解决这个问题。灵活福利允许员工从众多福利项目中挑选一组最符合他们自己需要的福利。这样就使得每个员工可以根据自己的需要和情况选择福利。

目前最流行的三种福利计划是模块计划、核心加选择型计划和弹性费用账户。

模块计划是预先设计好福利包，然后把每一个模块组合起来针对具体的员工群。对无子女的单身员工来说，设计的模块可能只包括核心福利项目。而对单身家长的设计，可能还会包括人寿保险、伤残险、扩大的医疗保险等。

核心加选择型计划包括了一组核心福利以及其他福利的选项菜单。除了核心项目以外，员工可以自行挑选这些选项。通常，每个员工会得到“福利积分”，允许他们购买那些符合他们需要的其他福利。

弹性费用账户使得员工可以从这一计划中得到一笔款项用于特定的服务。例如，这种做法对员工支付医疗费用来说是很方便的。弹性费用账户可以增加员工的税后实际收入，因为支付到这些账户里的费用无需交税。

（二）灵活福利的优缺点

灵活性对员工具有吸引力，是因为他们可以根据自身需要定制福利的种类和覆盖的范围。灵活福利有三个明显的好处：第一，它允许员工对个人财务作出重大决策，使员工的福利计划符合他们的需求。第二，这种计划帮助组织管理成本，特别是卫生保健成本。员工能够确定他们在员工福利方面将支付的最高福利收入额，因此可以避免自动承受成本的增加。第三，这种计划突出了员工众多福利的经济价值。多数员工不了解福利的成本，因为组织愿意为他们支付，即使员工不想要其中的一部分或者喜欢其他的选择也只能顺应。

从员工的角度来看，它的主要缺陷是：个人福利的成本经常上涨，自己能购买的福利总量减少了。

从组织的角度来看，其优点是方式灵活且能够带来节约。许多组织通过引入灵活福利方案增加了扣除费用和保险费用。一旦实行，增加的健康保险费用等的负担方常常主要是员工。但其也有不足之处：这些方案使得管理层更难控制，并且实施起来费用常常很高。

（三）灵活福利与期望理论的关系

给予员工同样的福利的做法是假定所有员工有着同样的需要。当然，我们知道这个假设本身就是错误的。所以，灵活福利方案把福利消费转变为一种激励因素。与期望理论的主旨相一致，组织的奖励应该和个人目标相联系。灵活福利通过允许员工选择最能满足自己当前需要的奖励组合而使报酬个性化。可见，灵活福利可以把传统的单一福利方案转变为激励因素。

对管理者的启示

以下的建议是管理者激励员工的核心内容：

认清个体差异：员工有不同的需要，不要把他们作为相同的人来对待，并且要花些必要的时间来了解对每个员工来说什么是重要的。这能使你的目标和参与水平个体化，使报酬和个体需要相一致。

运用目标和反馈：员工应具有一定难度的明确目标，应获得关于他们实现目标的过程是否顺利的反馈。

允许员工参与影响他们的决策：员工可参与许多影响他们自身利益的决策——设置工作目标，选择自己的福利组合，解决生产和质量问题，等等。这可以提高员工的生产水平、对工作目标的承诺、被激励水平和工作满意度。

把报酬和绩效相联系：报酬应依绩效而定。重要的是，员工必须看到两者有清晰的联系。不论实际上报酬和绩效的联系如何密切，如果员工认为两者的联系不密切，那么就会导致较低的绩效水平、工作满意度降低、流动率和缺勤率上升。

检查制度的公平性：报酬应被员工认为和他在工作中的投入相当。简单来说，这意味着经验、技术、能力、努力程度和其他明显的投入应能解释绩效差异，进而解释工资、工作分配和其他报酬。

案例分析

奖金的作用

白泰铭在读大学时成绩不算突出，老师和同学都认为他不是很有自信和抱负的学生，以为他今后不会有多大作为。他的专业是日语，毕业后便被一家中日合资公司招为推销员。他很满意这份工作，因为工资高，还是固定的，不用担心未受过专门训练的自己比不过别人。若拿佣金，比别人少得太多就会丢面子。

刚上班的头两年，小白的工作虽然兢兢业业，但销售成绩只属一般。可是随着他对业务越来越熟悉，他与客户们的关系越来越好，他的销售额也渐渐上升了。到了第三年年底，他已成为全公司几十名销售员中的前20名了。下一年，他很有信心当推销员中的冠军。不过公司的政策是不公布每人的销售额，也不鼓励互相比较，所以他还不能很有把握地说自己一定会坐上第一把交椅。2003年，小白干得特别出色，尽管定额比前年提高了25%，但到了9月初他就完成了这个销售额。根据他的观察，同事中间还没有人完成定额。

10月中旬，日方销售经理召他去汇报工作，听完他用日语作的汇报后，对他格外客气，祝贺他已取得的成绩。在他要走时，那位经理对他说："咱们公司要再有几个像你一样的推销明星就好了。"小白只微微一笑，没说什么。不过他心中思忖：这不就意味着承认他在销售员队伍中出类拔萃、独占鳌头吗？2004 年，公司又把他的定额提高了 25%，尽管一开始不如去年顺利，但他仍是一马当先，比预计的干得好。他根据经验估计，10 月中旬前他准能完成自己的定额。可是他觉得自己的心情并不舒畅。最令他烦恼的事莫过于公司不公开大家的业绩表现，没个反应。他听说本市另两家也是中外合资的化妆品制造企业都搞销售竞赛和有奖活动。其中一家是总经理亲自请最佳推销员到大酒店吃一顿饭，而且人家还有内部发行的《公司通信》之类的小报，让人人知道每人的销售情况，还会表扬每季度和年度最佳销售员。想到自己公司的这套做法，他就特别恼火。其实一开头他并不关心排名第几的问题，如今却重视起来了。不仅如此，他开始觉得公司对推销员实行固定工资制是不公平的：一家合资企业怎么也搞大锅饭？应该按劳付酬。上星期，他主动去找了那位外国经理，谈了他的想法，建议改行佣金制，至少按成绩给奖金。不料那位日本上司拒绝了他的建议，说这是既定政策，母公司一贯就是如此，而这也正是本公司的文化特色。令公司领导吃惊的是，小白辞职而去，到另一家公司去了。

资料来源：安世民，安运杰．组织行为学［M］．北京：北京大学出版社，中国林业大学出版社，2008.

问题讨论

小白为何不满意公司现有的付酬制度？试用有关激励理论来解释。

第四节　激励的基本模式

一、激励的多样化

激励理论描述的是一般性的原则、原理和规律，而实践中所遇到的问题是千变万化的，这就需要灵活运用各种激励理论，采用不同的激励方法和手段。

（一）货币激励

货币激励指的是直接通过货币手段给予员工以物质方面的刺激，使员工的行为得到正强化，从而提高员工的工作热情，实现良好的绩效。货币激励手段主要有工资、奖金、福利等内容。

1. 工资

工资主要有基本工资、岗位工资、资历工资、技能工资、激励工资、业绩工资、效益工资等多种形式。工资不仅是劳动所得，在一定程度上代表着员工的价值，代表着企业对员工工作的认同，甚至还代表着员工的个人能力、品行和发展前景等。事实上，工资对员工来讲不仅仅是物质需求的保障，而且是企业激励机制中一种复杂的激励方式，它隐含着成就激励、地位激励等。因此，工资激励能够从多角度激发员工强烈的工作欲望，是员工全身心投入工作的主要动力。

企业给予员工的首先应该是一份合理的、与绩效挂钩的工资。在关注工资总额的同时，还应该关注工资的支付方式。通常，为了实现对员工的有效激励，企业的工资体系应该注重长期激励和短期激励的平衡、固定保障和浮动激励的平衡、企业内部薪酬一致性与外部竞争性的平衡以及企业内部收入差异和岗位投入产出的平衡。所以，企业要精心设计和实施能有效激励员工的工资报酬体系，尽量做到工资效能最大化。

2. 奖金

根据绩效评价的结果或者劳动定额、任务的完成情况或者员工对企业的特殊贡献、员工所付出的额外努力，可以定期或不定期的给予员工以现金奖励，作为对其短期绩效的一种肯定。在奖金发放的过程中应该注意发放的频率与数量，并且坚持公平原则。

3. 福利

这里所指的福利不仅包括以货币方式支付的各种补助和津贴，如交通补助、住房补贴、物价补贴、伙食补助、通信补助等，也包括用人单位所提供的各种免费服务、廉价服务或有偿假期等。

（二）工作或职业激励

1. 工作激励

工作激励是一种内在激励。工作激励可以使员工有更多的学习和成长机会，更好地实现个人价值，从而达到提高工效、增强心理满足感的良好效果。

充实工作内容，使工作丰富化、趣味化，增加工作的挑战性，给予员工一定的自由度，加深其对工作意义的理解，加强工作中的交流和沟通等，都可以消除员工厌倦的情绪，满足员工的心理需求，从而使员工在工作中得到快乐和满足。

2. 职业生涯规划激励

职业生涯规划激励是指企业通过帮助员工实现职业理想和目标，以促进企事业发展和进步的方式实现员工激励。企业如果能够在分析员工的职业兴趣、职业倾向、职业素质、职业能力和职业目标，分析企业今后发展可能给员工带来的机会的基础上，帮助和指导员工确定今后的奋斗目标，并采取措施帮助员工实现职业目标，那么员工就会用业绩和忠诚回报企业。职业生涯规划是激励员工和留住员工的有效方式，同时企业也能够借此获得需要的人力资源，以促进企业的发展。

3. 权力激励

权力激励是指通过给予企业员工一定的权力来满足其权力欲望，实现激励。权力激励主要分为两种，一种是产权激励，另一种是管理权激励。产权激励可以把员工同企业的利益联系起来，提高他们的归属感和认同感，主要有股权、股票期权、利润分享（或劳动分红）三种方式。管理权激励主要是指职位的升迁。

4. 晋升激励

企业员工通过职位的晋升在企业内部享有一定的管理权与控制权，可以支配更多的企业资源，发挥更大的作用。同时，随着其他承担的责任的增加，他获得的报酬与利益也不断地增加。职位的晋升是对员工个人能力的最好肯定，对于员工有着极强的激励效果。另外，随着职位的晋升，员工的工作内容也将得到极大的丰富，充分满足了他们指挥、影响他人，获得奖励，创新与经营的欲望。

（三）关怀与情感激励

管理人员要经常了解员工的所思、所需，因为员工的需要会随着时间、年龄、地点、情景、收入、家庭状况等因素而不断改变。因此，管理人员需要根据员工的需求特点，和员工进行沟通和交流，关心员工的生活和需求。可以说，精神关怀和情感激励是一种短期效果显著的“零成本”激励方式。一句问候、一份关爱、一声赞美、一次帮助以及一贯的信任和重视，都可以极大地激发员工的工作热情、调动员工的工作积极性。

（四）行政激励

行政激励是指组织为了激励组织成员的工作积极性、创造性，增强其责任心和荣誉感，提高工作效率和质量，依据有关规章制度，运用行政手段，对表现突出或有突出贡献者给予的物质或精神奖励。

在实施行政激励之前，必须对组织成员进行绩效考核，包括工作态度、工作能力、工作成绩的考察、审核和评价。绩效考核要严格、全面、公平、公开。

实施行政激励的方式主要有：

①行政奖励。这包括记功、记大功、授予奖品或奖金、升级、升职、通令嘉奖等。这几种奖励可以单独使用，也可以同时并用。

②行政惩罚。这包括警告、记过、记大过、降级、降职、撤职、开除、留用察看、开除等。

（五）典型激励

先进典型人物反映了企业精神，代表了组织发展的方向。把抽象的道理转化为具体的典型，使对象仿效，从仿效中得到激励，可以激发其行为。典型激励具有可感性、可知性、可见性、可行性的特点，说服力强，号召力大，能够激励斗志、鼓舞士气，起到潜移默化的作用。

（六）荣誉激励

荣誉是精神奖励的基本方式，它属于人的社会需要，是人为社会作贡献并获得社会承认的标志。荣誉激励可以调动人们的积极性，形成一种内在的精神力量。荣誉可分为个人荣誉和集体荣誉两类。个人荣誉激励法是指通过对作出一定成绩和贡献的个人授予相当的荣誉称号，并在一定的范围内加以表彰和奖励，以表示组织对个人成就的认可和褒奖，鼓励组织成员为取得相应的荣誉而努力工作，并使个人产生一种成就感和自我实现的心理状态。集体荣誉激励法是指通过表扬、奖励集体来激发人们的集体意识，使集体成员产生强烈的荣誉感、责任感和归属感，从而形成维护集体荣誉的向心力量。

二、年薪制

（一）年薪制的概念

年薪制是以年度为单位决定工资薪金的制度。企业经营者年薪制是以年度为单位，依据企业类别、经营规模等因素，确定并支付经营者基本年薪，并按经营业绩分档付给收益年薪和其他形式的风险收入的让人力资本参与分配的一种分配方式。其核心是对经营者形成激励机制、约束机制和风险机制。它是与现代企业制度相适应的企业经营管理人员薪酬制度的重要形式之一，也是国际上比较通用的支付企业经营者薪金的方式。

（二）国有企业年薪制应遵循的原则

国有企业实行年薪制应坚持按劳分配与按生产要素分配相结合的原则，把经营管理者作为重要人力资本视为企业生产要素参与企业收益分配。在分配原则上，要坚持责任、风险、利益相一致的原则，激励与约束并举并重；在考核兑现上，要坚持严格审计、全面考核、先考核后兑现的原则，保证制订的企业经营指标体系实现，并按完成情况核算确定经营者年薪收入；在经营者选择上，要坚持公开、公正、公平竞争的原则，建立企业经营者人才市场，由企业产权主体通过竞争择优在企业经理人市场上选配。

（三）国有企业年薪制的激励主体和激励对象

国有企业产权主体不同，实行年薪制的激励主体也不同。由政府控制的真正完全的国有企业，以国有独资公司形式存在，其目标并不完全定位于效率，有时要承担相应的政策目标。它的激励主体是政府主管部门。以现代企业制度形式存在，建立了规范的法人治理结构的国有控股或参股的非完全国有企业，及含国有股的股权结构多元化的股份制上市公司，其目标定位于效率，不承担政策目标。它的激励主体是公司董事会和股东大会。

年薪制激励的对象是对企业业绩影响较大或最大的人，一般指企业的最高管理阶层，包括董事长、总经理及副总经理在内的经营班子。但经营层人员的激励也应拉开档次，企业主要经营者的激励强度应远远高于其他经营层人员。

三、经营者股票期权

（一）经营者股票期权的概念

经营者股票期权是给予经营者在未来某特定的时间内以某一约定价格购买本公司一定数量股票的权利，即在签订合同时给予高级管理人员在未来某一特定日期以签订合同时的价格购买一定数量公司股票的选择权。拥有这种权利的经营者可以在规定时期内以股票期权的行权价格（即约定购买价）购买本公司的股票。在行使期权以前，股票期权持有人没有任何的现金收益；在行使期权以后，个人收益为行权日市场价和行权价之间的差价与可购买数量的乘积。

股权激励就是让经营者持有股票或股票期权，使之成为企业股东，将经营者的个人利益与企业利益联系在一起，以激发经营者通过提升企业长期价值来增加自己的财富的动机，是一种对经营者的长期激励方式。

经营者股票期权激励和股权激励存在密切联系。当实施股票期权激励时，如果行权人购买了当期相应的股票，则期权激励就变成了股权激励。

（二）股票期权和股权激励需要的制度环境

股票期权和股权激励的适用需要各种制度、环境的支持，这些制度、环境可以归纳为市场选择机制、市场评价机制、控制约束机制、综合激励机制和政府提供的政策法律环境。

1. 市场选择机制

充分的市场选择机制可以保证经理人的素质，并对经理人的行为产生长期的引导约束作用。职业经理市场能提供很好的市场选择机制，良好的市场竞争将淘汰不合格的经理人。在这种机制下，经理人的价值是由市场确定的，经理人在经营过程中会考虑自身在经理市场中的价值而尽量避免投机、偷懒、欺骗等行为。在这种环境下，股权激励才更加有效。

2. 市场评价机制

没有客观有效的市场评价，很难对公司的价值和经理人的业绩作出合理评价。在股票市场存在操纵、政府干预过多和社会审计体系不能保证客观、准确、公正的情况下，资本市场是缺乏效率的，很难通过股价来确定公司的长期价值和评价经理人的业绩，股票期权激励作为一种激励手段当然也就不可能发挥出有效的作用。

3. 控制约束机制

控制约束机制是对经理人行为的限制，包括法律法规政策、公司规定、公司控制管理系统、市场监管制度、公司治理结构等。约束机制的作用是激励机制无法替代的。良好的控制约束机制能防止经理人的不当行为，保证公司的健康发展。加强法人治理结构的建设将有助于提高约束机制的效率。

4. 综合激励机制

综合激励机制是通过综合的手段对经理人的行为进行引导，具体包括工资、奖金、股权、晋升、培训、福利、良好的工作环境等。不同的激励方式的导向和效果是不同的，不同的企业、经理人、环境和业务对应的最佳激励方法也是不同的。公司需要根据不同的情况设计激励组合，其中股权激励的形式、大小均取决于关于激励成本和收益的综合考虑。

5. 政策法律环境

政府有义务通过法律法规、管理制度等形式为各项机制的形成和强化提供政策支持，创造良好的政策环境。不合适的政策将妨碍各种机制发挥作用。目前国内的股权激励在操作方面主要面临股票来源、股票出售途径等具体的法律适用问题；在市场环境方面，也需要政府通过加强资本市场监管、消除不合理的垄断保护、政企分开、改革经营者任用方式等手段来创造良好的政策环境。

（三）中国国有企业经营管理者股票期权制

为了加强对企业经营者的激励，国内的一些企业开始增加经营者持有本企业股票的份额，以提高管理者利益与企业长期利益的一致性。目前国内已开始进行一些经营者持股的试点，上海市、武汉市和深圳市已制订了对国有企业经营者实行股票期权制度的办法。率先实行股票期权制度的国有企业是上海仪电控股（集团）公司，采取期权形式的上市公司有浙江创业、武汉中商、上海金陵、泰达股份和上实联合等。根据1998 年年报，深科技总裁持有公司股票 54.92 万股，市值在 1200 万元左右；远洋渔业董事长持有公司股票 60.6 万股，市值接近 500 万元。

从目前股票期权试点比较成熟的企业来看，我国高级管理人员的股票期权激励分配主要有两种形式：一种形式是在国有独资企业中借用期权的概念，对经营者获得年薪以外的特别奖励实行延期兑现。另一种形式是在国有资产控股的股份有限公司和有限责任公司中，经股东大会或董事会批准，国有企业经营者在一定期限内以优惠价购得或通过获奖方式取得适当比例的企业股份，并在任期届满后逐步兑现。股票期权激励与单纯的年薪制或简单的现金奖励相比，能够把经营者的利益和企业的长远利益紧密结合在一起，能够在一定程度上激发经营者的积极性，是一种较为有效的长期激励手段。

四、员工持股计划

（一）员工持股计划的概念

员工持股计划属于一种特殊的报酬计划，是指为了吸引、保留和激励公司员工，通过让员工持有股票，使员工享有剩余索取权的利益分享机制和拥有经营决策权的参与机制。员工持股计划本质上是一种福利计划，适用于公司所有雇员，由公司根据工资级别或工作年限等因素分配本公司股票。

（二）员工持股计划的操作流程

1. 可行性研究

进行实施员工持股计划的可行性研究，涉及政策的允许程度、对企业预期激励效果的评价、财务计划、股东的意愿统一等。

2. 进行价值评估

对企业进行全面的价值评估。员工持股计划涉及所有权的变化，因此合理、公正的价值评估对于计划的——双方员工和企业来说都是十分必要的。企业价值高估，显然员工不会愿意购买；而企业价值低估，则损害企业所有者的利益，在我国主要表现为国有资产的流失。

3. 制订计划

聘请专业咨询顾问机构参与计划的制订。由于我国企业长期缺乏在完善的市场机制下经营的全面能力，对于这样一项需要综合技术、涉及多个部门和复杂关系界定的工程，聘请富有专业经验和知识人才优势的咨询顾问机构是必要的。

4. 确定分配比例

由于国有企业的特殊属性，员工在为企业工作的过程中所累积的劳动成果未得以实现，要确定员工为企业作贡献应得的报酬股份。另外，员工持股的比例也要跟计划的动机一致，既能够起到激励员工的目的，又不会损害企业原所有者的利益。

5. 明确管理机构

在我国，各个企业基本上都有较为健全的工会组织，可作为员工持股的管理机构。而对于一些大型的企业来说，借鉴国外的经验，由外部的信托机构、基金管理机构来管理员工持股信托也是可行的。

6. 进行资金筹集

在国外，实施持股计划的资金的主要来源是金融机构的贷款。而在我国现在的情况下，资金来源仍然以员工自有资金为主，企业提供部分低息借款。目前，金融机构还没有介入持股计划。但是不管从哪个方面讲，这样做都是有可行性的，并且对于解决银行贷款的出路、启动投资和消费有一定的促进作用。

7. 制订实施程序

实施持股计划的详细程序主要体现在员工持股的章程上面。章程应对计划的原则、参加者的资格、管理机构、财务政策、分配办法、员工责任、股份的回购等作出明确的规定。

8. 进行审批

计划要得以实施，通常要通过集团公司、体制改革办公室、国资管理部门等部门的审批。不过在实施操作中也有灵活的做法。

对管理者的启示

激励理论描述的是一般原理和规律。对管理者来说，应根据实际情况，选择不同的技巧和方法来激发出员工的积极性和创造性，从而推动生产力和整个社会的发展。

案例分析

股票期权制的作用

股票期权制是指公司将一定的股份配送或配售给经理，经理以经营企业的方式“炒股”。有的公司还规定经理在离开公司三年内不得抛售股票。

据《中国青年报》1999 年 12 月 6 日的报道，北京凯建建筑工程有限公司的经理和他经营的团队获配了公司 160 万股期股。北京市还有另外九家国有企业被确定为首批经营者期股的试点企业，其董事长和经理都将获配高比例期股。

据北京市制定的《关于对国有企业经营者实施期股激励试点的指导意见》，期股激励和约束的主要对象是国有企业的董事长和经理。经过公司出资人或董事会同意，公司高级管理人员以群体形式获配公司 5% ~20% 的股权，而其中董事长、经理的持股比例应占群体的 10% 以上。经营者持股的出资一般不得少于 10 万元，配售期的股份额将是其出资额的 1 ~4 倍。如任期届满，完成协议指标，再过两年后，可按届满当时的每股净资产值变现。如未完成规定的指标，公司不仅将取消其拥有的期股股权和收益，还将相应扣除其投入的现金。

凯建公司的马经理将至少拿出现金 10 万元，换取 40 万元的企业股额。如果他完成三年内每年150万元收益的合同指标，那么在任满两年后，他至少可得到50万元。如果未完成指标，公司将从马经理和经理层所交的本金中扣除指标差额。马经理的现年收入不过2万多元，10万元本金对他不是小数。

有些企业经营者认为，5% ~20% 的期股配售比例偏低，希望能再提高。也有一些企业经营者认为风险太大，不愿参与。据悉，原定将有17家企业参加试点，结果有7家企业退出。

资料来源：陈国海．组织行为学［M］．2版．北京：清华大学出版社，2006.

问题讨论

1. 股票期权制与承包制和年薪制相比，在激励经理方面有什么优势？

2. 经营良好的国有企业每年产出巨额利润，而总经理每月的工资只有几千元。这位总经理会不会产生不公平的感觉呢？

3. 在国有企业试行股票期权制，会不会使一般低收入员工感到不公平？

4. 为什么有的经理不愿参加期权制试点？试用期望理论加以解释。

小结

在组织行为学中，激励的含义主要是激发人的动机，使人有一股内在的动力，朝着所期望的目标前进。也可以说，激励是调动个体积极性的过程。

激励作为一种心理活动过程，必须具备以下条件：要有被激励的人。被激励的人要有从事某种活动的内在愿望和动机。产生这种动机的原因是需要。被激励人的动机的强弱即积极性的高低是一种内在变量，是内部心理活动，不是固定不变的，也不能直接观察到，只能从行为和工作绩效上衡量和判断。

激励具有以下作用：能够激发和调动员工的工作积极性、对实现组织目标具有重要的作用、可以增强组织的凝聚力、促进组织内部各部门的协调统一。

决定激励的因素包括人的因素和环境的因素。

激励原则包括物质激励与精神激励相结合原则、正激励与负激励相结合原则、外激励与内激励相结合原则、按需激励原则、组织目标与个人目标相结合原则。

本章还介绍了内容型激励理论、过程型激励理论、改造型激励理论三大激励理论。

内容型激励理论包括马斯洛的需要层次论、赫茨伯格的双因素理论、阿德弗的ERG理论和成就需要理论。最有力的理论可能是最后一个，尤其是考虑到成就和生产率的关系。如果说其他三种理论有一定的价值，那么它们的价值在于解释和预测工作满意度。

过程型激励理论包括弗洛姆的期望理论、亚当斯的公平理论和洛克的目标设置理论。期望理论关注绩效变量。有证据表明它为员工的生产率、缺勤和流动提供了相对有力的解释。但是期望理论假设员工的决策自主性极少受到限制。它还设定了许多其他假设，这些假设与个人决策最优化模型的假设十分相像，这就限制了它的应用范围。公平理论涉及了所有四个变量。不过它在预测缺勤和流动行为时最为有效，而在预测员工生产率的差异上效力差一些。极少有人认为“明确的和有难度的目标能带来较高的生产率水平”的观点不正确。这个事实使我们得出这样的结论：目标设置理论为这个因变量提供了比较有力的解释。但是，这个理论却没有涉及缺勤、流动或满意度。

改造型激励理论包括强化理论、挫折理论。强化理论在预测工作的数量和质量、努力的持久性、缺勤、迟到和事故的发生率等方面一向是有效的，但没有提供很多关于员工满意度或离职决策方面的见解。

人的行为都是有目的的。在激励理论的基础上分析了激励员工的实践，如目标管理、技能工资方案、浮动工资方案、灵活福利等。鼓励员工参与影响他们的决策，制订具体的目标，选择自己的福利组合，可以解决生产和质量方面的问题，提高员工的生产率。

认清个体差异：员工有不同的需要，不要把他们作为相同的人来对待，并且要花些必要的时间来了解对每个员工来说什么是重要的。这能使你的目标和参与水平个体化，使报酬和个体需要相一致。

运用目标和反馈：员工应有具有一定难度的明确目标，应获得关于他们实现目标的过程是否顺利的反馈。

允许员工参与影响他们的决策：员工可参与许多影响他们自身利益的决策——设置工作目标，选择自己的福利组合，解决生产和质量问题，等等。这可以提高员工的生产水平、对工作目标的承诺、被激励水平和工作满意度。

把报酬和绩效相联系：报酬应依绩效而定。重要的是，员工必须看到两者有清晰的联系，不论实际上报酬和绩效的联系如何密切，如果员工认为两者的联系不密切，那么就会导致较低的绩效水平、工作满意度降低、流动率和缺勤率上升。

检查制度的公平性：报酬应被员工认为和他在工作中的投入相当。简单来说，这意味着经验、技术、能力、努力程度和其他明显的投入应能解释绩效差异，进而解释工资、工作分配和其他报酬。

激励理论描述的是一般原理和规律，对管理者来说，应根据实际情况，选择不同的技巧和方法。本章还系统分析了激励的具体方法，年薪制的概念，年薪制的激励主体和激励对象，中国的股票期权制，员工持股计划的概念和工作流程。

激励的具体方法包括货币激励、工作或职业激励、关怀与情感激励、行政激励、典型激励、荣誉激励。

年薪制是以年度为单位决定工资薪金的制度。企业经营者年薪制是以年度为单位，依据企业类别、经营规模等因素，确定并支付经营者基本年薪，并按经营业绩分档付给收益年薪和其他形式的风险收入的人力资本参与分配的一种分配方式。

经营者股票期权是给予经营者在未来某特定的时间内以某一约定价格购买本公司一定数量股票的权利，即在签订合同时给予高级管理人员在未来某一特定日期以签订合同时的价格购买一定数量公司股票的选择权。

股权激励就是让经营者持有股票或股票期权，成为企业股东，使经营者的个人利益与企业利益联系在一起，以激励经营者通过提升企业长期价值来增加自己的财富，是一种对经营者的长期激励方式。

员工持股计划属于一种特殊的报酬计划，是指为了吸引、保留和激励公司员工，通过让员工持有股票，使员工享有剩余索取权的利益分享机制和拥有经营决策权的参与机制。员工持股计划本质上是一种福利计划，适用于公司所有雇员。公司根据工资级别或工作年限等因素分配本公司股票。

思考题

1. 什么是激励？请解释激励的过程模式。
2. 激励的原则有哪些？
3. 激励的机制是怎样的？
4. 比较马斯洛的需要层次论、赫茨伯格的双因素理论、阿德弗的 ERG 理论的相似性和差异性。
5. 描述麦克利兰的三种需要，并分析它们与员工行为之间的关系。
6. 谈谈对双因素理论的理解。
7. 解释期望理论中的变量。
8. 如何理解公平理论中的报酬与投入比率？
9. 有效目标的特征有哪些？没有目标是否真的比有目标但没有实现的状况好？
10. 目标管理与目标理论的联系是什么？实现目标管理的步骤是什么？
11. 试述技能工资方案与强化理论、公平理论的关系。
12. 解释管理者采用员工参与方案的意义。
13. 对比技能工资方案和浮动工资方案，它们具体有哪些形式？
14. 在质量圈中员工和管理者的角色各是什么？
15. 谈谈你对灵活福利的看法。
16. 如果你是一名管理者，你愿意采取什么措施来提高员工的努力水平？
17. 简述激励的具体方法。
18. 年薪制的概念及意义是什么？
19. 什么是股票期权？股票期权在实施中存在哪些问题？
20. 简述员工持股计划的概念及意义。
21. 年薪制有哪些具体模式？

第五章　群体过程

第一节　群体基本知识

一、群体及其特征

（一）群体的概念

群体是指为了实现特定目标，由两个或两个以上相互联系、相互作用、相互依赖的个体所组成的个体的集合体。群体是一种社会现象。人们总是通过归属于一定的群体而意识到自己是归属于社会的，而且通过群体活动参与整个社会的活动。群体不是个体的简单集合，而是一个整体；群体建立在其成员相互依存和相互作用的基础上，有明确的群体目标。从群体的定义中我们可以看出，任何一个群体都包含了以下几个方面的内容：

1. 有一定的目标

群体是组织实现目标的实体。为了实现组织的目标，组织赋予了群体相应的工作任务，群体的行为必须以完成组织的工作任务为导向，所以群体成员都要具有与工作任务相关的意识，在工作行为和社会关系上彼此之间要有互动。

2. 有一定数量的社会成员

群体成员有一定的组织结构和一定的分工协作，每个群体成员都具有一定的成员资格和角色地位，并在群体领导的统一指挥下完成自己所承担的工作任务。

3. 有一定的行为规范

群体虽然由个体组成，但他们必须遵从群体共同的规范。群体规范能保证群体有秩序地、协调地开展活动。群体成员具有一致的集体意识，并在工作上相互联系、相互作用、相互依赖，共同完成群体的目标任务。

4. 有一定的归属感

群体成员之间有思想、感情和情绪上的交流，并在交流中产生归属感。这种归属感使群体成员能一致对外，感到同属某一群体，从而从行为上达到群体的期望。

（二）正式群体和非正式群体

根据构成群体的原则和方式，可以把群体分为正式群体和非正式群体。

1. 正式群体

正式群体是指有明文规定的，群体成员有固定的编制、规定的权利和义务、明确的职责分工，经一定社会组织认可的，有一定的规章制度、纪律、规模标准和组织结构的群体。正式群体分为命令型群体和任务型群体。

2. 非正式群体

非正式群体是指由于某种原因自发形成的、不为组织正式承认、没有正式结构、组织中没有正式规定的群体。非正式群体虽然不是由组织建立的，但它对组织却有着极为重要的影响。非正式群体分为利益型群体和友谊型群体。

（三）群体的特征

群体是组织完成工作任务和实现目标的基本单位，群体具有以下几个方面的特征：

群体成员有共同的行动目标，群体成员所做的一切工作都紧紧围绕群体目标展开。

群体成员拥有共同的价值观和行为规范。群体在其共同价值观的基础上建立了活动、认识的准则。该准则使成员在接受或拒绝某种有社会意义的现象时一致起来。群体在实现其目标任务的过程中，会逐步形成一定的行为规范，并通过行为规范使群体的每个成员的行为都能符合群体的共同愿望，从而确保群体目标的实现。

群体成员相互依靠、相互作用和相互制约，达到群体行为的统一性和整体性。

群体具有稳定的结构。群体成员在群体内占有一定的地位、扮演一定的角色、处于一定的关系之中，为完成共同的目标而分工协作、具有组织性。领导者在群体中居于最高的位置，是群体的核心，掌握着群体的权力，并指挥群体的活动。

（四）群体发展的五阶段

群体不是静止的，而是有一个形成发展的过程。从20世纪60年代中期开始，人们都认为群体发展要经过五个阶段：形成阶段、震荡阶段、规范化阶段、执行任务阶段、中止阶段，如图5-1所示。

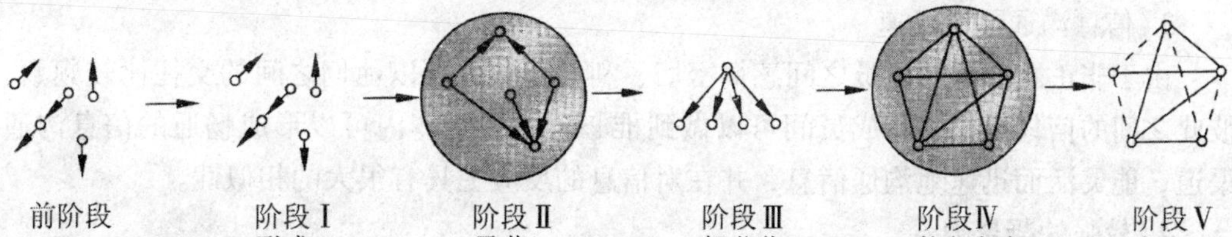

图5-1　群体发展的阶段

第一阶段：形成阶段。群体的目的、结构、领导都不确定，群体成员各自摸索群体可以接受的行为规范。

第二阶段：震荡阶段。此阶段以群体内部的冲突为特点。群体成员感受到了群体的存在，但对群体加给他们的约束仍然予以抵制，对于谁可以控制这个群体还存在争议。

第三阶段：规范化阶段。此时，群体成员之间开始产生亲密的关系，群体表现出了一定的凝聚力。群体成员相互交换信息、分享感受。群体结构相对稳定。

第四阶段：执行任务阶段。群体结构开始发挥作用，并已被群体成员完全接受。

群体成员彼此相互依赖，相互合作，彼此能进行顺利的沟通。群体成员了解自己对群体应尽的职责和所起的作用。

第五阶段：中止阶段。在这一阶段，高绩效不再是压倒一切的首要任务，群体准备解散，成员的注意力放到了群体的收尾工作上。群体成员的反应差异很大。

在这五个阶段中，每个阶段都可能产生高绩效。在某些情况下，高水平的冲突可能导致较高的群体绩效。比如，第二阶段的绩效有可能超过第三、第四阶段。上述五个阶段并非总是依次进行，有些阶段可能同时进行，比如，“震荡”和“执行任务”就可能同时发生。群体也并非总是从一个阶段向前发展到另一个阶段，而是有可能退回到前一阶段。

二、非正式群体的管理

任何组织中都存在着非正式群体。非正式群体虽然不是由组织建立的，但是它对组织的影响是非常大的。它既能给组织带来积极的作用，又能给组织带来消极的作用。因此，要对其积极作用加以利用，对其消极作用要加以防范和遏止。

（一）非正式群体的特征

1. 自发性

非正式群体是以感情为纽带、在自愿的基础上形成的。员工到非正式群体中寻找归属、认同、理解并表现自己、完善自己，因此，非正式群体带有较强的自发性。

2. 情感密切

由于非正式群体是在个人的需要、兴趣、友谊和彼此的帮助、沟通等基础上形成的，因此，非正式群体的成员一般都具有共同的利益、兴趣、爱好、价值观和相同的社会背景及生活习惯；他们在感情上比较融洽、关系上很密切。

3. 信息沟通灵活迅速

由于非正式群体的成员之间感情密切、利益一致，所以他们之间的交往比较频繁，彼此之间的信任感很强，成员间可以做到推心置腹，群体内可以形成畅通的信息沟通渠道，能灵活而迅速地沟通信息，并在对信息的反应上具有很大的相似性。

4. 较强的凝聚力

由于非正式群体是各成员为满足心理需要而自然形成的，他们在行为和心理感受上具有一致性，因此他们彼此之间都具有较高的心理认同感、较强的团体意识和归属感，可以从相互交往中获得快乐和自信。

5. 自然形成的领袖人物

在非正式群体的形成和发展过程中，会自然形成领袖人物。与正式群体不同，这些领袖人物不是由组织任命或由群体推举产生的，而是自然形成的。他们往往比正式群体的领导更具有权威性，对非正式群体有极强的影响力。

6. 不稳定性

非正式群体是各成员为满足心理需要和共同利益而自发形成的，情感和利益是维系群体成员的纽带，所以群体在一段时间里的内聚力是比较强的。然而，由于非正式群体没有固定的规章制度和正式规范的约束，当群体成员的看法、意见发生矛盾和分歧时，一旦调解无效，群体的内聚力就会减弱，将导致群体的分化、解体以至重新组合，产生新的非正式群体。

7. 成员的交叉性

非正式群体的成员由于爱好、兴趣比较广泛，体验、感受比较丰富，因此，可以参加一个或几个非正式群体。这样，一个人有可能仅归属于一个非正式群体，也有可能同时归属于几个非正式群体。

（二）非正式群体形成的原因

非正式群体的形成比较复杂，归纳起来主要受到以下几个方面的影响：

1. 共同的兴趣爱好

组织成员由于兴趣爱好相同，具有共同语言，在参与共同活动的过程中很容易获得了精神上的满足。在日常生活中，很多非正式群体就是因为其成员在闲暇时都醉心于某种兴趣、习惯、志向而形成的。

2. 利益和价值观的一致性

组织内的某些成员由于在某种利益或价值观上具有一致性，因此他们对人、对事、对物往往具有共同的看法和追求，并且他们之间又能够互相帮助、互相满足，于是就形成了非正式群体。在价值观比较一致的基础上形成的非正式群体一般来说比较稳固，不易因偶然因素而解体。

3. 类似的经历和社会文化背景

组织中的某些成员由于地位、经历、遭遇相同，或知识经验和文化水平接近，或具有类似的社会背景或经历，容易互相理解，产生亲近感，进而产生心理相容，从而形成非正式群体。

4. 相似的性格、气质

性格、气质相同的人往往愿意在一起交往，因而容易形成非正式群体；而且性格、气质不同的人也会因心理上的“互补作用”而聚在一起，形成非正式群体。

5. 工作、生活方式与交往的频率

有些人由于工作空间或生活方式比较接近，如在同一部门、科室工作的同事，同一班级的同学，同一大楼内的居民，交往机会比较多，所以相互比较了解、比较信任，容易产生心理上的共鸣，易于形成非正式群体。

6. 亲缘或朋友关系

组织内的某些成员因具有亲戚、老乡或是朋友关系而感情相通、来往密切，能在工作和生活上相互支持、相互帮助，因此容易形成非正式群体。

（三）非正式群体的作用

非正式群体作为一种客观存在，不仅会对个体的行为产生影响，也会对群体和组织的行为产生一定的影响。它既有积极的作用，也有消极的作用。

1. 非正式群体的积极作用

非正式群体的积极作用具体表现在以下几个方面：

（1）满足群体成员多方面的需要

人都有自我表现、归属、安全、爱与被爱等多方面的需要。由于正式群体以完成生产、工作任务为目的，因此它不能充分满足成员的这种需要。而在非正式群体中，成员间通过频繁的交往，获得了情感上的交流和心理上的沟通，为其成员提供了这方面的满足，从而弥补了正式群体在这方面的不足。这对稳定员工的工作情绪和提高工作效率有着非常重要的作用。

（2）使员工的感情更融洽

非正式群体是人们充分表露个人情感与思想的场所。人们的喜、怒、哀、乐等情感往往很难在正式群体中表露，而在非正式群体中则往往不加掩饰。所以，非正式群体内成员通过亲密接触，加深了解，交流情感与思想，可以使彼此间的关系更加和谐与融洽，将有利于促进组织活动协调进行，增强组织的凝聚力。

（3）促进群体的信息沟通

非正式群体由于其成员交往频繁，形式自由、灵活，因此信息沟通非常及时。正式群体的指示、命令、决定可通过非正式群体的渠道迅速传递；还可以从非正式群体中获得正式渠道得不到的信息，有利于企业领导者了解下情。

（4）协助正式群体实现组织目标

组织目标的实现，要依靠成员的统一力量，而非正式群体的成员由于交往的频繁和心理上的认同，沟通非常容易，所以行动往往具有一致性。如果利用得好，他们会成为可贵的突击力量，为完成组织目标作出巨大的贡献。因此，正确地发挥非正式群体的积极力量，可使其为实现组织目标服务。

2. 非正式群体的消极作用

非正式群体的消极作用主要表现在以下几方面：

（1）容易产生抵触情绪

当非正式群体的某些成员因某些心理需要得不到满足或与正式群体目标相冲突而导致个人目标无法实现时，会产生不满情绪。而这种不满情绪很容易影响其他成员，从而引起非正式群体对管理者的抵触情绪。

（2）容易滋生自由主义

由于非正式群体是表达个人思想和情感的场所，因此容易滋生自由主义倾向，干扰和阻碍正式群体目标的实施。同时，非正式群体的成员由于业余时间的交往和活动很频繁，耗费了很多精力，在工作中常常会精力不足或精力不集中，因而影响工作的质量和效率。

（3）容易传播谣言和小道消息

由于非正式群体不受任何正式结构和正式规范的约束，因此其成员聚在一起，不仅容易泄露正式群体的秘密，而且容易传播小道消息，甚至制造和散布流言蜚语。如果不能对非正式群体进行正确引导和有效控制，就会影响正式群体的凝聚力和积极性，甚至干扰组织的正常运行，对组织的管理不利。

（四）非正式群体的管理

对非正式群体进行有效的管理主要有以下途径：

1. 管理者自觉增强与非正式群体的联系

管理者应深入到员工中去，了解他们的思想、工作和生活情况，摸清本企业中非正式群体的数量及各非正式群体的规模、形成原因、维系的基础、成员构成、情感倾向，了解各非正式群体领导的个性、能力、态度，做到心中有数。管理者应与非正式群体领导积极沟通，必要时理解、参与和支持非正式群体的有益活动。

2. 运用舆论导向引导

利用舆论导向引导是指运用企业的舆论工具、媒体、事件等对非正式组织群体成员的共同意见进行有计划、有目的的引导，循序渐进地使非正式组织成员的意见与企业的组织目标相一致。此外，利用舆论导向引导为与非正式组织群体成员沟通意见提供机会，如各种舞会、电影招待会、联欢会、恳谈会、旅游、聚餐等，可以潜移默化地改变他们的观点，逐渐使其接近或接受企业的观点。

3. 区别对待不同类型的非正式群体

按对企业的态度和作用的差别，非正式群体可以分为四种不同类型：积极型、中性型、消极型和破坏型。要坚持“鼓励积极型、转化中性型、限制消极型、瓦解破坏型”的总的管理原则，对不同类型的非正式群体，采取不同的态度和对策。

4. 做好非正式群体核心人物的工作

非正式群体的核心人物具有能力强、威信高、影响力大等特点，对其他成员的心理和行为有一种自然的影响力。因此，做好非正式群体核心人物的工作是做好非正式群体工作的关键。企业领导者应主动加强与核心人物的沟通，听取他们对工作的意见和建议，以争取核心人物的理解和支持，从而通过他们去影响其他成员。

三、群体压力与群体凝聚力

（一）群体压力

1. 群体压力的含义

群体压力是指已经形成的群体规范对其成员的行为具有的一种无形的压力。这是一种动态情境。此时，个体面对的是与其愿望有关的机会、限制和要求，而他们认识到结果十分重要却又不确定，这使得每个群体成员不得不顺从群体的行为。群体压力不是一种物质上的压力，而是一种心理压力，是个体在群体内与群体规范或其他成员意见有分歧时产生的紧张与焦虑心理。

群体压力具有以下两个特点：一是内在性。群体压力来自并存在于群体内部，在正式群体与非正式群体中都会产生，但不同的群体会形成性质不同和强弱程度不同的群体压力。二是公议性。群体压力不是权威式的命令，也不是强制性的规定，而是多数人一致性的意见，但这却使个体在心理上很难违抗，因而可以使其成员违背自己的想法而产生完全相反的行为。

2. 群体压力的作用

群体规范对其成员的影响其实就是通过群体规范所形成的群体压力来实现的。群体压力使其成员采取共同的行动，至少体现了以下两方面的意义：

第一，群体一致的行为有助于组织目标的达成和群体的存在与发展。成员的统一行为可促使其相互间的作用更为顺利，彼此更能够相互理解、努力协作，以保证群体活动的良好秩序和工作效率；倘若群体内部意见不同，便无法得出结论、达成一致协议，不利于群体的存在与发展。

第二，群体一致的行为可以增加个人的安全感。个人安全感是通过验证自身对情境的判断正确无误获得的。不过，许多时候人并没有可供核对的事实来验证，通常只能参照别人的意见和行为来确定自己的意见和行为，当看到别人赞成自己的意见和想法，内心才会有安全感。而且，大多数人只有在属于某个团体、有明确的地位与安全感的情况下，才能自由地表现自己的个性。

3. 群体压力与从众行为

从众是指个人在群体中调整自己的行为以适应群体规范，是个体受群体压力的影响，在认识或行动上表现出来的与群体大多数人一致的现象。例如，当周围的人都穿蓝工作服时，一个人即使喜欢穿花衣服或西装，也不敢穿，唯恐别人说长道短，另眼看待。从众与服从的区别在于是否出于内心自愿。从众行为往往是由于心理变化而产生的一种自愿行为，服从行为则可以是自愿的，也可以是非自愿的。

产生从众行为的原因有群体的也有个体的。

（1）群体原因

①群体的规模。一般认为，群体越大，越容易导致从众行为。但实验证明：在4～8人的群体内压力最大，最容易产生从众行为。

②群体的凝聚力。群体的凝聚力越强，群体成员之间的依恋性、意见的一致性以及对群体规范的从众倾向越强烈，越容易产生从众行为。

③群体的领导者。如果群体的领导者鼓励大家从众，则较容易引起从众行为。

④群体的人际关系。在人际关系比较好的群体，尤其是群体行为趋于一致时，较容易使个体产生从众行为。

⑤群体中他人的反从众。在群体中，只要有个别人反对从众，就会迅速减轻群体的压力，从而降低从众行为的发生率。

（2）个体原因

①性别因素。一般认为，女性较易从众。但实验证明，男女在从众方面没有明显的差异，只是在不同领域中会出现差异。一般人在自己熟悉的领域里不易从众，在自己陌生的领域内则较易从众。

②性格因素。重视他人评价者、内向者较易从众，不重视他人评价者、外向者不易从众。

③年龄因素。年龄较大者不易从众，年龄较小者较易从众。

④自信心。自信心强的人不易从众。自信心越缺乏，遵从他人的可能性就越大。

⑤智力因素。智力优秀的人具有较强的独立判断能力，不会轻易从众；智力水平越低，从众行为越易发生。

⑥地位因素。地位高的个体不易从众，地位低的个体较易从众。

（二）群体凝聚力

1. 群体凝聚力的概念

群体凝聚力又称群体凝聚性或内聚力，指的是群体成员之间的相互吸引力及对群体本身的认同程度。它既包括群体对其成员的吸引力，又包括成员对群体的向心力，还包括成员与成员之间的相互好感。群体成员间的相互吸引力越强，群体成员对其群体就越忠诚，坚守群体规范的可能性就越大，群体的工作效率就越高，成员们就会为群体目标作出更大的努力，个体目标与群体目标就更易趋于一致，群体凝聚力自然就越大。

心理学家多伊奇（Deutsch）曾提出一个计算群体凝聚力的公式：

$$群体凝聚力=\frac{成员之间相互选择的数目}{群体中可能相互选择的总数}$$

2. 影响群体凝聚力的因素

群体凝聚力主要受下列因素影响：

（1）群体成员的交往

人们在一起的时间比较多，就会自然而然地相互交谈、相互影响。而这些相互作用通常又会使他们发现共同的兴趣，增强相互之间的吸引力。群体成员在一起的机会取决于他们之间的物理距离。例如，住宅距离较近的群体成员之间的关系比住宅距离较远的群体成员之间的关系更加密切。住在同一街区，同在一个停车场停车，共用一个办公室的人更容易形成凝聚力较高的群体，因为他们之间的空间距离最小。

（2）加入群体的难度

加入一个群体越困难，这个群体的凝聚力就可能越强。进入这个群体的成员在进入过程中都经历了激烈的竞争，有一些共同的经历：申请、考试、面试、等待最后的结果。正是这些共同经历增强了他们之间的凝聚力。

（3）群体规模

群体规模越大，群体凝聚力就越小。因为随着群体规模的增大，群体成员之间的互动会变得更加困难，群体人际关系会变得更加复杂，难以处理；群体成员之间容易产生意见分歧，这样群体保持共同目标的能力也就相应减弱。

（4）群体成员的性别构成

学者们通过研究发现，女性的凝聚力高于男性。

（5）外部威胁

大多数研究显示，如果群体受到外部攻击，面对外部压力，群体内部通常会加强合作，一致对外，此时群体的凝聚力就会增强。

（6）以往的成功经验

如果群体一直有成功的表现，就容易建立起群体合作精神来吸引和团结全体成员。一般来说，成功的企业与不成功的企业相比，更容易吸引和招聘到新员工；成功的研究小组、知名大学和常胜的运动团队也同样如此。

（7）有效情绪认同

如果群体成员对群体内受挫者抱有强烈的同情，就会自然而然地采取必要的行动来与受挫者共渡难关。

(8) 群体报酬制度

研究表明，个人与群体相结合的报酬制度有利于增强群体凝聚力。

(9) 群体的领导方式

不同的领导方式对群体的凝聚力有不同影响。民主型的领导方式较之专制、放任型的领导方式，能够使成员更友爱、思想活跃、情感更积极、群体凝聚力更强。

3. 群体凝聚力与生产效率的关系

由于群体凝聚力的高低影响了群体成员的士气、满意度和群体的一致性，因此会对生产效率的提高产生重要影响。但必须指出的是，凝聚力的高低不是影响生产效率的唯一条件；在实际生产中，两者的关系极为复杂。大量的研究发现，群体凝聚力与生产效率的关系既取决于管理者的诱导方向，又取决于群体的态度及其与组织目标的一致性程度。从群体与组织目标的一致程度而言，凝聚力与生产效率的关系存在着四种不同的情况，如图 5-2 所示。

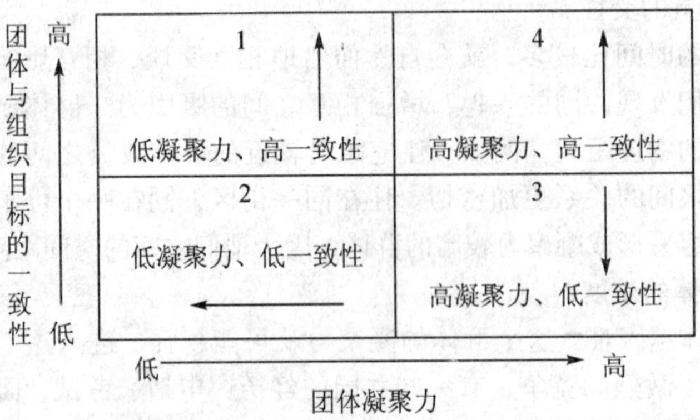

图 5-2 群体凝聚力与生产效率的关系

①低凝聚力、低一致性，即群体的态度与组织目标不一致，群体的凝聚力低，凝聚力与生产效率没有什么关系。

②低凝聚力、高一致性，即群体的态度支持组织目标。此时就算是凝聚力很低，生产效率依然能够提高。

③高凝聚力、低一致性，即群体的态度不支持组织目标。生产效率的高低与凝聚力成反比——凝聚力越高，生产效率越低。

④高凝聚力、高一致性，即群体的态度与组织目标保持高度一致性。生产效率与凝聚力成正比——凝聚力越高，生产效率也越高。

可见，在一个凝聚力高的群体，个体服从群体的倾向较强，内部成员较遵循群体的规范和标准，群体行为总是表现出高度的一致性。在这样的群体内，管理者如果善于因势利导，将组织目标与群体目标很好地结合，让成员能够看到或感到自己努力的结果可以给个人及群体带来利益，群体就会倾向于努力工作，生产效率就能大大提高。反过来，倘若管理者没有把组织目标与群体目标结合起来，二者处于一种背离的状态；那么这时的凝聚力是与生产效率成反比的，凝聚力越强，反而越易滋生群体的本位主义和小团体思想，会限制生产，导致生产效率的降低。所以，处理好这一关系的最好办法，便是使成员看到个人利益、群体利益与企业利益之间存在的一致性。

对管理者的启示

本节涉及了多个领域。在管理过程中，我们要特别重视非正式群体的作用，同时还要对群体绩效和员工满意度方面进行研究。

要预测群体绩效，必须认识到，任何一个工作群体都是更大的组织的一部分，组织战略、权力结构、招聘程序、奖酬体系等因素都会对群体运作提供一种有利或不利的氛围。例如，如果在一个组织中管理人员和普通员工之间互不信任，组织中的群体很可能会形成一些限制员工努力和产出的规范。因此，管理人员不应孤立地看待一个群体，而应该看到群体的外部环境给群体以多少支持和鼓励。显然，一个处于成长型组织之中、外部资源丰富、受到高层管理人员支持的群体，容易提高生产率。同样，如果一个群体的成员具备完成群体任务所需要的技能和有助于合作共事的个性特点，这个群体就容易提高生产率。

最后，我们发现，群体凝聚力对群体生产率有重要影响。这种影响取决于群体的绩效规范。

案例分析

我的新伙伴

长江三角洲的一家家具厂实行计件工资制。其中的一个生产班组是一个凝聚力很强的群体，能从生产的每一件产品中获得可观的报酬。但曾经有人告诉他们，如果他们卖力地生产，每小时生产太多的产品，管理部门有可能会降低每件产品的报酬。他们并不清楚其中的原因，也不知道管理者最多究竟需要多少产品，所以很害怕自己的产量会超过管理者的需要，而使自己无法因为生产了更多产品而得到更多的报酬。

在这样的情况下，会发生什么呢？

下面是一位工人自己讲述的故事：

在我刚来工厂的第三天、在清理木屑时，发现在木屑里、木材堆后面或者机床下面有一些家具木料。最初几次，我总是非常不高兴地告诉机床的操作工："嘿，看我发现了什么了！"然而，操作者并不在乎我的发现。我觉得有些奇怪，认为其中一定有什么问题。徐明是这个机床的操作工，四十多岁，平时很内向，似乎从没有提高嗓音说过话。可是这次，当我把从他的机床后面清理出来的家具木料放到他面前时，他却大喊："是哪个笨蛋叫你当侦探的？以后不许你到我的机床后面，我会告诉你该清理什么的……"

我感到很迷惑，又非常委屈，眼泪忍不住地就流了出来，手足无措，不知道自己做错了什么，以后要怎样做。下班后，我跑到一个角落点了一支烟使劲抽着，既郁闷又愤怒。一会儿，徐明过来找我了，他说："听着，孩子，不要生气。我是想让你和我们保持一致。你刚来这儿，有些事情可能不明白，让我告诉你吧！我们周围开机床的几个工人经过协商，规定了一个产量标准以及应该交给老板的产量，既不多生产也不少生产。有的人有时生产的产量可能会不够，我们会互相帮助一下。你知道我们班组的团结和讲义气是有名的，所以我们总是保留一些加工完的木料藏起来以备互相补用。”听他说着，我倒觉得很内疚了，为他们的这种团结所感动，我向他表示了我的歉意，但他只是继续说着：“你看，孩子，老板总是想要更多的产品，而一旦我们拼死为他生产了更多的产品，他也不会在乎，只认为我们是因为做得熟练了，理所当然应该多生产。所以我们商定了一个上交给老板的产量标准——既不多也不少，你明白吗？孩子，如果你连续在这儿太快地运送木料，老板会知道我们的效率实际可以达到多少，他会认为我们平时是在偷懒的。”徐明把胳膊放在我肩上，说：“所以，你应该算出你运送多少木料才不超过我们生产的产量。怎么样？能做到吗？我们相信你能做到的。”我说：“当然，我明白你的意思。”

我吸取了这个经多次反复实践得到的教训：除非绝对需要，否则不要做更多的工作。

资料来源：孙健敏，李原．组织行为学［M］．上海：复旦大学出版社，2005.

问题讨论

1. 本故事的工人在新的工厂遇到了什么问题？

2. 在这个团结的班组中的成员共同约定一个产量，这是一种什么现象？如何解释这种现象？

3. 既然这是一个凝聚力很强的群体，为什么还不能带来最好的绩效？

4. 你觉得这个工人以后会怎样做？如何解释他的这种转变呢？

第二节　工作团队

一、团队

（一）团队及其特点

团队是由一群有不同背景、不同技能、不同知识的人组成的一种特殊类型的群体，以成员高度的互补性、知识技能的跨度和信息的差异性为特征。首先，团队成员之间有高度的相互依赖性，往往处于复杂的互动之中。其次，一个团队内要有执行不同职能的成员，从而使这个团队成为跨职能的群体。最后，由于在背景、训练、能力、所接近的资源方面的差异，一个团队的成员在技能、知识、专长及信息的拥有上是不平均的。

团队与传统的部门结构或其他形式的稳定性群体相比，具有以下优点：①它可以使不同的职能并行进行，而不是按顺序进行，从而大大地节省完成组织任务的时间。②它可以迅速地组合、重组和解散。③它可以由团队成员自我调节、相互约束，促进员工参与决策的过程，增强组织的民主气氛，并且削减组织中某些中层管理职能。

（二）团队的类型

1. 问题解决型团队

问题解决型团队是团队刚盛行时的形式。这种团队是由来自同一部门的5～12名员工组成的团队。他们定期聚会，共同讨论对质量、效率和工作环境的改进等。团队成员互相交流看法或提出建议，但团队几乎没有权力根据这些建议单方面采取行动。其中应用最广的一种问题解决型团队是质量圈。这种团队由职责范围部分重叠的员工及主管人员组成，定期相聚，讨论面临的质量问题，调查问题的原因，提出解决问题的建议，并采取有效的行动。

2. 自我管理型团队

自我管理型团队是为了弥补问题解决型团队的某些不足而出现的。这种团队一般由10～15名员工组成，承担了过去主管的责任。这是真正独立自主的团队——不仅提出解决问题的方案，而且执行解决问题的方案，并对工作结果承担全部责任。一般来说，这种团队的责任范围包括控制工作节奏、决定工作任务分配、安排工作时间、检查工作程序等。完全的自我管理型团队甚至可以挑选自己的成员，并让成员相互进行绩效评估。自我管理型团队是一种团队合作和参与的方式，作为组织正式运作的一种方式，可以获得来自组织的强有力的支持。但研究表明，实行这种团队形式并不一定能带来积极的效果。如与传统的工作组织形式相比，自我管理型团队成员的缺勤率和流动率偏高。

3. 多功能型团队

多功能型团队是由等级结构水平相同但工作领域不同的员工组成的团队，以共同合作完成任务。多功能型团队能促使组织内不同领域的员工之间交换信息，激发新的观点，解决面临的新问题，协调复杂的项目。同时，多功能型团队的形成又不能一蹴而就。在其形成的早期阶段，往往需要消耗大量的时间，团队成员需要学会处理复杂多样的工作任务。在成员之间，尤其在不同背景、经历和观点的成员之间，容易产生冲突，需要不断沟通。

4. 虚拟型团队

前几种团队都属于实体形式，虚拟型团队则是通过计算机技术把身处异地的人们联系起来协同工作以实现共同的目标。它既可以联合组织内部所有成员，又可以联合不同组织间的成员，还可以完成信息共享、决策制订、执行任务等其他工作团队能做到的全部工作。

虚拟团队与面对面团队活动的团队相比主要有三个特点：第一，缺少副言语和非言语线索；第二，社会背景有限；第三，有克服时间和空间限制的能力。

二、创建高绩效团队

（一）高绩效团队的特征

团队的形式并不能自动地提高生产力，它也可能使管理者失望。最新的研究提出了高绩效团队的一些主要特征：

1. 清晰的目标

高绩效的团队对所要达到的目标有清楚的了解，并坚信这一目标包含着重大意义和价值。而且，这种目标的重要性还激励着团队成员把个人目标升华为群体目标。在高绩效的团队中，成员清楚地知道自己该做什么工作，以及怎样共同工作以完成任务。

2. 相关的技能

高绩效的团队是由一群有能力的成员组成的。他们具备实现理想目标必需的技术和能力，而且相互之间有能够良好合作的个性品质，从而能出色地完成任务。能够实现良好合作的个性品质常被人们忽略，但却尤其重要。有精湛技术的人并不一定就有合作技巧，高绩效团队的成员往往两者兼而有之。

3. 相互信任的氛围

通过团队学习而形成的组织文化和管理层行为，对形成相互信任的群体内氛围很有影响。如果组织崇尚开放、诚实、协作的办事原则，同时鼓励员工的参与和自主性，就比较容易形成信任的氛围，从而帮助管理者建立和维持信任。

4. 良好的沟通

高绩效团队成员通过畅通的渠道交流信息，其管理层和团队成员之间有健康的信息反馈机制，并经常进行以获取超出个人水平的见解为目的的“深度会谈”。它鼓励成员将他们认为最困难、最复杂、最具冲突性的问题放到团队中来讨论，自由地表达各自的观点并加以验证，彼此真诚相对，以真实的想法进行交流沟通。

5. 不断的探索和调整

在以个体为基础进行工作设计时，员工的角色由工作说明、工作程序、工作纪律及其他一些正式文件明确规定。但对于高绩效的团队来说，其成员的角色具有灵活多变性，总在不断地进行调整。这要求成员有充分的准备，来持续面对和应付团队中时常变换的问题和关系。

6. 恰当的领导

有能力的领导能够让团队成员跟随自己共同度过最艰难的时期，因为他能为团队指明前途所在。他为成员阐明变革的可能性，鼓舞成员的自信心，帮助他们更充分地理解自己的潜力。高绩效团队的领导者往往担任教练和后盾的角色，为团队提供指导和支持，但并不试图去控制它。

7. 内部支持和外部支持

从内部条件来看，高绩效的团队应该拥有一个合理的基础结构，包括适当的培训、公平合理的评估员工绩效的测量系统，以及一个起支持作用的人力资源系统；从外部条件来看，管理层应该提供完成工作必需的各种资源。

（二）创建高绩效团队

高绩效团队是指一种能自动变革、高效率地朝着目标前进的团队。由于高绩效团队的优秀表现，越来越多的企业希望把企业内部的群体与团队都变成高绩效团队。

1. 工作设计

高绩效团队需要一起工作、承担共同的责任，以完成重要的任务。它必须比一个

"团队称号"做得更多。其工作设计包括自由度和自主权、使用不同技能和才干的机会、完成整体任务或产品的能力，以及完成对他人具有重要影响的任务或项目。实践证明，这些特点提高了其成员的动机水平，并增加了团队的有效性。因为它们增加了成员的责任感和对工作的拥有权，并使得工作的完成过程更为有趣。

2. 团队构成

这一类别中包括了团队应该如何组织成员方面的变量。

(1) 队员的能力

要想进行有效的运作，一个团队需要有三种不同技能类型的人。第一，需要具有技术专长的成员。第二，需要具有解决问题和决策的能力的人。他们能够发现问题、提出解决问题的建议，并权衡这些建议，最后作出有效选择。第三，需要具有善于聆听、提供反馈、解决冲突及其他人际关系技能的成员。如果一个团队不具备以上三类成员，就不可能充分发挥它的绩效潜能。

(2) 人格特点

人格特点对员工的个体行为有着显著影响。这一结论也可以进一步包括团队的行为。具体来说，团队在外倾性、随和性、责任心和情绪稳定性上得分较高，管理层对团队的绩效评分也会更高。

(3) 角色配置以及多样化

团队有着不同的需求。因而团队在挑选队员时，应该确保其多样化，并能满足各种不同的需要。

我们已经了解，成功的工作团队需要队员扮演九种潜在的团队角色，如表5-1所示。

表5-1 团队内的九种角色

汇报者—建议者	发布和收集信息
创新者—革新者	发起创造性的想法
探测者—促进者	探测可能性，寻找机会
评估者—开发者	分析决策选项
信任者—组织者	提供信任，推动结果实现
结论者—生产者	以系统的方式产生工作成果
控制者—监督者	检查工作的各个细节
支持者—维护者	支持团队的标准和价值观，维护团队的表现
联络者	协调与组织

管理者需要了解个体的优势（也就是每个人可以为团队带来什么），并根据其内在优势选择员工，并恰当分配工作任务，使其符合成员的偏好。通过使个人偏好与团队的角色要求相匹配，管理者可以提高团队成员共同工作的可能性。

(4) 团队规模

通常说来，最有效的团队规模是不超过10人。而且专家建议，在能够完成任务的前提下，应该使用最少的人数。但对管理者来说，一种普遍性的错误倾向是群体规模过大。因此，在设计高效团队时，管理者应该尽量使人数不超过10人。如果自然的工作单元中人数过多，而且你希望采取团队的形式，就应该考虑把一个群体拆分为几个小的团队。

（5）队员灵活性

如果团队由灵活性强的个体构成，其队员之间可以相互替代完成任务，则显然会增强团队的适应性，并使团队对任何单一个体的依赖性降低了。因此，应该招聘那些自身很重视灵活性的员工，然后对他们进行交叉培训以使其能够完成其他人的工作。随着时间的推移，团队的绩效会提高。

（6）队员偏好

并非每一个员工都是团队队员。如果让他们自己挑选，不少员工会选择不加入团队，因为很多员工并不喜欢在团队内工作。对于那些更喜欢独自工作的人，在要求他们组成团队时，会对团队士气和队员的满意感产生直接的威胁。因此在选择团队队员时，除了要考虑能力、人格特点和技能之外，也应考虑个人偏好。

3. 外界条件

与团队绩效有着最显著的联系的有四种外界条件：充分的资源、有效的领导、信任的氛围、反映团队贡献的绩效评估与奖励体系。

（1）充分的资源

工作群体是更大组织系统中的一部分。同样，所有的工作团队也依赖群体之外的资源来维持，资源的缺乏会直接降低团队有效完成工作的能力。研究表明，有效的工作群体的最重要的特点可能是从组织那里得到的支持。这种支持包括及时的信息，先进的技术，充分的人员、鼓励和行政支持。团队要想成功实现其目标，必须从管理层和更大的组织那里得到必要的支持。

（2）有效的领导

团队队员在“谁做什么”上必须达成一致意见，以确保所有队员公平承担工作负荷。另外，团队还需要对如何安排工作日程，需要开发什么技能，如何解决冲突，如何作出适应和调整等问题进行决策。在决定各成员的具体任务内容并使工作任务适合队员个体的技能水平方面，都需要团队领导和团队结构发挥作用。这些事情可以由管理层直接来做，也可由团队成员通过扮演倡导者、组织者、生产者、维护者和联络者等角色自己来做。

（3）信任的氛围

团队队员必须彼此信任，而且他们也应表现出对领导者的信任。团队成员的相互信任促进了合作，降低了行为监督的需要。例如，当团队队员认为自己可以相信团队中的其他人时，他们可能会更主动地承担风险，而无需掩饰自己的弱点。

（4）绩效评估与奖励体系

如何使团队队员在集体和个体两个层次上都具有责任心呢？应该对传统的、以个人导向为基础的评估与奖励系统有所调整，以反映团队的工作绩效。

针对个人的绩效评估和激励方式、固定的小时工资等与高效的团队是不相适应的。

因此，除了根据个人贡献进行评估和奖励之外，管理层还应考虑以群体为基础进行绩效评估、利润分享、小组激励以及其他方面的变革，来强化团队努力和团队承诺。

4. 过程

与群体有效性有关的最后一类要素是过程变量，它包括队员对一个共同目的的承诺、具体团队目标的建立、团队功效、冲突水平、最低水平和社会惰化。

（1）共同目的

成功团队中的队员通常会用大量的时间和精力来讨论、塑造和完善一个在集体水平和个体水平上都被大家接受的目的。这种共同目的一旦被团队接受，那么在任何情况下，它都能够为团队提供方向和指南。

（2）具体目标

成功的团队会把它的共同目的分解成为具体的、可以测量的、现实可行的绩效目标。目标可以提高个体绩效水平，目标也能使群体充满活力。具体的目标可以促进明确的沟通，还有助于团队把精力放在如何获得结果上。

（3）团队功效

高效团队的成员很自信，他们相信自己能够成功。我们把这种特点称为团队功效。获得了成功的团队会增加其成员未来成功的信念，又能激励他们更加努力工作。

管理层怎样才能提高团队功效呢？帮助团队获得较小的成功和进行技能训练是帮助团队提高功效的两种可能选择。不断取得小的成功可以树立团队的信心。另外，管理者应考虑通过一些培训来提高员工的技术和人际技能。团队队员的能力水平越高，团队越能树立信心。

（4）冲突水平

团队中的冲突未必就是坏事。完全没有冲突的团队很可能是缺乏生气的和停滞落后的。实质上，冲突可以改善团队的有效性。当然，并不是所有类型的冲突都可以做到这一点。不过，对于从事非常规活动的团队，成员之间在任务内容方面的意见不一致（即任务冲突）并不是破坏性的。事实上，它常常是有益的，因为它降低了群体思维的可能性。任务冲突激发了成员之间的讨论，促进了对问题和备选方案的关键评估，还能够带来更佳的团队决策。

（5）社会惰化

我们知道，个体可能会“隐藏”在群体中，他们可以顺势搭上群体努力的大车，而此时个人的贡献就无法直接衡量。高效团队可以通过考核队员在集体和个体上承担的责任，消除这种倾向。

成功的团队能够使每个队员以及队员总体为团队的目的、目标和行动方式承担责任。团队成员很清楚哪些是个人的责任，哪些是大家共同的责任。

对管理者的启示

团队工作方式正被越来越多的企业所采用。对企业而言，组建和塑造优秀团队已成为企业参与竞争的有力武器。几乎没有什么趋势像大规模地把团队引入工作这种运动一样对员工的工作产生如此大的影响。从个人独自工作转变为加入团队工作，要求员工善于与别人合作，与别人共享信息，坦然面对人与人之间的差异，还要使个人利益与团队利益相一致。

为了塑造团队成员，管理人员应该努力选拔那些人际关系技能较强、有可能成为有效团队选手的个人，还应该对员工进行培训，开发他们的团队工作技能，并对个人的合作努力给予奖励。

团队成熟并能有效地运作之后，管理人员的工作并未结束，因为成熟的团队也可能会陷入停滞、骄傲自满中。为了使团队得以继续发展，管理人员应以建议、指导、培训等形式支持它们。

案例分析

高绩效团队的困惑

最近生产管理部经理A先生越来越感到本部门的创新氛围大不如前。现在部门成员对本职工作都非常熟悉，工作完成情况较好，但就是都有一种不思进取的态度。另外，部门成员对待其他部门的态度、看法也与以前不同，在平时言谈中总是流露出不满的情绪，如认为某部门的人员如何没有理念、没有思路等，自满的态度在部门成员平时的交谈中表露无遗。A经理感到现在到了好好想想本部门问题的时候了。

A先生所在的企业是一家合资的生产日用消费品的制造业企业。这几年公司业务发展迅速，平均每年都有10%以上的业务增长。虽然近两年国内市场竞争越来越激烈，但是由于公司在前几年就形成了良好的企业文化，打下了扎实的管理基础，公司仍能够继续保持平稳发展。公司这几年一直采用目标管理（MBO）这一管理工具，强调参与式的目标设置，并且强调所有目标都必须是明确的、可检验的和可衡量的。公司在四年前成功运行了一套企业资源计划系统（ERP）。这套管理系统不仅使公司的物流、财流、信息流达到最优化，而且使公司的组织结构扁平化、目标设定具体化，并对目标的绩效反馈有很大帮助。目标管理与ERP系统相辅相成，使公司具备了良好的管理基础，并形成了目前良好的企业文化。

A先生于五年前进入此公司并在生产管理部门担任部门负责人。生产管理部共有四位员工，他们是进入公司一年的B先生与C小姐，进入公司三年的D先生与E小姐。在进入此部门两星期后，A先生了解到B先生做事有条理，交给他做的事总能有计划地完成，但是B先生在工作中主动性不够；C小姐活泼开朗，经常在工作中会提出一些新鲜点子，但是做事缺乏条理性；D先生经验丰富，而且工作积极主动；E小姐与D先生同为公司资深员工，工作经验丰富，且人缘很好，在公司各个部门都有好朋友。

在公司ERP系统成功上线后，经过业务流程重组，A先生负责的生产管理部门主要包括以下这些工作职责：①制订生产计划。根据公司市场部门提供的销售预测及财务部门的库存目标，结合工厂产能计划，制订年度、季度、月度的生产计划。②制订产能计划。与工程部门、技术部门、生产部门一起核定生产产能计划，每年定期核查，平时如有变化就需及时更改。③安排日常生产流程。将客户订单及生产计划变成生产指令下达给生产部门组织生产。④制订采购计划。管理系统依据生产计划及动态客户订单数量产生基础 MRP 计划，再经过人为整合下达采购指令给采购部门采购原料。⑤制订分销资源计划。由于公司在全国各地有五个仓库向各地发货，所以需要给各仓库分配产品，安排运输，同时还要与各地经营部联络以满足各地的订单需求、控制各地库存水平等。

A 先生利用业务流程重组的机会，将手下四位员工的工作职责进行了重新划分：经验丰富的 D 先生负责制订生产计划与产能计划，同样经验丰富的 E 小姐负责制订分销资源计划，B 先生负责安排日常生产流程，C 小姐负责制订采购计划。由于部门内所有人在公司实施 ERP 项目时都经过了系统的、完整的培训，同时又都有一定的工作经验，因此大家很快熟悉并胜任了各自的工作。

由于公司采用了目标管理工具，每个员工都要参与制订每个人各自的工作目标，所以大家都清楚个人及上级的工作目标。生产管理部门 A 先生的目标是使生产计划完成 90% 以上，原辅料、半成品、成品的库存控制在 4000 万元人民币以下，客户订单的交货期为五个工作日以内。此目标被分解到部门其他四位员工，如 C 小姐负责采购计划，她的目标是原料库存控制在 2500 万元人民币以下，缺料率在 2% 以下，主要原料缺料率为 0。同样，B 先生负责生产流程，他的目标是客户订单交货期为五个工作日以内，半成品库存为 200 万元人民币以下等。由于所有人的目标明确，都可衡量，且 ERP 系统保证了所有的数据都可随时提供，绩效反馈非常有效，公司的激励制度得到了有效实施，各成员的工作都具有一定的挑战性，A 先生这个部门的工作满意度较高。

由于本部门的工作要与其他部门沟通、配合才能完成。如要完成生产计划不仅要与本部门的生产流程、采购计划、分销计划充分沟通，还需要与市场部、财务部、研发部、技术部、工程部等部门进行有效的沟通。同样，制作分销计划，不仅要与本部门的生产流程进行沟通，还要与工厂仓库、运输公司、各经营部客户服务人员、市场部人员、各地仓库等进行沟通。因此，A 先生在部门内一直强调沟通的重要性，并积极提倡协同配合，使大家都明确了每个人的工作都需要部门内其他人员的帮助才能完成。而要做到这点，大家都知道互相信任、互相帮助、开诚布公的重要性。

由于生产管理部门内各成员的工作都相辅相成、互相依赖，大家都有了解别人工作的愿望，A 先生要求各成员将各自的具体工作写成流程，并包括各类细节，供部门内所有人员参考，还鼓励大家互相学习彼此的工作，而且规定每年必须轮换工作。由于大家的工作业绩都互相依赖，大家都努力学习他人的工作、他人的长处，努力帮助他人克服缺点，部门内所有人都具备单独完成各项工作的能力。

A 先生在部门中一直提倡创新观念，他本人就一直提出各种各样新的观点和想法来帮助大家更好地完成工作。同样，D 先生会帮助 A 先生将他的观念落实，如制订操作程序等；B 先生和 C 小姐也经常会对这些观念提些建议；而 E 小姐小心谨慎，会考虑新观点对各方面的影响。由于 A 先生的倡导，部门内逐步提出了许多好的观念。如“鼓励提出不同意见”“不能提出改进意见就不要反对别人的观点”“不提出改进意见，就完全按别人意见做”等。

经过这几年的成长，生产管理部已成为一个工作绩效高、学习能力强、工作满意度高、内部凝聚力强的团队，部门内的成员都以在这个团队中工作为荣。然而，当前这个团队出现了诸如开头提及的一些不和谐的现象。A 先生通过几天的考虑，决定采取行动。

资料来源：叶龙，史振磊．组织行为学，北京：清华大学出版社，北京交通大学出版社，2006.

问题讨论

1. 请分析 A 先生是如何成功塑造高绩效的工作团队的。
2. 请描述这个高绩效团队的价值。
3. 目前 A 先生所领导的团队为什么会出现问题，应该如何克服？

第三节　人际沟通

一、沟通的概念

（一）沟通的概念

沟通就是人与人之间传递思想和交流情报、信息的过程。沟通的目的是让对方清楚你的思想、取得共识，或发现问题、解决问题，从而达到相互了解、相互认识、相互影响的过程，如图 5－3 所示。

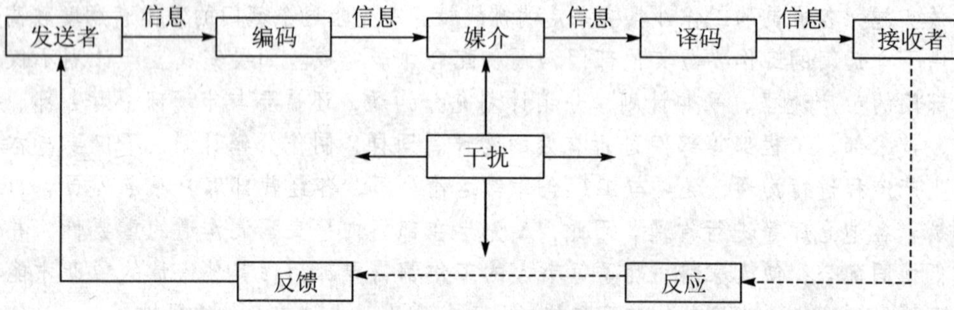

图 5－3　沟通过程模型

无论何种沟通，都服从信息传递的一般规律。沟通的基本要素有：

（1）信息发出者。信息发出者是沟通联络的主体，是有目的的信息传递者。

（2）编码。编码是沟通联络的内容，表达沟通主体的观念、需要、意愿和消息等。这些内容只有经过沟通联络主体的编码加工，才能成为信息，才能被传递出去。

（3）媒介。媒介即信息传递的通道，这些通道又兼有信息载体的作用。声、光、电、动物、人、报刊、书籍、电影、电视、文件、电报等都是信息传递的通道，也被称为媒介体。

（4）接受者。接受者是指信息最终要传递到的接受对象，即信息的使用者，又称为沟通对象。

（5）解码。信息接收者收到经过编码后的信息后，只有通过翻译编码才能真正理解所传递的信息。因此，译码就是信息接收者根据过去的经验对信息进行解释。

（6）反馈。反馈是信息接受者对信息的反应结果又回到信息的发出者的过程。它是沟通持续发生的保证，也是对沟通效果的评价。

（7）环境。环境指沟通发生的背景和地点，它是能够对沟通效果产生重大影响的因素。环境不仅仅指沟通的地点，还包括沟通的心理状态、社会角色、问题的性质、文化氛围等。

（8）噪声。噪声指对信息传递过程中产生干扰或破坏的一切因素。噪声存在于沟通的各个环节，会造成沟通障碍或影响沟通的准确性和沟通效率。

（二）沟通的功能

在群体或组织中，沟通有四种主要功能：控制、激励、情绪表达和信息传递。

1. 控制功能

组织可以通过职权层级和正式指引等多种沟通方式来控制员工行为。比如，员工要首先与直接上级交流对工作的不满，要按照职务说明书开展工作，要遵守公司的政策法规等，而沟通可以实现这种控制功能。

2. 激励功能

良好的组织沟通，尤其是顺畅的纵向沟通可以起到振奋员工士气、提高工作效率的功能。除了高额奖金、高福利等物质激励以外，管理者还应关注员工更高层次的需要，即让员工积极参与企业的创造性实践活动，满足其自我实现的需要。管理者通过具体目标的设置、实现目标过程中的持续反馈及必要的正强化，来激发员工的工作积极性和创造性。

3. 情绪表达功能

对于组织中的员工来说，工作群体是主要的社交场所。员工常常会通过组织内的群体沟通来表达自己的失落感或满足感。因此，沟通提供了一种释放情感的情绪表达机制，满足了员工的社交需要。

4. 信息传递功能

工艺技术信息、财务信息等都需要准确、有效地传达给相关部门和决策者，使决策者能够评估各种备选方案并确定最佳方案。而企业的决策也必须借助口头或书面、正式或非正式的沟通方式传达给确定的对象。此外，组织还需要通过信息沟通了解顾客、供应商、竞争对手及股东的要求等其他外部环境信息。只有通过信息沟通，组织才能成为一个与外部环境相互作用的开放系统。

二、组织的正式沟通与非正式沟通

在一个正式组织内，成员间进行的沟通可因其途径的不同分为正式沟通与非正式沟通两种。正式沟通通过组织正式结构或层次系统进行，非正式沟通则是通过系统以外的途径进行的。

（一）正式沟通

正式的沟通一般指在组织系统内，依据组织明文规定的原则进行的信息传递与交流，如组织与组织之间的公函来往、组织内部的文件传达、召开会议、上下级之间的定期情报交换等。正式沟通有渠道比较稳定、内容不易失真、有组织和制度的保障等优点。重要的信息和文件的传达、组织决策的发布等，一般都采取这种方式。但正式沟通由于沟通渠道过于单一，不利于大规模的信息沟通；而由于沟通场合的特殊性，人们有可能隐藏自己的情感，使沟通失效。

1. 正式沟通的途径

（1）上行沟通

上行沟通是指组织中的信息从较低层次流向较高层次的一种沟通，主要是下属依照规定向上级提出的正式书面或口头报告。除此以外，许多机构还采取某些措施鼓励上行沟通，例如意见箱、建议制度、由组织举办的征求意见座谈会或态度调查等。通过上行沟通，管理者可以知道下级员工的需求和愿望、下行沟通的效果和各种指示的结果，以及许多有利于决策的建议、意见和观点等。

（2）下行沟通

下行沟通是指组织中的信息从较高层次流向较低层次的一种沟通。这是在传统组织内最主要的沟通流向，一般以命令的方式传达上级组织或再上级决定的政策、计划、规定之类的信息，或颁发某些资料供下属使用等。但是，这种沟通往往要经过组织的多个层次，其传递或路线长、时间长，往往容易在传递过程中使信息产生遗漏和错误。

（3）平行沟通

平行沟通是指同层次、不同业务部门之间进行的信息沟通。在企业中，部门之间经常发生矛盾冲突。除其他因素外，部门之间互不通气是重要原因之一。保证平行组织之间沟通渠道的畅通，是减少各部门之间冲突的一项重要措施。这种沟通一般具有业务协调性质，有加强相互间的了解，增强团结，强化协调，减少矛盾冲突，改善人际关系的特点。

2. 正式沟通的网络

在正式沟通中，信息的流动总是要经过某些人和机构传递的，这就形成了一个由各种通道构成的网络。美国心理学家莱维特以五个人为一个群体，通过实验提出了五种不同的网络，如图 5 - 4 所示。而表 5 - 2 描绘了五种沟通形式的网络的特点。

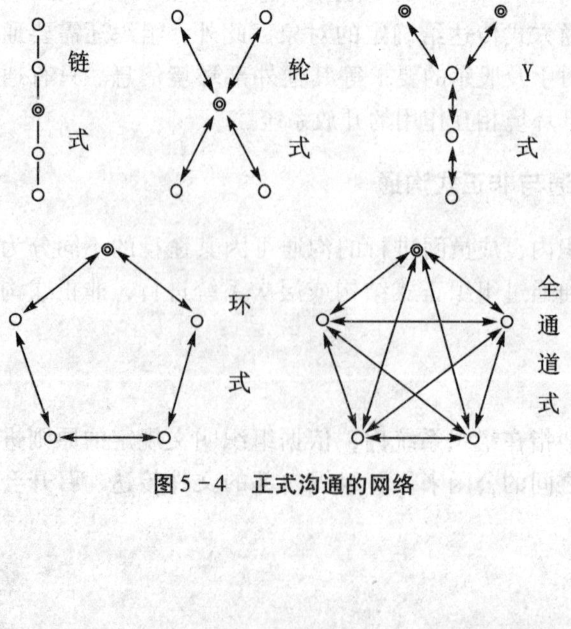

图 5 - 4　正式沟通的网络

表5-2 五种沟通形式的比较

评价标准＼沟通形态	链式	轮式	Y式	环式	全通道式
集中性	适中	高	较高	低	很低
速度	适中	1. 快（简单任务） 2. 慢（复杂任务）	快	慢	快
正确性	高	1. 高（简单任务） 2. 低（复杂任务）	较高	低	适中
领导能力	适中	很高	高	低	很低
全体成员满足	适中	低	较低	高	很高
示例	命令链锁	主管管理四个部属	领导任务繁重	工作任务小组	非正式沟通（秘密消息）

（二）非正式沟通

1. 非正式沟通的含义

非正式沟通是指在正式沟通渠道以外进行的信息传递和交流。非正式沟通和正式沟通不同，因为它的沟通对象、时间及内容等各方面都是未经计划和难以辨别的，其沟通途径是组织内的各种社会关系。任何组织都或多或少地存在着这种非正式沟通途径。非正式沟通的优点主要是沟通形式灵活，直接明了，速度很快，比较容易表露思想、情绪和动机，能够及时了解正式沟通难以提供的内幕信息。非正式沟通也常常会带来不良影响，主要表现在：

第一，信息常被歪曲，与事实不符。

第二，由于事先将一些信息“泄密”，正式沟通成为了“马后炮”。

第三，“泄密”导致了正常沟通的环境恶劣化。

对非正式沟通，我们与其“围而堵之”，不如“疏而导之”，因为它的出现说明正式渠道不畅。我们应利用它的特点，补充沟通的不足。

2. 非正式沟通的渠道

非正式沟通的渠道有下列四种方式，如图5-5所示。

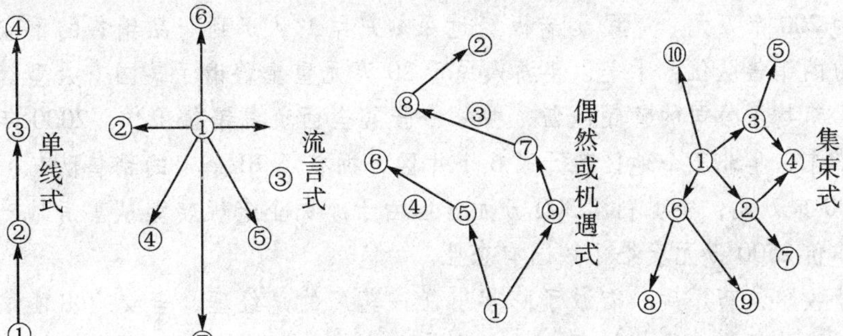

图5-5 非正式沟通示意图

（1）单线式

单线式即消息由一连串的人传到最终的接受者。

（2）流言式

流言式也叫闲谈传播式，即消息由一个人主动传播给其他一些人，如在中小型会议上的传播。

（3）偶然或机遇式

偶然或机遇式消息由一个偶然机会传递给他人，他人又随机传播给其他人，无一定路线。

（4）集束式

集束式即消息被有选择地传播给朋友或有关的人，他人接受后也如法炮制。这种方式最为普遍。

对管理者的启示

仔细考察本节内容，会发现在沟通与员工的工作满意度之间有一个共同的特点：信息的不确定性越低，工作满意度就越高。而信息的失真、模棱两可、前后不一致等情况都增加了其不确定性，因而对工作满意度有着不利影响。在沟通中信息失真的程度越低，员工从管理层那里获得的有关目标和其他信息就越接近原意。这就需要减少信息的模糊性，明确群体的任务。大量使用垂直、水平和非正式沟通通道可以促进信息的流动，降低不确定性，提高群体的工作绩效和工作满意度。

案例分析

回款拖欠问题的解决

西北某国有企业一直从事轻化工品（医药包装材料、食品添加剂）的生产。为了向下游拓展业务，寻求新的利润增长点，公司决定进军医药领域，于2001年出资2500万元，收购了四川某民营药厂。

该药厂成立于1998年，总投资为人民币1800万元，主要生产治疗乙肝的四类中药。产品于1999年投放市场，主要采取代理销售的模式，当年销售收入仅为700余万元，亏损为200余万元。原民企老板经过深刻总结，认识到药品销售的重点在于拥有一支强有力的销售队伍，于是以年薪人民币20万元重金聘请了某国有大型药厂的销售副总张某，组建了公司的营销队伍，并任命张某全面负责销售工作。2000年，该药厂在华南、华东、华北三个地区新开了6个片区，拥有了70余人的销售队伍，当年完成销售额1800余万元，实现利润300万元。但由于原民企老板转型从事房地产行业，于是将该厂作价2500万元卖给了该国有企业。

该企业收购该药厂后，委派了陈某出任该药厂的总经理，李女士出任该药厂的财务部经理。张某仍为销售部经理，其个人收入也遵从国有企业的薪金分配制度，原有的20万年薪没有得到确认。

2001年9月底，刚上任3个月的陈总接到财务部李经理汇报，上半年公司在市场上铺的货已达到2000万元。按照3个月回款规定和以前的回款状况，这些货款本月都应该回收完毕，而到目前仅回来了210万元，尚余90%未收回，不知道问题出在哪里。这种回款状况已影响到了原料和包装品的正常采购。

陈总找到销售部张经理。张经理解释说："这件事情我最近也在调查。据各片区反映，这些客户大多与我们原老板很熟，老板在的时候，他们基本上都能按照3个月的时间打款，因为这样做，原老板也给他们兑现返利。但现在你们国有企业收购了这个药厂。这个返利措施未明确，人家打款当然不积极了，所以就以资金紧张为由拖欠我们的货款。而且原来的老板也给我们销售部每年销售收入5%的提成，而现在这个政策也没明确，销售队伍目前不太稳定，我也没什么办法，还是公司来解决吧。"

陈总通过私下了解得知，原来的老板给张经理的20万元年薪及销售部5%的提成均为口头小范围承诺（仅是在药厂赢利后一次吃饭时给张经理及几个片区负责人的口头承诺），但这个问题的后遗症在收购后凸显出来，目前已影响到销售。面临困境，陈总陷入了长久的沉思中……

资料来源：叶龙，吕海军．管理沟通：理念与技能［M］．北京：清华大学出版社，北京交通大学出版社，2006.

问题讨论

1. 在沟通过程及构成要素方面，陈总应该如何策划这次沟通？

2. 陈总应该采取什么样的领导模式及沟通策略来进行沟通？

第四节　冲突与谈判

一、冲突的概念

（一）冲突的内涵

冲突是组织中不可避免的一种现象。冲突是行为主体之间的目标、认知或情感互不相容或相互排斥而产生的结果或由于目的、手段分歧而导致的行为对立状态。理解冲突的含义，需要理解其中包含的四个关键要素：冲突双方存在利益上的对立，冲突双方已经意识到了这种对立，冲突双方认为对方将要或已经损害了自己的利益，冲突双方认为对方将要采取损害自己利益的实际行动或已经采取了这样的行动。

1. 冲突的类型

在组织中，冲突主要分为三类：

（1）任务冲突

任务冲突是与工作内容和目标有关的冲突，如制造企业中的生产部门和质量检验部门的冲突。

（2）关系冲突

关系冲突是人际关系的冲突，主要受感情因素的影响。

(3) 过程冲突

过程冲突是与如何完成工作有关的冲突，如工作方法、工作程序等的冲突。

2. 冲突的特性

(1) 冲突的客观存在性

冲突的客观存在性是指冲突是一种不以人们的意志为转移的社会心理现象。任何组织、群体或个人都会遇到形形色色的冲突，它是群体或组织管理的本质内容之一，是任何社会主体无法逃避的客观现实。

(2) 冲突的主观知觉性

冲突是否存在是一个知觉问题，冲突必须是双方感知到的。如果人们没有意识到矛盾的存在或感知到由矛盾所带来的心理压力，则冲突往往被认为不存在。客观存在的形形色色的冲突必须经过人们自身去感知、去体验。当客观存在的分歧、争论、竞争、对抗等现实状况反映为人们大脑或心中的内在矛盾斗争，导致人们进入紧张状态时，人们才能意识到冲突，知觉到冲突。

(3) 冲突作用的两重性

冲突作用的两重性是根据冲突的相互作用观念，从冲突作用的影响的角度对其一般特性的概括。抽象而言，冲突对于组织、群体或个人既具有建设性，有着产生积极影响的可能性，又具有破坏性，有着产生消极影响的可能性。以前者特性为主的冲突，人们称之为“建设性冲突”或“功能正常的冲突”；而以后者特性占上风的冲突，人们称之为“破坏性冲突”或“功能失调的冲突”。

二、冲突的过程

冲突是一个动态的过程。实际的冲突一般是从冲突相关主体的潜在矛盾映射为彼此的冲突意识，到酝酿成冲突的行为意向，然后表现出现实的冲突行为，最终造成冲突的结果与影响，是一个逐步产生、发展和变化的互动过程。如图 5-6 所示。

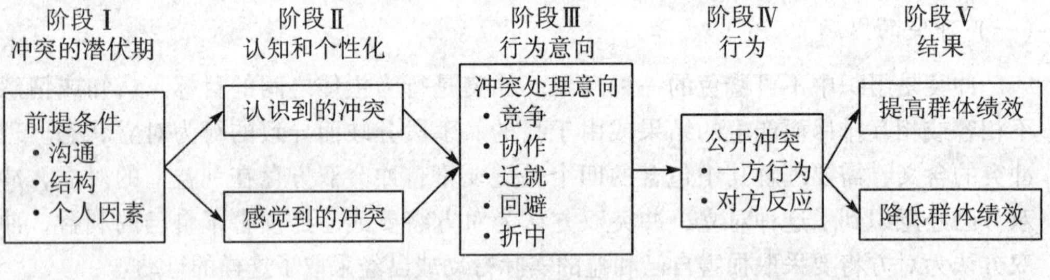

图 5-6 冲突过程

第一阶段：冲突的潜伏期

冲突过程的第一步是存在可能产生冲突的条件。这些条件并不必定导致冲突，但它们是冲突的根源，是冲突产生的前提条件；一旦它们积累到一定程度，冲突就会出现。一般认为，产生冲突的可能条件主要为三类：沟通、结构和个人因素。

①沟通。沟通不良可能成为冲突的潜在原因。研究表明，语义理解的困难、信息交流的不够充分及沟通通道中的“噪声”都构成了沟通障碍，并成为冲突的潜在条件。

3. 在这一过程中，时代华纳公司的高层管理者能够做什么使其结果更为有效？如果有的话，请具体说明是什么。

小结

群体是指为了实现特定目标，由两个或两个以上相互联系、相互作用、相互依赖的个体组成的个体的集合体。根据构成群体的原则和方式，可以把群体分为正式群体和非正式群体。

正式群体是指有明文规定的，群体成员有固定的编制、有规定的权利和义务、有明确的职责分工，由一定社会组织认可的有一定的规章制度、纪律、规模标准和组织结构的群体。非正式群体是指由于某种原因自发形成的，不为组织正式承认，没有正式结构，组织中没有正式规定的群体。组织应加强对非正式群体的管理。群体压力是指已经形成的群体规范对其成员的行为具有的一种无形的压力。

群体凝聚力指的是群体成员之间的相互吸引力及对群体本身的认同程度。影响群体凝聚力的因素有群体成员的交往、加入群体的难度、群体规模、群体成员的性别构成、外部威胁、以往的成功经验、有效情绪认同、群体报酬制度、群体的领导方式。群体凝聚力与生产效率的关系既取决于管理者的诱导方向，又取决于群体的态度及其与组织目标的一致性程度。

团队工作方式正被越来越多的企业所采用。对企业而言，组建和塑造优秀团队已成为企业参与竞争的有力武器。团队是由一群有不同背景、不同技能、不同知识的人组成的一种特殊类型的群体，它以成员高度的互补性、知识技能的跨度和信息的差异性为特征。团队可分为问题解决型、自我管理型、多功能型、虚拟型四种。

高绩效团队有一些共同特点：它们一般都比较小；其成员一般有技术的、解决问题的和决策的、人际关系的三种不同类型的技能；它们能够使人与角色和谐一致；这些团队献身于一个共同的目的，有具体的目标；它们通过建立起完善的评估系统和奖酬体系，使团队成员在个人与团队层次上都保持高度负责的精神；高绩效团队的成员相互之间高度信任。

沟通就是人与人之间传递思想和交流情报、信息的过程。沟通有四种主要功能：控制、激励、情绪表达和传递信息。沟通的基本要素包括信息发出者、编码、媒介、接受者、解码、反馈、环境、噪声。

人际沟通可因其途径的不同分为正式沟通与非正式沟通两种系统。正式沟通的途径包括上行沟通、下行沟通、平行沟通。正式沟通的网络有链式、环式、Y 式、轮式、全通道式，非正式沟通的渠道有单线式、流言式、偶然或机遇式、集束式。

冲突是行为主体之间目标、认知或情感互不相容或相互排斥而产生的结果或由于目的、手段分歧而导致的行为对立状态。冲突主要分为三类：任务冲突、关系冲突、过程冲突。冲突的特性包括冲突的客观存在性、冲突的主观知觉性、冲突作用的两重性。

冲突是一个动态的过程。它包括冲突的潜伏期、认知和个性、行为意向、行为、结果五个阶段。

谈判是指双方或多方互换商品或服务，并试图对他们之间的交换比率达成协议的过程。谈判通常分为分配型谈判和综合型谈判两种类型。谈判的过程一般包括准备和计划、界定基本规则、阐述和辩论、讨价还价和解决问题、结束和实施五个阶段。

分配型谈判的策略包括心理战术，声东击西，拉锯战，白脸红脸，最后期限，出其不意，攻其不备，以林遮木，以退为进，得寸进尺；综合型谈判的策略包括开诚布公、休会、感情联络、非正式接触、留有余地、权力有限。

群体决策是由群体中的多数人共同进行的决策，它一般是由群体中的个人先提出方案，而后从若干方案中进行优选。参与群体决策的成员可能包括组织的领导者、有关专家和员工代表。

群体思维和群体偏移是群体决策的两个副产品。这两种现象可能会影响到群体对各种方案的客观评估能力，以及作出高质量决策的能力，因而受到组织行为学研究者们的高度重视。

群体思维与群体规范有关，指的是这样一种情境：由于群体中从众压力的影响，严重抑制了那些不同寻常的、由少数派提出的或不受欢迎的观点。群体思维是一种损害了许多群体的疾病，它会严重影响到群体绩效。群体偏移指的是这样一种情境：在讨论备选方案、进行决策的过程中，群体成员倾向于放大自己最初的立场或观点。在某些情况下，谨慎态度占了上风，形成了保守偏移。但是，更多时候群体容易向冒险偏移。

群体决策的常用方法有头脑风暴法、名义群体法、德尔斐法以及电子会议技术。

改善群体决策的主要目的是提高群体决策的速度、决策的质量和决策的有效性。

思考题

1. 什么是群体？群体有哪些类型？它的主要特征是什么？
2. 试说明群体发展的五个阶段。
3. 说明非正式群体的特征和形成的原因。如何对非正式群体进行管理？
4. 什么是群体压力？它是怎么形成的？
5. 你有过从众行为吗？你认为是什么原因导致了从众行为？
6. 什么是群体凝聚力？影响群体凝聚力的因素有哪些？
7. 什么是团队？团队有哪些类型？团队与群体有什么区别？
8. 为什么要进行团队建设？
9. 如何创建高绩效团队？
10. 什么是沟通？沟通的基本要素都包括哪些内容？
11. 沟通的方式有哪些？
12. 正式沟通和非正式沟通的渠道有哪些？
13. 什么是冲突？冲突有什么作用？
14. 描述冲突的过程。

15. 什么是谈判？谈判分哪几类？各有什么特点？
16. 两种谈判策略有什么区别？
17. 什么是群体决策？群体决策的优缺点有哪些？
18. 什么是群体思维和群体偏移？它们对群体决策的质量有什么影响？
19. 群体决策的方法有哪些？

第六章　领导过程

第一节　领导的基本知识

一位西方学者曾经这样认为：领导是影响和支持他人为了达到目标而富有热情地工作的过程。在帮助个体或群体确认目标以及激励和协助他们达到一定目标的过程中，领导是一个重要的因素。如果没有领导，一个组织中就只会有混乱的人群和机器，就如同交响乐没有指挥而只有音乐家和乐器一样。乐队和其他所有的组织都要求最大限度地发展它们的宝贵资产。在企业和组织中，领导者居于特殊的地位，有着独特的作用，他们往往成为影响企业成败的重要因素。因此，如何培养有领导能力的人才，如何提高领导工作的效率，成为了一个非常重要的问题，成为了组织行为学的一个重要研究课题。

一、领导的内涵

（一）领导的定义

什么是领导？对于这一众所周知的名词，各国研究者有着不同的提法：

斯托格迪尔（Stogdill）认为，领导是对组织内群体或个人施行影响的活动过程。

孔茨（Koontz）认为，领导是一门促使其部属充满信心、满腔热情地完成他们任务的艺术。

泰瑞（Terry）认为，领导是影响人们自动为达成群体目标而努力的一种行为。

罗伯特（Robert）等认为，领导是在某种条件下，经由意见交流的过程实行的一种为了达成某种目标的影响力。

戴维斯（Davis）认为，领导是一种说服他人热心于一定目标的能力。

西方学术界至少是从以下四个不同的角度去界定领导这一概念的：

1. 领导者中心说

该观点认为领导就是领导者依靠由权力和人格构成的影响力，去指导下属实现符合领导者意图和追求的目标。这一视角关注的是领导者的能力。

2. 互动说

该观点认为任何领导活动都是在领导者和被领导者的互动过程中共同实现符合他们双方追求的目标。所以舒马洪提出，领导是人际相互影响中的一个特例，在这种特例中，个人或群体会仿照领导者的指示去行动。

3. 结构说

该观点认为领导是在一定组织结构中展开的一种特殊活动。领导者是这一结构中的一种特殊角色，通过角色权力的运作实施对组织活动进行控制。有时候结构会成为领导的替代品。

4. 目标说

该观点认为领导活动的焦点在于实现一个符合群体需要的公共目标。在这种界定中，领导在道德上是中立的。霍根认为，领导实际上是劝服其他人在一定时期内放弃个人目标，而去追求对群体责任和利益至关重要的组织目标。大桥武夫认为领导是发挥集团内成员的全部力量，通过代表全体成员的集体意志，完成集团所规定的目标。因此，领导的实质是为实现目标而令其成员努力进步的动力。

（二）领导活动的特性

领导活动不同于其他类型的社会共同活动，有其自身的特殊性。在大多数人看来，领导就是与“总统”“总裁”“总经理”“处长”“科长”等职位联系在一起的。它带给人们这样一种判断：领导者总是处于一定的职位上，并且领导者与被领导者的差异首先体现为职位的高低，居于高职位的人总是要领导居于低职位的人。实际上，职位角色的等级性差异并不能掩盖领导活动的一致性和相通性。领导活动的特性主要表现在以下几个方面：

1. 权威性

从领导活动的成败及其效果来说，权威性是领导活动的首要特性。在现代社会，领导活动的权威性既来自合法性的确认，又来自其人格等凝聚性要素的同化力。合法性确定了领导必须建立在相应的地位等级、权力容量的基础之上。对于现代社会的领导活动而言，其权威性是构筑在理性基础之上的。

2. 综合性

从领导活动的内容来看，综合性是其重要特性。按照领导科学的一般原理，领导作为“软专家”进行的指挥、协调活动首先表现为极强的综合性。这是领导活动不同于从事纯技术活动的“硬专家”的一个重要特征。

领导的综合性是由社会的劳动分工决定的。劳动分工程度越高，担负主导和统领功能的领导活动的综合程度也就越高。首先，现代社会是一个劳动高度分工、高度专业化的社会，因此领导活动所涉及的领域也就愈加广泛。其次，现代社会也是一个利益多元化的社会。各种群体的利益表达会给领导带来较大的压力，这就导致了领导活动既存在着各方利益一致的一面，也存在着冲突和矛盾的一面。领导活动的一个重要内容，就是将不同的劳动分工和不同的利益进行综合，将综合的结果输出给社会和员工。对于现代领导的这两个方面的综合性活动，前者涉及的是技术性层面，它要求领导者在进行这一活动时采用多样化的技术方法和手段；后者涉及的是政治层面，它要求领导者从社会发展的高度，从大多数人的利益需求这一视角来思考问题。

3. 超脱性与全局性

从领导活动在组织体系中的地位来说，超脱性与全局性是其重要特性。领导活动的超脱性要求领导者必须超越于各种利益群体之上，在综合扫描的基础上进行整体性的统领和协调。领导者只有超脱于各种利益群体之上，才能从根本上、宏观上把握领导活动的整个过程。因此，超脱性是全局性的基础，即在保持自身超脱性的基础上，在战略层面上规定组织的方向、任务和目标。它要求领导者必须在整体发展、全局利益等领导理念的驱使下、在组织与环境的互动中，处理各种关系，实现领导要素的有机组合以及各种资源的有效配置。领导活动的超脱性和全局性是领导者在各种纷繁复杂的矛盾中保持头脑清醒、强化领导权威、谋求整体发展和提高领导效能的前提条件。

4. 间接性

领导活动与组织目标之间的间接性是所有领导活动共有的特性，也是领导原理和领导艺术具有相通性的决定性力量之一。正是因为这一特性，任何层次、任何群体中的领导活动必然是一种依靠动员和激励下属来实现组织目标的活动。事必躬亲的领导者从严格意义上来说并不是最优秀的领导者，甚至还是失败的领导者。

二、领导与管理

领导和管理都有着丰富的历史内容。自从有了人与人之间的相互关系和人群的协作劳动，就出现了对人的统领和对人所从事的工作的管辖。由于领导和管理具有控制、组织、引导等共同的含义，至今人们仍在交叉使用这两个概念。随着社会活动的不断发展，现代社会的领导和管理已经在实践中各有侧重，且有了一定的区别。

（一）领导与管理之间的联系

领导是从管理中分化出来的。领导和管理无论是在社会活动的实践方面，还是在社会科学的理论方面，都具有较强的相容性和交叉性。领导具有管理的计划、组织、控制的一般属性。

（二）领导与管理之间的区别

1. 定义不同

领导是指领导者在一定的环境下，为确定和实现既定目标对被领导者进行统御和指引的行为过程；管理是管理者自觉地控制人和组织的行为，以人为中心，有效地运用集合起来的各种资源，去实现组织预期目标的协调活动。

2. 职能不同

领导的职能归结起来主要是处理以下三方面的关系：①处理与人的关系。领导工作首先是做人的工作。在工商企业的所有资源中，处于第一位的是人力资源，管理是以人为本的管理。领导的对象是人，要通过一系列的措施，了解、掌握人的需要，从而有目的地引导、指挥和协调人的行为，要千方百计地通过提高员工的满意度来调动人的积极性。由此可见领导与激励有着非常密切的关系。在处理与人的关系中，领导的一项非常重要的工作是识人和用人，即发现人的长处，用好人的长处。世间没有完人，人既有长处，也有短处；识人、用人的关键在于发现人的长处，并且敢于、善于用人的长处。②处理与事的关系。一个组织或群体，均有一定的存在目的，为实现目的要进行大量工作。领导的一个职能就是处理这些事务，特别是制订各种决策，进行现场指挥，使各项工作有条不紊地进行。③处理与时间的关系。一方面，领导需合理安排个人和组织的时间，根据轻重缓急原则有计划、有条理地安排组织的各项活动，从而充分有效地利用时间，达到组织目标；另一方面，领导是面向未来的工作，需要预测未来，走在时间的前面，从而真正做到把握时机，使组织持续发展。

管理的过程就是基于信息的决策过程。具体来讲，管理又可进一步分为五大职能，即计划、组织、指挥、控制和协调。管理科学研究的是计划的动态过程，也就是说，要研究“计划是如何产生的”这一过程，从而探索制订计划的一系列科学程序和方法，为管理提供科学的计划决策。管理的计划职能就是要选择组织的整体目标和各部门的目标，决定实现这种目标的行动方案，从而为管理活动提供基本依据。因此，计划职能是管理的首要职能，是从现在通向未来的桥梁。

3. 管理的层次不同

管理的层次有高层、中层和基层之分。基层管理是微观管理，直接管理具体的人、物、事，一般按常规办事，执行上级的决定，独立性不大；高层和中层管理是宏观和中观管理，很少直接管理具体的人、财、物，主要处理带有针对性、原则性的重大问题，独立性较大。现在一般把上层和中层的管理称为领导，而不把基层的具体管理称为领导。

4. 处理问题的复杂性不同

领导主要处理变化的问题。领导者订立目标，并与员工进行有效的沟通，激励他们克服困难实现目标；管理侧重于处理复杂的问题，优秀的管理者通过制订详细的步骤或时间表及监督计划实施，确保目标的达成。从事管理工作的人员强调专业化，从事领导工作的人员则注重综合素质和整体能力。

5. 沟通方式不同

领导是通过言行将确立的企业经营方向传达给组织成员，争取相关人员的合作，并形成影响力，使相信远景目标和战略的人们形成同盟，并得到他们的支持。管理则根据组织计划的要求建立一套企业组织机构，配备人员，赋予他们完成计划的职责和权力，制订政策和程序，对人们进行引导，并采取某些方式创建一定系统以便监督计划的执行情况。

对管理者的启示

在企业管理的实践中，由于管理职位总与一定的正式权威有关，人们可能会认为领导角色仅仅来自组织所赋予的职位。但是，并非所有的领导者都是管理者，也不是所有的管理者都是领导者。仅仅由组织提供给管理者某些正式权力并不能保证他们实施有效的领导。不难发现，那些非正式任命的领导即影响力来自组织的正式结构之外的领导，他们的影响力与正式影响力同等重要，甚至更为重要。

案例分析

南帝汽车制造厂球赛事件

南帝汽车制造厂发生了这样一件事。线束 komax 车间是该厂唯一要倒班的车间。一个星期日的晚上，车间主任去查岗，发现 komax 车间的年轻人几乎都不在岗位。据了解，他们都去看央视现场转播的足球比赛去了。车间主任很生气，在星期一的车间大会上，一口气点了十几个人的名。没想到，他的话音刚落，人群中不约而同地站起几个被点名的青年。他们不服气，异口同声地说："主任，你调查了没有？我们并没有影响生产任务，而且……"主任没等几个青年把话说完，便严厉地警告说："我不管你们有什么理由，如果下次再发现谁脱岗去看电视，扣发当月的奖金。"

谁知，就在宣布"禁令"的那个星期的周末晚上，车间主任去查岗时又发现，komax 车间的 10 名青年中竟有 6 名不在岗。主任气得直跺脚，质问当班的班长是怎么回事。班长无可奈何地从工作袋中掏出三张病假条和三张调休条，说："昨天都好好的，今天一上班都送来了。"说完，班长瞅了瞅大口大口吸烟的车间主任，然后朝围上来的工人挤了挤眼儿，凑到主任身边讨了根烟，边吸边劝道："主任，说真的，其实我也是身在曹营心在汉，那球赛太精彩了！您只要灵活一下，让大家看完了电视再补上时间，不是两全其美吗？就说上个星期六的事吧。据我了解，他们为了看电视，星期六就把活提前干完了，您也不……"车间主任没等班长把话说完，扔掉还燃着的半截香烟，一声不吭地向车间对面还亮着灯的厂长办公室走去。剩下在场的十几个人，你看看我，我看看你，都在议论着这回该有好戏看了。

问题讨论

1. 为什么会出现这种情况？车间主任会采取什么举动？
2. 如果你是这位车间主任，应如何处理这件事？

第二节　领导理论

一、领导特质理论

（一）领导特质理论的研究目的

领导特质理论是试图确定成功的领导者应具备的人格特质，从而解决什么样的人当领导较为合适的问题。奥尔波特于 1937 年首次提出了人格特质理论。美国心理学家吉普（Gibb）的研究认为，天才的领导者应具备下述特质：善言、外表潇洒、智力过人、具有自信心、心理健康、有较强的支配欲、外向而敏感。斯托格迪尔（Stogdill）比较了成功的领导者与被领导者的特质差异，认为领导者有自信心、毅力强，社会性和责任心强的特质。美国心理学家吉赛利则认为：督察能力、职业成就感、智力、自我实现、自信、决断魄力等是领导者比较重要的特质。而琼基斯却在总结特质理论的研究后指出："找不出任何一项单独的或一组特性可以说明领导者与一般人的区别。"

（二）领导特质理论研究评价

领导特质理论试图找出领导者与非领导者之间的本质的人格特质的差异。但是几十年的研究并未得出一个明确的结论。我们从中可以得到以下几个方面的启示：

第一，领导是一种实践过程。领导者的特质是在后天实践中锻炼培养出来的，而不是与生俱来的。后天的环境不同，所造就的人格特质也不同。领导者的人格特质应该是具体的、特定的，而不是一般性的。特质理论企图找到一种普遍适用的人格特质与实践过程可能是不相符的。

第二，领导特质论把个人特质看成领导成败的主要因素，而忽略了领导者所处的环境的影响作用。实际上，领导效力是领导特质与环境交互作用的结果。

第三，领导特质论在选拔成功领导者方面未获成功，但并不能由此否定其对领导者的重要意义。

事实上，各国管理学家分别根据本国的具体条件，提出了合格的领导者应该具备的特质条件。例如，日本企业界提出领导者应具备十项品德和十项能力。这十项品德为：使命感、责任感、信赖感、积极性、忠诚、进取心、忍耐性、公平、热情和勇气。这十项能力为：思维决定能力、规划能力、判断能力、创造能力、洞察能力、劝说能力、理解人的能力、解决问题的能力、培养下级的能力和调动积极性的能力。

美国企业界提出了企业家应具备以下十大条件：

①合作精神：善于与人合作，对下级不是压服，而是影响和说服。

②组织能力：善于组织和调配人、财、物三种资源，使其发挥最佳效益。

③决策能力：依据事实而非想象进行决策，具备前瞻性的决策意识。

④善于授权：善于为部属划定决策范围，由其在一定的范围内自行决断。既不放任自流，也不事必躬亲。

⑤善于应变：灵活进取，不墨守成规。

⑥敢于负责：对上下级、产品用户、公司利益及社会效益具有高度责任心。

⑦革新意识：对新事物、新环境及新观念有敏锐的感受能力。

⑧敢担风险：对企业发展中可能遇到的不景气敢于承担责任，有改变企业面貌、开创新局面的雄心和胆识。

⑨尊重他人：重视采纳意见，不武断狂妄。

⑩德高望重：其品德为社会人士、企业员工所景仰。

从20世纪40年代开始，领导特质理论研究就不再处于主导地位了。不过，最近十几年来，对特质理论的研究又出现复苏的迹象。从实践来看，这一理论对领导者的选拔、培养和发展有积极作用。这也许正是一种理论的生命力所在。

二、领导行为理论

由于领导特质理论不能说明领导的本质，从20世纪40年代后期开始，不少管理心理学家和行为科学家开始转向研究领导者的实际行为。这一时期，许多学者在调查研究中发现，领导者在领导过程中所采取的领导行为与他们的工作效率之间存在着密切的关系。为了寻求最佳的领导行为，许多研究机构着手进行行为研究，并提出了行为理论。

（一）密执安大学的领导行为研究

密执安大学的利克特（R. Likert）从 1947 年开始对领导行为进行了长期的实验研究。其主要目的是探讨领导行为与生产效率的关系。例如，他对某保险公司从事同样工作的 50 个部门进行了调查研究。从 50 个部门中选出工作效率高的 12 个部门编为一组，将工作效率低的 12 个部门编为另一组，然后通过其直属上下级的评定和本人访谈，评价两组的部门领导者在领导行为上的差异。结果发现，两组的领导者在领导行为上有明显差异。高工作效率的一组的部门领导者都倾向于采用“以员工为中心”的领导方式，而低工作效率的一组的部门领导者多倾向于采用以“以生产为中心”的领导方式。1961 年，利克特在长期研究的基础上进行了总结，出版了《管理新模式》（*New Pattern of Management*）一书，提出了领导类型理论。他将领导方式分为以下四种类型：

①剥削式专制领导：领导者集中所有权，即领导者自行决策并将决策下达给下级执行，必要时可采用强制措施。下级只能服从和执行命令。领导者和下属之间存在互不信任的气氛。

②仁慈式专制领导：领导者对下属比较和气，在决策时仍由领导者决断，也会听听下属的反映。在执行任务的过程中奖惩并用。领导者和下级的沟通仍是表面的和有限的。

③协商式民主领导：领导者对下属有一定的信任。决策权虽然主要在领导者手中，但他会充分听取下属的意见，并在取得大多数下属的赞同后作出决定。双方沟通较好，决策在执行时会获得一定的支持。

④参与式民主领导：领导者对下属有充分的信任，并按分工授权的原则，授予下属一定范围内的自行决策权。领导人只提出下级应达到的目标，但不干涉其实现目标的方法，只定期检查目标的实现情况，并提供必要的支持。上下级之间不仅有充分的沟通和信任，而且有一定的友谊。

在这四种领导方式中，利克特认为以第四类的效果最好，而第一类剥削式的专制领导效果最差。据他们的调查，实现较高成就的领导者，其领导方式大部分接近参与式民主领导的类型，而成就低的领导者的方式大都接近剥削式专制领导。

参与式民主领导的基本内容包括以下几个方面：

以互相帮助、互相支持的原则处理内部关系，使每个员工看到自己在企业中的作用，从而调动员工的生产积极性。重大问题由集体协商决定，共同监督实施。员工要参与组织目标的制订，要把组织目标和员工需要结合起来，从而提高员工的满意度、凝聚力和士气。员工生产积极性和满意度的提高有利于生产效率的提高。许多学者就参与式民主领导的效果及其影响因素进行了有意义的探讨。科奇和富兰奇探讨了参与制与改革的关系，提出改革的成功与否很大程度上依赖于员工的参与程度。没有员工的参与，改革很难取得实效。这一点与我国政府一贯倡导的“发动群众”在实质上是相通的。一些学者探讨了参与制与生产效率的关系，发现参与制只有在某些条件得到满足时才会发挥真正的效力。这些条件是：

第一，参与领域的重要性。要让员工意识到他们参与决策的领域对企业或组织目标的实现有重要价值，否则这种参与效果不好。

第二，参与的恰当性。员工参与的决策要与他们的近期目标和利益挂钩，与他们的工作和生活密切相关，如参与制订生产效率的指标等。

第三，参与的合法性。员工参与制定的有关政策、规章、标准等要得到管理当局的承认，才能有效。

第四，对变革的抵制程度。在企业或组织进行变革时，管理当局的措施要沿着员工抵制的阻力最小的方向进行。抵制的程度越小，参与的效果就越显著。

第五，工作性质。就工作性质而言，凡是例行程序的工作或是已有现成规定作依据的问题，就没有参与的必要。赛德尔（Sandier）的现场实验研究还发现，参与对于完成较熟练和程序化的工作价值不大，而对于创造性和革新性的工作却很有价值。

第六，员工的素质和参与意识。员工具备的创新能力和分析判断能力越强，其贡献欲、成就感、责任心越强，参与的意义和效果就越大。

此外，密执安大学的利克特等人根据调查研究的结果，把领导者的行为归纳为两个因素：一个是员工导向，另一个是生产导向。员工导向的领导者特别重视工作中的人际关系层面。他们认为每个员工都很重要，因此特别重视员工的利益和需要。其特点是让员工有较多的参与机会，使员工感觉到工作的好坏、组织目标的实现与否与自己的利益休戚相关。这种领导行为易为下属接受，部下的满意度高，所产生的生产效率也最高。生产导向的领导者强调企业中的生产和技术层面。他们不是把部下作为人来看待，而是看做完成生产任务的工具。这种领导的管理方式也称为“严厉式”管理。其特点是采用高压和强制的手段，使下级处于被动状态，彼此缺乏信任，员工的满意度低，这种领导行为所导致的生产效率较低。利克特认为员工导向的领导行为是最理想的领导行为。

（二）俄亥俄大学的领导行为研究

在密执安大学开展领导行为研究的同时，俄亥俄州立大学也进行了这方面的研究。俄亥俄大学的研究是由汉姆菲尔（T. K. Hemphill）等人进行的。他们列出了1000多种刻画领导行为的因素，然后通过逐步概括，归纳出“抓生产”和“关心人”两大类。“抓生产”包括组织设计、明确职责和关系、确定工作目标等，“关心人”包括建立互信气氛、尊重下属意见、注意下属的感情问题等。按照这两类内容，他们设计了《领导行为问卷》，为每类行为列举了15个问题，然后进行调查。根据调查结果，他们发现两类领导行为在同一领导者身上有时一致，有时并不一致。因此，他们认为领导行为是两类行为的具体结合。他们用领导行为四分图把这一概念加以表示，如图6-1所示。

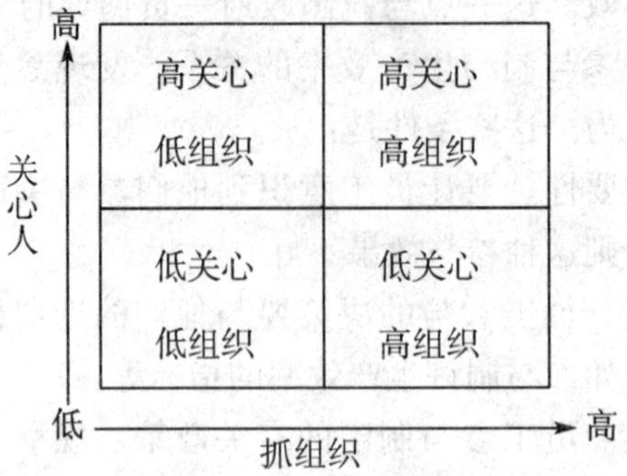

图6-1　领导行为四分图

高关心、高组织的领导者：既重视人际关系，又重视抓工作组织。

高关心、低组织的领导者：重视人际关系，但不采用严格控制式的管理。

低关心、高组织的领导者：重视工作目标和组织目标的完成，不太关心下属的需要。

低关心、低组织的领导者：既不重视抓工作，也不关心人。

一般来说，高组织、高关心的领导效果好，而低组织、低关心的领导效果最差。但是，具体在什么情境下用何种方式最好，不能简单下结论。

(三) 密执安学派与俄亥俄学派在领导行为研究上的异同

首先，密执安学派提出了两种类型的领导行为——员工导向的领导行为和生产导向的领导行为，俄亥俄学派则提出了领导行为的两个基本维度——关心人和抓组织。其中，员工导向接近于“关心人”，生产导向类似于抓组织，这是两个学派的共同点。其次，密执安学派认为员工导向和生产导向是两种不同的领导行为类型，它们是互相排斥的。一个领导者要么是员工导向的领导行为类型，要么是生产导向的领导行为类型，不可能兼而有之。俄亥俄学派则认为，领导行为可以提炼出两种基本维度，一个是“关心人”，另一个是“抓组织”。两个维度结合起来可以说明领导者的领导行为类型，二者是不相互排斥的。最后，俄亥俄学派则认为最佳的领导行为应是既抓组织又关心人的领导行为。

(四) 管理方格理论

管理方格理论（Managerial Grid）是由美国得克萨斯大学的布莱克（R. B. Blake）和莫顿（J. S. Mourton）提出的。这种理论受到俄亥俄学派的领导行为四分图的影响，同时又提出需要对两个维度在程度上的差异作细致的划分。布莱克和莫顿用纵坐标表示对人的关心程度，横坐标表示对生产的关心程度。两者各分成九等，就形成了一个管理方格图。这样，理论上可产生81种不同的领导方式，其适用性更强了，准确度提高了。管理方格图可用于说明和分析各种形式的管理，如图6-2所示。

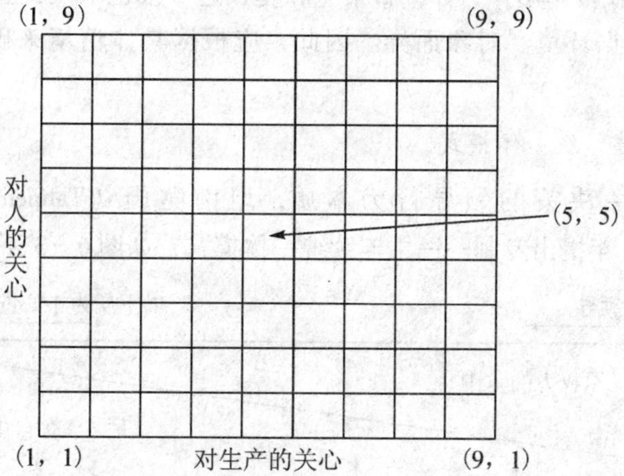

图6-2　管理方格

要评价领导者，可按其对员工和对生产的关心度，找到相应的交叉点。这个交叉点就是他所属的类型。例如，某企业的领导人关心人的程度很高，达到9，而关心生产的程度很低，只有1，那么他就是1.9型管理者。反之，若该领导者关心人的程度很低，只有1，而关心生产的程度很高，达到9，那么他就是9.1型管理者，其余类推。布莱克（Blake）和莫顿（Mourton）在提出此图时列举了以下五种典型的领导方式：

1.1型——虚弱型管理：这一类型的管理者既不关心生产，也不关心人。管理者表现为仅作出最低限度的努力，以维持企业或组织的运转。

9.1型——任务型管理：这类型的管理者非常关心生产，但不关心人。管理者把人看成机器、原材料，一切以完成生产任务为中心，不讲究提高员工的士气。

9.9型——协作型管理：这一类型的管理者不仅十分注重完成生产任务，也非常关心人，把组织目标的实现与满足员工的需要放在同等重要的位置，管理者强调工作成就来自献身精神以及组织目标与员工利益的一致性。

1.9型——俱乐部型管理：这一类型管理者注重对员工的支持和体谅，在生产管理上主张松弛，以形成融洽友善的关系和气氛，从而产生较高的工作效率。

5.5型——中游型管理：这一类型的管理者对生产和对员工的关心都属于中等水平，但能保持两者之间的平衡，使员工感到基本满意，以取得正常的工作水平。

管理方格理论是评价和训练管理人员用的。它是培养有效的管理者的一种比较简便的工具。在管理人员培训班中，用它可以进行自我评价，也可以由其他成员来进行评价。评价的标准就是我们上面所介绍的五种典型的领导者的领导方式。

在上述五种典型的管理类型中，布莱克和默顿认为最有效、最理想的领导类型是9.9型，其次是9.1型，再次是1.9型和5.5型，最次是1.1型。布莱克和莫顿指出，一个领导者或管理者，要实现9.9型领导方式，即同时重视关心人和抓组织两个方面是很困难的。

领导行为理论已成为领导培训的一种方法。在美国，有75%的工业企业单位和政府部门对其管理人员的领导行为进行了各种训练。这种培训对提高领导者的管理水平和工作效率起到了积极作用。另外，布莱克和莫顿近年来也承认，哪种管理方式最好，要看实际效果，根据环境、对象而异。因此，应根据具体情境来确定最合适的领导方式。

（五）专制—民主连续统一体模式

为了研究有关决策的领导行为本质，坦南鲍姆（Tannenbaum）和施密特（Schmidt）于1958年提出专制—民主连续统一体模式，如图6-3所示。

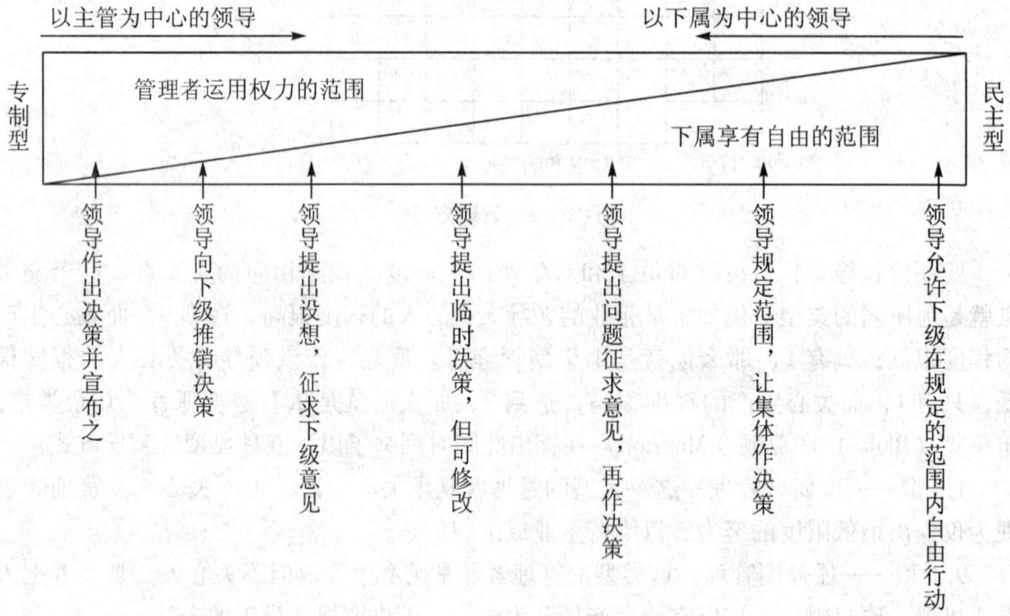

图6-3 专制—民主连续统一体模式

这个理论把领导风格理论与领导行为理论结合起来考虑。该理论认为，在专制和民主这两种极端领导风格之间，存在着许多种领导行为方式，它们构成了一个连续带。在这个连续带上，从左到右，领导者职权的运用逐渐减少，而部下享有的自由则逐渐增大。管理者运用职权的程度愈高，愈近似于“重视工作的领导者”，即为“以主管为中心的领导”。而管理者运用职权的程度愈低，愈类似于“重视员工的领导者”，即为“以部下为中心的领导”。

这一模式说明，领导方式不应是一成不变的固定模式，而应根据具体情况（如历史条件、问题性质、企业习惯、工作的时间性等）采取不同的决策。在典型的专制型领导和民主型领导之间存在着许多可供选择的领导行为方式，领导者应根据具体情况和需要来选择一种适合的领导行为方式。

三、领导权变理论

西方早期的研究坚持领导现象与领导内容是放诸四海皆准的，不会太受文化、地域、国家的影响，甚至宣传有全球化、普遍性的领导方式存在（豪斯怀特、安迪他，1997）。

（一）权变模式

美国管理学家菲德勒于1962年提出了“有效领导者的权变模式”。这通常被称为菲德勒权变模式。这个模式将领导者的特质研究与领导行为研究有机地结合起来，并将其与情境因素联系起来研究领导的有效性。由于该模式强调了权变的特点，受到了学术界的广泛重视。有大量的研究从不同角度丰富和充实了该模式。

1. 三种情境因素

菲德勒指出，一个领导者的领导有效性除了与他本人的领导类型有关以外，还取决于他面临的环境。菲氏认为，有影响的环境因素有三个：

（1）领导者与被领导者的关系

这个环境因素考察的是领导者被其领导的群体接受的程度。我们知道，一个领导者的权威在一定程度上取决于他为群体接受的程度。而一个领导者被某个群体接受的程度又取决于领导者的个性品质、可信赖性和表率力。

（2）工作任务结构

这个环境因素是用来量度下级所要完成的工作任务结构的明确程度。例如，任务结构是例行的还是非例行的，是只能用一种方法完成的还是可用多种方法完成的，是规定得非常明确的还是含糊不清的。

如果工作任务是例行的，那么它基本上也就具有明确规定的目标，有相应的步骤和程序，可以进行检验，一般都有正确的解决方案。对于领导者而言，如果下级的任务结构是明确的、例行的，那么领导起来就比较容易；如果下级要完成的任务是非例行的，目标不明确，完成目标的途径又是多种多样的，那么领导者在领导时就比较困难了。

（3）领导者的地位与权力

这是指领导者所处地位的固有权力以及取得各方面支持的程度。例如，领导者对下属有无提升或降级的权力，他所担当的职位是长期的还是短暂的，期限有多长，上级和组织是否支持他的威望等。

总之，领导者与被领导者的关系越融洽、下级的工作任务结构越明确、领导者的领导地位和权力越牢固，则领导者所处的环境就越有利。

2. 权变模式对领导效果的揭示

按照领导者与被领导者关系的好坏、工作任务结构是否明确、领导者地位和权力的强或弱可以组合成八种情况，如表6-1所示。这八种情况可以按照顺利的程度排列为一个连续体。菲德勒认为，在这三种情境因素中，领导与被领导者的关系最为重要。因此在判断情境顺利程度时，首先应观察领导者与被领导者之间的关系，然后才看其他两个因素。

表6-1　　三个情境变量所显示的顺利程度

情境	1	2	3	4	5	6	7	8
领导者与被领导者的关系	好	好	好	好	差	差	差	差
工作任务结构	明确	明确	不明确	不明确	明确	明确	不明确	不明确
领导者的地位和权力	强	弱	强	弱	强	弱	强	弱

在这八种类型的情境中，从情境 1 到情境 8，顺利程度依次下降。情境 1 是最有利的情境，情境 2 和 3 是比较有利的情境，情境 4 和 5 是中等水平的情境，情境 6 和 7 是不太有利的情境，情境 8 是最不利的情境。

根据菲德勒的领导权变模型，我们可以得到以下几点启示：

第一，重视搞好人际关系的领导者和重视完成工作任务的领导者，都只能在某些处境中工作得好，而在另一些处境中则不能。某一级的一位优秀的管理人员一旦被提升为高一级的领导者后，可能干不出什么好成绩；其原因很可能就是他已习惯的领导方式难以适应新环境的要求，使他不再能够最有效地发挥其能力。

第二，不指明具体条件而评价一位领导者是胜任或不胜任的，在权变模式看来是不准确的。一个领导者在一种情境下胜任，在另一种情境下可能就不胜任，因此，对领导者胜任与否的评价应结合具体情境的性质来说明。

第三，一个领导者的工作绩效是其领导方式和所处情境两方面因素交互作用决定的。要提高一个领导者领导的有效性，就要设法改变两个因素的某一个，设法使之与另一个相适应。菲德勒认为，在两个因素中，改变领导者的领导方式比较困难，因为一个人如何与他人相互作用是从小形成的，不大容易改变。他建议领导者去控制、掌握和改变所面临的领导情境。他指出，当一个人能控制、把握领导情境，就会感到轻松、有信心；反之，会感到紧张、激动、焦虑，而这样会影响领导效率。提高领导有效性的正确途径是：认识而不是改变自己的领导方式，然后去控制、掌握和改变所面临的领导情境，使之适应于自己的主观条件。

（二）途径—目标模式

该模式（Path - Goal Model）是 1971 年由加拿大多伦多大学教授豪斯（House）提出的。他将弗洛姆的期望激励理论和俄亥俄州立大学的领导行为二因素理论（“关心人”和“抓组织”）结合起来创造了该模式。该模式认为，一个领导者要激励部下，需要解决好三个问题：首先，要使部下清楚地了解到组织目标实现后能获得的利益；其次，要提高部下对目标实现的可能性的认识，即提高部下实现目标的期望值；最后，要使部下在工作中（即在目标实现的过程中）得到满足，以激励他们的工作积极性。

为了达到上述目标，领导者必须采用不同类型的领导行为以适应特殊环境的要求。

1. 领导行为类型

途径—目标模式归纳了以下四种不同的领导行为类型：

（1）指导型

该类型的特点是领导者让下属人员明确了解组织的目标，对应该如何完成目标提供具体的指导，并且确信相应的目标和指导能得到下属的认可和接受。该类型的领导者需要有严格的计划、固定的工作标准，且下属人员应遵守标准和规则。

（2）支持型

该类型的领导者对下属人员较为关心，态度友好，平易近人，注意联络与下属员工的感情，重视了解和满足员工的各种需要和愿望，相信和谐的关系、较强的凝聚力和高昂的士气对实现组织既定目标有重要作用。

（3）参与型

该类型的领导者强调，当遇到决策问题时尤其是影响到下属员工的问题时，应主动与下属人员磋商，倾听他们的意见，反映他们的建议，相信员工的参与对实现组织目标大有益处。

（4）成就导向型

该类型的领导重视出色的工作表现和员工的高成就动机，相信员工能够自我管理，有能力并且愿意达到较高的要求。这种类型的领导者通常会树立一个具有挑战性的工作目标，鼓励下属为目标的实现尽职尽责。

2. 权变因素

途径—目标模式认为领导行为是否有效要视情境因素而定，为此提出了两个权变因素：员工的个人特点和工作环境的特点。

（1）员工的个人特点

当一个下属感到自己能力不足时，指导型的领导就比较受欢迎。反之，当下属人员有足够的能力去完成工作任务时，指导型领导不仅多余，而且会有消极影响。

把所发生的事看做由他们自己控制和影响的员工，称为内控型的员工；把所发生的事看做由外在环境的力量控制和影响的员工，则称为外控型的员工。研究结果表明，内控型的员工愿意接受参与型的领导，而外控型的员工则适合指导型的领导。此外，员工的特殊需求也会影响到他们对不同领导类型的接受程度。

（2）工作环境特点

如果下属员工是在一个几乎没有政策和程序的组织中接受模糊的任务，那么按照途径—目标模式的预见，指导型的领导帮助下属明确任务要求和程序目标，将会增加激励效果和提高工作绩效。如果下属员工在一个有着详细规章制度的组织中接受日常的且结构化的任务时，那么指导型的领导就会事倍功半，并有可能导致员工的不满和敌对情绪。根据途径—目标模式，领导者必须分析下属面对的客观环境。采用一个恰当的领导类型，才能有效地发挥领导效力。

（三）领导生命周期论

领导生命周期论（Life Cycle Theory of Leadership）是俄亥俄州大学的卡曼（A. K. Karman）首先倡导的。卡曼对俄亥俄学派的“抓组织”和“关心人”两个行为维度与各种效率指标的关系进行了检验，认为这两个维度并不总能有效地预测领导效力，因为领导效力还受到环境因素的影响。为了能有效地预测领导效力，卡曼引入了“成熟度”的概念，并把它作为一种环境变量，结合“关心人”和“抓组织”这两个领导行为维度，提出了所谓的领导生命周期理论。该理论的要点是领导者的行为要与被领导者成熟度的相适应，随着被领导者的成熟度逐步提高，领导者的领导方式也要作出相应的改变。卡曼发现“关心人”的维度、“抓组织”的维度和“成熟度”之间存在着某种非线性关系。在生命周期论中，成熟度是指心理成熟度而非生理成熟度。它主要指个人的知识经验、能力、人格、教育水平、责任感和成就动机。人的成熟度是不完全一样的。即使是成年人，在成熟度上也有很大差别。领导生命周期论是在俄亥俄学派的领导行为四分图的基础上发展起来的，如图 6－4 所示。在此图的基础上，加上成熟度因素，就可以说明在什么阶段，领导应采取何种领导方式。

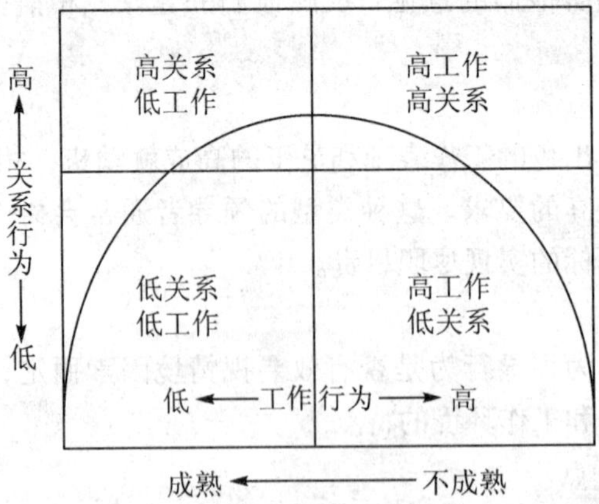

图 6－4　领导生命周期

生命周期论认为，“高工作、高关系”的领导方式不一定总有效，而“低工作、低关系”的领导方式也不一定总无效。是否有效，关键在于下属的成熟程度。随着下属由不成熟逐步走向成熟，领导方式应按照下列顺序依次变动：

不成熟——高工作、低关系

初步成熟——高工作、高关系

比较成熟——低工作、高关系

成熟——低工作、低关系

当下属处于不成熟阶段时，应采取高工作、低关系的领导方式，领导者以单向沟通方式向下属设置目标和安排任务，这基本上是一种命令式的领导方式。当下属进入初步成熟阶段时，以高工作、高关系的领导方式为佳。领导者与下属以双向沟通交流方式交流信息，达成谅解和共识，互相支持，去实现目标，这是一种说服式的领导方式。当下属进入比较成熟阶段时，下属的自律行为和自我管理意识均大为加强，这时领导者就不必过于强调工作行为，而应充分加强关系行为，即采用低工作、高关系的领导方式。通过沟通与交流，领导者让下属充分发表意见、参与决策，使下属的利益与组织的利益相一致，满足员工的需要，这是一种参与式的领导方式。当下属进入成熟阶段时，领导者应充分信任下属，主动授权给下属，使其在职责范围内充分发挥主观能动性，领导者不作太多干预，这是低工作、低关系的领导方式。从性质上讲，这是一种授权式的领导方式。

总之，对不同成熟度的下属，应采用不同的领导方式，才能获得最为有效的领导。在管理工作中要注意创造条件，让被管理者在工作过程中更快地趋向成熟，将使用与培养结合起来，注重人力资源开发。

四、领导理论的新发展

（一）领导归因理论

领导归因理论（Attribution Theory of Leadership）是由米契尔（Terence R. Mitchell）于1979年首先提出的一种领导理论。这种理论指出，领导者对下级的判定会受到领导者对其下级行为归因的影响，并将影响领导者对待下级的方式。同样，领导者对下级行为的归因也将影响下级对领导者是否遵从和执行领导者的指示。领导者典型的归因偏见是把组织中的成功归因于自己，把失败归因于外部条件；把工作的失败归因于下级本身，把成功归因于自己。归因理论主要用于了解原因和结果之间的关系。运用归因理论的框架，研究者发现人们倾向于把领导者描述为有智慧、随和的个性、很强的言语表达能力、进取心、理解力和勤奋等特点。并且，人们发现高—高领导者（即在结构和关怀方面均高）与人们对好领导具有哪些特质的归因相一致。不管情境如何，人们都倾向于将高—高领导者视为最佳。在组织层面上，归因理论的框架说明了为什么人们在某些条件下使用领导来解释组织结果。当组织中的绩效极端低或极端高时，人们倾向于把它们归因于领导。

（二）领导魅力理论

魅力领导理论是归因理论的扩展，它指的是当下属观察到领导者的某些行为时，会把它们归因于伟人式的或杰出的领导能力。豪斯提出魅力型领导者的三项因素：极高的自信、极强支配力以及对自己信仰的坚定信念。瓦伦·本尼斯研究了90位美国最杰出和最成功的领导者，发现他们有四种共同的能力：有令人折服的远见和目标意识；能清晰地表达这一目标，使下属明确理解；对这一目标的追求表现出一致性和全身心的投入；了解自己的实力并以此作为资本。在此方面最新、最全面的分析是由麦吉尔大学的康格和凯南格进行的。他们的结论是，魅力型领导人具有如下特点：他们有一个希望达到的理想目标；为此目标能够全身心地投入和奉献；反传统；非常固执而自信；是激进变革的代言人而不是传统现状的卫道士。

一般来说，魅力型领导者与下属的高绩效和高满意度有着明显的相关性，其中高满意度占有更加突出的地位。但是，有一点需要明确，魅力型领导者对员工的高绩效水平并不总是相关联的。

（三）交易型领导与变革型领导

交易型领导与变革型领导是领导理论在最新发展过程中出现的两个极为重要的概念。俄亥俄州立大学的研究、菲德勒的模型、路径—目标理论、参与式民主领导者讲的都是交易型领导者，这些领导者通过明确角色和任务要求来指导或激励下属向着既定的目标努力。而变革型领导则是一种不同于交易型领导的领导类型。变革型领导者勾勒出一幅组织远景并热情洋溢地进行宣传。他们帮助员工开阔眼界，从只关注自己的工作或部门的狭隘思维中解放出来，鼓励下属为了组织的利益而超越个人利益，能对下属产生深远而不同寻常的影响。他们试图造就学习型的人才与组织，以便能更好地为前面未知的挑战作准备。因此，变革型领导通常能引发人们超常的能力和想象力。从以上分析来看，交易型领导带有更多的理性色彩，它是在交换中谋求一种平衡，而变革型领导则试图为组织提供一种希望和发展动力。

20世纪90年代，随着全球化时代和知识时代的来临，领导者的重要性非但没有降低，反而极大地提高了。

对管理者的启示

随着复杂性的提高，管理实践对解释和预测行为的能力的需求也在不断提高。在领导行为方面的一个认识飞跃是人们认识到需要加入情境因素。近期的研究主要是对分离这些情境变量的具体尝试。我们预期，未来在领导模型方面还会有巨大发展。在过去的十年中，领导行为有了一些重大发展，使得现在可以比较有效地预测什么人能够有效地领导群体，并能根据具体情况（如任务或员工取向）解释在什么条件下会导致高工作绩效和工作满意度。另外，领导研究还进一步扩展，包括了领导魅力理论的观点。若知道下属认为领袖魅力和变革型的领导者应具备的一些个人特点，管理者就能预测，下属会对这样的领导者和领导者的目标表现出非同寻常的忠诚和奉献精神。

案例分析

三位所长的领导行为

有一个应用科学研究所，其所长是一位有较大贡献的专家。他是在“让科技人员走上领导岗位”的背景下被委任为所长的，没有领导工作的经验。他上任后，只是潜心搞自己的研究，对整个研究所的科研项目的申请、经费的来源、职称评定政策等根本不关心，而且对员工也不关心，很少和下属进行沟通，也不去了解员工的疾苦。之前很多人本以为跟着他可以大干一番，做出几个像样的项目，成就自己的梦想，现在很失望，感觉跟着他没什么前途。该所长在成果及物质奖励等问题上搞平均主义，也不考虑员工对研究所的实际贡献，使一些员工特别是年轻人很不满意，所里人心涣散。

上级部门了解情况后，聘任了一位成绩显著的家用电器厂厂长当所长。该厂长是一位转业军人，是当地号称整治落后单位的铁腕人物。新所长一上任，立即实施一系列新的规章制度：实行“坐班制”，把中青年科技人员集中起来进行“军训”，以提高其纪律性；在提升干部、奖励等问题上，向“老实、听话、遵守规章制度”的人倾斜。这样一来，人心涣散的状况有所改变，但大家还是无事可做，在办公室看看报纸，谈谈天，要求调离的人不断增加，员工与所长之间也经常出现矛盾。一年后，该所长便辞职而去，并留下了“知识分子太难管了”的感叹。

上级部门在进行仔细的分析和研究后，又派了一位市科委副主任前来担任所长。该所长上任后，首先进行周密的调查，然后在上级的支持下进行了一系列有针对性的改革：把一批有才能、思想好、有开拓精神的人提升到管理工作岗位，把权力下放到科室、课题组；实行奖励、评职称按贡献大小排序的原则；提倡“求实、创新”的工作作风；在完成指定科研任务的同时，大搞横向联合，制定优惠政策，面向市场。从此，研究所的面貌焕然一新，原来的一些不正常现象自然消失了，科研成果、经济效益成倍增长，该应用科学研究所成了远近闻名的科研先进单位。

问题讨论

运用有关领导理论，分析案例中三位领导者的领导方式及其特点。

第三节 权力与政治

在任何群体或组织中，权力都是一种自然存在的现象。因此，如果你试图充分理解组织行为，那么你必须了解这些权力是如何获得并被运用的。也许你听过这样一句话："权力意味着腐败，绝对的权力意味着绝对的腐败。"但是，这并不意味着权力一无是处，它是组织生活的现实，永远不会消失。而且，通过了解权力在组织中的运作机制，能更好地成为有效的管理者。

一、权力与权术

（一）权力

权力、位次历来是组织的痒处。在《水浒》中，宋江初上梁山时，就与晁盖有一番关于位次的谦让和安排。后来晁盖第一位，宋江第二位，其余英雄"休分功劳高下，梁山泊一行旧头领去左边主位上坐，新到头领去右边客位上坐，待日后出力多寡，那时另行定夺"。当今企业的领导者与追随者的矛盾也是层出不穷。"权力"这个词，敏感，又略显神秘，时而真实显现有时又让人看不着摸不到。很多人对权谋非常重视。在很多场合，民营企业甚至被"树立"为玩弄公司政治、管理混乱的典型，但是著名跨国公司里的各种公司政治的例子也经常见于报端，不同的只是玩法和规则而已。所有这些，其背后的真实就是一种权力游戏。

1. 权力的定义

由于研究的角度和重点不同，不同的研究者对权力有不同的认识。

费伏尔（Fevere）：权力是影响行为、改变事情的进程、克服阻力和让人们进行他们本不会做的事情的潜在的力量。

康德（Kant）：问一位法学家"什么是权力"就像问一位逻辑学家一个众所周知的问题"什么是真理"那样使他感到为难。

罗素（Russell）：权力是有预期地努力的结果。

彼得·布劳（Peter Bloor）：权力是通过消极制裁进行控制的能力，是个人将其意志强加于其他人的能力。

马克斯·韦伯（Max Webber）：权力是一个人或一些人在社会行为中不顾其他人的反抗而实现自己的过程。

我们认为：权力是一个人用以影响另一个人的能力。这个定义包含以下几点：

①权力是潜在的，无需通过实际来证明它的有效性。②依赖关系。③被影响一方对自己的行为有一定的自主权。权力可以存在但不被使用，因此，它是一种能力或潜力。一个人可以拥有权力但不运用权力。广义的权力指某种影响力和支配力，它分为国家权力和社会权力两类。狭义的权力指国家权力，即统治阶级为了实现其阶级利益和建立一定的统治秩序而具有的一种组织支配力。我们认为权力性影响力属于强制性影响力的一种。其特点是：对别人的影响力带有强迫性，并以外部压力的形式起作用。在权力性影响力的作用下，被影响者的心理和行为主要表现为被动、服从。因而，这种影响力对人的心理和行为的激励作用是有限的。

2. 领导与权力的对比

领导者将权力作为实现群体目标的手段。两者的差别之一在于目标的相容性。权力不要求双方有一致的目标，而领导则要求领导者和被领导者双方的目标具有相当的一致性。差别之二在于影响的方向：领导侧重于向下，而尽量减少横向和向上的影响，而权力则不然。两者的研究的重点不同：领导强调领导的方式——一个领导者应该提供多大的支持？下属应在何种范围内参与决策？权力的研究则试图包括更宽泛的领域，并集中关注赢得服从的权术。群体和个人一样可以使用权力来控制其他个体或群体，所以权力的实施者不只局限于个人。

3. 权力的应用方式

命令：这是一种强制性的方式，主要依据法律、规章制度，属于不得不采用的方式。

示范：权力主体以自己的行为方式、价值观念等对下属产生明显的或潜移默化的作用。

说服：通过权力主体拥有的信息、能力、声誉等，借助劝告、诱导、商量、建议等沟通方式影响下级。

奖励：通过物质、机会或精神方式的激励来影响下级的行为。

惩罚：通过生理或心理的损害来实现影响他人行为。

4. 权力的来源

权力从何而来？是什么赋予个体或者集体以影响他人的能力？从前面的对权力的界定，我们可以把权力称为一种影响力。领导者的权力来源可分为权力性影响力与非权力性影响力。

（1）权力性影响力

权力性影响力属于强制性影响力的一种。其特点是：对别人的影响力带有强迫性，并以外部压力的形式起作用。在权力性影响力的作用下，被影响者的心理和行为主要表现为被动、服从。因而这种影响力对人的心理和行为的激励作用是有限的。

构成权力性影响力的主要成分为：传统因素、职位因素和资历因素。

①传统因素。领导者的服从感表现在两个方面：一是领导者对上级的服从感，二是领导者要求下属对自己也要有服从感。领导者追求权威和服从感，有积极与消极两方面的意义。领导者如果没有权威，下属对他没有服从感，“不听话”，则领导者难以顺利开展工作。但是，领导者如果一味追求权威，将会导致下级对自己的个人迷信与

个人崇拜，这就使事情走向了另一个极端。

②职位因素。领导者在组织中的职务与地位会使被领导者产生敬畏感。领导者职位越高，权力越大，别人对他的敬畏感也越大，他的影响力也越强。领导者职位因素的影响力表现在影响的强度与范围两个方面。领导者职位越高，其影响强度与范围越大。

③资历因素。领导者的资格与经历也是产生影响力的因素。资历是一种历史的产物，它反映了一个人的生活阅历与经验。资历因素会使被领导者产生敬重感。例如，某工厂将要新来一位新厂长。在这位厂长来之前，群众就会议论这位新厂长的资历。如果他是一位专家，有光荣的历史，群众很快就会产生敬重感。反之，如果新厂长是一位刚从学校毕业出来的大学生，群众就会产生“此人很嫩，恐怕不行”的想法，因而不会对新厂长产生敬重感。显然，资历因素在一定条件下会影响领导的有效性。一个能得到群众敬重的领导者，他的言行容易在人们的心灵上占有重要的位置，这位领导者的话就有人听。反之，不能得到群众敬重的领导者，他的话就没人听。当然，我们不能把资历因素绝对化。资历因素虽然是有助于领导有效性的，但能否真正得到群众的敬重，还要看领导者在实际领导活动中的表现。一个资历深但在实际工作中表现得很差的领导者，仍然会使群众大失所望，失去群众的敬重感。反之，一个资历浅但在实际工作中表现得很好的领导者，最终会得到群众的信赖与敬重。

（2）非权力性影响力

非权力性影响力更多地属于自然性影响力。其产生的基础比权力性影响力广泛得多。这种影响力表面上没有合法权力那种明显的约束力，但实际上它不仅具有影响力的性质，而且常常能发挥权力性影响力不能发挥的约束作用。

非权力性影响力的特点是：没有正式的规范，也没有上级授予的形式，接受权力者不会在规定的制度上受到领导者的惩罚和奖赏。权力性影响力强调命令与服从，非权力性影响力则强调顺从与依赖。

非权力性影响力的主要成分有品格因素、能力因素、知识因素、感情因素。

①品格因素。品格因素是指反映在领导者一切言行之中的道德、品行、人格、作风等。领导者要十分注意自己在品格上的表现，因为优良的品格不仅是担任领导职务的素质要求，也是领导影响力的重要组成部分。在我国，群众认为领导者缺乏某些素质如能力、知识、经验等是可以原谅的，但如果缺乏品格因素，那是绝对不可原谅的。

②感情因素。感情是人对客观事物好恶倾向的内在反映。人与人之间建立了良好的感情关系，便能产生亲切感。有了亲切感，人与人的吸引力就大，彼此的影响力也就高。一个领导者平时待人和蔼可亲，能时时体贴、关怀下级，与群众的关系融洽，其影响力往往比较高。一个企业领导者要在企业中将他们的决策变成员工的自觉行为，单凭合法权力、奖励权和强制力往往是不够的，需要发挥感情的影响力。

③专长。一个人由于在某种知识技术方面具有专长或者具有某一方向的特殊能力，便会对他人产生种种影响力。不过，这种专长所产生的影响的大小同这种专长被下级所看重的程度有很大关系。一般来讲，专长都有一定的产生影响的范围。

有证据表明，人们对不同的权力的反应是不一样的。专家权和参考权来自一个人的个人素质。相反，强制权、奖赏权和法定权基本上都来源于组织因素。因为人们都更愿意接受和认可那些他们崇敬的人或拥有他们所期望的知识的人（而不是那些依仗位置来决定奖酬或强迫他们的人），所以有效地使用专家权和参考权可以导致更高的员工绩效、承诺和工作满足感。事实上，人们发现，专家权是有效的员工绩效最强烈、最稳定的相关因素。

(二) 依赖——权力的关键

在一个相对封闭的环境下，企业如果能够获得自身发展所需要的各种资源，无需与外界环境发生资源的交换，或者说交换的资源对他来说是次要的，那么就不存在其他的权力来源。对于资源依赖关系导致权力的产生，普费弗和萨兰西克的资源依赖理论给出了很好的解释。他们认为，如果一方所控制的资源对企业的未来很重要，并且缺少明确的资源替代物或者获得资源替代物的成本过于高昂，那么将企业的一定权力交给资源提供者以保证企业的生存和发展既是合理的，也是必须的。

1. 一般假设

当你拥有他人需要的某种东西，而你是唯一的提供者时，你就使他们依赖于你，你便因此而获得了对他们的权力。依赖是与可替代性成反比的。如果某种资源充足，那么拥有此种资源不会增加你的权力。如果每个人都极富智慧，那么智慧就没有什么价值了。如果你能通过控制信息、尊严和其他别人渴望的东西而形成垄断，那么，对此有所需求的人将依赖于你。反过来说，你手中掌握的资源越多，别人手中的权力就越小。这也说明了为什么大多数组织要开发多个供应商而不是只与一家厂商保持业务关系。另外，为什么许多人都渴望在金钱上保持独立，因为金钱上的独立能减少他人支配自己的权力。

2. 依赖的产生

(1) 资源的重要性

领导者掌握的资源是重要的，同样一种资源在不同的企业中的重要性是不一样的。例如，对于工程师这个群体，在英特尔公司任职的比在宝洁公司任职的权力更大。为什么呢？因为英特尔公司是一个以技术为导向的企业，它之所以能保持领先优势，是由于它的质量和技术，因为它对于工程师的依赖性就很强。而宝洁是一家以市场为导向的公司，在这家企业中市场部的工作人员、做销售的人权力较大。这些结论在一般意义上是可信的。

(2) 资源的稀缺性

物以稀为贵。不可替代的资源更难得。在一家企业中，如果某位员工掌握的技术是独门的，该员工在这个企业中就很稀缺，具有不可替代性。他对企业来说就有很强的影响力，或者说权力很大。越稀少的职业在市场中、行业中就越宝贵。

(3) 资源的不可替代性

一种资源越是没有替代物，实现对它的控制而带来的权力就越大。这可用权力弹性（Elasticity of Power）这一概念来表述。在经济学中，大量的注意力集中在需求的弹性。它是指当价格变化时需求量的相对变化。这一概念经过修正也可以用来解释权力的强度。

权力弹性可定义为：对于可供选择的资源的变化，权力发生的相对变化。一个人影响他人的能力取决于其他人对于他们自己可选择范围的判断。

如图6-5所示，假设有两个人，A先生的权力弹性曲线的弹性相对来说较B先生的弹性小。于是A先生的上司发现，用解雇来威胁A，对A的行为造成的影响微乎其微。如果A的选择范围缩小（从X到X-1），那么A先生的上司的权力只会稍有提高（从A′到A″）。但是，B先生的曲线较有弹性。他发觉B寻找其他工作的机会极其有限。他的年龄、受教育程度、现有薪金、消息闭塞的状态，都给他再谋职带来了极大的限制。因此，B先生更依赖现在的组织和上司。如果B失去工作（从Y到Y-1），他将面临无限期的失业，这本身就表明B先生的上司的权力明显增加。只要B认为再找工作的可能性很小，而B的上司拥有终止雇用的权力，B先生的上司就拥有了对B的权力。在这种情况下，对B来说，让老板觉得他的选择余地比实际上要大得多是很重要的。否则，B的命运就掌握在他的上司手中，而且他将不得不任老板随意驱使。

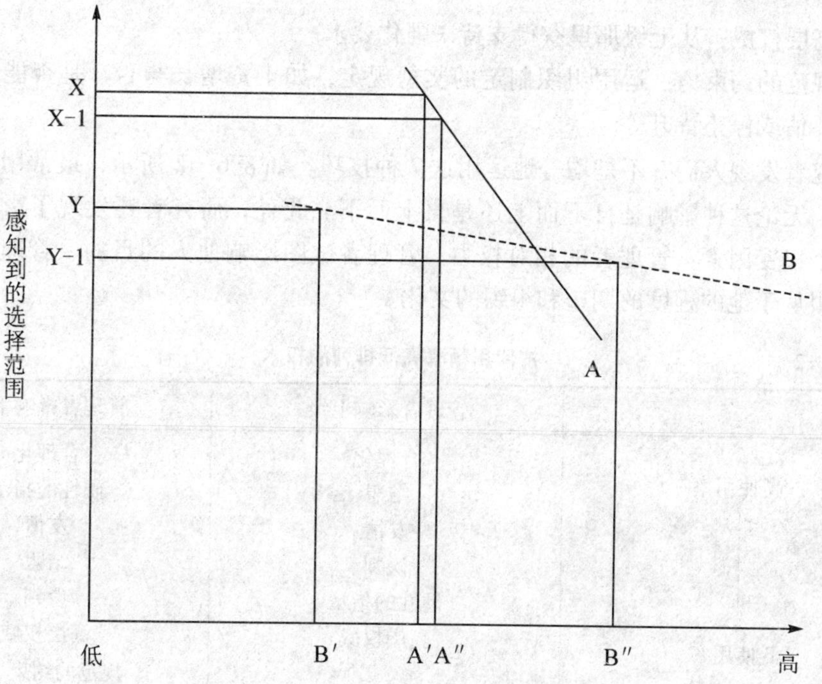

图6-5 感知到的选择范围

（三）权术

既然微观的企业政治客观存在，那么企业领导人在企业管理的过程之中适当地了解并运用领导权谋就是完全必要的。处于变革时期的企业领导者更是如此。一个善于运用权谋的企业家总是能在企业处于激烈的人事动荡时力挽狂澜，扶大厦于将倾，救组织于水火。几乎所有的企业变革都是从人事变革开始的，而人事变革的手段和方法绝对不是“刽子手”般手起刀落那么简单。深谙权谋之术的领导者都知道企业内部的人事变革总是在表面上波澜不惊的情况下，背地里血雨腥风地完成的。

有一项调查要求165名经理人员每人写一篇文章，描述一件事情，说明在这件事中他们是如何影响他们的上司、同事和下属的。从他们的答卷中收集到了370种方法，这些方法被分成14大类。这些答案经概括整理，制成了包含58项问题的调查问卷，并用以向750名员工进行调查。被调查者不仅要回答在工作中他们是如何影响他人的，还要回答影响他人的可能的原因。调查结果（如下）使我们对权术有了深入的认识——管理者如何影响他人，以及在何种条件下选择何种权术更为适宜。

调查结果可分为7种权术维度或策略：

· 合理化：用事实或数据使要表达的想法符合逻辑或显得合理。

· 友情：提出请求之前，先进行吹捧，表现得友好而谦恭。

· 结盟：争取组织中他人的拥护以使他人支持自己的要求。

· 谈判：通过谈判使双方都受益。

· 硬性的指示：直接使用强制的方式，如要求服从、重复提醒、命令，并指出制度要求服从。

· 高层权威：从上级那里获得支持来强化要求。

· 规范的约束力：运用组织制定的奖惩规定，如工资增长与否、是否能获得良好的绩效评估或停止晋升等。

研究者发现人们并不是均等地运用这7种技巧。如表6-2所示，最常用的策略是合理化，无论这种影响是自下而上还是自上而下。此外，研究者还发现了影响权术选择的四个权变因素：管理者的相对权力、管理者试图影响他人的目的、管理者对于被影响者服从于他的程度的期望和组织的文化。

表6-2　**按使用频率高低排列的权术**

	管理者影响上级	管理者影响下级
高使用率	合理化	合理化
↓	结盟	硬性的指示
	友情	友情
	谈判	结盟
	硬性的指示	谈判
	高层权威	高层权威
低使用率		规范的约束力*

*在“管理者影响上级”中删除了规范的约束力

管理者的相对权力通过两种方式影响权术的选择。一方面，那些被视为掌握了有价值的资源的管理者和被认为占据着支配地位的管理者，运用的权术多于那些权力相对较小的管理者。另一方面，有权力的管理者比权力较小的管理者更频繁地使用硬性指示。我们可以推断，大多数管理者都试图采用简单的要求和合理化。硬性的指示是备用的策略，即当影响对象拒绝或看起来不太愿意服从时才使用这种策略。对权力的抗拒导致管理者使用更直接的策略。典型的例子是由提出简单的要求转为坚持必须满足要求。但权力较小的管理者如遇到抵制，更容易停止行动，因为他感到要进行强硬的指示对他来说代价太大。

管理者还会依据目的的不同选用不同的权术。当管理者想从上级那里获取些好处时，他们更多地依赖甜言蜜语并搞好与上司的关系。

管理者对成功的期望也影响着他对权术的选择。过去的经验表明，成功率很高时，他往往运用简单的要求来获得服从；当成功不太容易预测时，管理者更愿意运用硬性的指示和法规的力量来达到他的目的。

组织文化对管理者权术的选择有极大的影响。某些组织的文化鼓励管理者使用友情策略，而有一些则鼓励合理化，还有一些组织依赖规范的约束力和硬性的指示。所以，组织本身会影响管理者使用的权术的可接受程度。

二、政治——权力的运用

（一）定义

关于组织政治的定义可谓五花八门。但是，所有的定义都将注意力集中到了如何使用权力影响组织决策或者组织规范无法约束而由成员自己调节的行为上。根据我们的目的，我们将组织中的政治行为（Political Behavior）定义为那些不是由组织正式角色所要求的，但又影响或试图影响组织中利益分配的活动。这一定义涵盖了大多数人在谈及组织政治行为时所包含的关键因素。

（二）政治行为

政治行为是组织生活中普遍存在的事实，忽视这一事实的人将面临一定的危险。也许你会觉得奇怪：为什么一定要有政治呢？难道一个组织不能完全避免政治行为吗？可能避免，但不是那么容易。组织是由具有不同的价值观、目标和利益的个人及群体组成的，这就形成了对资源的需求的冲突。部门预算、工作空间的分配、项目的责任、薪资调整等，只这几个例子就足以说明组织成员在分配上可能产生的冲突。

组织中的资源是有限的，这常常使潜在的冲突转变为现实的冲突。如果资源充足，那么组织中各种不同成分都可以实现其目标。由于资源是有限的，不是任何人的利益都能够得到满足，而且不管正确与否，一个人或一个群体获得了什么利益往往会被认为是以牺牲其他人的利益为代价的。这种压力导致群体成员为了争取组织中有限的资源而展开激烈的竞争。

由于决策的环境充满不确定性——用以决策的事实很少是完全客观的，这就留下了讨论的余地，组织成员将充分运用他们能够施加的影响来实现他们的目标和利益。由此就自然而然地产生了所谓的政治行为。要回答先前的问题——一个组织是否可能完全避免政治化，我们说，如果组织中所有成员的目标和利益都一致，如果组织资源不稀缺，如果绩效评估完全明确客观，可以做到。

（三）引发政治行为的因素

并非所有的群体或组织的政治状况都是相同的。例如，一些组织的政治化倾向公开并且很盛行；而在另一些组织中，政治行为的影响极其有限。为什么会存在这样的差异呢？最近的研究和观察发现了一些引发政治行为的因素。

图6－6说明了个人和组织两方面的因素如何引发政治行为并为个人和群体提供有益的结果（提高报酬或避免惩罚）。

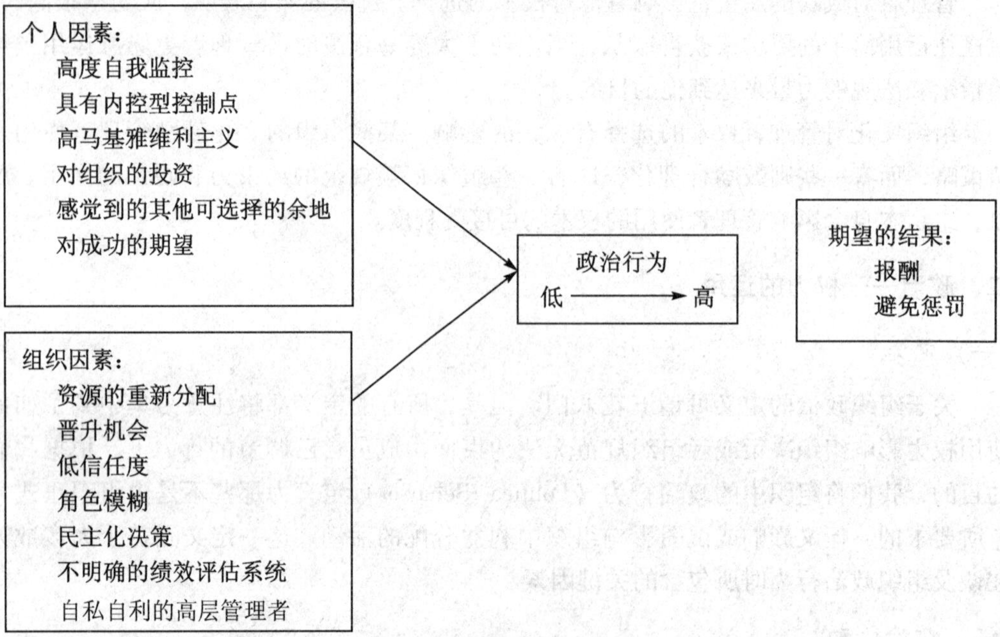

图6－6　引发政治行为的因素

对管理者的启示

如果你想在组织或集体中有所作为，那就应该拥有权力。作为管理者，如果你想增加你的权力，你就要增加别人对你的依赖性。有证据表明，人们对不同的权力基础的反应是不一样的。专家权和参考权来自一个人的个人素质。相反，强制权、奖赏权和法定权基本上都来源于组织因素。因为人们都更愿意接受和认可那些他们崇敬的人或拥有他们所期望的知识的人（而不是那些依仗位置来决定奖酬或强迫他们的人），因此，有效地使用专家权和参考权可以导致更高的员工绩效、承诺和工作满足感。

案例分析

小王的处境

小王是一家SP公司市场部新上任的部门经理，当初学的是工商管理专业，来这个公司市场部已有4个月。前任部门经理因贪污、拉帮结派等原因被老板开除了。因为老板曾多次和小王沟通市场部的工作，所以他将市场部交给小王管理。可是现在的市场部是一个烂摊子，而且之前老板和小王的几次沟通让其他人认为是小王做了手脚把部门经理挤走了。

现在的情况是：

(1) 在对前任经理不满的人里有些支持小王，有些保持中立，其他前任经理自己的人有些抵制小王。

(2) 老板把市场部门的工作量压得较多，完成的可能性只有80%，完成任务后的奖励非常少，但对未完成任务的惩罚力度却非常大，导致部门整体的意见比较大。小王和老板沟通过，但是没有效果。

(3) 前期工作存在太多漏洞，但目前人员调动的难度大。

(4) 产品宣传力度不够，一直没有找到合适的宣传方式。其实市场潜力还是很大的，外地的很多SP希望和该公司合作，风险投资商也打算投钱，但前提是市场部要做出点成果。

小王很想努力把这个产品做好，但是小王觉得现在主要是要解决人员问题，因为只有大家团结起来才可能做好工作、完成任务，才有能力和老板再谈奖罚制度。

问题讨论

1. 请运用本节相关理论对以上现状进行分析。

2. 小王将如何在这种公司的政治中有所作为？

第四节 领导决策

一、决策概述

（一）决策的内涵

1. 决策概念

决策是领导的基本职能。领导者的作用和地位在很大程度上就是通过决策体现出来的。领导者也需要对自己所属的部门、组织的各种问题进行处理，作出决定。这就是领导学要研究的领导决策问题。

决策概念有狭义和广义之分。狭义的决策概念专指决策者对行动方案的最终选择，即通常所说的“拍板”。广义的决策概念是把决策理解为决策者制订、选择、实施行动方案的整个过程。一个领导者不仅要懂得如何选择方案，还必须了解决策活动的整个过程。

2. 决策方式

决策方式可分为科学决策与经验决策。

(1) 科学决策

科学决策是决策者遵循科学的原则、程序，依靠科学的方法和技术进行的决策活动。其主要特点是：①强调建立科学的决策体制，注重共同决策，在决策过程中特别注意依靠各种智囊组织、注意各种专家的横向联系、形成合理的人才结构，以共同完成某个决策活动。②强调将决策建立在科学分析的基础上，从传统的依靠经验进行决策转变为依靠科学分析来进行决策，广泛运用科学技术，将定性分析和定量分析结合起来，以确保决策的正确性和可靠性。

（2）经验决策

经验决策主要是凭借决策者个人的知识、才智和经验而作出的决策。决策是否成功，主要取决于领导者和个别高明谋士的认识和经验。经验决策的特点是：①这种决策方式一般说来是个人的决策活动，主要依靠决策者个人的素质作出决断；②这种决策方式本质上是以决策者的经验为基础的，能处理的信息量有限，一般说来，是一种定性不定量的决策。

（3）“科学的决策”的衡量标准

衡量“科学的决策”的基本标准有以下四个：

第一，要有准确的决策目标。准确的决策目标有两重标准：一是正确，二是明确。

第二，决策的执行结果能够实现确定的目标。检验一项决策是否符合科学的决策的标准就是看决策的执行结果能否实现确定的目标。

第三，实现决策目标所付出的代价小。

第四，决策执行后的副作用相对少。

第一、二条是是非标准，第三、四条是优劣标准。是非标准即存在一个非此即彼的规则，优劣标准即存在着一个相对的限度。因此要将决策方式与决策后果联系起来统一考察才能树立正确的决策观念。

（4）经验决策、科学决策与“科学的决策”之间的关系

经验决策具有一定的合理性，甚至在特定条件下还是不可替代的，它在特定的程度和范围内还是行之有效的。

为什么科学决策的结果并不必然是“科学的决策”呢？①科学决策是就决策方式而言的，“科学的决策”是就决策后果而言的，两者有着重要的区别；②科学的决策方式有助于领导者作出“科学的决策”，但两者并不存在必然的因果联系；③科学决策也不排除失误的可能性，但是它可以使失误减小到最低程度。

（二）决策的要素

无论什么决策，一般都由决策者、决策目标、决策备选方案、决策情势和决策后果五个要素组成。

1. 决策者

决策者即决策的主体。在决策活动中，决策者作为一种角色有时是由个人来承担的，有时是由集体来承担的。领导学把由个人承担的决策称为个人决策，把由集体承担的决策称为集体决策。

2. 决策目标

决策目标是指决策要达到的目的。决策目标的制订必须满足下列五条检验准则：①目标是有的放矢的。②目标是具体的。其含义包括：要具有衡量目标的具体标准，对能够数量化的目标必须规定明确的数量界限。对于较为抽象的目标，可采用目标分解的办法，把抽象的总目标转化为便于数量化的小目标。具体的目标还必须有实现的

确实期限和有关的约束条件。具体目标还必须是单义的，只能有一种理解。切忌在实现过程和评价过程中犯“目标替换”的错误。③目标是系统的。要全面考虑决策目标的主次、先后关系，建立起层次、结构分明的目标体系。④目标是切实可行的。⑤目标是符合规范的。它必须符合法律规范、市场规范乃至道德规范。对于行政机关来说，其目标必须符合体制性的规范要求，而不能越出其权限范围。这一点要求决策者必须具有较强的政治分析能力，政治敏锐性和宏观、长远的眼光。

3. 决策备选方案

“如果看来似乎只有一条路可走的话，那么这条路很可能就是走不通的。”在决策理论中，只有单方案而无其他选择余地的决策被称为“霍布森选择”（见后面的知识链接）。

4. 决策情势

决策情势是指决策面临的时空状态，也就是我们平常所说的决策环境。

5. 决策后果

决策后果是指一项决策所产生的效果和影响。对决策后果的估价方法有：①“科学估价”，即依靠专家或决策集体的智慧。②“心理估价”，即对任何决策所能产生的后果都要具备心理上的准备。③“经验估价”，即对前人实施同种性质的决策所产生的后果进行分析。④“模拟估价”。因此决策者对涉及下属和员工切身利益的决策要尤其慎重，而对那些例行性、程序性和仪式性较强的决策可减少决策成本。

二、决策的方法

（一）决策的方法

1. 头脑风暴法

参见“群体决策技术”部分。

2. 德尔斐法

参见“群体决策技术”部分。

3. 竞赛式决策制订法

这种方法是将决策中有关联、有影响力的多种要素采取阶层结构的方式加以排列把握，这些因素可能是相互对立或排斥的。

竞赛式决策法把这些因素及其所指的决策方案排列出来，进行相互比较或“优劣比赛”，运用数学方法选择出最优的一种决策方案。

4. 模型决策法

建立一个与所需要研究和领导的实际系统的结构、功能相类似的模型，即同态模型，然后运行这一模型，对各种不同条件下的模拟运行结果进行评价分析和选优，从而为领导者的决策提供依据。模型决策法的优点主要体现在以下几点：

第一，适合某些复杂庞大往往找不到有效的分析方法的实际系统。

第二，本身带有实验性质，容许出现错漏或失误，因而能够打消人们的顾虑，在模拟中对事物发展的各种可能趋势进行大胆的实验和探索。

第三，可以避免对实际系统进行破坏性或危险性的实验。

第四，所费的时间较短，可以加快决策的进程。

模型要提供的是了解而不是数字。模型只能指出一定决策的一般性后果，但不能代替决策。

5. 方案前提分析法

方案前提分析法并不直接探讨备选方案本身，而是注重对方案的前提假设进行分析。

6. 鱼缸法

鱼缸法是一种通过领导者宏观智能结构效应的发挥来进行决策的方法。运用这个方法时，所有决策人员围成一个圆圈，通过某个中心人物同其他成员之间的互动来进行决策。因其形似鱼缸，故得名“鱼缸法”。

7. 决策树法

决策树法是风险决策的一般性方法。所谓风险决策，并不是说在选择行动方案时对未来可能出现的情况一无所知，凭抽签来决定命运的赌博式选择，而是决策者对决策备选方案大致能够估计出产生决策风险后果的概率，而任何备选方案都存在着风险。

决策树法就是把决策过程用树状图来表示的方法。它的分析步骤是：①绘制决策树图。②计算收益期待值。计算各状态结点的收益值，将各分枝的收益值（或损失值）分别乘以各概率枝上的概率，最后将这些值相加，求出状态结点的期待收益值（详见知识链接）。

8. 运筹决策法

（1）运筹决策法的基本内容

第一，规划论。解决此类问题的方法是线性规划。线性规划有两个基本特点：一是对于有限的资源，必有两种或两种以上的行动方案进行竞争对比；二是研究的问题中的所有关系都是线性的。

第二，库存论。库存论是研究物资储备的控制策略的理论，又称存储论。存储物资是协调供应（生产）和需求（消费）之间关系的一种措施。例如，工厂与商店必须考虑原材料和商品的库存量，库存太少可能造成停产或脱销，库存太多则可能造成积压，这些都直接影响企业的效益。因此库存管理是现代企业生产管理中的一个重要环节。

第三，排队论。排除论是运筹学的又一个分支，又叫随机服务系统理论。它的研究目的是回答如何改进服务机构或组织被服务的对象，使得某种指标达到最优的问题。比如，一个港口应该有多少个码头，一个工厂应该有多少维修人员等。

第四，对策论。对策论是现代数学的一个新分支，也是运筹学的一个重要组成内容。按照2007年因对博弈论的贡献而获得诺贝尔经济学奖的罗伯特·奥曼（Robert Aumann）教授的说法，博弈论就是研究互动决策的理论。所谓互动决策，即各行动方（即局中人）的决策是相互影响的，每个人在决策的时候必须将他人的决策纳入自己的决策考虑之中，当然也需要把别人对自己的考虑也纳入考虑之中。在如此情形中进行决策，选择最有利于自己的战略。

（2）运筹决策的程序

运筹决策的程序分为程序化决策和非程序化决策两种类型。程序化决策是以前见过并且作过的决策。程序化决策有正确的客观答案，可用简单的规则、策略或数字计算解决。如果你面临的是程序化决策，那么你就有实现正确决策的清晰步骤或结构。例如，如果你是一个小型公司的拥有者，并且要针对付给雇员的工资总额作出决策，你就可以使用计算器。如果总数不对，你的雇员会向你证明。如果大多数重要的决策都是程序化决策，那么管理工作就会容易多了。但是管理者主要面临的是非程序化决策。非程序化决策新、复杂、没有确定的结果。非程序化决策中存在各种可能的解决办法。这些办法各有利弊，决策者必须创造一种方法来作决策，没有一种预先确定的结构可以依赖。重要、困难的决策通常是非程序化的，需要采用创造性的方法。

三、领导决策的评估

（一）评估的指标

1. 决策的投入

这指的是决策资源在决策过程中的使用和分配情况，包括资金的来源与支出、执行人员数量的多少以及工作时间的长短。

2. 决策的效益

决策的效益指达到决策目标的程度。首先，一个明确而具体的决策目标是效益评估的重要前提。其次，要高度重视决策实施所完成目标的充分性。最后，决策的效益是决策实施后所获得的某种结果，这种结果是一种客观性的存在。因此效益标准应该是客观性的标准。

3. 决策的效率

决策的效率表现为决策效益与决策投入之间的量的关系和量的比例。决策效率标准通常以单位成本可能产生的最大成果或单位成果所需要的最小成本为基本形式。决策效率标准着重以较快、较节省的方法执行决策，而决策效益的标准着重以较有效的途径来完成决策目标。在制订和实施决策中的一个重要的任务就是要把两者最大限度地统一起来，以便在取得高效率的同时获得高效益。对决策进行效率评估包括两个方面：一方面是决策执行机构及其工作人员的工作效率，包括以最短的时间和最小的工作量完成某项活动、解决某个问题，或在决策资源有限的条件下尽量扩大决策的效益；另一方面是决策的全部成本与总体效益之间的关系。

4. 决策的回应程度

决策的回应程度就是指在特定决策实施后，满足与之相关的特定阶级、阶层或社会集团的利益和需求的程度。由于人们的利益和需求随着时间和条件的变化而变化，因此保证决策具有较高的回应程度就是一项比较复杂和困难的事情。

（二）评估的一般步骤

1. 评估的组织和准备

这一阶段的任务是：①选择、确定评估对象；②明确评估目的；③确定评估标准，选择适当的评估方法；④设计和制订评估方案，明确评估的时间、进度以及评估经费的来源和使用情况；⑤确定和培训评估人员。

2. 评估的实施

评估的实施的主要任务是利用调查手段全面收集有关决策制订和执行的第一手资料，并在此基础上进行系统的整理、分类、统计和分析，采用恰当的评估方法，根据评估标准，对决策的制订和执行状况作出客观、公正的评价。要始终坚持材料的完整性和分析的科学性。

3. 总结和撰写评估报告

这包括两个方面的内容：一是总结，二是撰写评估报告。

4. 决策评估面临的困难

①决策目标的不确定性；②有关人员的抵制；③获取数据和信息的困难；④决策的混乱与决策的重叠；⑤决策的沉没成本；⑥决策影响的广泛性；⑦决策评估缺乏效果。

对管理者的启示

作为领导者，在从事管理工作的过程中，其决策的正确与否直接决定了领导工作的成败。决策失误是领导者最大的失误。领导就是领导者带领、引导被领导者实现某个目标、完成某种事业的活动过程。而领导者的决策就规定了事业的发展方向，规定了达到目标的途径和措施，因而它就成为了行动的指南和准则。领导者在决策过程中应灵活运用多种决策方法，遵循科学理性的决策行为，维护统一领导，在统一指挥下发挥各层级人员的主观能动性，方可实现企业发展各阶段的战略目标。

知识链接

霍布森选择

对某种没有选择余地的所谓“选择”，后人称之为“霍布森选择效应”。1631 年，英国剑桥商人霍布森从事马匹生意。他说，你们想买我的马、租我的马，随你的便，价格都便宜。霍布森的马圈大大的、马匹多多的，然而马圈只有一个小门，高头大马出不去，能出来的都是瘦马、癞马、小马。来买马的左挑右选，不是瘦的，就是癞的，而霍布森只允许人们在马圈的出口处选马。大家挑来挑去，自以为完成了满意的选择，最后的结果可想而知——只是一个低级的决策结果，其实质是小选择、假选择、形式主义的选择。人们自以为作了选择，而实际上思维和选择的空间是很小的。有了这种思维的自我僵化，当然不会有创新，所以它是一个陷阱。后来，管理学家西蒙把这种没有选择余地的所谓“选择”讥讽为“霍布森选择”。霍布森选择是一个小选择、假选择，而大同小异的选择（无选择）就是假选择。

决策树法

决策树法为风险决策问题的直观表示方法的图示法，如图 1 所示。因为图的形状像树，所以被称为决策树。与决策矩阵表示法相比，决策树表示法有许多优点，如决策矩阵表示法只能表示单极决策问题，且要求所有行动方案所面对的自然状态完全一致。而当利用决策树表示法时，决策矩阵表示法的缺点均能被克服，还方便简捷、层次清楚，能形象地显示决策过程。决策树的结构如图所示。图中的方块代表决策节点，从它引出的分枝叫方案分枝。每条分枝代表一个方案，分枝数就是可能的方案数。圆圈代表方案的节点，并从它引出概率分枝。每条概率分枝上标明了自然状态及其发生的概率。概率分枝数反映了该方案面对的可能的状态数。末端的三角形叫结果点，注有各方案在相应状态下的结果值。

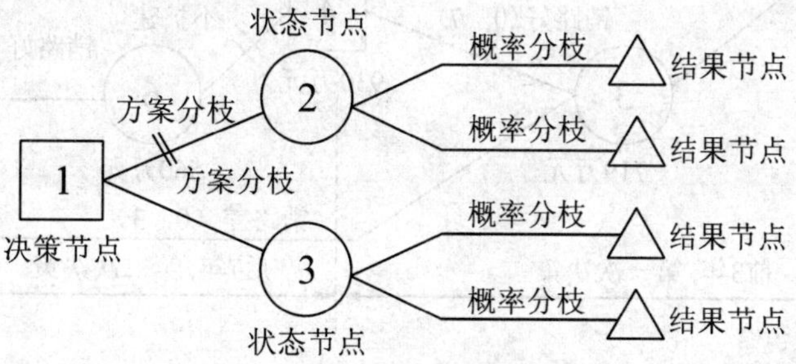

图1 决策树结构图

应用决策树来作决策的方法是从右向左逐步后退进行分析。根据右端的损益值和概率枝的概率，计算出期望值的大小，确定方案的期望结果，然后根据不同方案的期望结果作出选择。方案的舍弃叫做修枝，被舍弃的方案用不等号来表示。最后的决策点留下的一条树枝，即为最优方案。只需进行一次决策就可解决的问题，叫做单阶段决策问题。如果问题比较复杂，要进行一系列的决策才能解决，该问题就叫做多阶段决策问题。多阶段决策问题采用决策树决策方法比较直观容易。

例1：为了适应市场的需要，某地提出了扩大电视机生产的两个方案。第一个方案是建设大工厂，第二个方案是建设小工厂。建设大工厂需要投资600万元，可使用10年。建设小工厂需要投资280万元，如销路好，3年后就扩建。扩建需要投资400万元，可使用7年，每年赢利190万元。试用决策树法选出合理的决策方案。

图2是例1的决策树，下面计算各点的期望值：

点2：$0.7\times200\times10+0.3\times(-40)\times10-600$(投资)$=680$（万元）

点5：$1.0\times190\times7-400=930$（万元）

点6：$1.0\times80\times7=560$（万元）

比较决策点4的情况可以看到：由于点5（930万元）与点6（560万元）相比期望利润值较大，因此应采用扩建的方案，而舍弃不扩建的方案。把点5的930万元移到点4来，可计算出点3的期望利润值。

点3：$0.7\times80\times3+0.7\times930+0.3\times60\times(3+7)-280=719$（万元）

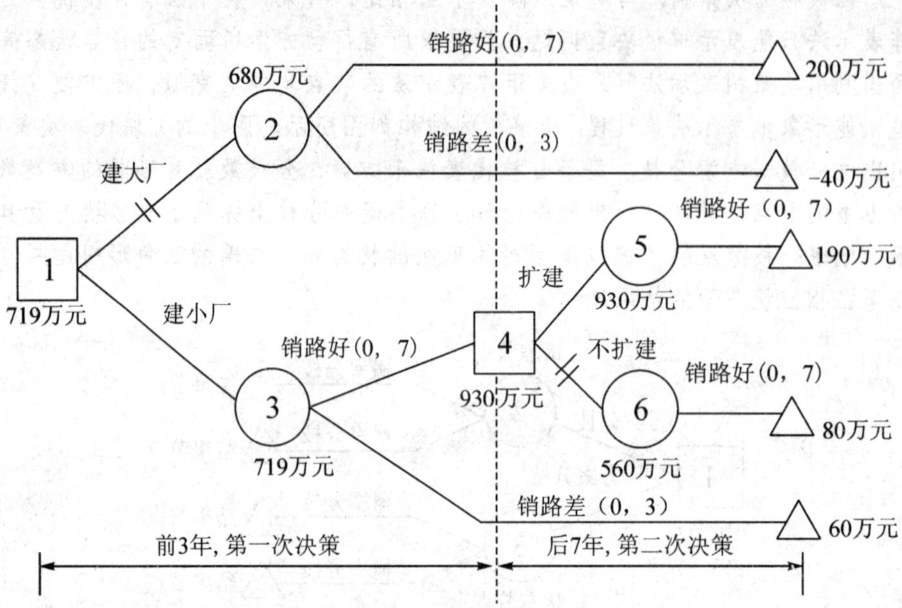

图2 决策树图

最后比较决策点1的情况：由于点3（719万元）与点2（680万元）相比期望利润值较大，因此取点3而舍点2。这样，相比之下，建设大工厂的方案不是最优方案，合理的策略应是前三年建小工厂，如销路好，后7年进行扩建。

案例分析

新任厂长的产品决策

某工具厂从1990年以来一直生产经营A产品。虽然产品品种单一，但是市场销路一直很好。后来，由于经济政策的暂时调整及客观条件的变化，A产品完全滞销，企业员工连续半年只能拿50%的工资，更谈不上奖金了。企业员工怨声载道，积极性受到极大的影响。

新厂长上任后，决心在一年内改变工厂的面貌。他发现该厂与其他部门合作的环保产品B是成功的，于是决定下马A产品，改产B产品。一年过去，企业总算没有亏损，但工厂日子仍然不是十分好过。后来，市场形势发生了巨大的变化，原来的A产品脱销，用户纷纷来函来电希望该厂能尽快恢复A产品的生产。与此同时，B产品销路又不好了。在这种情况下，厂长又回过头来抓A产品，厂里一时又无法将生产搞上去，无论数量和质量都不能恢复到原来的水平。为此，集团公司领导对该厂厂长很不满意，甚至认为改产是错误的决策。厂长感到很委屈，总是想不通。

问题讨论

1. 请你对该厂长的决策作详细分析。
2. 如果你是该厂厂长，你在决策过程中应如何去做？

小结

本章描述了对领导的不同的定义。学术界尚未就此达成一致意见，目前对领导的定义主要有四个不同的学说：领导中心说、互动说、结构说与目标说。本章深刻地剖析了领导的四大特性，并对领导与管理的联系和区别作了阐述，特别是对领导与管理从职能、组织、超脱性与全局性上进行了详细的对比。

本章还详细地描述了领导理论经历的三个发展阶段——特质论、行为论和权变论，以及领导理论的新发展。特质论是假设一个领导者的人格特质必然会不同于普通的被领导者，因此，希望找出成功领导者和不成功领导者在人格特质上的差异。由于领导特质理论不能说明领导的本质，于是20世纪40年代后期出现了行为理论——主要包括密执安大学的领导行为研究、俄亥俄大学的领导行为研究、管理方格理论、专制—民主连续统一体模式的研究。行为理论没有注意到环境对领导风格和方式的影响，因而出现了领导权变理论。它主要包括菲德勒的领导权变理论、豪斯的途径—目标模式和卡曼的生命周期理论。随着时代的发展，学术界出现了领导归因理论、领导魅力理论与交易型领导与变革型领导理论。

权力是一个人用以影响另一个人的能力。这个定义包含以下几点：①权力是潜在的，无需通过实际来证明它的有效性；②依赖关系；③被影响一方对自己的行为有一定的自主权。

领导者的权力来源可分为权力性影响力与非权力性影响力。

权力的第三个来源就是资源。

政治行为不在特定的工作要求范围之内，因此，它需要人有使用权力的愿望。此外，当我们说："政治行为主要关注组织中的利益分配"时，这一定义还涵盖了那些影响决策目标、准则或过程的行为。

领导者需要对自己所属的部门、组织的各种问题进行处理、作出决定，这就是领导学要研究的领导决策问题。无论什么决策，一般都由决策者、决策目标、决策备选方案、决策情势和决策后果五个要素组成。

领导决策的方法主要有头脑风暴法、德尔斐法、竞赛式决策制订法、模型决策法、方案前提分析法、鱼缸法、决策树法、运筹决策法。

思考题

1. 领导的含义是什么？你是如何理解的？
2. 联系实际，谈谈你对领导影响力的理解。
3. 领导理论经历了哪三个发展阶段？
4. 特质论的主要观点是什么？
5. 行为论对领导学的重大贡献是什么？
6. 菲德勒模型的主要内容是什么？

7. 领导归因理论的主要内容是什么？
8. 权力的来源是什么？
9. 如何提高领导者的影响力？
10. 权术的表现形式有哪些？
11. 如何确定权力在哪里？
12. 公司政治的表现是什么？
13. 领导决策的类型与适用范围有哪些？
14. 领导决策的方法有哪些？
15. 领导者在决策中的职责是什么？
16. 领导决策的评估过程有哪些？

第七章　组织过程

第一节　组织概述

一、组织的概念

（一）组织的定义

随着社会的发展，组织概念也经历了一个历史演变的过程。中国古代借用将丝麻编制成布帛的过程，重点强调“组织”是对相关要素的人为组合。西方对“组织”（Organization）原意的理解，出自对人体“器官”（Organ）独特功能的引申，偏重于局部自成系统的独立性，以及局部构成整体的结构性。

组织是指为了达到特定的目标而通过分工协作与不同的权力、责任设定所构成的人的集合。从静态角度来看，组织是为了达到某一目标而结合在一起的具有正式关系并相互合作的一群人所组成的集体；从动态角度看，组织是向每个成员分配工作、确定工作关系、统一各种行动的一种结构，或安排各子系统的操作过程。组织行为学就是从组织是为实现目标而设计的人群集合体、是每个成员在其中进行各种活动的构架系统的角度来研究组织。

（二）组织的要素

所有正式组织，不论其级别和规模差别有多大，均由共同的目标、协作的愿望和信息沟通三个基本要素构成。组织的产生和发展只有通过这三个基本要素的结合才能实现。

1. 共同目标

组织目标是整个组织存在的灵魂，也是组织奋斗的方向。共同目标是针对每一个组织成员来说的，是协作愿望的必要前提。如果组织成员不了解组织要求他们做什么，做成功以后他们会得到什么样的回报，就不可能被诱导出协作的意愿来。

组织的共同目标不是一成不变的，它应当随着组织规模、人员、外界环境的变化和发展而随时调整。组织目标应具备综合性、总体性、清晰性、可分性和层次性等特点。确定组织目标时，应遵循灵活性与一致性结合的原则，要有一定的可能性，同时也要有一定的挑战性。巴纳德强调个人目标与组织目标之间应相互协调，并指出管理人员必须能够协调个人目标与组织目标之间的矛盾。

2. 协作愿望

协作愿望就是指个人为组织目标贡献力量的愿望。组织成员有协作的意愿意味着个人要克制自己，交出对自己的控制权。没有这种意愿，就不可能将不同组织成员的行为有机地结合起来，协调一致地活动。例如，作为工厂的一名工人，就必须按时上班，严格按照工厂机器操作运转的规律进行生产，遵守工厂的各项制度，使个人行为变得非个人化。

大多数时候，不同成员的协作意愿是不同的，有的很强，有的很弱，有的积极，有的消极。成员协作愿望的强弱和组织规模成反比：组织规模越大，越是综合性的，成员的协作愿望越弱，甚至是消极的。反之，组织规模越小，协作愿望就越强烈。同一个人在不同时候的协作意愿的强度也是不同的。同时，组织中协作愿望强与弱的人数并非固定不变。个人并不能自发地产生协作意愿，组织可以通过给予组织成员相应的诱因从而设法获得成员的协作愿望。所谓诱因是指组织给成员个人的报酬。这种报酬可以是物质的，也可以是精神的。

3. 信息沟通

信息沟通作为组织的基本要素之一，使前两个要素得以动态地结合，是一切活动的基础。个人协作意愿和组织共同目标只有通过信息沟通才能联系和统一起来。通过信息沟通，组织成员才能了解并认同组织目标，产生协作愿望，采取合理行动。

（三）组织的分类

在现实中可以按照多项分类标准对组织进行划分。例如，按照组织的人数多少、资源数量多少以及外在影响程度的大小，可以将组织划分为小型组织、中型组织和大型组织。比如，同是企业组织，就有小型企业、中型企业和大型企业；按照组织的合法性，可以将组织划分为合法组织和非法组织；根据社会组织的功能不同，可将组织分为生产组织（如工厂、商店）、政治组织（如政府部门）、整合组织（如法院、政党）和模式维持组织（如学校、教会）；从社会组织运行的受益者角度，可将组织分为互利组织（如工会、政党、俱乐部）、服务组织（如医院、学校）、商业组织（如银行、公司）和公益组织（如政府机构、军事机构）；按照组织的性质、目标和活动内容不同，可以将组织划分为经济组织、政治组织、文化组织、群众组织和宗教组织；按照组织形态的具象化程度不同，可以将组织划分为实体组织和虚拟组织。组织行为学侧重研究按权威的类型、按组织的形成方式和个人参加组织活动程度不同进行的分类。

1. 按权威的类型分类

根据组织中的权威性质或组织对其成员的控制方式不同，社会组织可分为强制性组织、功利性组织和规范性组织。强制性组织建立在暴力基础上，以强迫的手段使成员服从组织，例如监狱、精神病院和军队；功利性组织通过金钱或物质报酬来控制其成员，如各种工商企业；规范性组织则是运用规范来控制其成员，通过规范的内化实现对其成员的控制，最典型的是各种宗教组织。

2. 按组织的形成方式分类

按照组织的形成方式和组织成员关系的不同，可以将组织划分为正式组织和非正式组织。

正式组织是为了有效实现组织目标，明确规定组织成员之间的职责范围和相互关系的一种结构。正式组织的特征有：经过有计划的设计，将组织工作分配给各层次，作出系统的综合，由规则来支持职责，且强烈地反映出管理者的思想和信念。但其成员并不一定重视或接受管理者的社会、心理和行政的假设。它具有特定的结构，并要求指挥系统规范化、组织成员纪律化和管理科学化。

非正式组织是人们在共同工作或活动中，由于具有共同的兴趣和爱好，以共同的利益和需要为基础而自发形成的团体。其组织成员之间的关系不是官方规定的。非正式组织是在自发的基础上为满足某种心理需要而有意或无意形成的不定型组织，组织中蕴藏着浓厚的友谊与感情的因素。

3. 按个人参加组织活动的程度分类

按个人参加组织活动的程度不同，可以将组织划分为疏远型组织、精打细算型组织和道义型组织。在疏远型组织中，个人与组织活动很少有共同之处，成员在心理上并不介入组织，而是在强制力量下成为组织成员；在精打细算型组织中，成员参加工作的原则是以自身所得的回报而完成相当于回报的工作，参加工作的原则是“做一天和尚撞一天钟”“干一天活，拿一天工资”；在道义型组织中，成员自觉自愿完成组织的任务，积极参与组织活动，个人与组织目标一致。相比较而言，疏远型组织的效率最低，道义型组织的效率最高。怎样将组织建设为道义型组织是研究组织过程的重要课题。

（四）组织的作用

1. 力量汇聚作用

把分散的个体汇聚成为集体力量去完成任务，这就是组织的力量汇聚作用的表现。这种“相和”的效果可以从日常生活中多个纤夫合拉一艘船及伐木工合力搬运等实例中得到具体而生动的说明。

2. 力量放大作用

力量放大作用是在力量汇聚作用的基础上产生的。良好的组织还能发挥“相乘”的效果。古希腊学者亚里士多德（Aristotle）曾提出“整体大于各部分之和”。组织对汇聚起来的力量有放大或相乘的作用，是人力之间分工和协作的结果。例如，对企业组织而言，只有借助组织的力量放大作用，才能取得“产出”远大于“投入”的经济效益。

3. 资源整合作用

在组织中，除了人力资源以外，还汇聚了其他多种资源。组织通过精心的结构设计和合理的分工与协作，使这些资源最大限度地发挥作用。这也是各种资源通过组织得以合理整合的过程。

4. 满足人们心里需要的作用

组织特别是非正式组织能满足成员的心理需要。人们在组织中能够获得安全感，可以满足社会交往的需要，还可以得到自尊与自信等。

二、组织理论

随着社会的发展、科学技术的进步和人们认识能力的提高，组织理论的发展经过了古典组织理论、行为组织理论、现代组织理论及其发展三个阶段。

（一）古典组织理论

20世纪初，管理学正式成为一门学科，出现了古典管理学派。古典管理学派在两个层面上平行发展：一个是以费雷德里克·泰勒为代表的科学管理理论，其重点是研究在车间或作业层进行科学管理，属于一种微观方法；另一个是以亨利·法约尔和马克斯·韦伯为代表的古典组织理论，其重点是研究组织的管理职能、组织结构和组织管理原则，属于一种宏观方法，与科学管理管理理论相辅相成（此部分内容参见第一部分的古典组织理论）。

（二）行为组织理论

行为组织理论产生于20世纪30年代，以古典组织理论为基础，吸收了行为科学和心理学的理论和知识，侧重于研究组织管理中人的行为。

1. 梅奥的人际关系组织理论

梅奥及其合作者通过著名的霍桑实验发现：只有把人看成“社会人”，关注他们的社会需要，才能创造出高效率。组织是一个包括个人、非正式群体、群体间关系以及正式结构的社会系统，影响生产效率的重要因素是人的社会心理需要的满足和在工作中建立起来的人际关系。其主要观点参见“人际关系学说”部分。

2. 麦格雷戈的“Y”组织理论

麦格雷戈提出了基于人性假设的Y理论，认为人对组织的要求并非天生就是消极的，对自己参与制订的目标能够实行自我指挥和自我控制。在适当的条件下，人不但能接受责任，而且能主动承担责任。成长和承担责任的能力、解决问题的想象力和创造力对多数人而言都是具备的。组织管理者的工作是安排好工作方面的条件和方法，营造良好的员工参与管理的氛围，充分发挥人类的潜力，使人们通过实现组织目标，最大限度地达到各自的目标。

行为组织理论强调人际关系和信息沟通，提倡考虑工作者的需要和特点来设计组织结构，注重以人为中心的管理，弥补了古典组织理论的不足。但它过分强调这一点，忽视了组织中的专业化分工、统一指挥、规章制度等的作用，具有一定的片面性。

（三）现代组织理论

20世纪60年代以来，随着科学技术的发展，劳动性质和劳动结构发生了深刻的变化。人员素质的提高，组织所处环境的巨大变化，导致组织的范式发生了根本性的改变。为使组织适应这种新的变化，在古典组织理论和行为组织理论的基础上，以系统—权变思想为核心的现代组织理论产生了。

1. 巴纳德的组织理论

作为美国新泽西贝尔电话公司总裁，巴纳德凭借自己多年从事高层管理的经验，创立了一套重要的组织理论。其观点集中反映在其1938年出版的经典著作《经理人员的职能》中。他首次用组织理论来解释工作中个人的行为及其变化；建立了权威接受理论，强调金钱和非金钱的诱因；提出新的组织结构理论，把组织看做一个由共同的目标、协作的愿望和信息沟通三个基本要素组成的协作系统。其主要论点参见第一部分的巴纳德组织理论。

2. 霍曼斯的社会系统理论

社会学家霍曼斯建立了包含五个关键因素的组织社会系统模式。他认为，任何社会组织都处于物理的、文化的、技术的环境中。这些环境影响和决定着社会组织中人们的活动和相互作用，而人们在进行活动和发生相互作用时，又会在人们之间以及人们和环境之间产生一定的感情。社会系统（霍曼斯所称的外部系统）是由所处的环境决定的，由人的活动、人的相互作用以及人对环境的感情反应等因素构成。活动、相互作用、感情这三方面是相互依赖的，其中一个因素发生变化，另外两个因素也会发生变化。这就要求组织管理人员在处理某件事情和进行某项变革时，必须考虑其他部门和环境的影响。

3. 卡恩和利克特的组织理论

社会心理学家卡恩的"重叠角色组"理论和行为科学家利克特的"重叠群体"理论既是群体理论的发展，又是现代组织理论的有机组成部分。

卡恩认为，当一个人在组织中执行某种组织角色时，为了很好地完成这个角色的任务，往往要同一些人发生联系，并协同工作，于是这个人被称为"中心人物"。而跟他协同工作的人，如上级、下级、同事以及组织外的某些人，就和他组成了一个"角色组"，而整个组织就是由许多重叠和相互连锁的"角色组"构成的。组织成员的角色行为可以从角色冲突、角色不明和角色负担过重三个方面来研究。卡恩应用了职位、角色期望、对角色期望的认知、对冲突的反应方式、执行角色任务的有效性等概念来进行组织成员的角色行为分析，突破了传统的组织概念，丰富了组织理论。

利克特认为，组织中传统的个人对个人的关系可以用更精确的群体对群体的关系来替代，组织是由相互关联、重叠的群体构成的系统。这些相互关联的群体是由处于几个群体交叠处的个人来联结的，这些个人称之为"联结针"（Linkin Pin）。联结针把组织内部的上下级之间、不同部门之间以及组织与环境之间联结起来，组织的强度决定于最弱的联结针的强度。为了防止群体的链锁断裂，应设置附加的参谋小组和特别委员会作为补充。利克特的模式打破了传统组织理论提出的各部门严格划分界限、一人一职的概念，指出管理人员不仅要完成本职位的工作，还要在各部门之间、人与人之间特别是上下级之间起联络作用，以增强沟通和协调，提高组织效率。

4. 伯恩斯和史托克的组织理论

伯恩斯和史托克提出了机械的组织和有机的组织的概念，认为组织应根据环境的不同变化状态和组织的特点来选取适合的组织结构类型，才能取得良好的效果。

（1）机械的组织结构特点

以高度专业化、集权和垂直沟通为特征；采取正式的层峰体系来协调；每个职位的权力、义务和技术方法都有明确规定；控制、职权和沟通分等级、层次实施；高层管理人员独占知识、信息，强化层级结构；注重垂直沟通，横向沟通少且重视不够；管理人员靠发出指示、命令和作出决定来实施管理；成为组织成员的条件是服从上级和对公司的忠诚。

（2）有机的组织结构特点

以工作没有明确界定、自我控制、横向沟通为特征；个人的任务由整个组织的总任务和目标来决定，并通过和其他人的共同协商和活动不断调整和重新界定；控制、职权和沟通通过网状结构来实施；专门的知识和经验是为实现组织的共同任务服务的；横向沟通很重要，地位不同的成员之间的沟通应采取协商而不是命令的方式进行，沟通的内容主要是信息和劝告，而不是指示、命令和决策；重视组织任务的完成和技术经济的发展，认为承担任务的重要性超过忠诚与服从。

5. 经验主义学派的组织理论

经验主义学派组织理论认为：①古典管理学派和人际关系学派各有所长，经验主义学派的任务是根据企业的实际经验，将这两个方面的研究成果结合起来。②针对传统组织理论无法满足现代组织而表现出的不适应，提出了组织设计的原理。③提出了组织变革的原则。④倡导目标管理。目标管理把以工作任务为中心和以人为中心的管理方法结合起来，调动员工的积极性和创造性，用自我控制的管理来代替由别人统治的管理，使员工从工作中满足其自我实现的需要，从而促进组织目标的实现。

6. 系统管理学派的组织理论

系统管理学派将路德维希·冯·贝塔朗菲的“一般系统理论”被应用于组织管理活动，就形成了系统管理学派的组织理论。其主要观点参见第一部分系统管理学派的内容。

7. 权变组织理论

权变就是权益应变，是当今管理学的重要观点。把环境对组织的作用具体化，并使组织理论与组织实践紧密地联系起来，就形成了权变组织理论。其主要观点参见第一部分权变理论学派的内容。

8. 组织生命周期理论

组织生命周期理论认为，组织的成长要经过创业、职能发展、分权、参谋激增和再集权五个阶段，每阶段的组织结构、领导方式、管理体制、员工心态都有其特点，组织在每一个阶段都有其独特的管理作风、人际关系、危机管理和组织管理的方法。因此，管理人员必须了解组织的动力、需要和目前所处的发展阶段，并采取相应的管理方式，才能使组织顺利地向前发展。

（四）组织理论的新发展

1. 企业组织再造理论

1993 年，迈克·哈默与詹姆斯·钱皮提出，应在新的企业运行空间条件下以工作流程为中心，重新设计企业的经营、管理及运作方式。“为了飞跃性地改善成本、质量、服务、速度等重大的现代企业的运营基准，要对工作流程（Business Process）进行根本性的重新思考和彻底改革。”企业再造包括企业战略再造、企业文化再造、市场营销再造、企业组织再造、企业生产流程再造和质量控制系统再造。企业组织再造是企业再造的基础和核心。

企业的组织再造就是要改变企业在工业时代构建的组织模式，充分利用信息技术手段和现代管理理念，建立符合信息时代要求的组织模式。组织模式主要包括改变企业内部层级式的组织结构、建立供应链组织和虚拟组织。

在企业组织再造时，应注意正确处理好四种关系：一是总公司与子公司的关系；二是事业部与分公司的关系；三是纵向管理与横向管理的关系；四是管理与决策的关系。

2. 学习型组织理论

学习型组织理论是知识经济发展的产物，其代表人物有彼得·圣吉（P. M. Senge）、大卫·加尔文（D. Calvin）等学者。

学习型组织理论认为，在新的知识经济背景下，企业组织要持续发展，必须增强企业的整体能力，提高整体素质，未来真正出色的企业将是能够设法使各阶层人员全心投入并有能力不断学习的组织——学习型组织。所谓学习型组织，是指通过培养整个组织的学习气氛、充分发挥员工的创造性思维能力而建立起来的一种有机的、高度柔性的、扁平的、符合人性的、能持续发展的组织。学习型组织具有以下特征：成员具有共同的愿景或目标，组织由多个具有创造精神的个体组成，善于不断学习，具有扁平式结构，具有自主管理能力，追求员工家庭与事业的平衡，领导的任务是全新的。这种组织具有持续学习的能力，能通过各种途径和方式不断地获取知识、传播知识，具有高于个人绩效总和的综合绩效。

彼得·圣吉认为成功的学习型组织包括五项修炼：①建立共同愿景（Building Shared Vision），形成组织中员工共同具有的目标和期望；②进行团队学习（Team Learning），成员间互相配合、互相学习，以实现共同目标；③改变心智模式（Improve Mental Models），改善由旧事物的影响而形成的特定思维定势；④实现自我超越（Personal Mastery），不断地发现自己的真实情况，在个人和目标之间形成有创造性的张力，集中精力实现自我超越；⑤进行系统思考（System Thinking），要求组织员工用系统的观点对待组织的发展。在五项修炼中，圣吉最强调系统思考的重要性，认为系统思考是整合其他各项修炼的重要手段。大卫·加尔文认为组织的学习活动包括系统地解决问题、进行试验、从过去的经验中学习、向他人学习以及促进组织中的知识扩散这五类活动。

3. 本尼斯的组织发展理论

沃伦·本尼斯（Warren G. Bennis）认为，科学的飞速发展、智能技术的发展、研究开发活动的增长重塑了组织环境，原来的官僚制体系组织用来对付内部环境（协调）和外部环境（适应）的方法及社会过程已经完全脱离了当代社会的现实。未来的组织结构将是有机—适应型组织，它具有下列特征：

临时性，组织将变成适应性极强的、迅速变化的临时性系统。

围绕着有待解决的各种问题设置机构。

解决工作问题要依靠由各方面专业人员组成的群体。

组织内部的工作协调有赖于处在各个工作群体之间交叉重叠部分的人员。他们身兼数职，同时属于两个以上的群体。

工作群体的构成是有机的，而不是机械的，谁能解决工作问题谁就能发挥领导作用，无论他预定的正式角色是什么。

对管理者的启示

管理者是组织管理活动的承担者，正确地把握组织的内涵是管理者进行有效管理活动的基础。在具体管理实践中，应将古典组织理论强调的“以事为中心”的理性管理和行为组织理论注重的“以人为中心”的感性管理有机结合起来。

组织和环境以及内部各组成部分之间是相互联系、相互作用的，组织管理活动不能片面地、孤立地进行，而要从整体和联系的角度出发处理问题。组织和环境处于不断变化的过程中，组织管理活动不能局限于某一种僵化的模式，而应根据组织的具体情况开展，并根据情况的变化适时进行调整。通过组织学习、组织再造，可以提高组织的环境适应性，增强组织的能力，促进组织的发展。

案例分析

吉达公司的困惑

吉达公司成立于1999年，其主导产品为空气冷却器，其产品被广泛应用于汽车、发电、化工、冶金等行业。在中国经济快速发展的宏观形势下，该公司迅速发展壮大起来：2005年其销售额达到6500万元，人员数量也由成立之初的27人增加到近300人，资产数量扩大了21倍。2006年初，公司提出了未来十年的发展目标：销售收入超5亿元，资产达到2亿元，成为行业领先企业，力争在深交所上市。

从2007年下半年开始，尽管公司由于不断推出新产品使销售额有所增长，但增长速度明显减缓，质量问题连续出现，客户投诉上升。公司内部还出现了一些新的问题：尽管员工的待遇有了较大改善，收入水平在同行业中处于中上水平，但积极性反而有所降低；公司创业时的那种艰苦奋斗、团结协作和无私奉献的精神不见了，取而代之的是铺张浪费、相互攀比、部门主义和相互推诿；部分人员甚至个别中层管理人员认为公司的十年发展目标不可能实现，即使实现了也仅仅是少部分人获得好处，对自己影响不大。

面对这种情况，公司决定加强管理。在咨询专家的帮助下，公司进行了组织结构的调整；新建了人力资源管理部、质管部等专门的职能管理部门，重新制订了各部门的职责和各岗位的工作说明书；为调动员工的积极性，调整了员工的薪资，平均加薪10%；参照国外公司的做法，对员工进行定期全员全面考评；通过了ISO9000质量管理体系认证，明确了各类业务流程和工作要求；建立了员工培训制度，定期对员工进行培训，以提高员工素质。

这些措施实施以后，公司的状况并没有得到根本改善。尽管员工的报酬增加了，但员工积极性并没有因此而提高；尽管制订了部门职责，但相互推诿的现象并没有减少，只不过原来说的最多的是不知道该谁做，而现在说的最多的是其他部门不配合而没法做；全员全面考评也流于形式，没有起到奖勤罚懒和提高员工绩效的作用；尽管通过了ISO9000认证，但没有对实际业务流程产生任何影响，质量问题照常出现，客户投诉居高不下；而员工定期培训也由于员工经常请假、逃课，或认为培训内容不切实际而不了了之。面对这种情况，吉达公司的高管们知道，这种状况持续下去，公司的十年发展目标根本无法实现。但至于下一步该怎么办，他们也一筹莫展。

问题讨论

1. 吉达公司的组织活动存在什么问题？
2. 你认为吉达公司下一步该怎样做？

第二节 组织结构

一、组织结构的概念

（一）组织结构的定义

组织结构（Organizational Structure）是组织为了协调及控制成员的活动以实现组织目标，通过分工协作，在职务范围、责任、权力等方面创设的结构体系，是组织对工作任务进行分工和协调的模式。从组织各部分的关系去界定，可以认为组织结构是组织各部分的有序排列；从组织成员的行为上去界定，组织结构是组织参与者类型化了的相互作用。

组织结构决定了正式的报告关系，包括层级数量和管理者的管理幅度。

组织结构确定了如何由个体组成部门、由部门构成组织。

组织结构包括了一套系统的运行制度和方法，以保证组织内外的有效沟通、合作与整合。

（二）组织结构的构成

1. 职能结构

职能结构指完成组织目标所需的各项工作的种类、数量及其比例和关系。如一个企业有经营、生产、技术、后勤、财务、管理等不同的业务职能，各项业务职能都是为实现企业的总体目标服务的，但是各自的工作内容、权责关系却不同。

2. 层次结构

层次结构指组织各管理层次的构成，又称组织的纵向结构。例如，公司机构的纵向层次大致可分为董事会→总经理→职能部门→基层部门→班组→基层人员，这样就形成了一个自上而下的纵向的组织结构层次。

3. 部门结构

部门结构是各管理和业务部门的构成，又称组织的横向结构。如企业设置生产部、销售部、技术部、品管部、人力资源管理部、财务部等职能部门。

4. 职权结构

职权结构指组织内各层次、各部门在责任和权力方面的分工及相互关系，如在股份制企业中董事会负责决策，总经理负责执行与指挥，监事会负责监督，各职能层次、各部门之间相互协作、相互监督等。

二、组织结构形式

（一）直线制结构

直线制结构又称简单结构、军队式结构。如图 7－1 所示，在直线制组织结构中各种职务按垂直系统直线排列，全部管理职能由各级行政负责人负责，不设职能和参谋机构，命令由最高层管理者经过各级管理人员直线式流动到基层人员，每个成员只接受最近的一个上级的指挥，仅对该上级负责并汇报工作。

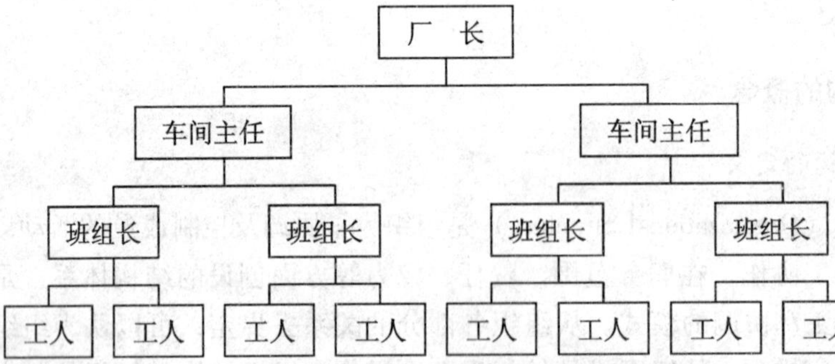

图 7－1　直线制结构示意图

直线制组织结构的优点有：权力集中，指挥统一，决策迅速，易于贯彻；目标清晰，责任明确；机构简单，沟通迅速，纪律和秩序容易维持；机动灵活，管理费用低。直线制组织结构的缺点有：每个人只关注上级指示，每个部门只关心本部门工作，横向沟通差，协调困难；权力集中，对最高管理者的依赖性大，容易造成失误；要求各级行政负责人具有多种管理专业知识和业务技能知识，有充足的时间和精力，但现实中这种全能型管理者难以找到，导致管理工作简单粗放。

直线制组织结构一般适用于那些没有必要按职能实行专业化管理的小型组织或现场作业管理，以及组织处于初建阶段、组织所处环境较简单且易变、组织突然面临困难甚至于敌对环境等情况。

（二）职能制结构

职能制结构将部门化的职能导向加以扩展，使之成为整个组织的主导结构。如图 7－2 所示，职能制结构内除直线主管外，还设立了一些职能部门。各职能部门有权在自己的业务范围内向下一层级的部门和人员下达命令和指示。下级直线主管除了接受上级直线主管的领导外，还必须接受上级职能部门的指挥。

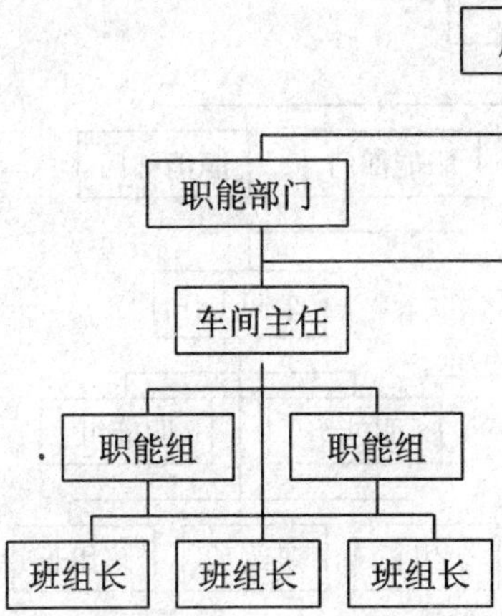

图7－2　职能制结构示意图

职能制组织结构的优点有：能发挥职能机构的专业管理作用，对下级工作的指导更加细致深入；减轻了直线主管的负担，可以弥补各级直线主管管理能力的不足；管理者实行职能分工，使对管理者的选拔和培养变得容易。职能制组织结构的缺点有：妨碍了组织必要的集中领导和统一指挥，造成了多头领导，容易出现命令的重复和矛盾，从而导致管理混乱；不利于明确划分直线主管与职能部门的职责权限，容易造成争夺权力，推卸责任；在组织中常常会因为追求职能目标而看不到全局的最佳利益，没有一项职能对最终结果负全部责任；职能经历只涉及组织的某一个局部，对其他职能的接触非常有限，不能给管理者带来关于整个组织活动的广阔视野，无法为未来的高层经理提供训练机会。

职能制结构多见于医院、研究院所、高等院校、图书馆、会计师事务所、律师事务所等机构。

（三）直线—职能制结构

直线—职能制结构设置了两套系统：一套是按命令统一原则设立的，由各层级的行政主管构成的直线指挥系统；另一套是按专业化原则设立的，由各职能管理部门构成的职能管理系统。如图7－3所示，在直线职能制结构中，只有各级行政主管才具有对下级进行指挥和下达命令的权力，各级职能机构只是同级行政主管的参谋和助手，只能对下级进行工作业务指导，无权对下级行政主管发号施令。除非有上级行政主管的授权，职能机构才具有指挥下级行政主管的职能、职权。

直线—职能制组织结构的优点有：既能保证集中统一指挥，又能充分发挥各类专家的专业管理作用；分工明确，职责清楚，各部门仅对自己应完成的工作负责，效率较高；组织稳定性较高，在外部环境变化不大的情况下，易于发挥组织的集合效率。直线—职能制组织结构的缺点有：各职能单位自成体系，部门之间的目标不易统一，会引发组织运行过程中的矛盾和不协调现象，导致上层主管的协调工作量大；部门间缺乏横向信息交流，不能集思广益地作出决策；在完成需多部门共同参与的工作时，效率低下；部门人员长期从事某一方面的工作，容易形成狭窄的视野和注重局部利益

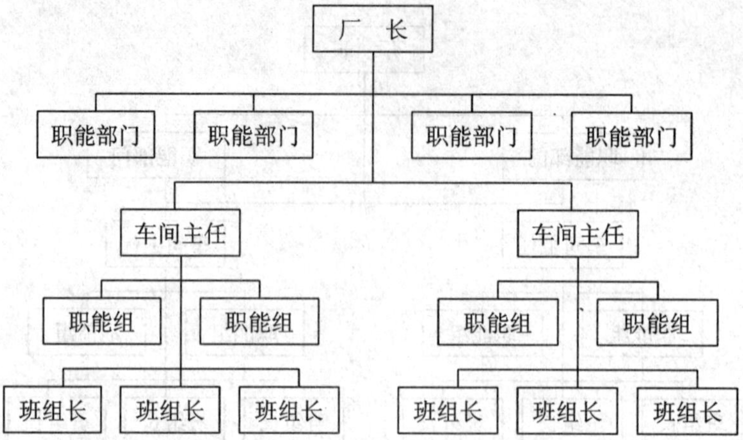

图 7-3 直线—职能制结构示意图

的思想，不利于从组织内部培养综合型管理人才；组织弹性不足，对环境的变化反应迟钝，适应性较差。

直线—职能制组织结构主要适用于用标准化技术进行常规化大批量生产且环境比较稳定的组织，目前在我国绝大多数企业特别是中小企业中被广泛采用。

(四) 事业部制结构

事业部制结构（M 结构）又称联邦分权结构，是一种高度（层）集权下的分权管理的企业组织结构形式，其主导结构单位是事业部。事业部是指在一个企业内，对具有独立的产品或市场、独立的责任和利益的部门实行分权化管理的基本单位。它必须具备三个要素：独立的产品或市场、独立的利益、独立的自主权。如图 7-4 所示，把企业的生产经营活动按产品和地区的不同，建立不同的事业部，在总公司领导下，实行统一政策，分散经营，独立核算，自负盈亏。总公司只保留预算、重要人事任免和重大问题的决策等权力，将其他权力尽量下放给事业部；事业部内部的经营管理具有较大的独立性，是完全自主的经营单位。总公司为各事业部提供支援服务，并作为外部监管者协调和控制各事业部的活动。这样，总公司就成为投资决策中心，事业部成为利润中心，下属的生产单位则是成本中心，使政策集中化和经营分散化有机地统一起来。

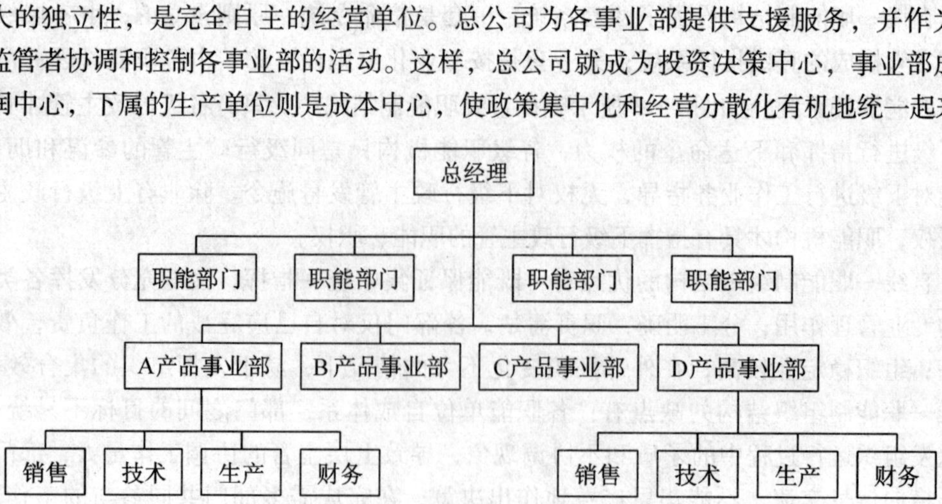

图 7-4 事业部制结构示意图

事业部制结构的优点有：公司高层管理者可以摆脱日常行政事务，真正成为坚强有力的决策机构，能调动各事业部的积极性和主动性，增强经营的灵活性；该组织结构既具有较高的稳定性，又具有较强的适应性；事业部经理对事业部的绩效全面负责，容易形成高层管理人员所需的多方面才能和全局视野，有利于培养综合型高层管理人员；扩大了管理幅度，使上层主管能有效控制的下层单位的数量；各事业部的绩效明确，相互之间可以进行比较和竞争，有利于克服组织的僵化和官僚化。事业部制结构的缺点有：机构重复设置，容易造成资源浪费；需要的管理人员多，导致管理成本上升，管理的经济性下降；容易使事业部过分强调自身利益而忽视公司整体利益，影响事业部之间的合作；公司和事业部之间信息不对称的可能性增大，影响公司的控制力。

事业部制结构只有当企业规模较大，产品种类较多，各产品之间的工艺差别较大，市场范围大且不同市场的差异明显，企业具备按经营的领域和地域划分事业部的条件时才适用。

20 世纪 70 年代，美国和日本的一些大公司又出现了一种新的事业部制结构形式——超事业部制结构。它是在组织最高管理层和各个事业部之间增加了一级管理机构，负责管辖和协调所属各个事业部的活动，在分权的基础上又适当地集中。这样做的好处是可以集中几个事业部的力量共同研究和开发新产品，有效避免各事业部执行相同职能所造成的不经济或低效率现象，增强组织的灵活性。

（五）矩阵制结构

矩阵结构又称为规划—目标结构，是在工作小组基础上发展起来的一种组织结构形式。工作小组是根据任务要求，由一群具有不同背景、不同知识、不同技能且分别选自不同部门的人员所构成的。任务完成后工作小组就解散，成员回原部门，以后按新的工作任务重新组合。典型的矩阵制结构如图 7－5 所示，在组织内部设置双重指挥链，在直线—职能制结构垂直形态组织系统的基础上增加了横向的工作任务导向的领导系统，即工作小组。工作小组的成员一般要接受两个方面的领导，在工作业务方面接受原单位或部门的领导，在项目达成的具体工作任务方面接受工作小组或项目负责人的领导。

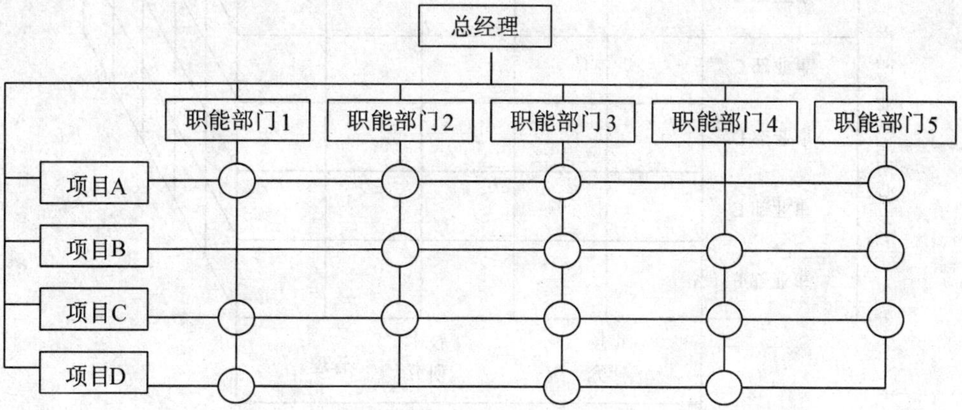

图 7－5　矩阵制结构示意图

矩阵制结构的优点有：在组织的各种活动比较复杂又相互依存时，加强了职能部门之间、职能部门与任务之间的配合和信息交流，能促使一系列复杂而独立的任务取得协调，同时又保留将职能专家组合在一起所具有的经济性，提高了组织的协调性和整体性；以任务为导向机动灵活地组织人员，提高了组织资源的利用率，增强了组织的灵活性和应变能力；各种专业人员在项目组内共同工作，来自不同角度的思想相互激发，易获得创新性成果，并且有利于培养成员的合作精神和全局观念。矩阵制结构的缺点有：组织成员向多个领导汇报工作会带来角色冲突，而不明确的角色期待会带来角色模糊；职能经理和项目经理之间的关系不是由规则和程序确定，而是由两者相互协商，容易产生权力斗争；缺乏稳定性，会使渴望安全感的员工在这种工作环境中产生压力；项目组的临时性容易使员工产生临时观念，且限制了项目组的规模。

矩阵制结构形式适用于任务多且经常变化或工作具有创新性质的组织，如建设单位、科研单位等。

根据矩阵制结构的基本特点，美国道—科宁化学工业公司于 1967 年首先建立了多维立体组织结构形式。如图 7－6 所示，这种结构由三方面的管理系统组成：产品利润中心、专业成本中心和地区利润中心。这种组织结构形式一般适用于有多种产品的跨国公司或规模巨大的跨地区公司。

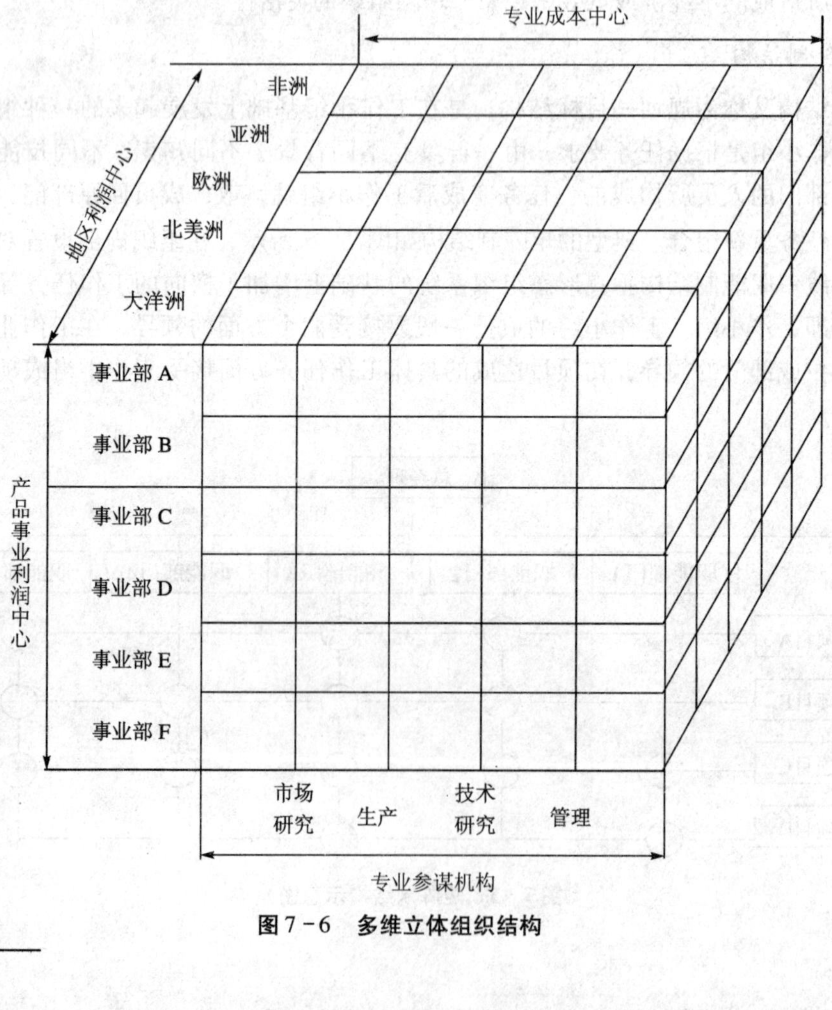

图 7－6　多维立体组织结构

（六）网络型组织结构

网络型组织结构又称为企业网络、虚拟组织，是与现代信息技术发展相适应的新型组织结构形式。它是一种规模较小但具有主要商业职能，依靠其他组织，以“契约”为基础进行组织活动的核心组织。它从组织外部寻找各种资源来执行组织的各种职能，把精力放在自己最擅长的业务上。美国通用汽车公司（GM）的 Pontiac Le Mans 产品的组织结构如图 7－7 所示。结构中的各经营单位之间并没有正式的资本所有关系和行政隶属关系，只是通过相对松散的契约纽带，依靠一种互惠互利、相互协作、相互信任和支持的机制来进行密切的合作。通用汽车公司管理团队的主要工作是督察公司内部的经营活动，协调分散在世界各地，为 Pontiac Le Mans 进行技术设计、生产、数据处理、市场营销等重要职能活动的各组织之间的关系。网络型结构具有松散型和动态型的特点，其主要优势是灵活性，但也会使主管人员对组织的主要职能活动缺乏强有力的控制，而员工的组织忠诚度也比较低。

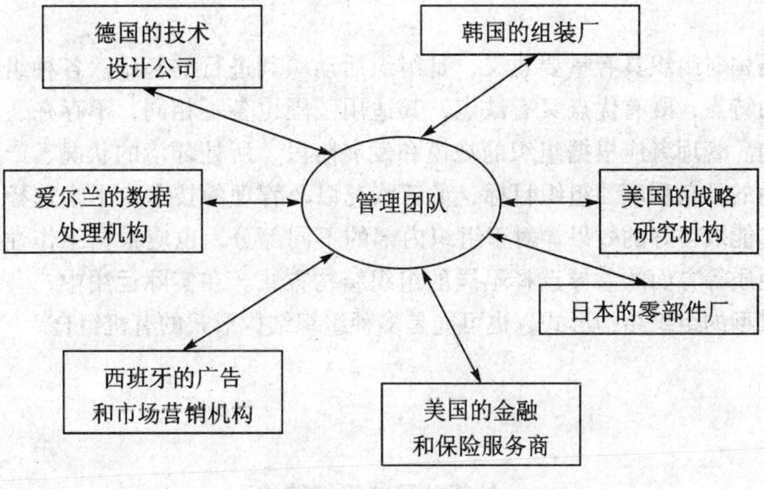

图 7－7　网络型组织结构示意图

（七）团队结构

团队是指通过成员的专业素质的有效组合和共同努力达到最高行为效能的群体，是由员工和管理层组成的一个共同体。它合理利用每一个成员的知识和技能来协同工作，解决问题，实现共同的目标。当组织的工作任务主要是以团队的形式完成时，组织的结构就是团队结构。该结构方式打破了部门界限，将决策权下放到团队成员手中，要求员工既是全才，又是专才。大多数小型公司都可以把团队结构作为其整体的组织形式。对于大型组织而言，团队结构一般是典型官僚结构的补充，这样组织既能得到官僚结构标准化的好处，提高组织运行效率，又能因团队的存在而增强灵活性。

（八）委员会结构

组织为达到特定的管理目的，还常常设立各种委员会以加强和补充直线组织系统。委员会的结构特点是委员会成员集体行动。委员会的组织形式多样：有的既要讨论又要进行决策，有的只讨论而不作决策；有的执行管理职能，有的不执行管理职能；有的是正式的，有的是非正式的；有的是常设的，有的是临时的。

委员会结构的优点有：可以集思广益，提高决策的准确性；可以作为制约或限制手段，防止个人或部门的权力过大；作为信息沟通和意见交流的机构，可以反映和听取不同利益集团的要求，协调计划和执行之间的矛盾；使基层员工有可能参与决策，从而更好地执行决策。委员会结构的缺点有：决策迟缓，时间长，决策效率低，成本高；出现意见分歧时采取折中或多数制的解决办法，容易封杀创新性的主张和方案；成员的责任不明确，往往造成成员的责任感较差。

近年来，还出现了无边界组织、女性组织、家庭友好组织等组织结构形式的实践和研究，也取得了一些成果。随着社会的发展、技术的进步及人们对组织活动认识的不断深入，必然会产生新的、更加适应组织内外部环境的组织结构模式。

对管理者的启示

组织结构对组织具有重要意义，是组织活动顺利进行的基础。各种组织结构形式具有自身的特点，既有优点又有缺点，其适用范围也各不相同，不存在适合所有组织的组织结构。管理者应根据组织的规模和发展阶段、所处环境的状况、产品和服务的种类、活动的复杂程度、组织目标、员工状况以及管理的技术水平来选择最恰当的结构形式，才能取得好的效果。对于组织内部的不同部分，也应根据工作性质、工作技术、任务性质等方面的差异选择不同的组织结构方式。在实际运用中，一个组织既可能是一种典型的组织结构形式，也可能是多种组织结构形式的有机组合。

案例分析

杜邦公司的组织结构

美国杜邦公司是世界上最大的化学公司。其组织机构历经变革，以不断适应企业的经营特点和市场情况的变化。

1789 年，老杜邦带着两个儿子伊雷内和维克托逃到美国。1802 年，儿子们在特拉华州布兰迪瓦因河畔建起了火药厂。由于伊雷内在法国时是个火药配料师，他的同事又是法国化学家拉瓦锡，再加上美国历次战争的需要，工厂很快站住了脚并发展起来。整个 19 世纪中，杜邦公司基本上是单人决策式经营，这一点在亨利这一代尤为明显。亨利是伊雷内的儿子，军人出身，由于接任公司以后完全是一副军人派头，所以人称“亨利将军”。在公司任职的 40 年中，亨利挥动军人严厉粗暴的铁腕统治着公司。他实行的一套管理方式，被称为“恺撒型经营管理”。这套管理方式无法言喻，也难以模仿，实际上是经验式管理。公司的所有主要决策和许多细微决策都要由他亲自制定，所有支票都得由他亲自开，所有契约也都得由他签订。他一人决定利润的分配，亲自周游全国，监督公司的好几百家经销商。在每次会议上，总是他发问，别人回答。他全力加速账款回收，严格支付条件，促进交货流畅，努力降低价格。亨利接任时，公司的负债高达50多万美元，但亨利却使公司成为行业的领袖。在亨利的时代，这种单人决策式的经营基本上是成功的。单人决策之所以取得了较高效果，与“将军”的非凡精力也是分不开的。直到72岁时，亨利仍不要秘书帮助。任职期间，他亲自写的信不下25万封。

亨利的侄子尤金是公司的第三代继承人。他试图承袭其伯父的作风经营公司，也采取绝对的控制，亲自处理细枝末节，亲自拆信复函，但他终于陷入了公司错综复杂的矛盾之中。1902年，尤金去世，合伙者也都心力交瘁，两位副董事长和秘书兼财务长终于相继累死。之后，尤金的三位堂兄弟以廉价买下了公司。

三位堂兄弟不仅具有管理大企业的丰富知识，而且具有在铁路、钢铁、电气和机械行业中采用先进管理方式的实践经验，有的还请泰勒当过顾问。他们果断地抛弃了“亨利将军”的那种单枪匹马的管理方式，精心地设计了一个集团式经营的管理体制。在美国，杜邦公司是第一家把单人决策改为集团式经营的公司。集团式经营最主要的特点是建立了“执行委员会”。它隶属于最高决策机构董事会之下，是公司的最高管理机构。在董事会闭会期间，大部分权力由执行委员会行使，董事长兼任执行委员会主席。1918年时，执行委员会（以下简称“执委会”）有10个委员、6个部门主管、94个助理，高级经营者年龄大多在40岁上下。

公司建立了预测、长期规划、预算编制和资源分配等管理方式。在管理职能分工的基础上，还建立了制造、销售、采购、基本建设投资和运输等职能部门。在这些职能部门之上，是一个高度集中的总办事处，主要负责控制销售、采购、制造、人事等工作。

执委会每周召开一次会议，听取情况汇报，审阅业务报告，审查投资和利润，讨论公司的政策，并就各部门提出的建议进行商讨。对于各种问题的决议，一般采用投票加多数赞成通过的方法。权力高度集中于执委会。执委会作出的预测和决策，一方面要依据发展部提供的广泛的数据，另一方面要依据来自各部门的详尽报告。各生产部门和职能部门必须按月、按年向执委会报告工作：在月度报告中提出产品的销售情况、收益、投资以及发展趋势；年度报告还要论及五年及十年计划，以及所需资金、研究和发展方案。

由于在集团经营的管理体制下权力高度集中，实行统一指挥、垂直领导和专业分工，所以秩序井然，职责清楚，效率显著提高，大大促进了杜邦公司的发展。20世纪初，杜邦公司生产的五种炸药占当时全国总产量的64%～74%，生产的无烟军用火药则达到100%。第一次世界大战中，协约国军队40%的火药来自杜邦公司。公司的资产截至1918年增加到3亿美元。

杜邦公司在第一次世界大战中大幅度扩展，并且逐步走向多元化经营。每次在收买其他公司后，杜邦公司都会因多元化经营严重亏损。1919年，公司的一个小委员会指出：问题在于组织机构没有弹性。尤其是1920年夏到1922年春，市场需求突然下降，使许多企业出现了所谓存货危机。这使人们认识到：企业需要一种能力，即根据市场需求的变化来改变商品流量的能力。继续保持那种使高层管理人员陷入日常经营、不去预测需求和适应市场变化的组织机构形式，显然是错误的。建立一个能够适应大生产的销售系统对于一个大公司来说，已经成为至关重要的问题。

杜邦公司经过周密的分析，创造了一个多分部的组织机构。在执行委员会下，除了设立由副董事长领导的财务和咨询两个总部外，还按各产品种类设立分部，而不是采用通常的职能式组织形式设立如生产部、销售部、采购部等部门。在各分部下，则有会计、供应、生产、销售、运输等职能处。各分部是独立核算单位，分部的经理可以独立自主地统管所属部门的采购、生产和销售。在这种形式的组织机构中，自治分部在不同的、明确划定的市场中，通过协调从供给者到消费者的流量，使生产和销售一体化，从而使生产和市场需求建立密切联系。这些以中层管理人员为首的分部通过直线组织来管理其职能活动。总部高层管理人员在大量财务和管理人员的帮助下，监督这些多功能的分部，用利润指标控制它们，使它们的产品流量与波动需求相适应。由于多分部管理体制的基本原理是政策制订与行政管理分开，公司的最高领导层摆脱了日常经营事务，可以把精力集中在全局性的问题上，以研究和制订公司的各项政策。

新分权化的组织使杜邦公司很快成为一个具有效能的集团：所有单位构成了一个有机的整体，公司组织具有了很大的弹性，能应需要而变化。从20世纪30年代到20世纪60年代，被杜邦公司首先控制的、有着重要意义的化学工业新产品有：合成橡胶、尿素、乙烯、尼龙、的确良、塑料等。之后公司便参与第一颗原子弹的制造，并迅速转向氢弹生产。

20世纪50年代后期，公司发现各部门的经理过于独立，以致有些情况连执行委员会都不了解，因此又一次作了改革：一些高级副总经理负责同各工业部门和职能部门建立联系，将部门的情况汇报给执委会，并协助各部门按执委会的政策和指令办事。20世纪60年代初，杜邦公司接二连三地遇到了难题：许多产品的专利权纷纷到期，在市场上受到日益增多的竞争者的挑战。道氏化学、孟山都、美国人造丝、联合碳化物以及一些大石油化工公司相继成了它的劲敌。以至于1960—1972年，在美国消费物价指数上升4%、批发物价指数上升25%的情况下，杜邦公司的平均价格却降低了24%，在竞争中蒙受了重大损失。再加上它掌握了多年的通用汽车公司10多亿美元股票的被迫出售，美国橡胶公司转到了洛克菲勒手下，历来没有强大的金融后盾，此时的杜邦真可谓四面楚歌，危机重重。20世纪60年代以后，杜邦公司的组织机构又发生了一次重大的变更，这就是建立起了“三驾马车”式的组织体制。公司制定了新的经营战略：运用独特的技术情报，选取最佳销路的商品，强力开拓国际市场；发展传统特长商品，发展新的产品品种，稳住国内势力范围，争取巨额利润。有了新的经营方针，还必须有相应的组织机构作为保证。除了不断完善和调整公司原设的组织机构外，1967年底，科普兰把总经理一职史无前例地让给了非杜邦家族的马可，财务委员会议议长也由别人担任，自己专任董事长一职，从而形成了一个“三驾马车”式的体制。1971年，他又让出了董事长的职务。在新的体制下，最高领导层分别设立了办公室和委员会，作为管理大企业的“有效的富有伸缩性的管理工具”。科普兰说：“‘三驾马车’式的集团体制是今后经营世界性大企业不得不采取的安全设施。”

资料来源：共谋国际，www. gm828. com。

问题讨论

杜邦公司在发展过程中采用了哪些组织结构形式？不同的组织结构形式有何特点？

第三节 组织设计

组织设计是以组织结构安排为核心的组织系统的整体设计工作。其目的是形成一种由管理机制决定的、用以帮助组织达到目标的有关信息沟通、权力、责任、利益的正规体制，通过分解与结合使组织成为一个有机的系统。

一、组织设计因素

(一) 组织设计的结构性因素

管理者在进行组织结构设计时必须考虑六个结构性因素：工作专门化、部门化、命令链、管理幅度、集权和分权、正规化。表 7－1 表明了这些因素对重要的结构问题可能提供的答案。

1. 工作专门化

一般来说，组织设计的分工程度越高，组织的工作效率就越高。20 世纪初，亨利·福特充分利用工作专门化的思想设计出的汽车生产流水线，极大地提高了组织的生产效率。专门化是工作标准化和提高组织效率的必然要求。工作专门化体现在纵向和横向两个方面。纵向专门化按管理等级进行的分工，以确定正式权威和决策权限，将不同层级管理者的工作进行划分；横向专门化是在组织内将一个完整的工作按具体部门或群体进行分工。

表 7－1 组织设计的结构性因素及六个关键问题

关键问题	答案提供
把任务分解成各自独立的工作应细化到什么程度？	专门化
对工作进行分解的基础是什么？	部门化
员工个人和工作群体向谁汇报工作？（管理者指挥谁？）	命令链
一位管理者可以有效地指导多少个员工？	管理幅度
决策权应该放在哪一级？	集权和分权
应该在多大程度上利用规章制度来指导员工和管理者的行为？	正规化

2. 部门化

在专业化分工的基础上，将各种内容相同或相近的工作合并成一个可以管理的单位，这就是部门化。部门化的目的在于确定组织中各项任务的分配和责任的归属，以实现合理有效的分工。部门化的结果是形成了组织的横向结构。部门化的工作可以根据组织的不同特点进行，其基础一般分为产出（产品、顾客、地域等）和内部作业（职能活动、流程、时间等）两大类。职能部门化是按照工作活动职能的相同和相似性来分类设立管理单位。产品或服务部门化是按照产品或服务的要求对组织活动进行分组；地域部门化是根据地域的分散化程度来进行部门划分，将同一地域的组织活动集中起来形成管理单位；顾客部门化是根据目标顾客的不同利益需求来划分组织的业务活动；流程部门化是按照工作或业务流程来组织业务活动，其实现的基础是人员、材料、设备比较集中或业务流程比较连续紧密。

3. 命令链

组织为了工作的需要，都要建立各种命令指挥系统，确立上级和下级、领导和被领导的关系。这种关系在形式上表现为不同层级在权力、责任和义务上的分配关系。命令链是一种不间断的权力路线，从组织最高层扩展到最基层。它使员工明确了“我有问题时去找谁”“我对谁负责”。在设计命令链时，存在权威和命令统一性这两个问题。权威是指管理职位固有的发布命令并期望命令被执行的权力。命令统一性要求一个人应该且只对一个主管直接负责。

4. 管理幅度

管理幅度是指组织中上级主管能够直接有效指导下属的数量。它在很大程度上决定了组织要设置多少层次、配备多少管理人员。在其他条件相同时，管理幅度越宽，组织层次越少，组织效率越高。组织层级与管理幅度反方向的互动关系决定了两种基本的组织结构形态：扁平式组织结构形态和锥式组织结构形态。

如图7－8所示，如果一个组织的管理幅度为4，另一个为8，则管理幅度宽的组织比管理幅度窄的组织在管理层次上少两层，可以少配备800人左右的管理人员。在管理幅度宽的组织，信息沟通和传递速度比较快，失真度也比较低，工作效率会提高。管理人员数量减少了，会降低管理人工成本支出，组织效率也会更高。但是，如果管

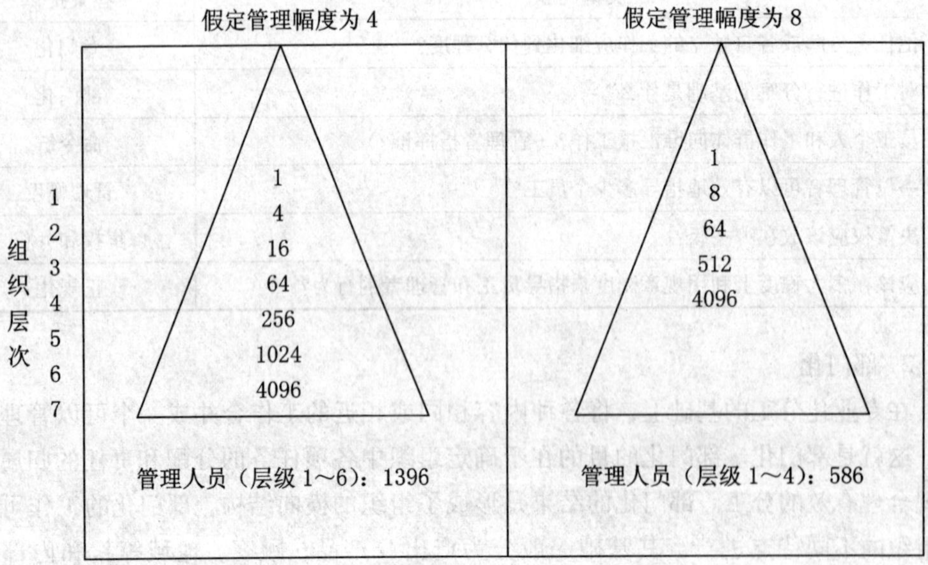

图7－8　组织幅度与组织层级比较图

理幅度过宽，主管人员没有足够的时间为下属提供必要的支持，员工绩效就会受到不良影响，从而降低组织的有效性。

管理幅度受到管理者和被管理者的工作内容和性质、工作能力、工作条件、工作环境及组织变革的速度等因素的影响。

5. 集权和分权

集权是将决策指挥权集中于较高的组织层级，分权则是使决策指挥权向较低的组织层级分散。在现实的组织中，绝对的集权和分权是不多见的，一般介于两者之间。如果组织的高层管理者不考虑或很少考虑基层人员的意见就决定组织的主要事宜，则该组织的集权化程度较高。反之，基层人员参与程度越高，或他们能够自主作决策，组织的分权化程度就越高。

组织确定集权和分权的合理程度时，需要考虑组织环境条件和业务活动性质、组织的规模和空间分布、决策的重要性和管理者的素质、方针政策的一致性要求、组织的历史和领导者个性的影响等因素。近年来，为使组织更加灵活和主动地作出反应，分权式决策的趋势日益突出。

6. 正规化

正规化是指组织中员工的角色用正式文件定义的程度（过程、工作描述、手册和规章）。如果一种工作的正规化程度较高，就意味着做这项工作的人对工作内容、工作时间、工作手段没有多大自主权。在高度正规化的组织中，有明确的工作描述、工作程序、各种规章制度和政策手册。不同组织之间或组织内部不同工作之间的正规化程度差别很大。

（二）组织设计的关联性因素

1. 环境

环境是存在于组织外部，对组织的生存和发展具有直接和间接影响的各种因素。根据对组织的影响方式不同，环境可分为任务环境和一般环境。就企业组织而言，任务环境包括所处产业的竞争状态、原材料供应、市场结构、人力资源供给等；一般环境包含法律和政府监管、社会文化、宏观经济状况、技术及财务资源的可得性等。

环境因素对组织设计的影响可概括为不确定性。不确定性指管理者对于重要的环境因素所掌握的信息量的多少。环境的不确定性由环境的复杂性和稳定性两个维度构成。环境的复杂性指的是环境中影响组织的因素的多少以及这些因素之间的异质性和不相似性。环境的稳定性指的是这些因素变化的快慢程度。如图 7－9 所示，丹肯（R. B. Duncan）提出了一个环境不确定性的基本类型。

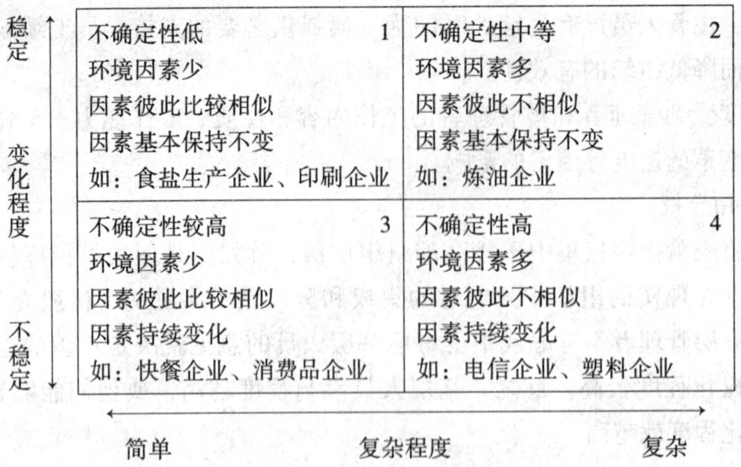

图 7-9　环境的基本类型

首先，组织在不同环境下应采用不同的组织结构。在动态环境中采取有机结构最有效，机械结构在稳定环境中同样富有成效。其次，组织中的不同部门应根据各自不同的环境特点采用不同的组织结构。最后，组织应选择适应环境的策略，减轻环境不确定性的影响。

2. 战略

战略是实现组织目标的行动方向、方针和方案选择的总称。组织结构必须服从组织的战略需要。一般来说，企业组织的战略选择有三种：创新战略、成本领先战略和模仿战略。研究表明，三种战略及其对应的组织结构特点如表 7-2 所示。

表 7-2　**战略—结构关系**

战略	组织结构方案
创新战略	有机结构：结构松散，工作专门化程度低，正规化程度低，分权化
成本领先战略	机械结构：控制严密，工作专门化程度高，正规化程度高，高度集权化
模仿战略	有机—机械结构：松紧搭配，对目前的活动控制较严，对创新活动控制较松

3. 规模

一般来说，规模差异会使组织在专门化、正规化、集权与分权、标准化、权力等级和复杂性方面有所不同，如表 7-3 所示。

表 7-3　**规模—结构关系**

组织结构因素	组织规模小	组织规模大
专门化	低	高
正规化	较少	较多

表 7－3（续）

组织结构因素	组织规模小	组织规模大
集权与分权	集权	分权
标准化	高	低
权力等级	扁平	高陡
复杂性	低	高

4. 技术

技术是组织把输入转化成输出的工具、手法和行动。每个组织都拥有至少一种技术。技术对组织的影响与日俱增。在组织设计时，必须考虑技术特征的影响。伍德沃德把制造技术分为三种类型：单件小批量生产技术、大批量生产技术和连续生产技术。研究表明，技术调节着组织设计与组织有效性之间的关系，组织结构形式应与技术类型相适应，以提高组织的有效性。表 7－4 反映了组织结构特征与技术类型的关系。

表 7－4　　技术—结构关系

组织结构特征	技术类型		
	单件小批量生产技术	大批量生产技术	连续生产技术
管理层级	少	中等	多
管理幅度（高层）	窄	中等	宽
管理幅度（基层）	中等	宽	窄
管理人员比重	大	中	小
规范化程度	低	高	低
集权化程度	低	高	低
复杂化程度	低	高	低
总体结构	有机	机械	有机

基于工作的多变性和可分析性这两个维度，佩洛提出了泛化的技术—结构研究框架。工作的多变性是考察技术在工作过程中发生意外变化的概率情况，可分析性是指对工作过程中的例外情况作出反应的情况。按照工作的多变性和可分析性的不同组合，技术可以划分为四种类型：常规技术（低多变性、高可分析性）、工艺技术（低多变性、低可分析性）、工程技术（高多变性、高可分析性）和非常规技术（高可变性、低可分析性）。组织技术越是常规化，组织规范化、集权化程度越高，越适合采用机械式组织结构；反之，更适合采用有机式组织结构。

5. 组织的发展阶段

组织的成长要经过创业、职能发展、分权、参谋激增和再集权五个阶段。在组织发展的不同阶段，领导方式、管理体制、员工心态、管理作风、人际关系、管理危机等各不相同，与之相适应的组织结构也不相同。表 7－5 反映了组织结构特征与组织发展阶段的关系。

表 7－5　　　　阶段—结构关系

结构特征	创业阶段	职能发展阶段	分权阶段	参谋激增阶段	再集权阶段
管理重点	生产，销售	效率	市场扩大	组织，协调	变革，创新
结构形式	非正式结构	职能制	事业部制	直线管理，超事业部制	矩阵制，任务分组
高层领导风格	个人业主式	指导式	授权式	监察者	参与者
控制系统	市场结果	标准规格，成本中心	汇报制度，利润中心	计划中心，投资中心	相互间的目标管理

二、组织设计原则与程序

组织设计是一项复杂的工作，必须遵循一系列原则并按照科学的程序来进行。

（一）组织设计原则

组织设计原则是组织设计时普遍适用的要求，它是针对组织设计的一般性评价标准。

1. 任务目标原则

任何一个组织都有特定的任务和目标，组织内的各部分都应当与特定的任务目标相关联。目标任务是组织设计的出发点和归宿，组织结构的构建、运行机制的建立、协作关系的形成等都应有利于组织目标的实现。任务目标原则要求在组织设计时对组织的目标任务进行深入分析，将组织目标逐层进行分解，形成目标—手段体系，直至组织中的每个部门甚至每个岗位、每个人都知道自己在组织中承担的任务，然后根据工作性质和特点来设计组织体系。

2. 分工协作原则

分工和协作是社会化大生产的客观要求。分工是将组织的任务目标和整体工作从横向和纵向两个维度分解给不同的层次、部门及岗位，明确规定应做的工作以及完成工作的手段、方式和方法，特别是对交叉、重叠工作进行清晰界定。分工能强化组织成员的专项个人技能，提高工作效率和组织绩效；协作是指层级之间、部门之间、岗位之间的协调与配合。协作能使不同层级、部门及岗位之间的工作形成一个有机整体，共同支持组织的目标和任务。在组织设计时，应做到分工合理清晰，协作明确有效。

3. 统一指挥原则

统一指挥原则体现在组织设计过程中命令链的构建上。在确定管理层次时，从最高层到最底层的命令链不能中断。除位于命令链顶端的最高管理者以外，组织中的任何部门和人员都必须且只服从一个上级的指挥，并对其负责。只有这样，才有可能最大限度地消除无人负责及因政出多门、多头指挥而导致下属无所适从的现象，从而保证全部活动的有效领导和正常进行。

4. 权责一致原则

权责是指职权和职责。职权是指管理职位具有的发布命令并希望命令得到执行的权力。职责是指职位应承担的责任和应履行的义务。两者的一致性越高，组织活动越有效。权责一致原则要求在进行组织设计时既要明确规定每一管理层级和各部门、各岗位的职责范围，又要赋予其完成职责所必需的职权。

5. 执行和监督分设的原则

执行与监督分设的原则要求在组织设计时，将执行性活动和监督性活动分设于不同的部门，以保证监督的有效性，使监督工作真正发挥作用。例如，企业组织中的质量监督、安全监督、财务监督等部门就应当同生产执行部门分开设置。

6. 知识价值化原则

随着知识经济的到来，知识作为组织的关键资源，其价值越来越受到重视。在组织设计时，就必须考虑知识的价值能否最大限度地有效实现。组织可赋予参谋人员（职能人员）和专家必要的职权，通过强制性咨询行为和赞同性、功能性职权的设置等方式，使组织的知识资源得以充分利用。

7. 弹性结构原则

组织环境是不断变化的，目标和任务也必须随之经常调整。这就要求组织结构应具有弹性，能够及时调整，以保持对环境变化的高适应性。根据这一原则，在组织设计时，要使部门结构和工作职位的设置富有弹性，使其在工作上具有较大的自主权和灵活性，以防止组织的老化、僵化。

8. 经济性原则

组织设计不仅要围绕任务和目标来进行，还要追求完成任务和实现目标的经济性。按照这一原则，组织设计要有利于提高组织的效率，为此，必须尽量精简岗位、部门和管理层级。精简有利于建立良好的沟通，避免相互推诿和扯皮，降低管理成本，从而提高组织效率。

（二）组织设计程序

1. 确定组织目标

任何组织都是实现一定目标的工具，组织目标是进行组织设计的基本出发点。因此，组织设计的第一步，就是要在综合分析组织外部环境和内部条件的基础上，合理确定组织的总目标及各种具体的派生目标。

2. 确定设计原则

根据组织的目标、特点以及组织设计要解决的问题，确定组织设计的方针、原则和主要参数。

3. 基本结构模式设计

确定关键职能，并以关键职能为主线确定组织的基本结构模式。关键职能是组织中最重要、最复杂的职能，它直接影响组织目标的实现，决定了组织的基本结构模式。在当代组织实践中，选择直线职能制和矩阵制结构作为基本结构模式的较普遍，还可选择增加弹性模式的相应特征对其基本模式进行必要的补充。

4. 组织结构设计

以流程分析为手段进行职务分析和设计，确定管理职能，形成横向结构；以决策分析为手段进行组织层级设计，确定各个管理层次、部门、岗位及其责任、权力，形成组织的层级结构。组织结构设计的结果具体表现为组织的系统结构图。

5. 运行制度设计

设计有关的制度和条件来保证设计出来的组织结构能够正常运行。它包括三个内容：一是联系方式设计，即进行控制、信息交流、综合、协调等方式和制度的设计；二是管理规范设计，即确定管理工作程序、管理工作标准和管理工作方法，形成管理人员的行为规范；三是激励考核制度设计，即制订管理部门和人员的绩效考核制度、精神鼓励和工资奖励制度及人员培训制度等。

6. 配备人员

根据各部门的工作性质和对人员素质的要求，应定质、定量地配备各级人员，并明确其职务。

7. 反馈和修正

根据组织运行过程中的信息反馈，应定期或不定期地对上述各项设计进行必要的修正，使之不断完善。

对管理者的启示

组织设计对组织影响甚大，是管理者的主要职责之一。在进行组织设计时，必须对各项影响因素给予足够重视；应在充分考虑各影响因素的基础上，遵循组织设计的原则和程序，科学地进行设计工作。

组织设计既包括组织结构的设计，还包括确保组织正常运行的制度体系和流程的设计以及人员的配备等。

案例分析

乐百氏集团的组织设计

1989 年，在广东中山市小榄镇，何伯权等五个年轻人租用“乐百氏”商标开始创业。创业伊始，何伯权等与公司的每个员工都保持一种很深的交情，甚至同住同吃同玩。大家都感觉得到，乐百氏就是一个大家庭，“有福同享，有难同当”，公司的凝聚力很强。创业初期，乐百氏的发展快速稳定。12 年间，五位创始人不但使乐百氏从一个投资不足百万元的乡镇小企业发展成中国饮料工业龙头企业，而且把一个名不见经传的地方小品牌培育成了中国驰名商标。然而，随着乐百氏的壮大，原来的组织结构显得有点力不从心。此时，何伯权不可能再与公司的每一个员工同吃同住，原来的领导方式发生了变化，起不到相应的作用，何伯权有些迷茫了。特别是自 2000 年 3 月与法国最大的食品饮料集团达能签订合作协议，并由达能控股后，原组织结构的弊端暴露无遗。为了完成销售任务，分公司都喜欢把精力放在水和乳酸奶这些好卖的产品上，其他如茶饮料那些不太成熟的产品就没人下工夫，这对新产品的成熟非常不利。更糟糕的是，由于生产部门只对质量和成本负责，销售部门只对销售额和费用负责，各部门都不承担利润责任，其结果就变成了整个集团只有何伯权一个人对利润负责。达能控股后，乐百氏的销售额直线下降。有着50年国际运作经验的达能肯定不愿看到这种局面，因此，寻求变化势在必行，而其中组织架构的改革就是适应新形势的举措之一。

2001年8月，一次在乐百氏历史上最为关键的组织设计完成了：75%员工换座位，原五人创业组合中的四大元老的位置同时发生变化，他们都退出原先主管的实力部门，但何伯权是唯一不变的，仍然任总裁。乐百氏的组织架构变为：在总裁之下设5个事业部、8个职能部门和一个销售总部。其目的是将利润中心细分。瓶装水、牛奶、乳酸奶、桶装水和茶饮料共5个事业部，每一个都将成为一个利润中心。减少了中间层，集团的权力结构由从前的5人会议变为一个总裁和14个总经理，成为一个比较扁平化的组织架构。这是公司首次将战略管理和日常营运分开，形成多利润中心的运作模式。

促成这次改革的重要力量是达能这个欧洲第三大食品集团。它自1987年进入中国成立广州达能酸奶公司后，在水市场上对行业内领袖企业浙江娃哈哈、深圳益力、广州乐百氏、上海梅林正广和的控股或参股分别达到41%、54%、2%、50%。这足以让人相信达能已经完成了它在中国水市场的布局，它已经成了当之无愧的老大。但这个老大只是表面现象，许多问题都摆在达能管理者的面前，收购的这些企业能够赢利的很少。它需要整合资源，减少运行成本。乐百氏连年亏损的状况，迫使何伯权痛下决心实施组织结构改革。

然而，新的架构还没实施几天，就在2001年11月底，乐百氏爆出大新闻：何伯权等五位乐百氏创始人向董事会辞去现有职务，达能中国区总裁秦鹏出任乐百氏总裁。何伯权称，五位元老集体辞职的原因是与董事会的战略思路发生重大分歧，无法达成一致；此外，还因为没有完成董事会下达的销售任务。还没有来得及检验自己的改革成果，何伯权就匆匆退出了乐百氏的历史舞台。

2002年3月11日，新的组织结构方案正式出台，乐百氏按地域分为五大块：西南、中南、华东、北方和华北。这次架构改革距上次仅仅7个多月的时间。据业内人士分析，速度之所以这样快，其中一个重要原因还是达能的全国战略思路在操纵着这次变革。随着达能旗下产品的不断增多，它也在寻求一种更能整合现有生产和销售资源的最佳方法，来改变许多品牌因为亏本成为它的负担的局面。据可靠消息，达能为了加强对自己绝对控股的乐百氏的支持，要求乐百氏扮演更加重要的角色，甚至欲将其他如深圳益力、上海梅林正广和、广州怡宝等在外地的工厂和销售渠道交由乐百氏托管。乐百氏也因拥有良好、稳定的经销商网络，使达能对其委以重任，它在中国市场上的战略地位将愈来愈重要。随着乐百氏托管的产品增多，每个市场的产品更加复杂、各种产品的销售情况各不相同。原来的组织结构形式可能对客户的需求变化的反应不再迅速，很快将不再适合新的发展，于是，这种以工厂为中心、更扁平的组织结构应运而生。它将更有助于了解消费者的需求，能更灵活地进行品牌定位。而且，新组织结构形式将更有利于培养事业部的全局观念。负责人注重利润，使决策和运营更加贴近市场，对市场形势和客户需求作出快速预测和反应，加强了区域的市场主动权和竞争力，对资源的调控将更为快捷和趋于合理。同时，让总部从日常业务中脱离出来，多进行一些宏观性的战略决策。换句话说，原来的乐百氏只有何伯权一人是企业家，现在的乐百氏可以造就五个甚至更多有全局观念的企业家。当然，这次改革还有一个不容忽视的原因，那就是随着领导的更替，有极强影响力的何伯权等创业元老的出局肯定会给乐百氏内部带来一些消极因素。新的领导上任后，不得不采取一些有效的措施来改变这种被动局面，把涣散的人心收拢，尽快摆脱“何伯权时代”的阴影，提出新的发展方向，增强公司的凝聚力。

2002 年 3 月 15 日，身兼乐百氏总裁的达能中国区总裁秦鹏悄然潜入成都，召集了西南事业部的核心人员——云南、贵州、四川及重庆四地乐百氏分公司的负责人，开了一个为期两天的会议。3 月 16 日，西南事业部会议开完后的当天晚上，几位核心人士聚到一起，他们为这种给予了他们更多自主权的架构模式感到兴奋，无不摩拳擦掌，对 2002 年能取得更好的业绩充满信心。

资料来源：《21 世纪人才报》。

问题讨论

1. 乐百氏组织设计的影响因素有哪些？这体现了哪些组织设计原则？
2. 你认为乐百氏在不同阶段的组织结构属于什么类型？
3. 比较分析产品事业部制和地域事业部制的异同点。
4. 乐百氏采用地域事业部制可能会存在哪些问题？应怎样解决？

第四节　组织文化

一、组织文化概念

文化的概念有广义和狭义之分。广义的文化是指人类在漫长的社会实践过程中所创造的物质财富和精神财富的总和。简单地说，文化就是人们作为社会成员所拥有的、思考的以及所做的一切。狭义的文化是指社会的意识形态，以及与之相适应的礼仪制度、组织机构、行为方式等物化的精神。

（一）组织文化的定义

组织文化是组织在长期的生存和发展过程中逐步形成的，为内部多数成员共同信奉和遵循的基本信念、价值标准和行为规范。组织文化从结构上可以分为三个层次。

1. 精神层

精神层属于组织文化的内层，是组织成员的社会意识和经营意识的总和。它是组织文化的核心和主体，包括组织的愿景、使命、道德、精神及价值观等内容。

2. 制度层

制度层是组织文化的中层，是实用于组织内部的行为规范。它通过指引、约束成员的行为维持组织活动的正常秩序，包括组织的一般管理制度和特殊制度，如仪式、典礼等。

3. 器物层

器物层是组织文化的外层，是组织文化在物质层面的体现。它是组织文化的物质载体，如建筑风格、产品样式及包装、旗帜、标示及工作服装等。

组织文化的三个层次是密不可分的，它们相互影响，共同构成组织文化的完整体系。当然，精神层是最根本的，它决定着组织文化的其他两个方面。在研究组织文化时，只要抓住这个根本，其他内容也就容易揭示出来了。

（二）组织文化的内容

从组织文化的层次结构上看，组织文化主要包括以下内容：

1. 组织目标或宗旨

组织目标是组织文化建设的出发点和归宿。上升为组织文化的组织目标是组织长远发展方向的战略性目标，是为社会、顾客和组织成员服务的最高目标和宗旨。设置组织长远目标也是有效防止短期行为的手段，组织也正是通过其目标和宗旨激励其成员共同奋斗的。例如，美国波音公司的宗旨是“以服务顾客为经营目标”，麦当劳公司的经营宗旨是“保证质量，讲究卫生，服务周到，公平交易”。

2. 价值观念

价值观念是对社会事务的基本设想，主要是关于对或错、好或坏以及轻与重的观点。价值观念是人们评价事务的重要性和优先次序的原则性出发点，是文化与社会条件的综合结果。组织中的价值观念不但为全体组织成员提供了共同的价值准则和日常行为准则，也是组织进行有效管理的必要条件。

3. 道德规范

道德规范以意识形态为基础，是人们在生产生活中形成的共同行为准则和规范。组织的道德规范是组织在长期的生产经营活动中形成的、组织成员自觉遵守的风气和习惯。因此，它对组织成员的行为有直接影响。

4. 组织精神

组织精神是组织成员在长期共同的努力奋斗中逐步培养形成的认识和对待事物的心理趋势、价值取向和主导意识。组织精神体现了一个组织的整体素质和精神风貌，是凝聚组织成员的无形的精神力量。

5. 思维方式

组织的思维方式是组织成员对事物和行为的共同的直观反映和思考方式。对待同样的事物，不同的组织的直观反映和思考方法各有不同。例如，当组织成员与顾客发生争执时，有的组织往往首先文过饰非，推诿责任；有的组织马上想到划清责任，哪些是顾客责任，哪些是组织或成员责任；有的是首先想到平息事端，消除顾客不满或误会。组织的思维方式受到组织世界观、价值观和道德规范的影响，同时也影响到组织对事件的处理方法和应对措施。

6. 规章制度

组织的规章制度是指导或约束组织成员在一定情况下应该或不应该及如何行动的规则。规章制度的存在是为了保障组织成员的行为符合组织文化核心的要求。组织的道德规范和规章制度都能起到指导和约束成员行动的效果。但它们的形式不同，前者是隐含的内在的心理规则，后者是明示的外在的正式规则。

7. 组织形象

组织形象是指社会公众对组织的总体印象和评价，反映的是社会公众对组织的认可程度，体现了组织的美誉度和知名度。组织形象是组织文化核心的外在表现，它主要包括环境形象、员工形象及产品（服务）形象等方面。组织的环境形象是指建筑风格、办公环境、社区环境等，员工形象是指员工的装束仪表、言谈举止、文化修养等精神风貌，产品（服务）形象是指产品品质、造型、包装和服务。

如果从组织文化的表现形式来看，组织目标或宗旨、规章制度及组织形象属于组织文化的显性内容，而价值观念、道德规范、组织精神和思维方式等则属于组织文化的隐性内容。值得一提的是，价值观念是组织文化的核心，它在一定程度上会影响甚至决定隐性内容的其他方面，进而决定组织文化的显性内容。由于价值观念具有稳定性，因而也就决定了组织文化的稳定性。组织文化一旦形成，也就不易改变。

（三）组织文化的特点

组织文化是社会文化的组成部分，它既具有社会文化的阶级性和民族性的属性，还具有以下特点：

1. 整体性

组织文化是组织全体成员，包括组织的领导者和被领导者共同认可并遵循的价值观体系。它是对组织管理中的标准管理和制度管理的补充和强化，被潜移默化地灌输到组织成员的潜意识中，体现在组织成员的行为过程中，使组织成员为实现组织目标，自觉地组成团结协作的整体。

2. 独特性

“世界上从来没有两片完全相同的树叶。”同样，世界上也不会有两种完全相同的组织文化。即使是同一类型的组织，由于其民族文化、传统习惯不同，也会形成不同的组织文化。组织文化是一个组织区别于其他组织的关键特征。

3. 继承性

一切文化都是可以学习的，因此文化也可以通过学习来传承。每一个组织的形成和发展都离不开特定国家和民族的文化背景。置身于其中，通过自觉或不自觉的学习，必然会接受和继承相应的文化传统和价值体系。

4. 发展性

组织文化虽然具有稳定性的特征，但也绝非一成不变。当社会进步、环境变迁，组织将不得不通过变革以适应这种变化。组织文化也只有适应外部环境的变化，才能为组织变革提供支持。反之，组织文化如果不发展，将会变得僵化，导致组织的发展陷入困境。因此，组织文化必须注意吸收其他先进的文化，不断充实自我，这是发展的要求。

二、组织文化的作用

组织文化对组织、组织员工及社会都有着重要作用。其作用大多是正面的，当然，我们也不能忽视其负面的作用。

（一）组织文化的正面作用

1. 组织文化对企业的作用

（1）导向作用

组织文化对组织整体和组织的每个成员的价值取向及行为表现起着引导的作用，使之符合本组织所确定的目标。组织文化作为组织成员共同的价值观，对全体员工是一种软性的理智约束。与明文规定的制度规范的硬性约束不同，这种软性的理智约束通过组织共同的价值观不断向个人价值观渗透，以不断塑造和引导员工的心理和行为，使员工发自内心地接受组织的共同价值观念，自觉地把组织的目标作为自己追求的目标。

（2）凝聚作用

组织文化通过培养组织成员的认同感和归属感，使组织与成员之间、成员与成员之间建立起相互信任和依存的关系。共同的价值取向可以使组织形成一种相对稳定的文化氛围，使组织文化成为一种黏合剂，把不同社会背景、知识修养、生活习惯的组织成员凝聚在一起和衷共济，使每个人的思想感情和命运都与组织的命运紧密相连，从而形成强大的组织力量。

（3）激励作用

组织文化的激励作用是指组织具有的使组织员工产生高昂情绪和奋发进取的状态的精神效应。组织文化强调以人为中心的管理方法，注重对员工内在的引导，以尊重个人思想和感情为基础，通过持续的文化塑造使每个员工从内心深处自觉产生为组织拼搏的强大使命感和持久驱策力。

（4）约束作用

为了保证组织的正常秩序而制订规章制度，这当然是完全必要的。但是，再完善的规章制度也无法保证每个成员在任何时候都能遵守。而组织文化则是通过创建一种为其成员共同接受并自觉遵守的价值观体系，形成一些非正式的、约定俗成的群体规范或行为准则。组织文化用无形的约束力量，形成一种软约束，不但可以降低组织成员对制度约束的逆反心理，而且可以创造出一种和谐的、自发奋进的组织氛围，提高组织的整体绩效。

2. 组织文化对员工的作用

（1）满足员工的心理需要

需要是包括人在内的一切生命体的本能。每个人的活动都是自觉或不自觉地为了满足某种需要。当人的生理需要得到满足后，就会产生更高层次的心理需要，比如社交需要、尊重需要等。组织文化体现了全体成员共同遵循的价值观，在此条件下，组织成员相互之间能够顺利沟通，建立起相互信任和依存的关系，使员工在组织中找到认同感和归属感，从而满足员工的心理需要。

（2）强化团队精神

强化团队精神是由组织的凝聚导向功能决定的。组织文化作为组织成员共同的价值观，不仅可以使员工把组织的目标作为自己追求的目标，也使成员之间相互信任和依存。互相信任的组织成员必然会为了共同的目标追求而协同合作。

（3）提升综合素质

需要是产生行为的原动力。组织文化通过向个人价值观渗透，潜移默化地改造员工的个人价值观，使员工的需求由低层次向高层次跃升。需要的跃升促使员工表现出组织期望的行为，即不断地提升自己的思想素质、业务素质和知识水平，以满足自己更高层次的需要。

3. 组织文化对社会的作用

（1）深化社会文化的内涵

组织文化是社会文化的组成部分。建设优秀的组织文化，使之得到丰富和发展，必然会深化社会文化的内涵。

（2）提高全民综合素质

组织文化具有辐射功能，它不仅在组织内发挥作用，也会通过各种渠道对社会产生影响。组织文化向社会辐射的渠道很多，但主要可分为利用宣传手段传播和个人交往传播两大类。优秀的组织文化通过辐射深化社会文化的内涵，进而对提高全民综合素质产生积极作用。

（二）组织文化的负面作用

组织文化对于提高组织绩效和增加凝聚力都大有裨益。但是，我们也应该看到组织文化对组织行为有效性的潜在消极作用。当组织文化的核心价值观得到强烈而广泛的认同时，这种组织文化就是强文化。它会在组织内部形成一种很强的行为控制氛围，组织成员会对组织的目标和立场形成高度一致的看法。这种目标的一致性导致了凝聚力、忠诚感和一贯性。因此，这种强文化还会产生这样的后果：

1. 产生文化惯性，阻碍组织变革

当组织处于动态的环境中，而组织的共同价值观与其现行环境要求不相符时，组织文化很可能就成为组织变革的障碍。因此，对于拥有强文化的组织来说，过去能带来成功的、引以为傲的东西，在环境变化时很可能导致失败。当组织作出适应环境的变革时，由于组织行为的一贯性，强大的组织文化会阻碍变革的进程。

2. 扼杀个性和思想观念多元化

组织文化的形成会导致思想观念和思维方式的同一化，而同一化必然扼杀个性，抑制思想观念和思维方式的多元化。新成员的加入，可为组织注入新鲜血液，但由于成熟的组织文化限定了组织可接受的价值观和行为方式，带有种族、性别和价值观等方面差异的新成员就会难以适应或难以被组织接受。在这种强文化的压力下，新成员往往会放弃个性而服从组织文化。组织文化通常会削弱不同背景的人带到组织中的独特优势，而这些优势又往往可能是组织在未来发展时所需要的。

3. 排斥外来文化，给组织合并带来障碍

组织文化一旦形成，为绝大多数成员认同，往往会出现认为“自己的文化是最好的、别人的都不行”的意识倾向。在组织合并时，管理者所考虑的通常是组织变更的需求和资产负债等因素，而忽略了两个不同类型的组织文化的差异。这将给合并后的组织带来一系列的麻烦，甚至会导致合并的失败。例如，时代公司于1989年收购了华纳通信公司后更名为时代—华纳公司。由于时代公司作风保守，崇尚稳定的工作环境和家庭感，而华纳公司推崇高风险、高报酬、高流动率，两个公司的员工在适应新工作方式的过程中就产生了诸多摩擦。

三、组织文化的产生与维系

（一）组织文化的产生

组织文化反映了一定历史时期内在社会经济形态中组织活动的需要。它源于组织领导者尤其是组织创始人的经营理念，也有其自身随着社会文明进步程度而发展的一面。

1. 源于组织的创始人

在组织创建之时，组织的创始人总是寻找那些与自己的观念、想法和感受一致的人员与自己共同创业。此外，组织处于发展初期，人数较少，创始人在其中拥有最大的影响力，也相对较容易将自己的思想意识和愿景灌输给员工，使组织成员在基本信念、价值标准和行为规范上达成一致，初步形成组织文化的氛围。随着组织的进一步发展，后续进入的员工或者适应这样的文化氛围而留下，或者因不适应而离去。在组织成长发展的历程中，创始人都会把自己的行为作为榜样，鼓励员工认同这些信念和价值观，于是创始人的影响力在组织中随处可见。当组织成功时，创始人的信念和价值观就被视为成功的决定因素而根植于组织文化当中。

2. 受组织成员的影响

事实上每个人都有自己的价值观，且不可能完全一致。在组织中价值观的碰撞是存在的，碰撞的结果除非不可调和，否则会使一方作出适当妥协，甚至实现个人价值观的升华。所以，尽管组织文化的产生和形成会深深地烙下创始人价值观的印记，但组织文化也不可能纯粹是创始人个人价值观的体现，而是以创始人为主的集体价值观的结晶。

3. 受环境的影响

组织是社会的细胞，它不可能脱离社会环境而存在。因此，组织文化的形成必然受到环境因素的影响。这里的环境主要是指宏观环境和组织所处的行业环境。其中宏观环境包括政治法律、经济、科学技术和社会文化等因素，而行业环境主要是指行业的竞争结构和态势。

（二）组织文化的维系

当组织文化形成之后，组织内部就会采取一些措施来维系和加强组织文化。

1. 人员甄选

人员甄选是为了识别并雇佣组织所需要的人。这种识别不仅限于考察求职者是否在专业知识和技能上满足岗位的要求，还要对求职者是否适合该组织进行判断。这种试图确保员工与组织相匹配的努力，不论是有意或无意，都会导致受聘人员的价值观与组织的价值观大体一致或在相当一部分上一致。另外，人员甄选是一个双向选择的过程。如果求职者发现自己的价值观与组织价值观存在冲突，也会自动退出应聘。通过这样的过程，筛掉那些可能动摇或危及组织核心价值观的人，使组织文化得以维系下去。

2. 最高管理层的影响

最高管理层的活动对组织文化有很大的影响力。最高管理层以身作则，成为典范，以自己的言行举止、行事风格和取舍标准建立起规范，体现对组织核心价值观的尊重，成为员工效仿的标准，对组织文化的维系起到重要作用。

3. 新员工的文化适应

无论人员甄选工作做得多好，都不可能保证新员工完全适应组织文化的要求。在这种情况下，新员工可能会干扰组织中已有的观念和习惯。因此，组织需要从新员工进入组织开始，就帮助他们适应组织文化。常见的方式是通过各种形式的正规培训学习、灌输组织文化的核心理念统一认识，尽力把新员工塑造成符合组织文化要求的人。而对于始终无法适应组织文化的新员工，将不会让他们留在组织当中。新员工的文化适应过程，进一步起到了维系文化的作用。

四、组织文化的传播与变革

（一）组织文化的传播和学习

组织文化可以通过多种形式传递给员工，常用的方式有故事、仪式、实物象征和语言。

1. 故事

组织在发展过程中总会发生一些故事，比如创始人创业的故事、让顾客满意的故事以及节俭的故事等。这些故事无论发生在领导者身上，还是发生在普通员工身上，只要故事本身的内容能体现组织的价值观，为组织的政策提供解释和支持，就应当收集、整理这样的故事，并使它在组织内传播，以便让所有组织成员都从中得到启示。

2. 实物象征

组织为其成员提供的办公室的大小和摆设、装饰物的档次、交通工具、高层管理人员的着装和额外津贴以及组织的建筑格局等都是组织文化的物质象征，都在告诉员工什么是恰当的行为类型、高层管理者所希望的平等程度，甚至谁是重要人物。如果一个组织的总部修建篮球场、舞厅和游泳池等文化体育设施，并经常出资举行聚会等沟通活动，这就等于告诉人们：该组织重视的是公开性和平等性。

3. 仪式

举行仪式在于通过一系列重复性的活动表达并强化组织的核心价值观。例如，每天上班后的第一项工作是升国旗、唱厂歌，就表达了爱国主义和集体主义倾向。有许多组织拥有其独具特色的年终奖大会，公开奖励业绩突出或有重大贡献的员工，以此告诉员工实现工作业绩的重要性。

4. 语言

随着时间的推移，组织往往会形成自己特有的词汇来描绘与业务有关的设备、关键人物、顾客等。对于一个新成员来说，工作一段时间以后，起初令他们困惑的新名词就会成为他们语言的一部分了。这些专用词汇一旦为员工掌握，就成为将特定文化中的成员联结在一起的共同特征。图书馆管理学者在谈话中会使用一些外行人无法听懂的缩略语，如“OPAC”为用户专用目录、“ARL”为图书馆研究协会等；而 IBM 公司的“果园”（指其纽约总部，以前是一个苹果园）和“大烙铁”（计算机主机）当然会令外人不知所云。

（二）组织文化的变革

在面临危机、人们对现存文化的信心发生动摇，以及组织文化根基尚浅的组织中，比较容易推行组织变革，树立新的价值观。相对于拥有牢固根基的强文化而言，并非广泛、深入地为组织成员所拥护的组织文化可以称为弱文化，这种文化易于变革。但由于组织文化随时间的流逝而逐渐趋于稳定，并在进行组织成员的深层价值观中根深蒂固，这就使得当环境发生变化时对成熟的组织文化的变革相当困难。但这并不是说成熟的组织文化不可改变。只不过改变组织文化是一个长期而细致的工作，不能期望一蹴而就。

无论是强文化还是弱文化，在进行组织文化变革时均可以考虑以下措施：

创造出新的仪式和物质象征，作为组织新价值观体系的载体。

组织的高层管理人员以身作则，成为新文化的典范。

提拔、支持那些拥护新价值观的组织成员。

通过所有组织成员的参与，创造出统一的组织舆论。

用正式的组织规章制度代替旧的、不成文的行为准则。

组织文化通常是历经多年形成，并根植于组织成员所坚信的深层价值观中的。这意味着变革组织文化会威胁到组织成员的价值观或切身利益。因此，管理者在重塑组织文化时，不但要选择恰当的时机，还必须取得组织成员的理解和支持，否则就有可能引起组织动荡。

对管理者的启示

组织文化对于组织具有重要意义。管理者应当考虑设计什么样的组织文化来服务于组织的发展。在组织创建之初，组织规模小，人员少，没有有缺点的传统，所以管理层的影响举足轻重。在这种情况下，管理层有机会创建对组织发展最有利的组织文化。当然，组织文化的建立不是一蹴而就的事情。在组织的发展过程中，还需要管理者不断地维系和传播，使主流文化得以充分确立。但管理者也必须清楚，组织文化一旦建立，就不容易改变。当有的组织文化不再适应组织发展的时候，变革的难度也会很大。

每一种组织文化都必须适应环境，现成的理想状态的组织文化是不存在的。等待社会物质文明和精神文明的发展自然地造就出一种组织文化或挪用其他组织的文化，是消极的思想。事实上，这样的组织本身也是落后的组织。任何希望取得成功的组织，都必须花大力气去创建适合自己发展的组织文化。

案例分析

IBM：电脑帝国的企业文化

IBM（国际商用机器公司）是有明确原则和坚定信念的公司。这些原则和信念似乎很简单，很平常，但正是这些简单、平常的原则和信念构成了IBM特有的企业文化。

IBM拥有40多万名员工，年营业额超过500亿美元，几乎在全球各国都有分公司。若要了解该企业，你必须了解它的经营观念。许多人不理解，为何像IBM这么庞大的公司会具有人性化的性格。但正是这些人性化的性格，为IBM带来了不可思议的成就。

老托马斯·沃森在1914年创办IBM公司时设立过“行为准则”。正如每一位有野心的企业家一样，他希望他的公司财源滚滚，同时也希望能借此反映出他个人的价值观。因此，他把这些价值观标准写出来作为公司的基石，任何为他工作的人都要明白公司要求的是什么。

老汉森的信条在他儿子的时代更加发扬光大。在小托马斯·沃森1956年任IBM公司的总裁后，老沃森所规定的“行为准则”由总裁至收发室，没有一个人不知晓。例如：

必须尊重个人；

必须尽可能给予顾客最好的服务；

必须追求优异的工作表现。

这些准则一直牢记在公司每位员工的心中，任何一个行动及政策都会直接受到这三条准则的影响。“沃森哲学”对公司的成功所贡献的力量比技术革新、市场销售技巧或庞大财力所贡献的力量更大。IBM公司对公司的“规章”“原则”或“哲学”并无专利权。“原则”可能很快地变成了空洞的口号，正像肌肉若无正规的运动将会萎缩一样。在企业运营中，任何处于主管职位的人必须彻底明白“公司原则”。他们必须向下属说明而且要一再重复，使员工知道“原则”是多么重要。在IBM公司的会议、内部刊物、备忘录、集会甚至私人谈话中都可以发现“沃森哲学”。如果IBM公司的主管人员不能在其言行中身体力行，那么这一堆信念都成了空口说白话。主管人员需要身体力行，才能有所成效。全体员工都知道，不仅是公司的成功，即使是个人的成功，也一样取决于员工对“沃森原则”的遵循。要全体员工一致对你产生信任，是需要很长的时间才能做到的；但是一旦你能做到这一点，你所经营的企业在任何一方面都将受益无穷。

第一条准则：必须尊重个人。

任何人都不能违反这一准则，至少，没有人会承认他不尊重个人。

毕竟在历史上，许多文化与宗教戒律一再呼吁尊重个人的权利与尊严。虽然几乎每个人都同意这个观念，但将其列入公司信条中的却很少见，更难说遵循。当然，IBM并不是唯一呼吁尊重个人权利与尊严的公司，但却没有几家公司能做得彻底。

沃森家族都知道，公司最重要的资产不是金钱或其他东西，而是员工。自从IBM公司创立以来，就一直推行这一准则。每一个人都可以使公司变成不同的样子，所以每位员工都认为自己是公司的一分子，公司也试着去创造小型企业的气氛。分公司保持小型编制，公司一直很成功地保持了一个主管管辖十二个员工的效率。每位经理人员都了解工作成绩的尺度，也了解要不断地激励员工士气。有优异成绩的员工就会获得表扬、晋升、奖金。在IBM公司里，没有自动晋升与调薪这回事，晋升调薪靠工作成绩。一位新进入公司的市场代表有可能拿的薪水比一位在公司工作多年的员工要高。每位员工以他为公司贡献的成绩来核定薪水，绝非以资历决定。有特殊表现的员工，也将得到特别的报酬。

自从IBM公司创业以来，公司就有一套完备的人事传统，直到今天依然不变。拥有40多万名员工的今日与只有数百员工的昔日相比，其人事传统完全一样，任何一位有能力的员工都会有一份有意义的工作。在将近50年的时间里，没有任何一位正规聘用的员工因为裁员而失去1小时的工作。IBM公司如同其他公司一样也曾遭受不景气，但IBM都能很好地计划并安排，使员工不致失业。也许IBM成功的安排方式是再培训，而后调整新工作。例如，在1969—1972年经济大萧条时，有1.2万名IBM的员工由萧条的生产工厂、实验室、总部调整到需要他们的地方；有5000名员工接受再培训后从事销售工作、设备维修、外勤行政与企划工作。大部分人反而因此调到了一个较满意的岗位。

有能力的员工拥有具有挑战性的工作，好让他们回到家中可以回想一下他们做了哪些有价值的事。当他们工作时，能够体会到公司对他们的关怀，都愿意为公司的成长贡献一技之长。当IBM有职务空缺时，永远会在自己公司的员工中挑选。如果一有空缺就从外界找人来担任，那么对那些有干劲的员工是一种打击。IBM公司有许多方法让员工知道，每一个人都可以使公司变成不同的样子。在纽约州阿蒙克的IBM公司里，每间办公室、每张桌子都没有任何头衔字样，洗手间也没有写着什么长官使用，停车场也没有为长官预留位置，没有主管专用餐厅。总而言之，这是一个非常民主的环境，每个人都同样受人尊敬。

IBM公司的管理人员对公司里的任何员工都必须尊重，同时也希望每一位员工尊重顾客，即使对待同行竞争者也应如此。公司的行为准则规定，任何一位IBM的员工都不可诽谤或贬抑竞争对手。销售是靠产品的品质、服务的态度、推销自己产品的长处，而不是靠攻击他人产品的弱点。

第二条准则：为顾客服务。

老托马斯·沃森所谓的使IBM的服务成为全球第一，不仅是指他自己的公司，还包括让每一个销售IBM产品的公司也遵循这一原则。他特别强调IBM是一个“顾客至上”的公司，也就是说IBM的一举一动都以顾客需要为前提。因此，IBM公司在对员工所作的“工作说明”中，特别提到要为顾客、未来可能的顾客提供最佳的服务。

为了让顾客感觉到自己是多么重要，无论顾客有任何问题，公司规定一定要在24小时之内解决；如果不能立即解决，也会给予一个圆满的答复。如果顾客打电话要求服务，通常都会在一个小时之内就派人去服务。此外，IBM的专家们随时在电话旁等着提供服务或解决软件方面的问题，而且电话是由公司付账。此外，还有邮寄或专人送零件等服务来增加服务范围。IBM公司还要求任何一个IBM的新零件一定要比原先换下来的好，而且也要比市场上的同级产品好。服务的品质取决于公司的训练及教育。

在这方面，IBM已经在全球所属公司投下了大量钱财，所提供的训练与教育是任何公司无法比拟的。在IBM公司受训所花费的时间会超过任何一所大学的授课时间。每年，每一位IBM的经理要接受40个小时的训练课程，而后回到公司内教导员工。IBM有时甚至会定期邀请顾客前来一同上课。经营任何企业，一定要有老顾客的反复惠顾才能使企业成长，一定要设法抓住每一位顾客，而最优异的顾客服务是使他再来惠顾。

第三条准则：优异。

对任何事物，都以追求最理想的观念去做，无论是产品或服务都要永远保持完美无缺。当然完美无缺是永远不可能达到的，但是目标不能放低，否则整个计划都会受到影响。公司设立一些满足工作要求的指数，定期抽样检查以保证服务的品质。公司从挑选员工计划开始就注重优异的准则。IBM认为从全国最好的大学挑选最优秀的学生，让他们接受公司的密集训练课程，必定可以收到良好的教育效果，这些人日后定有优异的工作表现。为了达到优异的水准，他们必须接受优异的训练，使他们有一种一定要成功的使命感。IBM是一个具有高度竞争环境的公司，它创造出来的气氛可以培养出优异的人才。在IBM公司里，同辈竞相争取工作成绩，每个人都认为任何有可能做到的事都能做得到。这种态度令人振奋。

小托马斯·沃森说："对任何一个公司而言，若要生存并获得成功，必须有一套健全的原则可供全体员工遵循，但最重要的是大家要对此原则产生信心。"

在企业经营中，公司的任何运营都有可能改变。有时是地址变更，有时是人事变更，有时是产品变更，有时是公司的名称变更。在任何公司里，一个人若要生存，一定要有应变的能力。在科技高度发达的今日，社会形态与环境变化很快，倘若营销计划不能随机应变，可能会毁灭整个公司。你不是往前进，就是往后退，不可能在原处不动。在任何一个发达的公司里，唯一不能改变的就是"原则"。不论此"原则"的内容是什么，它永远是指引公司航行的明灯。由于IBM有这三条基本原则作为基石，业务的成功是必然的。

公司必须不断地向其员工灌输信念。在IBM的新进人员训练课程中，就包含了公司经营哲学、公司历史及传统。谈公司的信念与价值观不能仅是空谈，至于能否让其在公司里发生作用，那是另外一回事。

IBM的新进销售学员无论是在办公室或外出接洽业务，都能遵守公司的准则。他们知道IBM准则——"必须尊重个人"的真谛。他们一进公司，就会感到别人对待他们的方式是基于尊重原则：只要他们有问题，别人再忙也来帮助他们。他们会看到公司人员是怎样对待顾客的，也会亲耳听到顾客对市场代表、系统工程师及服务人员的赞美，他们周围的人都在努力追求优异的成绩。有关IBM公司的信念，常在所属公司中定期刊载；有关IBM优异服务的实例，也常在公司训练课程中讲授、在分公司会议中特别提出来、在邀请顾客参加的讨论会中也会介绍。其主要目的是把公司的理想一再重复，以确保理想继续发扬光大。

问题讨论

1. 试分析IBM公司企业文化的特点。
2. 如何建设公司企业文化？

第五节　组织变革

组织要想维持和发展，必须根据外界环境的变化不断地进行变革。组织变革是指组织根据外部环境变化和内部情况的变化，及时地改变组织的功能，以适应客观发展的需要。

不变革的组织是没有生命力的，它必然会消亡；但盲目的变革同样会使组织消亡，甚至更快。组织的变革与发展必须有计划、有步骤地去进行，并根据未来发展可能出现的趋势，在科学预测的基础上进行。

一、组织变革的动力

（一）外部环境动力

1. 社会政治法律经济因素

政治是一种重要的社会现象，也是决定、制约组织生存和发展的重要因素。例如，国家方针政策的调整，法律、法规的完善和实施，常会促使组织进行变革。经济因素对组织的影响更为明显。国民经济结构、经济政策以及经济体制的调整，经济发展的水平的变化，同样会成为组织变革的动力。

2. 科学技术因素

科学技术是生产力中最为活跃的因素。科学技术的进步，可改变一个组织的生产、经营和管理方式。比如，计算机和信息技术的发展，计算机辅助设计、计算机集成制造、网络采购和营销以及办公自动化在企业内得以广泛应用，使企业必须考虑员工素质，必须进行结构调整和流程重组。

3. 市场竞争因素

市场竞争的变化要求组织必须作出快速反应。尤其在当今全球经济一体化的背景下，组织所面临的竞争更广泛、激烈，变化更迅猛。要想取得成功，就必须通过变革使组织具备针对竞争变化而迅速作出相应调整的能力。

（二）内部环境动力

1. 组织结构

为适应环境变化、提高组织运行效率，组织需要对各部门进行拆分、整合，以加强部门间的联系和协作，使组织结构得到调整和完善。

2. 管理体系

由于战略的需要，组织可能不得不加强某些业务职能，而削弱另外一些业务职能，这需要通过变革来实现。另外，管理阶层的更替，领导风格或观念的变化也会驱动组织开展变革。

3. 群体心理

尽管追求安定、抗拒变革是人的本性，但这也只是在组织所面临的危机还不显著、尚未被大多数员工警觉的情况下如此。当大多数员工认为组织已经岌岌可危、不变革就无法生存的时候，就会有变革的要求。

二、组织变革的阻力及其克服

引进新的设备还是进行其他任何方面的变革，组织内都可能充满了不满的唠叨、紧张的气氛、消极怠工、抵抗或蓄意破坏。变革意味着改变组织的现状、改革组织成员的习惯和观念，甚至对原有的利害关系产生重大冲击。因此，只要进行有计划的变革，就不能忽视变革的阻力。变革面临阻力及克服阻力是整个变革过程中不可缺少的一部分。

（一）阻力的来源

变革中的阻力来自许多方面。为了便于分析，我们将阻力分为来自个人的阻力和来自组织的阻力两个方面。但实际上，这些个人的阻力和组织的阻力是相互影响、相互重叠的。

1. 来自个人的阻力

个人的阻力来自于个人内心的反抗，概括起来，主要有以下五个方面：

（1）习惯

习惯是一个很普遍的现象。人们喜欢维持现状，习惯过去的工作和生活方式，倾向于习惯化或模式化地对刺激作出反应。习惯一旦形成，就可能变成一个人获得满足的根源。但是，当你面对变革时，以习惯方式作出反应的趋向则会对变革产生巨大的阻碍。如果一个组织突然宣布每个员工加薪20%，几乎不会有人反对；但如果公司突然宣布每个员工减薪20%，那就会有很多人反对。面对后一种情况，有许多习惯——如购买名牌服饰、周末朋友聚会等，会由于无力支付而不得不改变。

（2）对未知的恐惧

面对模糊的、不确定的、不可预知的情况，大多数人会感到焦虑。变革就是用不确定性代替已知的东西，组织中的员工会由于担心情况不明确而抵制变革。如财务电算化的引进意味着财务人员不得不学习计算机使用技术，而一些人会担心他们不能胜任。因此，财务人员会对财务电算化产生消极抵触情绪。

（3）有选择的注意与保留

一个人一旦确立了自己的态度，就会对信息进行有选择的加工。他们只听与他们的现有观点相一致的言论，而忽视那些对自己的观念、行为形成挑战的信息。如上例中的财务人员，他们可能没有意识到财务电算化会给他们带来轻松的工作和潜在的收益。

（4）经济的原因

金钱在人们的心目中占有重要的地位，能满足人们的基本需要。如果变革意味着收入直接或间接的下降，这种变革通常会遭到反抗；如果人们担心自己不能适应新的工作任务和新的工作规范，尤其是当报酬和工作成果紧密相关时，工作任务或工作规范的改变会引起人们的恐慌。

（5）安全和倒退

安全需要较高的人可能会抵制变革。因为变革可能给他们带来失去工作的威胁，寻找新工作的压力，医疗、养老等保证的丧失。他们总是想起过去安全、幸福的时刻，留恋过去的行为方式。如我国的国有企业在进行结构调整时，有些受到新观念、新工作规范挑战的员工会感到工作、生活受到了威胁，总会将过去的好时光和现在的压力相对比，希望倒退到计划经济时代去。

2. 来自组织的阻力

（1）结构惯性

大多数组织的结构设计是稳定、保守、抵制变革的。如大多数组织设计是分工明确、配合紧密、稳定可靠的。为了确保工作质量和产品质量的可靠性和稳定性，组织制订了严密的工作说明书、工作程序和制度规范，在甄选过程中系统地选择符合要求的员工进入组织，又通过培训、教育塑造和培养员工。当组织面临变革时，结构惯性就充当了维持稳定的角色。

（1）对权力的威胁

观念的更新、决策权力的重新分配，都会威胁到组织内长期形成的职权关系。拥有权力就意味着对别人所需要的东西如信息、金钱或工作安排等拥有控制权。人的权力地位一旦在组织中确立起来，就会对可能降低其权力地位的变革进行反抗。事实也表明，那些过去非常成功的变革推动者，可能最热衷于反对变革。因为为了达到目前的权力地位，他们付出了许多，新的变革则意味着对自己的权力地位的威胁。在组织中引入参与决策或自我管理的工作团队的变革，就常被管理人员视为一种威胁。如一位大学校长说："要教师参加决策过程，就是增加他们的权力，现在我不得不跟他们一道检查工作，然后才能作出决定，这实际上削弱了我的权威。"这段话清楚地说明了一种感觉，即变革给校长的权威带来了威胁，而这种感受就成了实现变革的阻力。

（3）资源的限制

首先，资金不足是变革的一种重要的障碍。如有计划地进行设备更新，进行物质环境的重新设计，为适应变革而进行人员培训和教育，都需要充足的资金。其次，资源的重新配置也可能形成变革阻力。在组织中控制一定数量资源的部门常常视变革为威胁，它们倾向于对既有的资源配置感到满意。变革可能意味着预算的减少或人员的减少，那些最能从现有资源配置中获得利益的部门，常常会对影响未来资源配置的变革感到忧虑，进而抵制变革。最后，留滞成本是变革的重大障碍。如果企业的固定资产占用了大量的资金，那么当企业从一个行业转向另一个行业，或从生产一种产品转换成生产另一种产品时，就需要支付大量的留滞成本，如购置新的设备的成本、产品再设计的成本、员工再培训的成本。如果留滞成本过高，组织或者会冒着成本过高的危险进行变革，或者会停滞不前。

（4）有限的变革

组织由一系列相互联系、相互依赖的子系统组成。你不可能只对一个子系统实施变革而不影响到其他的子系统。例如，如果只改革技术工艺而不同时改革组织结构与之配套，技术变革就不大可能获得成功。所以子系统中的有限变革很可能会因为更大系统的问题而变得无效。

(5) 群体惯性

即使个体想改变观念或行为，群体规范仍会成为约束力。例如，某个会计可能对采用财务电算化乐于接受，但如果群体的其他成员都反对，他也就可能抵制。

(6) 组织之间的协议

组织之间的协议常常规定组织的责任和义务，对组织的行为产生约束，如组织与竞争对手的协议、对供应商承担的义务、对用户的承诺、为获得某种特权或履行政策规定而对政府官员所作的保证、与员工的劳动合同等。变革推动者可能会发现，变革计划由于某项协议而需要推迟执行。尽管协议可以被弃置不顾或违反，但这样一来，可能要付出一笔巨大的资金，组织的信誉也可能会一落千丈。

(二) 克服阻力的措施

组织变革是组织成长的重要手段，组织变革的推动者必须积极地创造条件、采取措施、消除阻力、保证组织变革的顺利实施。克服阻力的措施主要有以下几点：

1. 通过教育和沟通，增进员工对变革的信心

这种措施的基本假设是产生阻力的原因在于信息失真或沟通不良。通过与员工的沟通，如采取个别交谈、小组讨论、大会动员、形势报告等方式，可以帮助员工对组织所面临的困难与机遇即变革的理由有充分的了解，从而消除误解、获得对变革的支持。如上棉10厂和上棉18厂进行联合发展，在进行压锭、关机、裁员等一系列变革之前，开展了“立足纺织，抓住主业”大讨论，使变革有了广泛而牢固的群众基础。

2. 提供支持性措施，减少变革的阻力

变革的推动者可以提供一系列支持性措施来减少阻力。例如，让反对变革的人参与变革决策的制订。个体很难抵制自己参与作出的决策。个体的参与可以减少阻力，增进相互的沟通，并提高变革决策的质量。当员工对未来恐惧和忧虑时，可以给员工提供培训教育，使员工学习新观念，掌握新技术，增强适应组织变革的能力；还可以给员工提供短期的带薪假期，提供心理咨询来调整和提高员工的心理承受能力。

3. 通过谈判、操纵和收买，排除变革的阻力

在某种程度上，组织变革是组织内的权力斗争，变革意味着对某些人权力地位的威胁。当阻力集中于少数有影响的个人（如过去成功的变革的功臣）时，谈判可能是必要的策略。通过谈判可以商定，以某些有价值的东西来换取阻力的减少。变革推动者也可以采取操纵的手段来排除阻力，如通过歪曲事实、封锁不受欢迎的信息、制造谣言，使变革显得有利于员工，使员工接受变革。另外，变革推动者还可采取收买的手段，通过让变革的反对者在变革中承担重要角色，来取得他们对变革的承诺和支持。

4. 强制实施

人事变革是确保组织变革成功的重要条件。把富有创新精神和有能力、勇气的人充实到组织的重要领导岗位，是顺利实施变革的组织保障。强制是指直接对抵制变革的人实施威胁和压力，如威胁调职，不予提拔重用，作出较差的绩效评估结论，提供不友善的评价等。通过强制措施，排除阻力，可以保证变革的顺利实施。

三、组织结构变革的模型

（一）变革的模型

长期以来，西方许多组织行为学家对组织变革程序进行了大量的研究，取得了一定成就，其中比较著名的有以下几种：

1. 勒温模型

勒温提出的三阶段模型被认为是经历了最久考验的变革模型，因为它至今“仍然在组织变革讨论中扮演试金石的作用”。勒温曾参加过大量的组织变革行动，由此他得出了两个结论：第一，即使组织成员对变革的目标达成了普遍共识，变革行动仍然会遭遇强大阻力；第二，那些表面上克服了阻力并已取得成功的变革往往是不稳定的，一段时间后组织又会回到原来的状态。勒温在分析组织抗拒变革原因的基础上提出了包含解冻、变革、再冻结三阶段的组织变革模型。

（1）解冻

解冻就是打破组织原有的平衡状态，以便实施变革。解冻前的组织处于一种平衡状态（冻结），这是变革的推动力和变革的阻力相互作用、势均力敌的结果。因此，必须采取措施，通过加强变革的推动力或减轻变革的阻力来打破原有的平衡状态（解冻）。勒温认为，把解冻的重点放在减轻变革的阻力上效果更好，因为增加变革的推动力容易导致组织成员的紧张和不安，使变革的阻力增大。实践也证明，设法减轻变革的阻力是为变革活动铺平道路的有效方法。

（2）变革

变革是按照拟订的变革方案开展组织变革的具体行动，它使组织从现有模式向预先确定的目标模式转变。

（3）再冻结

变革达到目标后，必须采取强有力的措施，使新的组织模式得到巩固。也就是要对新的模式进行冻结，避免它回到原来的模式，直至组织达到新的平衡状态。如果没有这一冻结阶段，变革的成果就会退化消失。

2. 罗希模型

这种模型包括以下四个内容：

创造一个需要变革的知觉；

分析诊断环境，以创造变革的环境及变革的方向；

与变革所影响的人员沟通；

监督变革并调整修正，使其合适。

3. 凯利模型

凯利模型把变革分为确定问题、问题诊断、列出可行性方案、确定决策准则、选择解决方法、计划变革、执行变革、评估效率、反馈九个步骤。

4. 艾诺芬模型

这种模型认为组织变革有如下十个主题：

明白影响你和所在组织的变革力量；
确定你们的变革能力；
创造变革的氛围；
确定涉及参与变革的人员；
为了变革而进行组织；
引发动机；
规划变革；
执行变革；
使风险与冲突极小化；
提供领导。

（二）变革的过程

从上述四个著名的组织变革程序中，我们可以作出如下的归纳，即一个组织内部的组织结构变革大体要通过以下七个步骤：

1. 认识变革的必要性

管理者事先对未来有了正确的预见，为了适应未来发展的形势需要而积极主动地制订变革组织结构的计划。对于这种计划中的组织变革，管理者对其必要性要有充分的认识，并要使尽可能多的人都能对将来的变革持积极的态度。而对于被动消极式的变动也有一个认识的过程。要了解并掌握引起被迫变动的原因，如员工的不满与抱怨，员工在工作中的士气低落，法律部门的指责，产品的滞销，工人罢工等。

2. 提出明确的变革目标

如是维持还是扩大市场，是否要开辟新的产品市场，如何保持员工良好的道德品质、减少不稳定的因素，如何解决工人罢工问题，如何选择最佳的投资方案。因此，变革的目的要明确，要有一个正确的目标。

3. 确定需要变革的问题

例如，造成员工情绪低落、不安定的因素可能有工作条件差，工资太低，管理监督人员不好，外单位的工作条件、待遇更优越，员工对本单位的许多事情都感到不满意等。一个单位员工的不安定的因素可能是要求变革的原因因素之一，但是，在这些原因中必然有一个主要的原因。只有找出其真正的原因，才能做出正确的变革方案。

4. 正确地选择变革的方法

例如，如果员工的不安定主要是由于工资低造成的，就需要建立一个新的合理的工资报酬制度；如果是由于管理监督人表现不好的话，则要建立对管理监督人员的培训制度。如果方法不对，势必会影响到变革的进行。

5. 制订具体的变革计划

在制订计划时，要考虑到变革的具体步骤、所需的费用和代价，这种变革对其他部门可能带来的影响，员工对变革的认识以及所持的态度等。

6. 变革计划的执行

管理者要确保变革计划按照预定的设想进行。同时，还要注意沟通方式，并为新的工作状态树立样板。

7. 变革结果的评估

随着变革计划的执行，管理者必须对变革的结果进行评价总结，看看是否达到意想中的效果。如果没有取得意想中的效果，就应采用其他的变革措施。

对管理者的启示

组织要维持和发展，必须要根据外界环境的变化，不断地进行变革。不变革的组织是没有生命力的，但盲目的变革同样会使组织遭受严重损失。组织的变革与发展必须是有计划、有步骤的，根据未来发展可能出现的趋势，在科学预测的基础上进行。

在大多数组织中，管理者是主要的变革推动者，他们通过制订决策并作出行为榜样来塑造组织中的变革文化。同样，管理层的决策和实践活动又决定了组织了解和适应环境的程度。

在组织变革中，设法减轻变革的阻力是为变革活动铺平道路的有效方法。

案例分析

宝洁公司的组织变革

1996 年，宝洁公司的 CEO 责成企业要在 2006 年之前使公司的全球产品销量翻番，销售额达到 700 亿美元。两年后，宝洁只达到了每年增长 3% 的业绩，而且它的股价跌得很厉害。宝洁的 CEO 佩珀和 COO 加格一起着手开始了一项有关 12 家顶尖企业的私人研究计划，试图从更广阔的视角来研究如何使宝洁更具创新能力、更有效率、更迅速地应对市场变化。这 12 家企业包括通用电气、惠普、3M 等知名公司。他们最终得出结论，宝洁的问题存在于根深蒂固的组织文化中，即尽量规避风险、怀疑创新，以及以地区主管权力为核心的管理系统。其中地区主管拥有决定哪种宝洁产品将在本地区销售、哪些产品是在本地生产、哪些产品是由宝洁的其他单位供给的权力。

他们提出了一项称为“2005 年的组织”的解决方案，而执行这项计划的重任落在了加格身上。他是宝洁的资深经理，于 1999 年成为公司的 CEO。“2005 年的组织”通过重组组织结构来达到文化和公司体制变革的目的。变革计划以产品事业部结构取代了长久以来的以地域为单位的业务组织。新公司由七个全球性的业务单位（Global Business Unit，GBU）构成。每个 GBU 对本部门产品的整个价值链条都负有全球性的责任，从新产品的开发、生产到市场推广及分销。GBU 本身就包含 IT 以及人事职能，所以大部分宝洁公司职能组织中的人员都转到了这 7 个 GBU 中。同时，一个全球经营服务组织（Global Business Service，GBS）成立了，它集中了原先在地区式结构下分散的会计、薪酬以及订购管理职能。GBS 不仅为 GBU 提供支持，也为另一组单位市场开发组织（Marketing Development Organization，MDO）服务。MDO 包括 8 个地区性的市场开发机构，其责任是为本区域制订经营战略并为 GBU 提供市场和顾客信息，以及努力使所有区域的市场占有达到当地最佳销售商的水平。原来区域组织里的品牌经理直接向 GBU

报告；地区主管的责任则变小了，他们对本地区 MDO 的副总裁负责。

宝洁内部那些欢迎这种新结构的职员也觉得这次变革的范围确实大得可怕。比如，餐饮 GBU 的新任全球营销主管原来是拉美地区的主管，他还同时担任了新成立的拉美地区 MDO 的主管。他说服公司支持他的新部门，就在他的家乡加拉加斯为一系列餐饮品牌制订了全球营销战略，比如杰夫花生油、富尔格咖啡和品客薯片。不过，公司发现相当多的主管不仅改变了位置，还要改变感觉以适应在组织中的角色。2006 年 6 月的一项统计表明，在宝洁 200 ~ 300 名高层管理人员当中，只有 20% 的人所做的工作与 18 个月前相同。根据另一项统计，“宝洁的职员丢掉了对公司的感觉，许多中高层管理人员承认他们在新的角色中找不到那种对公司如何运作的基本理解。”

刚开始的舆论导向对变革是赞同的，尽管有人会说变革成效的体现是需要时间的，但销售却并没有迅速增长，事实上利润还在下降。一些新产品研发的速度按宝洁传统的标准来看令人吃惊，却没什么竞争力。一些广为人知的并购计划也失败了。有关组织内部出现强大的变革阻力的流言开始出现，甚至有报道说将近 1/4 的宝洁品牌经理辞职了。加格对公司进程的乐观与宝洁员工与日俱增的不满和困惑形成了鲜明对比，双方的裂痕还在不断扩大。所有这些结果导致股价下跌，跌到只有 2001 年 1 ~ 6 月时的一半水平。加格最终于 2001 年 6 月辞职，他上任仅 18 个月。

商业期刊的分析列举了一长串的看法。最极端的评论来自《金融时报》的列辛顿专栏：“当一家公司必须从原先结构重组的方法中再次进行结构重组时，事情有了个恰当的结束。宝洁 1999 年的修补工作——所谓的‘2005 年的组织’——只完成了 50%，却 100% 是个灾难。它既没有促进创新或销售的增长，也没有带来成本的降低。到 6 月时，本财政年度的收入最多也只能与上年持平；运营利润在过去 4 个季度内持续下降；管理开销占到销售额的 30%，比 1998 年时高了 300 个基本点。”还有些评论者指责宝洁的董事会没有给加格足够的时间继续实施他的计划。弗利金杰说：“他们把错误的人送上了绞刑架。加格是那种极具魄力的 CEO，他正是那种变革极度自满文化所需要的人。”弗利金杰指出，前宝洁主管斯麦乐任通用汽车董事会主席时给了史密斯将近 10 年的时间来使通用汽车扭亏为盈，而宝洁董事会却没有给 CEO 充足的时间来改变公司的局面。

宝洁的董事会急于掩盖目前宝洁的窘境，在与《商业期刊》的交谈中，给出了这么短时间内将加格解职的三点原因：第一个原因当然是股价的下跌。然而潜在的第二个原因更为重要，即董事会察觉到了重组的失败，尤其是在数据汇报责任和汇报系统的变革中的失败。有消息指出，在财政上非常谨慎的宝洁过分强调它两个季度以前的数据是因为最新的盈亏数据尚未汇报到辛辛那提的总部来。最后一个原因是董事会批评加格在管理上的失败——令宝洁改变得太多、太快以至于不能使公司上下跟上他的步伐。“加格无法赢取他大多数关键下属的信任，从而也让董事会对他失去了信心。”

宝洁的员工对雷富礼成为加格的继任者表示欢迎。雷富礼是宝洁的高级管理人员，以高超的“人际关系技巧”而知名。但是分析家和商业评论却更多地对他表示了怀疑。实际上，股价在他的任命被宣布时下跌了。《商业期刊》还刊载了一篇名为《温和与暧昧救不了宝洁》的文章。雷富礼将宝洁战略的焦点重新集中在已有的品牌上，并通过削减9600个工作岗位及结束几个加格很重视的产品创新工程来解决实行“2005年的组织”以来引起的成本增加问题。不过，他确实保留了新的组织设计结构——GBU、MDO和GBS。或许他觉得这是对原有结构的改进，也可能是因为他相信公司再经不起另一场剧烈的变革了，哪怕是一场让公司回到原来结构的变革。仅仅两年后，因为雷富礼在27个月内就使宝洁走出困境，《财富》杂志奉他为“新一代的困境专家”的典型，并称他的领导方式是注重倾听而非滔滔不绝地描述梦想，集中精力发展已有的力量而非开创激进的变革计划。

问题讨论

1. 你对宝洁公司组织变革计划的措施及其结果有何看法？

2. “宝洁的职员丢掉了对公司的感觉，许多中高层管理人员承认他们在新的角色中找不到那种对公司如何运作的基本理解。”这是什么原因？应如何解决？

3. 宝洁的变革是如何随着变革行动的变化而产生改变的？

第六节 组织绩效

追求良好的组织绩效是组织的重要目标。组织绩效是指管理者利用资源满足客户需要并实现组织目标的效率和效益。员工是构成组织的“细胞”。在组织拥有的所有资源中，员工是唯一具有能动性的资源；唯有员工能够有目的、有意识地利用组织中的其他资源创造性地实现效益和效率。因此，员工是组织绩效的实现者，员工的工作绩效是组织绩效的组成部分。但是，员工个体的技能只是带来组织绩效的必要条件，而不是充分条件，因此衡量员工的个人绩效是必要的。

一、员工绩效

员工个人的工作绩效在很大程度上取决于他们的素质高低和工作行为是否得当。组织中的很多人力资源政策和措施正是为了保证员工的素质和工作行为符合组织要求。

（一）员工的挑选

1. 资格审查和初选

资格审查是对应聘者是否符合职位的基本要求的一种审查。这一般是由人力资源部门通过审阅应聘者的求职资料进行的。人力资源部门在资格审查的基础上将符合基本要求的应聘人员的资料移交用人部门，由用人部门进行初选。初选是从符合基本要求的应聘人员中选出参加面试的人员。

2. 面试

面试是组织挑选员工的一种最常用的方法。通过面试，组织可以了解应聘者的业务知识水平、语言表达能力、反应能力、责任心水平、外表风度等信息。组织还可以借助一些心理测试手段，进一步了解应聘者的性格、心理素质、价值观、求职动机等。从方式上来讲，面试主要分为结构型面试和非结构型面试。

(1) 结构型面试

结构型面试要求面试人员事先根据招聘职位的要求准备一套标准化的问题。在面试的时候，面试人员严格按照所准备的问题对每个应聘者分别提相同的问题。这种面试方式便于对所有应聘者进行对比，减少了主观性。研究表明，结构型面试的信度和效度较好。但其缺点是过于僵化，所收集的信息有限。

(2) 非结构型面试

这种面试方式无固定模式，面试人员事先无需作太多准备。在面试过程中面试人员根据职位要求，视应聘者的不同情况而即兴提问。非结构型面试虽然灵活自由，提问可因人而异，得到较多信息，但缺乏统一的评价标准，容易产生偏差，且对面试人员要求很高。面试人员不仅要了解与招聘职位相关的专业工作，还要具有心理分析能力、丰富的面试经验和客观公正的态度。现实中能达这样要求的面试人员极少，因而导致非结构型面试的信度和效度较差。

3. 笔试

笔试可用于测试应聘者的专业知识、智力、潜能、兴趣以及道德等方面的情况，其结果可作为预测未来行为的依据。有证据表明，对于那些需要认知复杂性的工作来说，采用笔试的方式有很好的效度；对于操作性的半技术和非技术性工作，笔试也具有一定的效度。

4. 情景模拟测试

情景模拟测试是将应聘者安排在模拟的、逼真的工作环境中，要求其处理工作中可能出现的问题，借以考察应聘者的实际工作能力、心理素质和潜在能力的一种方法。这种方法的效度相当高。

(二) 员工的培训

随着技术的进步，员工的技能也会老化或过时。因此有必要通过培训的方式使员工的知识与技能得到更新，从而促使员工的工作绩效相应提高。

1. 培训的内容

管理学学者认为，员工培训的内容主要有四项：建观念、育道德、传知识、培技能，它们缺一不可。但前两者是间接的，后两者是直接的。

观念与道德对员工工作中的态度和行为会有影响。“建观念”是通过培训提高员工的认识水平，使其摒弃过时的旧观念，建立适应时代的新观念；“育道德”是要通过道德培训帮助员工认识和了解道德困境，使他们在活动时对道德方面的问题更警觉，能自觉根据道德原则行事；传授的知识从性质来看，可分为基础知识、专业知识和背景性的广度知识；“培技能”则可能包括技术技能、人际技能、问题解决技能甚至基本读写技能等。

2. 培训的方式

员工培训有两种不同性质的方式：一是亲验性学习，二是代理性学习。

亲验性学习的培训方式是让受训员工通过亲身的实践来获得属于他们自己的第一手知识、经验和技能。这种培训方式主要包括工作轮换、现场实习、模拟练习、角色扮演等形式。亲验性学习的培训方式有利于员工实际操作能力的培养。

在代理性学习中，受训员工学到的是别人传授给他们的间接性知识和经验，而不是他们自己通过实践获得的第一手经验或知识。这种培训方式包括课堂教学、电视课程、网络课程、函授课程或公开的研讨会等形式。代理性学习的培训方式在传授知识方面效率较高，但它不能完全取代亲验性学习。这就像学习游泳一样，无论教练传授学员多少游泳知识，如果学员不亲自下水实践，也永远学不会游泳。

（三）绩效考评

绩效考评是一种绩效控制的手段，具有激励功能。一方面，绩效考评使员工的工作绩效得到肯定，员工可以体验到成就感和自豪感，从而增加工作满意感；另一方面，绩效考评也是执行惩戒的依据，而惩戒也是促使员工改善绩效不可缺少的措施。

1. 考评的内容

绩效考评的内容会影响员工的行为，对员工行为有导向作用，应合理确定。考评的内容归纳起来主要有以下三个方面：

（1）任务结果

如果员工工作的结果比手段更重要，那么就应该对员工的任务结果进行评估。一般来说，对于能够为客户提供产品和服务、实现销售收入、产生利润的一线部门的员工，都需要考评其任务结果。例如，对生产人员的考评内容可以是产量、质量、合格率、单位成本等，对销售人员的考评内容可以是销售量、销售增长率、新增客户量等。

（2）行为

如果一些结果难以直接归结为员工的活动，或者在群体绩效中难以清楚划分每个成员的绩效，比如二线部门的支持性岗位（行政、人事、后勤等）的员工的工作活动难以直接体现为效益结果；在这种情况下，可以对员工的行为进行考评。当然，这些行为不仅限于与个体生产效率直接相关的行为，还应包括所有其他有利于组织效果的行为。

（3）特质

个人特质对工作绩效的作用较任务结果和行为更弱。诸如“工作态度好”“有合作精神”“工作自信”“经验丰富”等个人特质无论在实际上与工作结果有多大的相关性，也常被组织作为考评员工绩效的内容。

2. 考评的方法

（1）排序法

排序法就是通过把被评估员工的绩效与其他员工的绩效进行对比，以确定被评估员工的绩效水平排名。这是一种相对而非绝对的测量绩效的手段，通过它可以得到每个员工绩效水平的排列顺序，但不能反映员工间的绩效差额。常用的三种排序法是：

①简单比较法。这种方法在假定所有员工之间的绩效大致呈等差排列的前提下，把员工从最好到最差排出顺序，中间不允许名次并列。一般的做法是：先找出绩效最好的和最差的员工排在第一和最后，然后在余下的员工中再找出绩效最好和最差的员工排在第二和倒数第二；以此类推，直到排出所有员工的名次。

②配对比较法。把每个员工与其他所有员工进行比较，在每次两两相比中评出优与劣。最终，依据每个员工获得的“优”的数量，确定总的等级名次。这种方法不适于员工较多的组织。

③强制正态分配法。这种方法是假定所有员工的绩效大致呈正态分布，按照一定的比例将员工分成不同的等级。例如，按 10%、20%、40%、20%、10% 的比例，将所有员工分别强制纳入优、良、中、次、差五个等级。但如果组织中某些部门内的员工之间的绩效比较均衡，采用这种方法就有失公平。

（2）关键事件法

关键事件是指比较突出的、与工作绩效直接相关的事情。这种方法要求绩效评估人将注意力集中在员工的关键行为上，并随时记录下员工在工作中所做的特别有效和特别无效的事件。经过归纳整理后，可以从中得出考核结论。这些记录下的事件可以反馈给员工，有利于以后的改进。需要注意的是，所记录的应当是具体的事件与行为，而不是对人品的评判。

（3）评定量表法

这是一种最为常用的绩效考评方法。这种方法是把一系列需要考评的因素罗列出来，如工作的质与量、主动性、合作性、出勤率等。然后把每一因素都划分为若干等级，如优、良、中、次、差五个等级，并对每个等级的标准予以文字界定，同时赋予相应的分值。在绩效考评的时候，把员工的实际表现与等级标准进行对照，若员工的实际表现与标准中的文字界定相符或相近，员工则可得到与此标准相对应的考评等级和分数。这种方法的考评精度比较高，而且可以进行定量分析和比较。

3. 绩效反馈

组织开展绩效考评的主要目的是提高员工绩效水平。如果不把绩效的考评结果反馈给员工，则无法使员工明白自己的差距所在。绩效反馈的方式主要是考绩面谈。一般这种面谈都是由上级在发现下级员工存在绩效问题时主动约定的。由于这样的面谈具有批评性，容易给谈话双方带来不愉快，所以比较敏感，但却又是不可缺少的。因此，管理者需要掌握好面谈的技巧。

（1）营造真诚、融洽的谈话气氛

消除员工对面谈的反感和抵触情绪是面谈取得成效的前提。虽然面谈具有批评性，但管理者应注意不要以居高临下的姿态接待约谈的员工；在谈论员工的绩效问题时，也尽量不要使用责怪、教训或威胁的语气。管理者要以平等的态度对待约谈的员工，客观地指出员工存在的绩效问题，真诚地帮助他分析问题的成因，并为之提供解决的建议，使绩效面谈富有建设性。

（2）指出具体问题，不作人性特质批评

不要泛泛地、抽象地评价员工的绩效问题，而要拿出具体的数据或实例。同时要做到对事不对人，不要因员工的绩效问题而针对员工个人的人性特质进行批评，以免引起员工的反感和抵触。

（3）诊断问题原因，讨论落实改进措施

管理者要引导、鼓励员工自己分析造成问题的原因。如果管理者认为员工没有找准原因，应给予必要的启发，直到双方认为找准原因为止。然后根据问题原因，管理者与员工共同商量制定针对性的改进措施。措施应具体明确，干什么、怎么干、几时干以及要达到什么目标等都要逐一落实到书面上。在措施中要强调改正问题带来的好处与不改正的坏处，使改进措施带有激励性。

二、团队绩效

现在，越来越多的组织正在围绕团队重新构建。在运用团队的组织中，应该如何对团队的绩效进行考评呢？

（一）确定团队的目标

把团队结果与组织目标密切联系在一起，找到团队应该完成的主要目标，并把它作为有效的测量指标。组建团队是为了完成组织的目标。一个团队的目标应是组织整体目标的有机组成部分。由于目标通常是由若干具体指标来表示的，因此对于团队绩效的考评实际上是将团队的实际工作结果与团队目标中要求的各项指标进行比对，以衡量团队对完成组织整体目标所作出的贡献，并以此来确定其绩效水平的高低。

（二）明确团队服务对象

组织内不同团队的工作性质可能有所不同，有的团队直接服务于顾客的需要，而有的团队是通过服务于前者来间接服务于顾客的需要。对于直接服务顾客的团队，其绩效可以根据满足顾客需要的要求来评估。对于团队之间的内部服务，可以以配送及时性和质量为标准来评估。而工作过程步骤可以根据损耗和循环时间来评估，如提供服务的内容、范围、质量标准、完成时间等。

（三）考虑个人绩效

员工是构成团队的元素，团队绩效来源于员工绩效。但每个员工对团队绩效的贡献很可能存在较大差异，团队绩效好并不意味着每个员工的个人绩效都好，而团队绩效差并不意味着每个员工的个人绩效都差。因此，需要根据每个员工支持团队工作过程的成绩界定每个员工的角色，然后评价每个员工的贡献大小以及团队整体的工作绩效。

（四）确定测定标准

帮助团队建立自己的目标，培训团队创设自己的测量标准。为激励团队并帮助团队有效管理所属员工，应帮助团队建立与组织整体目标一致的团队目标，并将此目标分解到团队中的每个员工，以确保每个员工明白自己在团队中的角色，帮助团队成为凝聚力更强的工作单位。

三、组织绩效

员工的工作绩效是组织绩效的组成部分。因此，必须将组织绩效纳入绩效管理环节予以综合考虑，实现组织绩效与员工个人绩效的充分结合。组织中的劳动是协作劳动，单纯依靠个人努力难以完成，每一个人的工作状况及绩效的取得都离不开他人的协作。

考评组织绩效并不能把每个员工的绩效相加。那么，如何衡量组织绩效呢?

衡量组织绩效同样需要找到评价的指标，这些指标应能将影响组织绩效的各种因素纳入评价范围。

(一) 影响组织绩效的因素

影响组织绩效的因素很多，归纳起来有以下几个方面：

1. 环境

组织所处的环境是复杂多变的，对组织绩效的影响很大。影响组织绩效的环境因素包括自然环境，如地势地貌、地质条件、气象条件等；包括组织所处的行业环境，如行业竞争结构；包括社会文化环境，如社会规范、价值观、目标等；包括政治法律环境，如制度、法律、社会安定程度；包括经济环境，如经济发展水平、经济体制变革、经济结构调整等；包括科技环境，如科技发展水平、技术装备等。这些因素的变化一旦影响到组织的正常运行，就可能对组织绩效带来相应的影响。

2. 组织本身

组织结构、组织规模以及组织内部的运转情况无疑会影响组织的绩效。

3. 管理政策

组织的管理政策及其制度体现了组织中的管理理念和管理方式，调整和规范着组织的行为，从而对组织绩效产生影响。

4. 员工

员工的工作技能、工作态度和工作行为决定着员工的工作绩效，而员工的工作绩效是组织绩效的有效组成部分。

(二) 组织绩效的评价指标体系

在传统上，财务指标最被广泛运用的一项绩效评价指标。但是财务指标是有不足之处的，它反映的只是已经过去的绩效，而不能提供创造未来价值的动因。而且，财务指标主要是偏重于组织内部的分析，而忽视了对外部环境如客户、市场等方面的分析。美国管理专家罗伯特·卡普兰（Robert Kaplan）和戴维·诺顿（David Norton）提出的平衡计分卡（The Balanced Scorecard，简称 BSC）分别从财务、客户、内部业务流程及学习与发展四个方面来评价组织业绩，弥补了单纯用财务指标来评价组织业绩的不足。完整的组织绩效评价系统除了包含财务评价外，还应当包含非财务方面的评价。

1. 财务指标体系

财务指标体系可直观地反映组织投入与产出的对应关系，对衡量组织管理者和员工的工作水平及完成任务的质量也起着重要作用。它主要从以下四个方面进行分析评价：

（1）赢利能力

赢利能力反映组织资本的增值获利能力，主要通过资产报酬率、毛利率、销售净利率、成本费用净利率等指标来分析评价。

（2）资产运营能力

资产运营能力反映组织资产管理水平和使用效率，主要通过存货周转率、应收账款周转率、流动资产周转率和固定资产周转率等指标来分析评价。

（3）偿债能力

偿债能力是指企业偿还短期债务与长期债务的能力。它反映了组织债务水平及面临的债务风险，是衡量组织经营是否稳健的重要尺度。它主要通过资产负债率、流动比率和速动比率等指标来分析评价。

（4）发展能力

发展能力反映组织经营增长水平及发展后劲，主要通过营业增长率、资本积累率、总资产增长率、固定资产成新率等指标来分析评价。

2. 非财务指标体系

非财务指标可分为以下三个方面：

（1）客户方面的指标

客户方面的指标用于评价客户对组织的看法，可反映组织与客户的关系。典型的指标有：顾客满意度、顾客保持度、新顾客的获得率、市场占有率等。

（2）内部业务流程的指标

内部业务流程的指标用于评价组织的业务水平现状，指导业务的改进方向。典型的评价指标有：劳动生产率、产品（服务）质量、新产品数量、开发设计周期、生产周期、员工技能等。

（3）学习与创新方面的指标

学习与创新方面的指标是用于评价组织员工的能力以及组织的激励与授权效果等情况，可反映组织的发展和竞争潜力。主要指标有：员工技能的发展、开发新产品数、员工满意度、员工培训人时增长率、员工合理建议增长率等。

对于以上各项指标，不同性质的组织在进行绩效评价的时候，应根据自身的具体情况加以取舍或修正。

对管理者的启示

虽然现有人员的选拔技术还远不够完善，但如果合理设计选拔体系，组织还是可以识别出胜任工作的求职者。反之，则难以实现人与岗位的最佳匹配，员工的绩效也就不会令人满意。员工培训不容忽视，它可以提高员工的技能、工作自信心和对成功的期望，对提升员工绩效有直接作用。要合理确定绩效评估的内容和标准，否则将影响员工的绩效水平和工作满意度。无论是考核员工绩效还是团队绩效，将组织目标与团队目标以及个人目标紧密联系起来，不仅能起到激励作用，也有利于考评工作的开展。因此，让员工与团队参与组织目标的确定以及绩效考评的过程，对提高员工和团队绩效是有积极意义的。对于组织绩效的考评，不能只关注财务指标，还应注重非财务指标的增长，这样才有利于组织的可持续发展。

案例分析

飞利浦公司的平衡记分卡应用

飞利浦电子在全球150个国家共有25万名员工。飞利浦运用平衡记分卡（BSC）明晰了企业远景，使员工全力关注重要工作，并指导他们什么是绩效驱动因素。飞利浦管理队伍运用平衡记分卡指导每季度的全球管理回顾，并把它作为一个机制鼓励持续改进和组织学习。

飞利浦运用了一套全球统一的战略分解流程，运用BSC绩效管理系统把战略落实成具体可衡量的目标，以保证所有员工都关注关键目标和首要任务。高级管理层从设定年度运作目标和目标值开始，把它分解到整个组织的各个层面，并最终落实为全球各分支机构和事业单位的目标。飞利浦BSC小组负责考核当前取得的进展与企业愿景之间的差距，把长期战略与短期行动连结起来，并帮助员工理解他们的行动对公司实现目标的影响力。

飞利浦电子设定了三个层次：①战略回顾记分卡；②运作回顾记分卡；③经营单位记分卡。公司打算在2003年引进第四层次的记分卡，即员工个人记分卡。

各经营单位为其平衡记分卡的四个角度都制订了关键成功因素。管理团队一起讨论并最终决定哪些关键成功因素使他们区别于竞争对手。他们使用了“价值图”的方法，即通过分析客户调查数据，了解客户对飞利浦产品的价格与竞争对手产品价格相比的看法，从而确定客户角度的关键成功因素。经营单位的管理团队通过这些客户需求即客户角度的关键成功因素了解哪些流程角度的关键成功因素对实现客户的关键成功因素作用最大。他们认为客户与流程角度的关键成功因素关系最为密切。能力的关键成功因素是通过对其他三个角度目标的综合分析得来的。财务方面的关键成功因素则是标准的财务汇报指标。

各经营单位设定了当年、两年后和四年后的绩效目标。这些目标是基于对多个因素的分析：客户基数、市场大小、品牌资产净值、创新能力、达到世界级绩效的要求。

各经营单位四个角度的绩效指标的例子如下：

* 财务——赢利，如运营收入和现金流、运营资金和库存周转率；
* 客户——市场份额，如客户调查排名、重复订单客户投诉；
* 流程——流程周期“缩短比例率”，如工程改变数量、设备利用率、订单响应时间、流程能力；
* 能力——领导能力，如每位员工培训天数、参与质量改进小组工作。

经营单位的这些绩效指标通常源于高层组织常见的六个驱动指标：赢利收入增长、愉悦客户、满足员工、优异运作、组织发展和IT支持。这六个因素分别从四个角度驱动绩效改进。它们就像BSC的音律，每个季度都被用来回顾各事业单位的绩效。飞利浦还开发了运作记分卡以监控业绩。绩效数据自动从内部信息汇报系统传入在线BSC并生成报告。BSC使员工清楚每天应该做什么才能实现业绩。在线平衡记分卡系统使用了交通灯颜色（绿、黄、红）来直观地表示当前绩效是否成功地实现了目标值。

平衡记分卡给飞利浦全球集团带来的价值是：创建了一个全球沟通系统，使所有分支机构都能够分享最佳实践、共同协作并解决问题。平衡记分卡法对飞利浦的文化变革流程也起到了很大作用，使飞利浦变成了一个学习氛围更浓厚的学习型组织。

问题讨论

1. 飞利浦公司的平衡记分卡对员工绩效有什么作用？

2. 如果你是公司负责人，如何应用平衡记分卡？

第七节　组织决策

一、组织决策的概念与类型

（一）组织决策的含义

决策是指组织或个人为了实现某种目标而对未来一定时期内有关活动的方向、内容及方式的选择或调整的过程。组织决策是组织或组织中的部门为了组织目标对未来一定时期的活动所作的选择或调整。组织决策依靠组织中的成员完成，但绝不是组织成员决策活动的简单组合。

组织成员的个人决策多种多样。有些决策是个人层面的。例如，首先决定是否加入某组织；在加入某组织后，又要决定是否接受组织安排的任务、在完成任务过程中投入多大、如何与其他同事合作等。虽然这些决策会涉及个人与组织的关系，而且会影响个人的行为方式，以致影响其他成员和整个组织的活动效率；但是这种决策是个人独立作出的，不需要其他成员的正式参与和配合，也不需要经过一定的程序，其决策目标也是个人性的。因此组织成员的这类决策就不是组织决策。

（二）组织决策的特征

1. 目的性

决策是为了解决一定的问题或达到一定的目标。在一定条件和基础上确定希望达到的结果和目的，这是决策的前提。

2. 超前性

组织的任何决策都是针对未来行动的，是为了解决现在面临的、待解决的新问题以及将来会出现的问题，所以决策是未来行动的基础。这要求决策者能预见事物发展变化的趋势，适时地作出正确的决策。

3. 选择性

决策的实质是选择，没有选择就没有决策。要能够有所选择，就必须提供可以相互替代且相对独立的两种以上的方案。组织为了实现同一目标，可以在资源要求、可能的结果以及风险大小等方面采取不同的活动。因此，决策中的选择既有可能，又有必要。

4. 可行性

作出决策是为了实施，不能实施的决策毫无意义和价值。任何方案决定的组织活动都要利用一定的资源，因此在决策中不仅要考察采取某种行动的必要性，而且要注意实施条件的限制。

5. 满意性

由于人的有限理性导致最优决策的条件在现实中难以具备，决策者只能作出相对满意的选择，而非最优选择。

6. 过程性

决策是一个过程，而不是瞬间完成的行动。组织决策通常不是一项决策，而是一系列决策的综合。即使是单一的一项决策，也是在两个以上的方案中进行分析判断和决策的过程。

7. 动态性

决策的主要目的之一是使组织活动与环境保持平衡。而环境是在不断变化的，这就要求组织应密切关注环境变化，适时作出相关决策，实现组织与环境的动态平衡。

8. 分布性

组织决策中信息和知识、组织任务的求解过程和决策成员都是具有分布性的。决策过程贯穿多个部门或人员，将具有自身利益的多个决策单元通过组织关系联系在一起。从这个角度上可以说，组织决策就是在组织范围内，通过具有不同专业分工的成员利用各自的知识和智能（特别是组织知识、组织智能）来协调解决问题的过程。

9. 组织性

和个人决策不同，组织决策的质量和效率要受到组织结构、组织规范、组织文化等的影响。组织决策正是以组织手段来解决决策问题的。

10. 协调性

参与组织决策的成员既要考虑整个组织的利益，又代表着本部门的利益。因此，在组织决策中要协调部门之间以及组织与部门之间的利益。组织决策的协调性使其复杂性远远超过个人决策和群体决策。

（三）组织决策的类型

按照不同的标准，组织决策可以划分为不同的类型。

1. 战略决策、战术决策和业务决策

从决策的重要性看，组织决策可分为战略决策、战术决策和业务决策。

战略决策是关于组织长远发展的，具有全局性、方向性和战略性的决策，主要涉及组织与外部环境的关系，重点解决组织“做什么”的问题，如企业组织的方针、目标的确定，产品转向，组织机构调整等。

战术决策又称管理决策，是战略决策执行过程中的具体决策，主要涉及组织内资源的使用和各环节的配合，解决组织“如何做”的问题，如企业组织中的生产计划的制订、设备更新等。

业务决策又称执行性决策，是日常工作中为提高效率而进行的决策。其范围较窄，只对组织产生局部影响，如工作任务的日常分配与检查、工作进度的安排和监督等。

2. 个人决策和集体决策

从决策的主体看，可把决策分为个人决策和集体决策。

个人决策是个人作出的决策，集体决策是多个人在一起作出的决策。相对而言，集体决策能提高决策质量，但决策效率较低，决策责任不清。

3. 初始决策与追踪决策

从决策的起点看，决策可分为初始决策与追踪决策。

初始决策是组织在有关活动尚未进行、对环境尚未产生任何影响的前提下进行的初次决策；追踪决策是在初始决策实施后，由于环境或对环境特点的认识发生了变化而进行的决策。追踪决策需要进行双重优化，既要优于初始决策，又是各备选方案优化的结果。

4. 程序化决策与非程序化决策

从决策涉及的问题看，可把决策划分为程序化决策与非程序化决策。程序化决策又称常规决策或例行性决策，是在日常活动中以相同或基本相同的形式进行的决策。在一般组织中，约有80%的决策可以成为程序化决策，如企业组织中常用物资的订货和采购、会计与统计报表的定期编制与分析等。

非程序化决策又称非常规决策或例外决策，指在管理过程中针对偶然发生的、性质和结构不明的、无先例可循的、具有重大影响的问题的决策，如组织发展方向的决策、新市场开发的决策等。

5. 确定型决策、风险型决策和不确定型决策

从环境因素的可控程度看，可把决策划分为确定型决策、风险型决策和不确定型决策。

确定型决策指掌握了各可行方案的全部条件，每个方案只有一个明确的结果，决策者只需要从中选出一个最有利方案的决策过程。

风险型决策也称为随机决策，指决策事件的某些条件已知，但不能完全确定决策后果，只知道各种结果出现的概率的决策。

不确定型决策指决策是在未来可能出现的决策后果的概率无法确定的状态下进行的决策。

二、组织决策程序与影响因素

（一）组织决策程序

1. 发现决策问题

问题的存在是一切决策活动的基础。问题是组织理想状态和实际状态的差距，产生于组织活动中的不平衡。发现并准确地定位问题和描述问题是决策的起点。

2. 确定决策目标

能否正确地确定决策目标关系到决策成败的关键。明确决策目标，不仅为方案的制订和选择提供了依据，而且为决策的实施和控制及组织资源的分配和各种力量的协

调提供了标准。决策目标应具有明确性、全局性，既先进又可行。在多目标决策中，应明确多个目标之间的关系。

3. 拟订备选方案

决策方案描述了组织为实现决策目标拟采取的各种对策的具体措施和主要步骤。多个方案必须能够相互替代、相互排斥，具有可选择性。决策的备选方案越多，决策就越有可能更加完善。

4. 方案评估和选择

形成备选方案后，就要对每一备选方案按决策目标的要求和环境约束状况进行评估、比较和选择。在对方案进行价值论证、可行性论证和应变论证的基础上，应综合运用多种分析、评价和预测方法，对各种方法进行综合评价，确定能产生综合优势的方案。

5. 方案的实施

将所决定的方案付诸实施是决策过程中至关重要的一步。决策的效果不仅取决于决策方案的选择，而且取决于执行过程中的工作质量。因此，必须制订相应的实施办法，如明确责任、制定考核标准、建立相关激励制度等。

6. 反馈和监督

由于组织内部条件和外部环境的不断变化，决策者要不断修正方案来减少或消除不确定性。因此，组织内各层次、各部门及各岗位应对决策的执行过程进行监督，反馈相关信息，及时采取措施纠正与既定目标的偏差，保证目标的实现。当环境发生重大变化、原决策目标无法实现或实现已无价值时，则要进行新的决策。

（二）组织决策的影响因素

就组织决策而言，其质量和效率除了受决策者个人因素影响外，还受到多种因素的影响。

1. 环境

环境对决策的影响是双重的。一方面，外部环境的特点影响着组织活动的选择。在不同的环境状况下，是否应该进行决策，进行什么样的决策，要实现怎样的决策目标，采用哪些决策技术和手段选择等，在很大程度上是由组织环境决定的。另一方面，对环境的习惯反应模式也影响着组织活动的选择。这种调整组织与环境之间关系的模式一旦形成，就会趋向固定，从而影响组织对行动方案的选择。

2. 组织文化

决策必然导致组织现状的改变。组织文化通过影响人们对变革的态度而影响决策。在组织文化偏向保守、怀旧、维持的组织中，人们总是根据过去的标准来判断现在的决策，总是担心在变化中会失去什么，从而对将要发生的变化产生怀疑、害怕和抗御的心理与行为；相反，在具有开拓、创新气氛的组织中，人们总是以发展的眼光来分析决策的合理性，总是希望在可能产生的变化中得到什么，因此渴望、欢迎和支持变化。显然，前一种组织文化有利于决策的实施，而后一种组织文化则可能成为决策的障碍。因此，组织决策必须考虑可能遇到的组织文化方面的阻力，以及为克服这种阻力而付出的代价。

3. 过去的决策

在实际工作中，程序化决策和追踪决策占有很大比例。程序化决策的决策者在决策时经常要考虑过去的决策，问一问以前是怎样做的。这就不可避免地要受到过去决策的影响。追踪决策是对初始决策的完善、调整或改革。组织过去的决策是目前决策过程的起点；过去决策的实施不仅消耗了人力、物力、财力等资源，而且改变了组织的内部状况，并对组织外部环境产生了相应的影响。如果过去的决策是由现在的决策者制订的，过去的决策对他现在进行的决策的影响就大；反之，这种影响就小得多。

4. 时间

美国学者威廉·R. 金和大卫·I. 克里兰把决策类型划分为时间敏感决策和知识敏感决策。时间敏感决策是指那些必须迅速而力求尽量准确的决策。战争中军事指挥官的决策多属于此类，这种决策对速度的要求远甚于质量；相反，知识敏感决策对时间的要求不是非常严格，其效果主要取决于决策质量，而非决策速度。

5. 组织对风险的态度

决策是面向未来的行为选择。未来的不确定性决定了任何决策都存在一定程度的风险。不同的组织对待风险的态度是不一样的，它会直接影响决策过程对方案的选择。偏好风险的组织，会在作好应对风险的准备工作的基础上，及时、果断并倾向于选择高风险和高收益并存的方案或创新型方案；而厌恶风险的组织，则更倾向于保守的决策。

6. 组织特征

影响组织决策的一个重要因素是组织特征。组织设计中的结构因素会影响决策的正确性、效率以及员工参与决策的积极性等方面。工作专门化不仅仅是业务内容的分工，而是将整个组织的决策系统分解为彼此相对独立的子系统，以尽量减少子系统之间的依赖性，使其有充分的决策权，以便最大限度地分散决策。部门化会导致决策目标、主体多元化，而不同主体在组织决策过程中会出现目标（利益）、任务、资源方面的冲突以及问题分解和问题求解的角色体系不一致，因此，组织决策的全过程都需要进行有效的协调。命令链和管理幅度对决策的执行影响较大，有效的命令链和恰当的管理幅度是决策得以实施的基础。集权和分权决定了组织决策权的分配。应适当地分权和集权而不应绝对分权和集权。因为组织活动是集体活动，要顺利实现组织目标，必须有一定的集中协调机制；但若过分集权，组织决策权更多地集中于高层管理者，会降低员工参与组织决策的积极性，产生决策脱离实际以及实施效果不够理想等问题。正规化是对决策主体理性行为的一种保证，能提高决策者基于组织目标的决策理性程度。因此，正规化也是组织协调决策行为的重要手段。

对管理者的启示

组织决策是实现组织目标的关键环节，是组织管理者识别并解决问题以及利用机会的过程，是组织活动的核心和先导。决策活动应在充分考虑各影响因素的基础上，结合不同决策的特点，遵循决策程序科学地进行。

组织决策涉及多部门、多层次、多人员，强调决策过程中的协调，因此避免不同层次、部门、人员在决策中的冲突显得尤为重要。组织决策的质量和效率要受到组织结构、组织规范、组织文化等组织特征的影响。组织设计要有利于组织决策，为决策所必需的信息传递、信息处理工作服务，使组织决策权的配置和决策主体的能力、职责以及决策条件相匹配，形成有机的组织决策体系，以快速有效地完成组织决策。

组织决策的分布性要求有效地将组织中个人的知识加以集成，以形成组织知识（组织智能）来有效支持组织的决策活动。

案例分析

耐克的决策困境

耐克公司的首席执行官菲尔·奈特是靠开车沿街叫卖运动鞋起家的。如今，他的公司已经发展成为一家举足轻重的运动鞋制造商。在20世纪90年代，耐克公司是世界上最赢利的公司之一。随着篮球巨星迈克尔·乔丹的加盟，耐克公司迅速成为人们眼中高品质的时尚企业，其产品风靡全美国，备受青少年的青睐。在外人看来，耐克公司不会做错事且能够快速成长、赢利颇丰似乎都是其首席执行官奈特过去正确决策的结果。然而，就是这样的一家声名显赫的公司，近些年的发展却很不乐观，实在令人费解。

2001年，由于首席执行官菲尔·奈特的某些决策失误，公司不仅失去了众多的本可赢利的商业机遇，而且也没采取正确的措施应对新出现的商业挑战与威胁。由于畅销品的存货不足以及滞销品的过剩，耐克公司的销售不旺，利润也随之下滑。耐克公司除了对不断变化的顾客需求反应不够敏捷外，还被指责其国外工厂的生产条件差、员工待遇低。而奈特却对这些指责不予理睬。表面看起来，是奈特作了一些有问题的决策而不可避免地影响了公司的业绩。到底是什么原因致使这家颇受人们赞赏的公司的业绩出现下滑呢？

耐克公司近年来的诸多问题都来源于该公司高层决策上的失误，同时也与该公司的管理者未能随着环境条件的变化及时作出应变决策不无关系。耐克公司的管理者过于倚重产品的内部开发，他们一味地强调所谓的“耐克人”的做事方法，从而使得决策视野不够外向与开放。而耐克公司强有力的企业文化也妨碍了其设计师和管理者关注客户需求及外部环境的变化。

耐人寻味的是，菲尔·奈特也曾从公司外部聘用了一些高级管理人员。这些管理者带来了新观念并试图帮助公司跟上时代发展的步伐。但是，这些人所倡导的做法经常遭到菲尔·奈特和其他管理者的否决。因为在后者看来，那些倡议似乎不适合耐克的公司文化。例如，戈登·迈克法登就曾被聘为耐克公司的户外产品总裁，他试图说服耐克公司的高层管理者收购诺思费西公司，这样可使耐克公司一步跨入最大的户外运动用品生产商之列，以占领迅速发展的远足用品市场。菲尔·奈特最终还是否决了他这个提案，因为耐克公司还不习惯于靠收购其他公司来发展壮大。耐克的企业文化决定了只有耐克公司的设计师们心里最明白如何去开发“适销对路”的产品。

耐克公司的文化倾向也导致了其设计师过分强调运动鞋的性能，而不够重视正在流行的运动鞋的时尚或流行样式。这样，耐克的设计师就错过了抓住某些市场变化的机会。例如，面对从白色运动鞋到适合都市生活的深色、多用途鞋的市场变化潮流，耐克依旧我行我素，还是强调性能至上。另外，耐克公司投入了过多的资源开发像Shox系列这样的高性能、高价位鞋。每一双这样的鞋的售价高达140美元以上，而这是以牺牲60~90美元一双的中等价位的运动鞋的生产为代价的。要知道，耐克公司有近一半的年收益来自这些中等价位运动鞋的销售。

虽然耐克公司的一些管理者也曾经参与改造该公司僵化的思维定势，以帮助公司作出与时俱进的决策，但他们的努力往往受挫。这些管理者无奈之余，大多选择离开该公司。同样，Eller Turner曾被耐克公司聘为首席营销官。她尽其所能，努力重振耐克公司的市场营销部门。但不久她便明白，公司内部对她的改革行动支持甚少，而这些支持还是顺应形势不得不展开的。六个月后，她辞职离开了耐克公司。

问题讨论

1. 导致耐克公司陷入决策困境的原因有哪些？
2. 组织如何才能作出有效、及时的决策？

小结

组织是指为了达到特定的目标而通过分工协作与不同的权力、责任设定所构成的人的集合。它由共同的目标、协作的愿望和信息沟通三个基本要素构成，具有力量汇聚、力量放大、资源整合以及满足人们心理需要的作用。

组织按权威的类型分为强制性组织、功利性组织和规范性组织。

组织按形成方式分为正式组织和非正式组织

组织按个人参加组织活动的程度分为疏远型组织、精打细算型组织和道义型组织。

组织理论的形成和发展经过了古典组织理论、行为组织理论和现代组织理论及其发展阶段。

组织结构是组织为了协调及控制成员的活动，以实现组织目标，通过分工协作，在职务范围、责任、权力等方面创设的结构体系，是组织对工作任务进行分工和协调的模式。完整的组织结构体系包括职能结构、层次结构、部门结构、职权结构等。

直线—职能制结构的特点、优点、缺点和适用范围。

事业部制结构的特点、优点、缺点和适用范围。

矩阵制结构的特点、优点，缺点和适用范围。

组织设计是以组织结构安排为核心的组织系统的整体设计工作，以形成一种由管理机制决定的、用以帮助实现组织目标的有关信息沟通、权力、责任、利益的正规体制。组织设计通过分解与结合使组织成为一个有机的系统。

组织设计的结构性因素有：专门化、部门化、命令链、管理幅度、集权和分权、正规化；组织设计的关联性因素有：环境、战略、规模、技术和组织发展阶段。

组织设计原则有：任务目标原则、分工协作原则、统一指挥原则、权责一致原则、执行和监督分设的原则、知识价值化原则、弹性结构原则、经济性原则。

组织设计程序有：确定组织目标、确定设计原则、基本结构模式设计、组织结构设计、运行制度设计、配备人员、反馈和修正。

组织文化是指组织在长期的生存和发展过程中逐步形成的、为内部多数成员共同信奉和遵循的基本信念、价值标准和行为规范。组织文化从结构上可以分为三个层次：精神层、制度层和器物层。

组织文化的特点是整体性、独特性、继承性、发展性。

组织文化对企业的作用有导向作用、凝聚作用、激励作用、约束作用。

组织文化对员工的作用有满足心理需要、强化团队精神、提升综合素质。

组织文化对社会的作用有深化社会文化内涵、提升全民素质。

组织文化的负面作用有产生文化惯性，阻碍组织变革；扼杀个性和思想观念多元化；排斥外来文化，给组织合并带来障碍。

组织文化的产生源于组织的创始人，受组织成员的影响和环境影响。

组织文化的维系要依靠人员甄选、最高管理层的影响、新员工的文化适应。

组织文化的传播和学习方式有故事、实物象征、仪式和语言。

组织变革是指组织根据外部环境变化和内部情况的变化，及时地改变组织的功能方式，以适应客观发展的需要。

组织变革的动力包括外部环境动力和内部环境动力。外部环境动力来自社会、政治、法律、经济、科技以及竞争等因素，内部环境动力来自组织结构、管理体系和群体心理。

组织变革的阻力来自个人和组织。来自个人的阻力包括习惯、对未知的恐惧、有选择的注意与保留、经济的原因、安全和倒退，来自组织的阻力包括结构惯性、对权力的威胁、资源的限制、有限的变革、群体惯性和组织之间的协议。

克服阻力的措施包括：通过教育和沟通，增进员工对变革的信心；提供支持性措施；通过谈判、操纵和收买，排除变革的阻力；强制实施。

勒温模型包括解冻、变革、再冻结三个阶段。

变革的过程的步骤如下：认识变革的必要性、对计划中的变革提出明确的目标、确定需要变革的问题、正确地选择变革的方法、制订具体的变革计划、变革计划的执行、变革结果的评估。

员工的工作绩效在很大程度上取决于他们的素质和工作行为。合理的选拔体系有助于组织选拔到与岗位实现最佳匹配的员工。员工选拔的方式有资格审查和初选、面试、笔试及情景模拟测试。员工培训的内容主要包括建观念、育道德、传知识、培技能。培训有亲验性学习和代理性学习两种不同的方式。绩效考评的内容会影响员工的行为，对员工行为有导向作用。考评的内容归纳起来主要有三个方面：任务结果、行为和特质。绩效考评的方法有排序法、关键事件法和评定量表法。绩效反馈的方式主要是考绩面谈，为此需要掌握面谈技巧。

在运用团队的组织中，考评团队的绩效的建议是：把团队结果与组织目标密切联系在一起，找到团队应该完成的主要目标，并把它作为有效的测量指标；从团队的顾客以及团队为了满足顾客需要进行的工作过程着手；既衡量团队绩效也要衡量个人绩效；帮助团队建立自己的目标，培训团队创设自己的测量标准。

影响组织绩效的因素包括环境、组织本身、管理政策和员工等方面。组织绩效的评价指标体系应包括财务指标体系和非财务指标体系。

决策是指组织或个人为了实现某种目标而对未来一定时期内有关活动的方向、内容及方式进行选择或调整的过程。组织决策是为组织而进行的决策，具有目的性、超前性、选择性、可行性、满意性、过程性、动态性、分布性、组织性和协调性。

按决策的重要性不同，决策可分为为战略决策、战术决策和业务决策。

按决策的起点不同，决策可分为初始决策与追踪决策。

按决策所涉及的问题不同，决策可分为程序化决策与非程序化决策。

按环境因素的可控程度不同，决策可分为确定型决策、风险型决策和不确定型决策。

组织决策程序包括发现决策问题、确定决策目标、拟订备选方案、方案评估和选择、方案的实施、反馈和监督七个步骤。

组织决策的影响因素有：环境、组织文化、过去的决策、时间、组织对风险的态度以及组织特征。

思考题

1. 什么是组织？
2. 分析中国移动通信公司属于什么组织类型。
3. 现代组织理论的核心观念是什么？
4. 实地调查某个组织，分析其作用的发挥情况。
5. 什么是组织结构？
6. 直线—职能制结构的特点有哪些？
7. 矩阵制结构和事业部制结构的优缺点是什么？
8. 采用团队式结构和委员会结构可能出现哪些问题？应怎样解决？
9. 什么是组织设计？
10. 组织设计的影响因素有哪些？
11. 组织设计的原则有哪些？
12. 简述组织设计的程序。
13. 实地调查某组织的组织设计，针对其存在的问题进行分析，并提出改进建议。
14. 了解组织文化的定义、内容和特点。
15. 组织文化有哪些作用？
16. 如何维系和传播组织文化？
17. 联系实际谈谈塑造组织文化的途径。
18. 组织文化变革有哪些措施？

19. 什么是组织变革？

20. 组织变革的阻力有哪些？如何克服组织变革的阻力？

21. 简述勒温模型的内容。

22. 简述组织变革的过程。

23. 员工选拔的方式有哪些？面试的两种方式各有什么特点？

24. 员工培训的内容有哪些？两种不同性质的培训方式各有什么特点？

25. 员工绩效考评的内容有哪些？考评的方法各有什么优缺点？

26. 如何对团队的绩效进行考评？

27. 影响组织绩效的因素有哪些？如何评价组织绩效？

28. 什么是组织决策？它和个人决策、群体决策有何区别？

29. 组织决策的特征有哪些？

30. 举例说明什么是战略决策、战术决策和业务决策？

31. 举例说明什么是程序化决策与非程序化决策？

32. 组织决策的影响因素有哪些？

33. 实地调查一家单位的组织决策活动，针对其存在的问题进行分析，并提出改进建议。

参考文献

[1] D. 赫尔雷格尔，J. W. 斯洛克姆，R. W. 伍德曼. 组织行为学［M］. 俞文钊，丁彪，等，译. 上海：华东师范大学出版社，汤姆森学习出版集团，2005.

[2] 斯蒂芬·P. 罗宾斯. 组织行为学精要［M］. 郑晓明，译. 北京：电子工业出版社，2004.

[3] 段万春. 组织行为学［M］. 重庆：重庆大学出版社，2003.

[4] 孙彤. 组织行为学［M］. 北京：中国物资出版社，1991.

[5] 李大元，陈应龙. 东方人性假设及中国管理流派初探［J］. 经济管理，2006（17）.

[6] 孙余防. 人性假设理论的比较与分析［J］. 全国商情：经济理论研究，2007（10）.

[7] 李晖，李科峰. 中外人性假设综述［J］. 上海理工大学学报：社会科学版，2004（3）.

[8] 戴晓霞. 论西方管理理论中人性假设的演变［J］. 常州工学院学报：社科版，2006（2）.

[9] 李宁琪，胡震宇. "创新人"假设及其管理模式初探［J］. 长沙通信职业技术学院学报，2007（9）.

[10] 吴继霞. "理性生态人"：人性假设理论的新发展［J］. 道德与文明，2001（2）.

[11] 马乃毅，徐敏. 西方人性假设与管理方式［J］. 沿海企业与科技，2006（12）.

[12] 孟浩，何建坤. "创新人"假设：创新管理的理论基础［J］. 科技管理研究，2006（4）.

[13] 黎红雷. 人性假设与人类社会的管理之道［J］. 中国社会科学，2001（2）.

[14] 高雪梅，张文翠. 东西方管理科学的人性理论［J］. 唯实，2007（11）.

[15] 卡西尔. 人论［M］. 甘阳，译. 上海：上海译文出版社，1985.

[16] 徐嵩龄. 环境伦理学进展：评论与阐释［M］. 北京：社会科学文献出版社，1999.

[17] 雷恩. 管理思想的演变［M］. 北京：中国社会科学出版社，2000.

[18] 张德. 组织行为学［M］. 北京：高等教育出版社，2004.

[19] 唐·荷尔瑞格. 组织行为学［M］. 胡英坤，车丽娟，贾秀梅，译. 大连：东北财经大学出版社，2001.

[20] 苏东水. 管理心理学 [M]. 上海：复旦大学出版社，2002.

[21] 卢盛忠. 管理心理学 [M]. 杭州：浙江教育出版社，2000.

[22] 王重鸣. 管理心理学 [M]. 北京：人民教育出版社，2005.

[23] 张积家. 普通心理学 [M]. 广州：广东高等教育出版社，2004.

[24] 张延平，莫寰. 内容型激励理论的不足及改进 [J]. 商业时代，2007 (25).

[25] 王雅楠. 激励理论综述及启示 [J]. 科技情报开发与经济，2007 (3).

[26] 赵永建，赵恒泰. 激励的理论与实践——论我国企业激励的理论、机制与方法 [J]. 社会心理科学，2006 (2).

[27] 刘红. 浅析内容型激励理论及应用 [J]. 商场现代化，2005 (24).

[28] 卓慧. 中外激励理论比较研究 [J]. 市场周刊：理论研究，2007 (1).

[29] 高波. 浅谈激励理论在现代管理中的应用 [J]. 人才资源开发，2007 (5).

[30] 李文霞，沙海鹏. 赫茨伯格双因素激励理论的贡献与运用 [J]. 商场现代化，2007 (23).

[31] 王月林. 激励理论及其在管理中的应用 [J]. 中国高新技术企业，2007 (4).

[32] 佚名. 西方激励理论及其局限性 [J]. 铁道工程企业管理，2006 (5).

[33] 朱清香，胡望斌. 浅谈人力资源管理中的激励模型设计 [J]. 东方论坛，2003 (3).

[34] 余功钰，孙石煌. 中小企业亏损与员工激励模型的设计原则 [J]. 武汉科技学院学报，2003 (1).

[35] 王帅力. 关于企业中工作激励模型的探讨 [J]. 经济师，2006 (1).

[36] 高波. 浅谈激励理论在现代管理中的应用 [J]. 人才资源开发，2007 (5).

[37] 陈晓华. 建立企业的激励机制 [J]. 魅力中国，2007 (9).

[38] 张德训，梁俊生. 针对现代企业激励机制重要性浅析 [J]. 科技信息：科学教研，2008 (7).

[39] 黄萍. 工作激励影响因素的路径和趋势 [J]. 商场现代化，2006 (15).

[40] 傅为忠，赵静，张小莉. 现代企业全方位激励管理体系的构建探讨 [J]. 安徽理工大学学报：社会科学版，2004 (4).

[41] 谭仲敏. 国外企业激励管理以及我们的借鉴 [J]. 广东省经济管理干部学院学报，2000 (1).

[42] 张自国. 我国中小型国有企业激励管理存在的问题及对策 [J]. 湖南大学学报：社会科学版，2000 (3).

[43] 罗运鹏. 论企业激励管理的理论依据 [J]. 阜阳师范学院学报：社科版，2000 (1).

[44] 王凯. 国有企业员工激励存在的问题及对策 [J]. 产业与科技论坛，2007 (9).

[45] 庞凤兰. 企业工作中的激励管理 [J]. 上海企业，2004 (12).

[46] 王国猛，郑全全. 工作激励研究进展 [J]. 人类工效学，2007 (3).

[47] 弗雷德·鲁森斯. 组织行为学 [M]. 9版. 王垒，等，译. 北京：人民邮电出版社，2003.

[48] 大卫·鲍迪. 管理学 [M]. 2版. 韩婷. 刘新颖，等，译. 北京：经济管理出版社，2004.

[49] 陈国海. 组织行为学 [M]. 2版. 北京：清华大学出版社，2006.

[50] 张爱卿. 当代组织行为学理论与实践 [M]. 北京：人民邮电出版社，2006.

[51] 刘彧彧，王长斌，杨杜. 组织行为学 [M]. 北京：旅游教育出版社，2008.

[52] 关培兰. 组织行为学 [M]. 武汉：武汉大学出版社，2008.

[53] 王玉莲. 组织行为学 [M]. 北京：机械工业出版社，2003.

[54] 邢月梅，李淑梅，卢俏生. 管理心理学 [M]. 北京：中华工商联合出版社，2006.

[55] 孙健敏，李原. 组织行为学 [M]. 上海：复旦大学出版社，2005.

[56] 陈力华，邱羚. 组织行为学 [M]. 北京：清华大学出版社，2005.

[57] 刘燕. 组织行为学案例集 [M]. 上海：立信会计出版社，2006.

[58] 张德. 组织行为学 [M]. 2版. 北京：高等教育出版社，2004.

[59] 叶龙，史振磊. 组织行为学教程 [M]. 北京：清华大学出版社，北京交通大学出版社，2006.

[60] 荆学民. 组织行为学 [M]. 北京：北京大学出版社，2003.

[61] 朱志忠，唐和平. 组织行为学 [M]. 北京：北京大学出版社，2005.

[62] 叶龙，吕海军. 管理沟通：理念与技能 [M]. 北京：清华大学出版社，北京交通大学出版社，2006.

[63] 石兴国，安文，姜磊. 组织行为学：以人为本的管理 [M]. 北京：电子工业出版社，2005.

[64] 安世民，安运杰. 组织行为学 [M]. 北京：北京大学出版社，中国林业大学出版社，2008.

[65] 王凯，陈超. 管理学基础 [M]. 2版. 北京：高等教育出版社，2006.

[66] 周三多. 管理学 [M]. 北京：高等教育出版社，2000.

[67] 清臻. 企业群体行为的协调与诱导 [J]. 企业活力，1995 (12).

[68] 杨秋皓. 基于组织行为学，非正式组织对网络组织效率影响的实证研究 [D]. 天津：天津财经大学，2007.

[69] 黄明. 对我国国有企业中非正式组织的研究 [D]. 湖北农业大学，2005.

[70] 宋爱玲. 正式组织领导与非正式组织领袖互动关系研究 [D]. 天津：天津财经大学，2006.

[71] 武剑斌. 非正式组织学习能力研究 [D]. 天津：天津财经大学，2006.

[72] 朱红枫. 非正式群体状况及班级管理策略 [D]. 南京：南京师范大学，2006.

[73] 李芳霞. 高中生非正式群体的成因及教育管理对策 [D]. 西北师范大学，2007.

[74] 刘昕. 正式组织与非正式组织对我国员工离职影响效用实证研究 [D]. 天津：天津财经大学，2006.

[75] 杨华. "非正式组织"及其对大学生管理教育影响研究 [D]. 西安：西安科技大学，2007.

[76] 张海燕. 公安组织中非正式群体的研究 [D]. 中国优秀博硕士学位论文全文数据库（硕士），2005.

[77] 非正式网络中隐性知识传递效果的影响机制研究 [D]. 中国优秀硕士学位论文全文数据库，2007.

[78] 孙骏. 如何增强群体凝聚力 [J]. 经营与管理，1999 (3).

[79] 吴源. 如何增强群体凝聚力 [J]. 企业文明，2000 (11).

[80] 彭元. 论增强群体凝聚力 [J]. 湖南商学院学报，2000 (3).

[81] 方厚廉. 群体凝聚力构成 [J]. 佛山科学技术学院学报：社会科学版，1994 (5).

[81] 张润玲. 增强凝聚力，发挥妇女的群体优势 [J]. 湖南社会科学，1991 (3).

[83] 龚胤晖. 优化劳动组合，增强群体凝聚力 [J]. 天津财经学院学报，1991 (3).

[84] 何向阳. 浅谈增强群体凝聚力 [J]. 青岛大学师范学院学报，1996 (2).

[85] 时琴. 简论群体凝聚力 [J]. 内蒙古师范大学学报：教育科学版，1995 (1).

[86] 王立民. 论领导角色增强群体凝聚力的途径 [J]. 理论探讨，1993 (2).

[87] 朱方长. 农业高校科研团队建设初探 [J]. 现代企业教育，2008 (8).

[88] 陈士俊，张海燕，柳洲，等. 高校创新团队建设的若干理论问题研究 [J]. 科技进步与对策，2007 (8).

[89] 赵海信. 高校科研团队建设的研究 [J]. 科技进步与对策，2007 (8).

[90] 孟凡生. 我国高校科研团队管理问题研究 [J]. 科技管理研究，2007 (5).

[91] 吕杰，马云启，刘丽娜. 基于创新体制下农业高校科研创新团队的构建 [J]. 产业与科技论坛，2008 (3).

[92] 论大科学时代的科研团队建设 [J]. 高等农业教育，2005 (12).

[93] 高校科研团队的现状与构建措施探析 [J]. 广东工业大学学报：社会科学版，2007 (1).

[94] 阮晶晶. 团队建设不要忽视木桶效应 [J]. 人才开发，2005 (8).

[95] 何丽梅. 关于高校科研团队建设的几点思考 [J]. 现代教育科学，2004 (9).

[96] 靳占忠. 高等农业教育综合化的内涵及其优势 [J]. 中国农业教育，2004 (1).

[97] 蔡亮，李勇. 我国高校学术梯队建设的问题及其成因探析——我国高校学术梯队建设研究之一 [J]. 教育与职业，2007 (5).

[98] 姜清奎，王贯中．地方高校科研团队建设的制约因素分析及对策探讨 [J]．科学与管理，2007 (1)．

[99] 康旭东，王前，郭东明．科研团队建设的若干理论问题 [J]．科学学研究，2005 (2)．

[100] 张玉生，祖钦先．谈企业中高效团队的创建 [J]．经济师，2003 (9)．

[101] 刘成林，王治强，魏一，等．关于兵团建立企业管理者队伍的调查与思考 [J]．兵团党校学报，2000 (1)．

[102] 姚世民．团队建设初探 [J]．江西青年职业学院学报，2005 (1)．

[103] 郝学隆．浅谈企业团队建设 [J]．领导科学，2005 (10)．

[104] 姜传域．浅谈企业发展与团队建设 [J]．经济师，2008 (1)．

[105] 周元成．论团队建设中深度会谈机制的构建 [J]．天津市职工现代企业管理学院学报，2003 (2)．

[106] 王泽武．如何打造一个成功的团队 [J]．当代经理人，2005 (7)．

[107] 伟传．团队建设“三加一”[J]．人才资源开发，2005 (4)．

[108] 占学识．我国团队建设的缺陷及对策思考 [J]．党政干部论坛，2004 (12)．

[109] 刘文茹，崔恩栓．供应链环境下的管理沟通 [J]．铁道物资科学管理，2002 (1)．

[110] 谢学武，朱贤俊．电力多经企业管理沟通的难点剖析 [J]．市场周刊：理论研究，2006 (4)．

[111] 郑磊．高校高水平篮球团队管理的理论研究 [D]．长春：东北师范大学，2005．

[112] 彭双．冠盛汽车零部件制造有限公司新绩效管理系统设计 [D]．成都：西南交通大学，2003．

[113] 江成城．组织沟通中错误传递的研究 [D]．广州：广东工业大学，2003．

[114] 李亚男．农业推广沟通的特点及发展趋势 [D]．武汉：华中农业大学，2004．

[115] 施杨，李南．团队有效沟通与共享心智模式的构建 [J]．科学管理研究，2007 (1)．

[116] 齐义山．一种必要且有效的激励机制：薪酬沟通 [J]．华东经济管理，2005 (12)．

[117] 刘光乾．浅析危机管理中的沟通策略 [J]．经济与管理，2004 (4)．

[118] 陈亮，林西，李自如．企业内部沟通与组织重构实证研究——以桂林西软集团为例 [J]．中南大学学报：社会科学版，2005 (5)．

[119] 刘晓英，陈春花．心理契约补救 [J]．科技管理研究，2004 (6)．

[120] 孙克，李焕萍．企业技术创新中信息需求及组织沟通的作用 [J]．地质技术经济管理，2004 (3)．

[121] 尤建新，周文泳．企业开展团队目标管理的探讨 [J]．中国地质大学学报：

社会科学版，2001（1）.

［122］陈浩．如何进行有效沟通，提高组织运作效率［J］．长沙铁道学院学报：社会科学版，2002（4）.

［123］朱贤俊，谢学武．破解多经企业管理沟通难题［J］．中国电力企业管理，2006（21）.

［124］张韵秋．论工资分配中的集体谈判制度［J］．华东师范大学学报：哲学社会科学版，1996（5）.

［125］阙广长．西方市场经济国家调整劳动关系的重要机制：集体谈判［J］．创业者，1996（6）.

［126］王向前．论集体谈判的若干问题［J］．南通师范学院学报：哲学社会科学版，2000（1）.

［127］黎金柱，郑图康．西方集体谈判制度的剖析及启示［J］．中州学刊，2003（1）.

［128］宫希魁．运用集体谈判协调社会利益关系［J］．教学与研究，2004（12）.

［129］程延园．集体谈判：现代西方国家调整劳动关系的制度安排［J］．教学与研究，2004（4）.

［130］姜汉忠．谈判的节奏［J］．出版参考，2008（1）.

［131］陈永铿．简论集体谈判制的几个特点［J］．工会理论与实践：中国工运学院学报，1995（5）.

［132］赵文祥．试论国有企业的集体谈判［J］．武汉冶金管理干部学院学报，1994（6）.

［133］许欢科．行政决策中的冲突及管理方法浅析［J］．长白学刊，2007（3）.

［134］宋衍涛，陈明凡．论政治冲突的功能［J］．重庆大学学报：社会科学版，2003（1）.

［135］李琼．冲突的构成及其边界［D］．上海：上海大学，2005.

［136］谢建社．地方权力的冲突［D］．上海：上海大学，2005.

［137］王健，刘东民．社会转型时期“群体性突发事件”发生的原因及对策［J］．长春市委党校学报，2001（5）.

［138］李江源．农村群体性事件背后的体制原因初探［J］．江西财经大学学报，2004（1）.

［139］尹雪萍．毛泽东有关矛盾的处理方法与西方冲突理论关于冲突的解决方法之比较［J］．毛泽东思想研究，2001（1）.

［140］马新建．冲突管理：一般理论命题的理性思考［J］．东南大学学报：哲学社会科学版，2007（3）.

［141］李晓雷．冲突管理及其基本方法［J］．企业改革与管理，2006（6）.

［142］黄萍．组织内部的冲突管理［J］．西南民族大学学报：人文社科版，2006（11）.

［143］周振林．论管理冲突的三种类型［J］．长白学刊，2005（4）.

[144] 吴珊瑚. 冲突管理及其有效措施 [J]. 企业活力, 2008 (5).

[145] 陈晓红, 刘智勇. 群决策冲突管理三维模型研究 [J]. 统计与决策, 2008 (3).

[146] 邱益中, 颜光华. 对企业组织冲突内涵的认识 [J]. 财经研究, 1996, (6).

[147] 陈云卿. 组织中解决冲突的管理 [J]. 管理科学文摘, 1996 (11).

[148] 韩玉果. 冲突与冲突管理的研究综述 [G] //国际中华应用心理学研究会. 国际中华应用心理学研究会第五届学术年会论文集. [出版地不详]: 出版者不详, 2007.

[149] 邱益中. 国内外学者对企业组织冲突问题的研究 [J]. 外国经济与管理, 1996 (5).

[150] 程菊斐, 叶利贞. 论冲突的防范和解决 [J]. 浙江师大学报: 社会科学版, 1996 (2).

[151] 刘璞, 井润田. 中外合资企业的跨文化冲突研究 [J]. 管理学报, 2006 (1).

[152] 罗明忠. 基于冲突管理视角的民企和谐劳动关系构建 [J]. 广东金融学院学报, 2005 (6).

[153] 王国锋, 井润田. 企业高层管理者内部冲突和解决策略的实证研究 [J]. 管理学报, 2006 (2).

[154] 李霄, 徐中和. 企业冲突管理的博弈分析 [J]. 价值工程, 2004 (1).

[155] 王晶晶, 张浩. 冲突管理策略理论述评 [J]. 经济与社会发展, 2007 (10).

[156] 李欣午. 跨团队冲突与组织激励机制分析 [J]. 经济与管理研究, 2008 (2).

[157] 周青, 毛崇峰. 高新技术企业协作 R&D 网络冲突管理的实证研究 [J]. 研究与发展管理, 2007 (2).

[158] 毕鹏程, 席酉民. 群体决策过程中的群体思维研究 [J]. 管理科学学报, 2002 (1).

[159] 杨雷, 席酉民. 群体决策的跨文化研究 [J]. 决策探索, 1996 (7).

[160] 苏波, 王浣尘. 群决策研究的评述 [J]. 管理科学学报, 1995 (3).

[161] 罗国智. 企业中群体决策绩效的中外比较 [D]. 广州: 暨南大学, 2007.

[162] 王学工. 我国企业集团化与绩效关系研究 [D]. 广州: 暨南大学, 2007.

[163] 韩慧君, 蒋馥. 群体决策支持系统中的一致性处理方法 [J]. 上海交通大学学报, 1992 (5).

[164] 马志强, 杨贵福, 李多显. 群决策在连锁经营中的应用 [J]. 吉林大学学报: 信息科学版, 2004 (6).

[165] 朱立言, 王森. 从众效应在群体决策中的危害及其防治 [J]. 成人高教学刊, 2004 (1).

[166] 魏存平，邱菀华. 群体决策基本理论评述 [J]. 北京航空航天大学学报：社会科学版，2000 (2).

[167] 苏波，王浣尘. 群决策研究的评述 [J]. 管理科学学报，1995 (3).

[168] 李武，席酉民，成思危. 群体决策过程组织研究述评 [J]. 管理科学学报，2002 (2).

[169] 夏书章. 行政管理学 [M]. 广州：中山大学出版社. 2001.

[170] 刘建军. 领导学原理——科学与艺术 [M]. 上海：复旦大学出版社，2003.

[171] 朱启臻. 组织行为学 [M]. 北京：知识产权出版社，2007.

[172] 芮明杰. 管理学 [M]. 上海：上海人民出版社，1999.

[173] 黄速建. 现代企业管理 [M]. 北京：经济管理出版社，2002.

[174] 贾书章. 组织行为学 [M]. 武汉：武汉工业大学出版社，2006.

[175] 王彬. 组组织行为学 [M]. 大连：大连理工大学出版社，2007.

[176] 罗明亮. 组织行为学 [M]. 南京：南京大学出版，2007.

[177] 库泽斯，波斯纳. 领导力 [M]. 3 版. 北京：电子工业出版社出版，2004.

[178] 曾仕强. 中国式领导：以人为本的管理艺术 [M]. 北京：北京大学出版社，2005.

[179] 兰茨伯格. 领导 [M]. 卞学光，译. 西安：陕西师范大学出版社，2006.

[180] 苏东水. 管理心理学 [M]. 上海：复旦大学出版社，2002.

[181] 席酉民. 企业集团人力资本管理研究 [M]. 北京：机械工业出版社，2003.

[182] 余凯成，程文文，陈维政. 人力资源管理 [M]. 大连：大连理工大学出版社，1999.

[183] 雷恩. 管理思想的演变 [M]. 北京：中国社会科学出版社，2002.

[184] 杜伯林. 管理学精要 [M]. 胡左浩，郑黎超，译. 北京：电子工业出版，2003.

[185] 迟嘉昱，陈学广. 组织决策过程及其协调问题研究 [J]. 武汉：华中科技大学学报：自然科学版，2004 (31).

[186] 张一纯. 组织行为学 [M]. 北京：清华大学出版社 2006.

[187] 陈力华，邱羚. 组织行为学 [M]. 北京：清华大学出版社，2005.

[188] 舍默霍恩. 组织行为学 [M]. 刘丽娟，译. 北京：清华大学出版社，2005.

[189] 张兆响，司千字. 管理学 [M]. 北京：清华大学出版社，2004.

[190] 孙成志. 组织行为学 [M]. 北京：中央广播电视大学出版社，2004.

[191] 戴维·波普洛. 社会学 [M]. 李强，等，译. 北京：中国人民大学出版社，2005.

[192] 邹东涛. 哈佛模式：人力资源管理国际通用执行标准 [M]. 北京：中国标准出版社，2003.

［193］徐博艺，姜丽红，吴家春．基于 AI 技术的组织决策协调模型研究［J］．控制与决策，2003（4）．

［194］周菲．组织行为学［M］．北京：机械工业出版社，2007.

［195］麦克沙恩，格里诺．组织行为学［M］．汤超颖，译．北京：中国人民大学出版社，2008.

［196］布坎南，等．组织行为学［M］．5 版．李丽，等，译．北京：经济管理出版，2005.

［197］中国工商管理学科发展战略研究课题组．工商管理研究备要：现状、趋势和发展思路［M］．北京：清华大学出版社，2003.

［198］西蒙．管理行为［M］．詹正茂，译．北京：机械工业出版社，2004.

图书在版编目(CIP)数据

组织行为学/肖兴政,谭征主编.—2版.—成都:西南财经大学出版社,2016.1

ISBN 978-7-5504-2276-6

Ⅰ.①组… Ⅱ.①肖…②谭… Ⅲ.①组织行为学 Ⅳ.①C936

中国版本图书馆CIP数据核字(2015)第309292号

组织行为学(第二版)

主　编:肖兴政　谭　征

副主编:庞　君　孙忠才　钟大辉　杨晓宇

责任编辑:刘佳庆

助理编辑:傅倩宇

封面设计:杨红鹰　张姗姗

责任印制:封俊川

出版发行	西南财经大学出版社(四川省成都市光华村街55号)
网　　址	http://www.bookcj.com
电子邮件	bookcj@foxmail.com
邮政编码	610074
电　　话	028-87353785　87352368
照　　排	四川胜翔数码印务设计有限公司
印　　刷	郫县犀浦印刷厂
成品尺寸	185mm×260mm
印　　张	19
字　　数	430千字
版　　次	2015年12月第2版
印　　次	2015年12月第1次印刷
印　　数	1—2000册
书　　号	ISBN 978-7-5504-2276-6
定　　价	35.00元

1. 版权所有,翻印必究。

2. 如有印刷、装订等差错,可向本社营销部调换。

3. 本书封底无本社数码防伪标志,不得销售。